KB238420

마오쩌둥의 인물평

毛澤東의 人物評

마오쩌둥의 인물평

毛澤東의 人物評

박종귀 著

KSI 한국학술정보(주)

마오쩌둥(毛澤東)이 사망하고 어느덧 30년이 지나, 이제 그의 삶과 사상을 역사(歷史)의 한 장(章)으로 기록할 수 있게 되었다. 한 세대(世代)의 세월 속에 마오쩌둥에 대한 평가(評價)는 여러 각도에서 이루어졌으며, 그에 대한 많은 자료들이 발굴되고 정리되어 사초(史草)로서 전혀 손색이 없게 되었다.

이 책은 마오쩌둥이 중외(中外)의 현대 인물(人物)들에 대하여 직접 평가한 기록들을 정리하고, 그 인물에 대한 객관적 자료와 평가를 보태어 엮은 것이다. 따라서 엄밀하게 말한다면 이 책은 전문적 학술서적이 아닌 통속적인 가벼운 읽을거리라고 할 수 있다. 하지만 그 다루는 내용이 40여 년간 중국을 실질적으로 통치한 마오쩌둥을 주체(主體)로 한다는 점에서, 그리고 그 배경이 복잡하고 변화무쌍한 중국의 정치무대라는 점에서 결코 이해하기가 쉽지는 않으리라 여겨진다. 어쨌든 이 책은 중국에 관심을 가진 독자, 특히 중국의 정치·외교와 중국공산당에 대해 연구하는 사람들에게 유용한 자료가 될 수 있을 것이다.

이 책은 모두 6장 36절로 구성되어 있다. 이 책의 텍스트북인 중국 홍기출판사(紅旗出版社)가 2003년 발행한 저우쑤위안(周溯源) 편저(編著) '마오쩌둥의 고금인물 비평(毛澤東評點古今人物)'은 상·중·하권 2,086쪽인데, 고대에서 현대에 이르는 중국의 주요 인물에 대한 마오쩌둥의 비평을 싣고 있다. 이 책 '마오쩌둥의 인물평(人物評)'은 텍스트북 내용 중에서 쑨원(孫文) 이후의 인물들 32명을 비평한 '마오쩌둥의 저술이나 어록'과 그에 관한 해설을 발췌하여 번역하였고, 이에 대한 객관적 자료와 보충설명을 덧붙여 다섯 가지 범주로 나누어 재편집하였다. 여기에다 '마오쩌둥의 삶과 사상'을 독립된 장으로 추가하였다.

제1장 '사상가(思想家)' 편에서는 5·4 운동과 이후의 중국 문화혁명과 진보 운동을 주도한 문학(文學)·사학(史學)·철학(哲學)의 선구자들에 대한 마오쩌둥의 시각을 볼 수 있다. 차이위안페이(蔡元培)·천두슈(陳獨秀)·루쉰(魯迅)·후스(胡適)·귀모뤄(郭沫若)·펑유란(馮友蘭) 등이 실려 있다.

제2장 '정치가(政治家)' 편에서는 자신을 도와 혁명을 완수하고 건국 이후 나라를 함께 이끌어 간 저우언라이(周恩來)·류사오치(劉少奇)·덩샤오핑(鄧小平)·천윈(陳雲)·쑹칭링(宋慶齡) 등에 대한 마오쩌둥의 완벽한 인물분석을 볼 수 있다. 또한 문화대혁명 중 떠오른 왕훙원(王洪文)과 영원한 숙적(宿敵) 장제스(蔣介石)에 대한 예리한 비평도 있다.

제3장 '군사가(軍事家)' 편에서는 홍군(紅軍)과 인민해방군(人民解放軍)을 이끌며 오랜 세월 고난의 길을 함께 걸어온 동지들에 대한 마오쩌둥의 가감 없는 인물평을 볼 수 있다. 주더(朱德)·장궈타오(張國燾)·펑더화이(彭德懷)·예젠잉(葉劍英)·허룽(賀龍)·류보청(劉伯承)·린뱌오(林彪) 등이 실려 있다.

제4장 외국(外國) 지도자(指導者) 편에서는 애증(愛憎)관계가 얽혀있는 소련의 스탈린과 흐루시초프, 극(極)과 극(極)은 서로 통한다는 것을 증명해 준 미국의 닉슨 대통령에 대한 적나라한 비평을

볼 수 있다. 또한 미국의 뒷마당에 공산국가를 수립하고 자주노선을 꿋꿋이 지켜나간 쿠바의 카스트로 대통령, 비동맹중립외교의 주역으로 각광을 받은 인도네시아의 수카르노 대통령에 대한 인물평이 실려 있다.

제5장 '마오쩌둥의 가족' 편에서는 그의 부모(父母)와 처자(妻子), 그리고 장인(丈人) 등 일곱 사람에 대한 마오쩌둥의 솔직한 비평을 볼 수 있다. 아버지 마오순성(毛順生)과 어머니 원치메이(文七妹), 그리고 장인 양창지(楊昌濟)는 젊은 마오쩌둥에 많은 영향을 미쳤다. 하지만 첫째 부인 양카이후이(楊開慧)와 둘째 부인 허쯔전(賀子珍), 그리고 셋째 부인 장칭(江靑)도 지도자 마오쩌둥에게 엄청난 영향을 미쳤다. 첫 아들 마오안잉(毛安英)에 대한 애틋한 부정(父情)을 엿볼 수 있는 인물평도 실려 있다.

제6장 '마오쩌둥의 삶과 사상(思想)'에서는 마오쩌둥의 자신에 대한 평가와 그의 약력(略歷), 마오쩌둥이 농민혁명(農民革命)을 성공시킨 과정을 풀이하였으며, 그로 인해 결과적으로 형성된 '마오쩌둥 사상(思想)'을 알기 쉽게 정리하였다.

원저에서는 많은 참고자료가 인용되었는데, 이 책에서도 아래 자료들을 간접적으로 인용하였다. 장이쥬(張貽久) 저 '마오쩌둥의 역사읽기(毛澤東讀史)', 천진(陳晉) 주편 '마오쩌둥의 독서필기 해석(毛澤東讀書筆記解析)', 왕쯔진(王子今) 저 '마오쩌둥과 중국사학(毛澤東與中國史學)', 장둥란(江東然)·판중청(范忠程) 편저 '박람군서의 마오쩌둥(博覽群書的毛澤東)', 리루이(李銳) 저 '마오쩌둥의 젊은 시절 독서생활(毛澤東早年讀書生活)', 우짜이핑(武在平) 저 '거인의 정회 – 마오쩌둥과 중국작가(巨人的情懷 – 毛澤東與中國作家)', 천웨이(陳薇) 주

편 '마오쩌둥과 문화계 명사(毛澤東與文化界名流)', 인리유(殷理由)
주편 '마오쩌둥이 교유한 1백인 총서(毛澤東交往百人叢書)' 등이다.

이 책 집필과정에서 많은 도움을 주신 친지들에게 감사드리며,
저자는 앞으로도 중국의 정치·경제 연구에 더욱 매진할 것을 다짐
한다.

지리산(智異山) 자락 경호정(鏡祜亭)에서 2006년 12월

박종귀(朴鍾貴)

| 일러두기 |

1. 이 책은 중국 홍기출판사(紅旗出版社)가 2003년 발행한 저우쑤위안(周溯源) 편저(編著) '毛澤東評點古今人物(마오쩌둥의 고금인물 비평)'을 기본으로 하여 번역·저술되었으며, 이 책의 한국어판 저작권은 홍기출판사와 독점으로 계약한 저자 박종귀가 갖고 있다.

2. 이 책에서 중국의 인명(人名)과 지명(地名) 등 한자(漢字)로 된 고유명사의 우리말 표기는 외국어 표기 원칙에 따라 중국어 발음대로 표기했다. 즉 '毛澤東'은 '마오쩌둥'으로 표기된다. 그러나 청일전쟁(淸日戰爭, 1894년) 이전에 주로 활동한 인물일 경우, 한국어 발음대로 표기하는 것을 원칙으로 하였다.

3. 이 책의 각 절 첫머리에 나오는 '마오쩌둥의 저술이나 어록'과 이에 따른 해설은 마오쩌둥 개인의 사상 및 인식이거나 이와 관련한 중국당국의 보편적 견해이며, 그와 관련된 객관적 자료와 보충설명은 편저자(編著者)의 책임 아래 집필되었다.

| 차 례 |

제2장 정치가(政治家)

제4장 외국(外國) 지도자(指導者)

제5장   마오쩌둥의 가족(家族)

제1장

사상가(思想家)

1911년, 신해혁명(辛亥革命)으로 수천 년 동안 이어져 내려온 중국의 전제군주(專制君主)제도가 해체되었으나 그 빈 자리를 차지하고 나선 것은 밖으로부터의 제국주의(帝國主義) 침탈이요, 안으로는 군벌(軍閥)들의 분할지배였다. 황제(皇帝)는 사라졌지만 중국 인민들에게 민주(民主)와 공화(共和)는 단지 허황된 꿈에 지나지 않았으며, 가난과 무지는 여전히 일반 백성들에게 한없는 고통을 안겨주고 있었다. 중국의 뜻있는 지도자와 지식인들은 문학(文學)·사학(史學)·철학(哲學)의 지혜를 총동원하여 새로운 시대를 이끌어 갈 새로운 사상을 찾아내어 이를 실천하고자 노력하였다.

철학과 교육 부문에서 차이위안페이(蔡元培)와 후스(胡適)는 새로운 문화를 창조하기 위한 첫 발을 내디딤으로써 진보적 청년들의 정신적 지주가 되었다. 천두슈(陳獨秀)는 5·4 운동의 총사령으로 새로운 사조를 이끌어 나가면서 사회주의를 중국에 도입하기 위한 선구자적 역할을 맡았다. 루쉰(魯迅)은 백화문(白話文)을 통한 문학혁명을 제창하였으며, 초인적인 작품 활동을 통해 민중의 의식을 계몽하는 데 몸을 던졌다. 궈모뤄(郭沫若)과 펑유란(馮友蘭)은 새로운 시대에 맞추어 특유의 사론(史論)을 제기함으로써 중국인민들의 새로운 역사의식을 일깨웠다.

01 차이위안페이(蔡元培)는 학계의 태두(泰斗)

"학계의 태두(泰斗)요, 이 세상의 모범"이라는 마오쩌둥의 이 같이 높은 평가를 받을 수 있는 사람이 몇이나 되겠는가? 그러나 차이위안페이는 그러한 찬사를 받기에 조금도 손색이 없는 인물이다.

제민(子民) 선생은 학계의 태두(泰斗)요, 이 세상의 모범이신데 이처럼 급작스레 세상을 떠나시니 몹시 놀라 슬픔을 가눌 길 없습니다.

- 毛澤東, 1940년 3월 5일 蔡元培 서거 후 그 가족들에게 보낸 弔電, 李銳, 『毛澤東早年讀書生活』(遼寧人民出版社, 1992), pp. 249-250.

그대의 부친은 정말 좋은 분이오.

- 毛澤東, 1962년 봄 蔡元培의 아들 蔡无忌를 接見할 때의 談話, 李銳, 『毛澤東早年讀書生活』(遼寧人民出版社, 1992), p. 250.

차이위안페이(蔡元培, 1868-1940)는 중국의 사상가이며 교육자로자 허칭(鶴卿), 호 제민(子民), 저장성(浙江省) 사오싱부(紹興府) 산인현(山陰縣) 출신이다. 대대로 상인(商人)이던 집안에서 태어났으나 11세 때 아버지가 죽자 가정형편이 기울었다. 어렸을 때부터 공부에 힘을 쏟아 박람군서(博覽群書)의 경지에 이르렀고, 17세 때 향시(鄕試)에 합격하였으며, 18세 때부터 훈장(訓長)을 맡았다. 1889년부터 거인(擧人)·진사(進士)시험에 계속하여 합격하고 1892년 한림원(翰林院) 길서사(吉庶士)가 되었으며, 1894년, 한림원 편수(編修)에 보임되었다. 청일전쟁 후 서방의 정치학설을 접하기 시작하였으며, 외국어를 학습하였다. 1898년, 무술(戊戌)유신 운동 중 차이위안페이는 유신파(維新派)를 지지하였으며, 더욱이 급진적 개량주의자 탄쓰퉁(譚嗣同)을 존경하였다.

1) 인재(人才)양성 위해 교육(敎育)에 투신

무술정변(戊戌政變)을 계기로 관계(官界)를 떠난 그는 유신파의 실패가 혁신적 인재를 양성하지 않았기 때문이라고 인식하고 교육에 투신하기로 결심하였으며, 한동안 사오싱(紹興) 중서(中西)학당에서 교편을 잡았다. 1901년, 상하이(上海)로 가서 남양(南洋)공학 특별반의 주임교사가 되었으며, 1902년, 중국교육회를 창립하여 회장이 되었다. 아울러 애국여학(愛國女學) 및 애국학사(愛國學社)를 설립하여 혁명인재를 양성하고 비밀활동을 추진하는 기관으로 삼았다.

1903년 〈아사경문(俄事警聞)〉을 창간하였으며, 이는 후일 〈경종(警

鐘)〉으로 개칭되었다. 1904년, 군국민(軍國民)교육회 암살단에 참가하였고, 11월, 이 암살단을 확대, 개편하여 동남지구 반청(反淸)혁명투쟁의 중요 조직인 광복회(光復會)를 조직하였다. 1905년, 혁명동맹회(革命同盟會)에 가입하여 상하이 분회장이 되었다. 1906년 봄, 사오싱의 교육부서 책임자로 일했다. 1907년, 독일로 출국하여 주독(駐獨)대사관에서 일했으며, 1908년 가을, 라이프치히대학에 입학하여 철학·윤리학·심리학·미술사 등을 전공하였다.

차이위안페이는 1911년 10월 10일의 우창(武昌)봉기를 도화선으로 한 신해혁명(辛亥革命)이 발발한 후 귀국하였으며, 장빙린(章炳麟)이 주재하는 '소보(蘇報)' 발간에 참여하여 혁명사상을 고취하였다. 그는 1912년 1월, 난징(南京)임시정부의 교육 총장에 임명되었다. 그는 '교육방침에 대한 의견'을 발표하는 한편, 전국임시교육회의를 주재하여 '군주에 대한 충성'과 '공자 존숭' 등의 폐지를 선포하고, 학제와 교과과정을 개편하였으며, 소학교의 남녀공학을 실시했고, 의무교육과 사회교육 등을 추진하였다. 1912년 7월, 위안스카이(袁世凱)의 권력탈취에 불만을 품고 사직하였으며, 다시 독일과 프랑스로 가서 학습과 조사를 병행하였다. 1915년, 프랑스에서 이스쩽(李石曾) 등과 근공검학회(勤工儉學會)를 조직하고, 1916년, 우위장(吳玉章) 등과 중불(中佛)교육회를 조직하여 일하면서 배우는 '근공검학'을 제창했다. 이 해 귀국하여 1917년 1월, 베이징대학(北京大學) 학장에 임명되었다. 그는 서방의 교육제도와 방법을 도입하여 교육을 개혁하였고, 우수한 인재들을 끌어들였으며, 사상의 자유에 입각한 포괄적 교학방침을 제창하여 베이징대학의 면모를 완전히 새롭게 바꾸었다. 그는 5·4 운동을 전후하여 신문화 운동을 적극 지지하면서 백화문

(白話文)을 제창하였고, 과학과 민주주의를 지향하는 신사상(新思想)을 옹호하면서 은연중 군벌(軍閥)[1] 정치를 반대하였으며, 이 때문에 한때 압박을 받아 사직하기도 하였다.

그는 1921년, 프랑스 리용대학과 미국 뉴욕대학이 각각 수여한 명예 문학박사와 법학박사를 받았다. 그는 1924년 국민당 1전대에서 후보 중앙감찰위원, 1926년 2전대에서 중앙감찰위원으로 선출되었으며, 1926년 북벌전쟁이 시작된 후, 장쑤(江蘇)·저장(浙江)·안후이(安徽) 3성(省) 연합회를 조직하여 자치 운동을 벌였다. 1927년 2월, 북벌군이 항저우를 점령하자 그는 저장성 임시 정치위원이 되었고, 잠시 주석대리를 맡기도 하였다. 장제스(蔣介石)가 공산당을 공격하여 국공합작을 결렬시킨 4·12정변이 일어나자 차이위안페이는 국민당 우파와 연명으로 성명을 발표하고 반공(反共) 운동에 참여하였다. 난징 국민정부 수립 후 교육행정위원회 위원과 대학원 원장, 사법부장 대리와 국립중앙연구원 원장에 임명되었다. 1928년 8월, 정치에 대한 환멸을 느끼고 모든 직책에서 사임하여 오로지 중앙연구원장의

---

1) 일반적으로 중국의 군벌(軍閥)은 태평천국(太平天國)을 토벌하기 위해 증국번(曾國藩)과 이홍장(李鴻章)이 향용(鄕勇)을 모체로 하여 조직한 상군(湘軍)과 회군(淮軍)에서 연원한다. 이어 신해혁명(辛亥革命)에 의한 전제왕조 체제의 붕괴로 문관을 축(軸)으로 편성되어 있던 지배체제가 군인에 의한 지배로 옮겨지게 되었다. 위안스카이(袁世凱)가 북양군의 힘을 빌어 중화민국의 정치권력을 탈취한 후, 1927년 국민정부가 수립될 때까지 중국의 중앙 및 지방의 권력을 장악한 것은 북양군벌집단의 각 파와 크고 작은 지방 군벌들이었다. 8대 군벌로는 북양(北洋)의 위안스카이를 비롯하여 안후이성(安徽省)의 환계(晥系) 돤치루이(段祺瑞), 동북(東北)의 장쭤린(張作霖), 후베이성(湖北省)을 기반으로 한 즈리파(直隸派) 우페이푸(吳佩孚), 동남(東南)의 쑨촨팡(孫傳芳), 산시(山西)의 옌시산(閻錫山), 하북(河北)의 한푸쥐(韓復榘), 광시(廣西)의 바이충시(白崇禧) 등을 꼽고 있다.

직책만 맡았으며, 상하이에 정착하여 문화교육과 과학연구사업에 몰두하였다. 이 시기에 교통(交通)대학과 중법(中法)대학의 학장을 겸임하기도 하였다. 1928년 10월, 국민정부는 5원(院)을 설립하여 그를 감찰원장에 임명하였으나 그는 끝끝내 고사하여 취임하지 않았다. 1932년 쑹칭링(宋慶齡)·양싱포(楊杏佛) 등과 함께 상하이에서 중국민권보장동맹을 조직하여 부주석에 추대되었으며, 민주쟁취와 인권보장 및 구금된 공산당원 및 민주인사들의 석방을 위해 많은 노력을 기울였다. 항일전쟁이 시작된 후 홍콩으로 옮겨갔으며, 1940년 3월5일 그곳에서 병사(病死)하였다. 저서로는 '중국윤리학사(中國倫理學史)'(1927)가 있다.

2) 근공검학(勤工儉學) 운동 때 처음 만나

마오쩌둥이 차이위안페이(蔡元培)를 알게 된 것은 맨 처음 스승 양창지(楊昌濟)를 통해서이다. 1918년 봄, 양창지는 차이위안페이의 초빙을 받아 베이징대학 교수가 되었다. 프랑스로 유학을 가는 근공검학(勤工儉學) 운동은 차이위안페이의 기여한 바가 컸다. 마오쩌둥은 스승의 소개로 베이징대학 도서관에서 일을 시작한 후 곧 그를 직접 만나게 되었다. 근공검학 활동을 조직할 때, 마오쩌둥은 신민학회(新民學會) 회원들과 함께 차이위안페이·후스(胡適) 등 명사들을 초청하여 좌담회를 갖고 여러 가지 문제 및 학술과 인생관 등을 주제로 이야기를 나누었다. 마오쩌둥은 베이징대학 철학연구회 활동에 참여하였는데 이 연구회는 양창지·후스 등이 발기하였고, 차이위안페이는 그 모임의 지도자였다.

양창지가 1920년 1월 17일, 베이징에서 숨지자 마오쩌둥은 스승의 장례식을 준비하였으며, 차이위안페이·장스자오(章士釗) 등 29명은 연명으로 각계에 부고(訃告)를 발송하고 유족들의 생계를 위한 성금을 모았다. 차이위안페이는 또 마인추(馬寅初)·후스·타오멍허(陶孟和)와 4인 연명으로 베이징대학 교원들과 학생들에게도 부음(訃音)을 알려 고인의 유해가 무사히 고향으로 돌아가 안장(安葬)되도록 배려하였다.

1920년 10월, 후난(湖南)교육학회는 세계적 철학자 버트란드 러셀과 존 듀이 및 중국의 석학 차이위안페이·장빙린(章炳麟)·우징헝(吳敬恒)·장둥순(張東蓀) 등을 초청하여 '학술강연회'를 개최하였으며, 후난〈대공보(大公報)〉는 마오쩌둥이 담당했던 강연기록을 요청하였다. 차이위안페이는 모두 12차례의 강연을 하였으며, 그 중 두 편은 마오쩌둥이 기록하였고, 이 두 연설문은 모두 신문에 게재되었는데 말미에는 '차이제민(蔡子民) 강연, 마오쩌둥 기록'으로 표기되어 있다.

한 편의 제목은 '미술(美術)의 가치'인데 차이위안페이는 미술의 감화를 얻게 되면 고상(高尙)하고 활발한 인생관(人生觀)이 양성될 수 있다고 보았다. 다른 한 편은 '학생에 대한 희망'으로 학생들이 5·4 운동의 정신을 계승하여 사회로 나아가 군중을 결합하는 운동을 벌일 것을 격려하고 있다. 그는 5·4 운동 이후 전국의 학생계가 변하여 새로운 현상과 새로운 각오가 나타나고 있다고 분석하였다. 첫째, 자신이 자신을 존중하게 되었고, 둘째, 단독 행동이 공동 행동으로 되었으며, 셋째, 자신의 학문적 능력이 절실함을 이해하게 되었고, 넷째, 운동이 계획적으로 바뀌었다는 것이다. 그는 마지막으로 다음과 같이 말했다. "나는 교육계에 20여 년간 몸담았지만 한 번도 학생들에게 반대한 적이 없다. 나는 단지 학생들이 다방면에 대한 이해와 각오를 가질 것을 희망하며, 모든 일을 의식과 계획을 가지고 추진하면 대단히 좋은 결과를 가져올 것이라 생각한다."

3) 만주사변 후 일관되게 항일(抗日) 주장

마오쩌둥은 창사(長沙)에 독학대학(獨學大學)을 설립하여 평민교육을 발전시켰는데, 차이위안페이는 이 사업을 적극 지지하였으며, 명예 재단이사를 기꺼이 맡아 주었다. 그는 '후난독학대학조직대강(湖南自修大學組織大綱)'을 받아 본 후 "대단히 훌륭하다"고 기뻐하며 즉시 '후난독학대학의 소개 및 설명'이라는 장문의 글을 〈신교육〉 제5권 제1기에 발표하였다. 그는 이 대학이 연구에 중점을 두고 도서관 및 실험실을 중시하여 완전히 자신의 이상과 부합한다고 밝혔다. "독학대학은 중국의 서원(書院)과 서양의 연구소의 장점을 활용한 것으로 각 성(省)의 대학 신설에 있어 하나의 모범이 될 수 있을 것이다."

1930년 10월 24일, 마오쩌둥의 부인 양카이후이가 체포된 후, 차이위안페이는 즉각적인 구출활동에 나섰으며, 여러 저명인사들과 협력하여 국민당정부 후난성 주석 허젠(何鍵)에게 전보를 보내 보석(保釋)을 요구하였다. 그러나 양카이후이가 끝끝내 굽히지 않았고, 마오쩌둥과의 부부관계를 청산한다는 성명 발표를 거절하였으므로 허젠은 그녀를 총살하였으며, 그 후 회답 전보를 보내 "전보가 늦게 도착했다"고 변명하였다.

1936년 8월 25일, 중국공산당은 국민당과 힘을 합쳐 항일(抗日)통일전선을 발전시키기 위해 국민당에 보내는 공개성명을 발표했다. 마오쩌둥은 9월 22일, 차이위안페이에게도 협력을 요청하는 편지를 보냈다. "5·4 운동 시기에 베이징대학의 교실과 거리의 집회, 그리고 후난의 강좌 등에서 선생의 높고 넓은 담론을 귀 기울여 들은 지 벌써 20년 가까이 됩니다." 국민당의 저명한 민주인사의 한 사람으로서 차이위안페이는 만주사변 이후 일관되게 항일을 주장하였다. 그는 혁명지사들의 학살에 반대하였고, 이들을 구출하기 위해 쑹칭링·루쉰(魯迅) 등과 중국민권보장동맹을 조직하였다.

1940년 2월, 마오쩌둥 등이 옌안에서 발기한 '자연과학연구회'와 '헌정촉진회'의 창립대회에서 차이위안페이는 명예주석단의 성원으로 추대되었다. 3월 5일, 차이위안페이가 홍콩에서 병사(病死)하자 마오쩌둥은 그 가족들에게 조전(弔電)을 보냈다. "제민(孑民) 선생은 학계의 태두(泰斗)요, 이 세상의 모범이신데 이처럼 급작스레 세상을 떠나시니 몹시 놀라 슬픔을 가눌 길 없습니다." 1962년 봄, 차이위안페이의 아들 차이우지(蔡无忌)가 베이징에서 열린 중공(中共) 초대회에 참가하였을 때, 천이(陳毅)가 특별히 그를 인도하여 마오쩌둥을 접견하게 했다. 마오쩌둥은 다정스럽게 그의 손을 꼭 쥐면서 말했다. "그대의 부친은 정말 좋은 분이었소."

차이위안페이는 중국 근대의 저명한 민주혁명가요, 교육자, 및 과학자였다. 그의 이론과 실천은 중국역사에 광범위하고 깊은 영향을 미쳤다. 마오쩌둥이 그를 "학계의 태두(泰斗)요, 이 세상의 모범"이라고 평가하였는데 차이위안페이는 그러한 찬사를 받기에 조금도 손색이 없는 인물이었다.

이 글 서두에 인용된 마오쩌둥의 차이위안페이에 대한 두 차례의 발언은 모두 차이위안페이의 가족에게 한 것이다. 따라서 마오쩌둥이 공식 석상에서 그에 관하여 언급한 기록이 전혀 없다고 볼 수 있다. 차이위안페이의 인물됨과 그가 중국현대사에서 차지하는 비중으로 보아 이는 약간 이례적이라 할 수 있다. 그 이유는 아마도 차이위안페이가 한때나마 공산당을 공식적으로 반대했기 때문으로 보인다.

02 천두슈(陳獨秀)는 5·4 운동의 총사령

천두슈(陳獨秀)는 전후(前後)의 대조가 아주 큰 인물인데, 중대한
공로가 있었지만 엄청난 잘못도 저질렀다. 그는 마오쩌둥을 돕기도
하였지만, 타격과 억압을 가한 것이 더 컸다. 이처럼 복잡한 관계에
있는 복잡한 인물에 대하여 어떻게 평가할 것인가? 마오쩌둥은 역사
유물주의의 태도를 취하고 있다.

오늘의 천두슈(陳獨秀)는 그 기백(氣魄)이 아주 웅대하여 실로 오늘날
의 속학(俗學)들이 견줄 바가 못 된다.

- 毛澤東, 1917년 9월 22일, 蔡和森·張昆弟와의 談話, 『毛澤東早期文稿』(湖南出版社,
  1990), p. 639.

천두슈(陳獨秀) 선생은 이전부터 학계의 큰 기대를 받아왔으며, 그 언론과 사상은 국내외에 모두 널리 알려져 있다. 그는 근대사상의 제창에 가장 힘을 쏟은 사람으로 실학계(實學界)의 중진(重鎭)이며, 우리는 그를 사상계의 밝은 별로 여기고 있다. 그가 이야기하는 것을 머리를 약간 맑게 하여 들어보면, 모두가 각자 마음속으로 하고 싶은 말들이다.

- 毛澤東, 1919년 7월 14일, 〈湘江評論〉 創刊號, "陳獨秀의 逮捕와 救出," 『毛澤東早期文稿』(湖南出版社, 1990), p. 303, 305.

천두슈(陳獨秀)는 5·4 운동의 총사령이다. 현재 우리는 아직 그의 역사를 선전하고 있지 않지만, 장래에 우리는 중국역사를 편찬하여 그의 공로를 기록하게 될 것이다.

- 毛澤東, "中共黨史를 어떻게 硏究할 것인가," 『毛澤東文集·第2卷』, p. 403.

천두슈(陳獨秀)는 어떤 점에서 보면 마치 러시아의 플레하노프(Plekhanov)[2]와 같다. 천두슈도 계몽 운동을 하였으며, 당을 만들었으나 사상(思想) 면에 있어서는 플레하노프만 못하였다. 플레하노프는 러시아에서 아주 훌륭하게 마르크스주의를 선전하였지만 천두슈는 그렇지 못한

---

[2] 플레하노프(Georgii V. Plekhanov, 1856-1918)는 나로드니키 혁명결사 '토지와 자유당'에 참가하였으며, 1880년 망명하여 엥겔스, 카우츠키 등과 친교를 맺었고 '공산당 선언'을 러시아어로 번역하였다. 1883년, 제네바에서 마르크스주의를 선전하기 위한 노동해방단을 조직하고, 마르크스주의로 전향하여 그의 저서 '사회주의와 정치투쟁 Socialism and Political Struggle'(1883) 등으로 나로드니키를 비판하였다. 1889년 제 2 인터내셔널의 러시아 대표가 되었으며, 1900-1903년, 레닌이 발간한 신문 '이스크라(Iskra, 불꽃)'를 편집하였다. 그러나 레닌과 결별, 멘셰비키(소수파, 즉 마르크스주의 우파)의 지도자가 되었으며, 1917년 2월혁명으로 37년 만에 귀국하였는데 10월혁명에 부정적인 입장을 취하여 볼셰비키(다수파)와 대립하던 중, 이듬해 사망하였다.

38

데다 심지어 부정확한 언론마저 있었다. 하지만 그는 당을 만들었으며 일
정한 공로가 있다. 플레하노프는 그 후 멘셰비키로 변했으며, 천두슈는
중국의 멘셰비키가 되었다.

- 毛澤東. 1945년 "中共 7全大의 工作方針." 『毛澤東文集·第3卷』. p. 295.

천두슈(陳獨秀, 1879-1942)는 중국의 사상가이며 혁명가로 중국공
산당의 창건자이며, 초기 지도자 중 한 사람이다. 원명은 칭퉁(慶同)
이며, 자 중푸(仲甫), 호 스안(實庵)으로 1879년 10월 9일, 안후이성
(安徽省) 화이닝(懷寧)의 부유한 가정에서 태어났다. 그는 대대로
유학(儒學)을 연구하는 집안 출신이었지만 어려서부터 유학경전을
읽기 싫어했다. 그가 여섯 살 되었을 때, 엄격했던 할아버지가 직접
그의 교육에 나서 1년 만에 사서오경(四書五經)을 모두 읽게 하였다.
천두슈는 책 내용을 외우지 못할 때면 항상 할아버지로부터 엄청난
매를 맞아야 했다. 그가 10세 때, 할아버지가 세상을 떠나자 집에서
는 선생을 초빙하여 팔고문(八股文)3)을 가르치게 해 그의 과거 준
비를 하였다. 두슈는 팔고문을 매우 싫어하여 선생의 말을 따르지
않았으므로 학업은 진보가 없었다. 집안에서는 그를 위해 여러 차례
선생을 바꾸었으나 여전히 효과가 없었으므로 마침내 큰 형 멍지(孟
吉)가 직접 가르치도록 결정하였다. 멍지는 아주 호인(好人)으로 충
직하고 온후하여 동생의 고집을 꺾을 수 없었으며, 이에 팔고문을
포기하고 '소명문선(昭明文選)'을 가르치기 시작했다.

---

3) 명(明)·청(淸) 시대 과거(科擧)의 답안으로 쓰이던 문체. 주로 사서(四書)
에서 출제된 설문에 답하는 형식으로, 전편의 구성이나 의론의 전개 등에
일정한 격식이 있고, 또 자수(字數)나 구법(句法)에도 엄격한 규정이 있다.

1) 민주(民主)와 과학(科學)의 깃발 높이 올려

1896년, 천두슈는 어머니의 명에 따라 현시(縣試)에 응시하여 요행히 첫 번째 성적으로 수재(秀才)에 합격했다. 다음해, 난징(南京)의 향시(鄕試)에 참가하였으나 과거제도의 부패를 인식하고 관리의 길을 포기하였으며, 무술변법을 지지하였다. 1901년 이후 세 차례 일본에 유학하였으며, 장지(張繼)·쑤만주(蘇曼珠) 등과 혁명단체인 청년회를 조직하였다. 1903년, 러시아 거부 운동에 참가하였고, 다시 장스자오(張士釗)4)가 편집하는 신문을 도우면서 반청(反淸) 혁명사상을 선전하였다. 1904년, 〈안후이속화보(安徽俗話報)〉를 창간하여 애국민주사상과 과학지식을 전파하였다. 1905년, 안후이에서 바이원웨이(柏文蔚) 등과 악왕회(岳王會)를 조직하고 많은 혁명지사와 연락을 취함으로써 혁명동맹회의 발전을 위한 기초를 다졌다. 우창(武昌) 봉기를 전후하여 항저우(杭州)에서 활동하면서 여러 편의 혁명 격문을 기초하였고, 안후이로 돌아와 도독부(都督府) 비서장을 맡아 관료정치의 개혁에 힘을 쏟았으나 성과를 거두지 못했다. 그 후 도독 바이원웨이를 따라 위안스카이(袁世凱) 토벌에 나섰으나 좌절을 겪은 후, 상하이(上海)로 도망하여 구국의 길을 찾았다. 1915년, 〈청년〉

---

4) 장스자오(章士釗, 1881-1973)는 정치가이며 학자로 자 싱옌(行嚴), 후난(湖南) 창사(長沙) 출신이다. 13세 때 유종원문집(柳宗元文集)을 구해 읽기 시작했고, 17세 때 훈장이 되었으며, 20세 때 우창(武昌) 자강학당에서 만난 황싱(黃興)과 함께 화흥회(華興會)를 조직하여 부르주아혁명을 위해 중대한 공헌을 하였다. 장스자오는 1926년 교육부총장으로 있을 때 베이징여사대를 폐교시킨 보수파 지식인으로, 중국의 문호 루쉰(魯迅)과는 정적이 되었다. 그러나 마오쩌둥은 장스자오를 평생의 지기의 한 사람으로 사귀었고, 사회주의건설 이후에도 많은 배려를 아끼지 않았다.

을 창간하였는데, 이는 1916년에 〈신청년(新靑年)〉으로 제호를 바꾸어 민주(民主)와 과학(科學)의 깃발을 높이 올리고 근대사상의 계몽운동을 전개하였다. 그는 봉건(封建)제도와 유가(儒家)사상을 비판하고, 유물주의(唯物主義)와 무신론(無神論)을 선양하였으며, 사람들이 미신을 타파하고 사상을 해방시킬 것을 호소하였다.

1917년 1월, 천두슈는 베이징대학 문과(文科) 학장에 임명되었다. 그는 교과과정을 개혁하고, 백화문(白話文)으로 수업을 진행하였다. 1918년 12월, 리다자오(李大釗) 등과 함께 〈매주평론(每週評論)〉을 창간하고 시사평론과 함께 공리(公理)를 주장하고 강권(强權)에 반대하였다. 〈신청년〉과 〈매주평론〉의 선전과 교육으로 5·4 운동을 위한 사상과 간부의 조건이 준비되었다. 1919년 5·4 운동 후, 천두슈는 마르크스주의를 받아들이고 이를 선전하였다. 1920년 5월, 상하이에서 코민테른 대표 보이틴스키(Voitinsky)와 만나 중국공산당을 창설하기 위한 준비 작업을 시작하였다.

2) 중국공산당 창설 주도, 초대 서기(書記)로

1921년 7월, 코민테른(제3인터내셔널)에서 파견한 마링(Maring)의 지도하에 상하이에서 개최된 중국공산당 창당대회 겸 제1차 전국대표대회에서 천두슈는 중앙국 서기(書記)에 당선되었다. 이후 제2차, 제3차 대회에서 중앙위원장에 당선되었으며, 제4차, 제5차 대회에서 중앙 총서기로 당선되었다.[5] 1922년 7월, 상하이에서 열린 당 제2차

---

5) 2전대는 1922년 7월 상하이, 3전대는 1923년 6월 광저우(廣州), 4전대는

전국대표대회에서 중국국민당과의 연합전선 수립과 코민테른 가입 등을 결의하고, 당 기관지 〈향도주보(嚮導週報)〉를 발간하였다. 그 해 11월, 모스크바에서 열린 제4차 코민테른대회에 참석한 후 중국국민당과 합작하라는 코민테른의 지시를 마지못해 따랐다. 1925년 10월, 국민당 우파의 반공책략에 실망하여 중공중앙 4기 2차 대회에서 중공이 국민당에서 물러날 것을 주장하였으며, 이후 여러 차례 이 주장을 제기하였으나 코민테른에 의해 모두 부결되었다. 그리하여 그는 중앙 공작을 주재하면서 '소극적 국공합작'의 방침을 실행하였으며, 중산함(中山艦)사건 등 일련의 사건에서 코민테른의 지시에 따라 장제스에게 양보하였다.

3) 농촌무장투쟁 반대로 당에서 제명(除名)

천두슈는 1927년 3월, 상하이 노동자 제3차 무장봉기를 지도하여 승리로 이끌었다. 그는 4월 5일, 장제스가 노동무장대를 습격할 것이라는 것을 전해 듣고 왕징웨이(汪精衛)와 교섭하여 함께 연합성명을 발표하고 이에 반대하였으며, 다음날 우한(武漢)으로 가 그곳의 노동자·농민운동이 너무 지나치지 않아야 한다고 주장하였다. 1927년, 국공합작이 깨지자 코민테른은 합작 실패의 책임을 물어 그를 압박하였고, 천두슈는 1927년 7월, 총서기(總書記)를 사직하였다.[6] 그는

─────────────

1925년 1월 상하이, 5전대는 1927년 7월 한커우(漢口)에서 각각 개최되었다. 한편 6전대는 중국 내의 사정이 여의치 않아 1928년 7월 소련의 모스크바에서 개최되었으며, 7전대는 1945년 4월 옌안(延安), 8전대는 1956년 9월 베이징, 9전대는 1969년 4월 베이징에서 개최되었다.

9월, 비밀리에 상하이로 돌아갔다. 11월, 중공중앙에 편지를 보내 "노동자·농민운동은 경제투쟁에 힘을 쏟아야 하며, 폭동으로 정권을 쟁취하려는 환상을 버려야 한다"고 건의하였으나 받아들여지지 않았다.

1929년 5월부터 천두슈는 펑수즈(彭述之) 등과 트로츠키[7]의 문건에 접촉하여 트로츠키파로 전향하였으며, 코민테른이 중국혁명에서 추진하는 노선을 맹렬히 비난하였다. 그는 도시를 중심으로 한 국민회의 운동과 노동자 운동을 주장하고, 농촌 무장투쟁에 반대하였는데, 이해 11월, 중국공산당에서 제명되었다. 그는 12월 펑수즈 등 81인 명의로 '우리들의 정치의견서'를 발표하여 중국공산당과 홍군(紅軍)을

---

6) 곧이어 중공 8·7긴급회의가 개최되어 취추바이(瞿秋白)가 총서기에 취임하였으나 1928년, 모스크바 6전대에서 '좌경 모험주의자'라는 비판을 받아 소련으로 소환되었고, 샹중파(向忠發)가 총서기로 선출되었다. 코민테른은 샹중파를 내세워 리리싼(李立三)을 지지하였으나 그의 도시봉기 전략이 실패로 돌아가자 리리싼은 1931년 1월, 당의 불신임을 받았으며, 1931년 6월, 국민당에 체포된 샹중파가 처형되었다. 왕밍(王明, 본명 陳紹禹)이 총서기직을 이었으나 그해 말, 코민테른 대표로 옮겨갔고, 1932년부터 1935년 쭌이회의 때까지 보구(博古, 본명 秦邦憲)가 총서기를 맡았다. 그 후 장원톈(張聞天, 필명 洛甫)이 1943년까지 총서기를 맡았으나, 이는 마오쩌둥 주석 아래의 직책이었다.

7) 트로츠키(Leon Trotskii, 1879-1940)는 오데사대학에 다닐 때, 마르크스주의 운동에 참가하여 1898년 체포된 뒤, 시베리아로 유배되었다. 1903년, 러시아사회민주노동당 제2차 대회에서 멘셰비키에 가담하였다. 1914년 미국으로 망명하였다가 2월혁명 후 1917년 5월 귀국하여 볼셰비키와 공동투쟁을 벌였으며, 7월 정식으로 입당하였다. 9월 페트로그라드의 소비에트 의장이 되어 10월혁명 때 무장봉기에 공헌하였다. 레닌 사후 당의 노선을 놓고 스탈린과 대립하여 1927년 제명, 1929년 국외로 추방되었다. 각국을 전전하다가 1936년 멕시코에 정착하였으나 1940년 8월 암살되었다. 그의 주장은 '영구혁명론'으로 불리는데, 이는 러시아만으로도 사회주의 건설이 가능하다고 주장하는 스탈린의 '일국사회주의론'과 대립하였다.

공격하였다. 이와 함께 펑수즈·인콴(尹寬)·정차오린(鄭超麟)·마위푸(馬玉夫) 등과 상하이에서 트로츠키파 조직 '무산자사(無産者社)'를 결성하고 〈무산자〉를 발행하였다. 이들은 1931년 5월 초, 모스크바에서 귀국한 트로츠키파 유학생 조직과 함께 '중국공산당 좌파 반대파'를 결성하여 상하이에 중앙기구를 두고 천두슈가 총서기를 맡았으며, 기관지 〈불꽃(火花)〉을 발행하였다. 1932년, 상하이사변이 일어나자 항전을 지지하여 중공과 연합을 제의하였으며, 장제스의 매국독재를 비난하였다.

1932년 10월, 상하이에서 당 조직을 획책하다가 국민당정부에 체포·구금되어 1937년 8월 출옥하였으며, 이후 국공합작을 지지하여, 이에 반대하던 트로츠키파 중앙과도 결별하였다. 한 때 우한에서 독립적으로 정치활동을 진행하여 민주인사 등과 함께 제3세력을 조직하려 시도하였다. 1938년, 왕밍(王明)과 캉성(康生)[8] 등에 의해 일본의 간첩으로 몰린 이후로 중국공산당과도 완전히 결별하였으며, 논문을 통해 중공의 농촌유격전쟁 항일노선을 공격하였다. 이해 7월 쓰촨(四川)으로 들어가 가난과 질병에 시달리면서도 꾸준히 집필을 계속해 스탈린의 숙청에 반대하고, 프롤레타리아 독재를 전면 부정

---

8) 캉성(康生, 1899-1975)의 본명은 자오룽(趙容)으로 산둥성(山東省) 주청(諸城) 출신이다. 대지주 집안에서 태어나 상하이대학을 졸업하고 1920년대 초 중국공산당에 입당하였고, 후에 장정(長征)에 참가하였다. 1935년 코민테른 제7차 대회에 참석하였고, 1938년 당 중앙서기국 당보(黨報) 편집위원회 주석, 1945년 중앙위원회 위원 겸 정치국 위원을 지냈다. 1949년 중화인민공화국이 수립 된 후, 중앙인민정부 위원 및 산둥성 인민정부 주석 등 당과 정부의 여러 직책을 역임하였다. 1962년, 중국공산당중앙위원회 서기처 서기가 되었고, 1966년, 문화대혁명 후에는 중앙문혁소조(中央文革小組) 고문으로서 활약하였다. 1969년, 정치국 상무위원, 1973년, 부주석이 되었다.

하였으며, 영미(英美) 의회민주주의를 찬양하였다. 그는 "우리 이전의 견해(見解)를 철저히 뒤집어야 한다"고 주장하고, 레닌과 트로츠키의 이론은 중국에 적용되는 것이 아니라 러시아와 유럽에 필요한 것이라고 강조했다. 천두슈는 1942년 5월 27일, 쓰촨 장진(江津)에서 병사(病死)하였으며, 향년 63세였다. 그의 저작은 '두슈문존(獨秀文存)'과 '천두슈문장선편(陳獨秀文章選編)' 등에 수록되어 있다.

4) '5·4 운동'의 사상적 근거를 마련

천두슈(陳獨秀)는 아주 복잡한 인물이다. 일찍이 그는 5·4 운동과 중국공산당 창건 등에 있어 뛰어난 공적을 기록한 사람이다. 그러나 그는 뒷날 우경(右傾)기회주의에 빠져 중국공산당을 격렬하게 공격하였는데, 이 복잡한 인물에 대하여 마오쩌둥은 역사유물주의 원칙에 입각해 그 공(功)과 과(過)를 분명하게 구분하여 평가하였다.

천두슈는 1916년, 상하이에서 〈신청년(新靑年)〉 잡지를 창간하여 '5·4 운동'의 사상적 근거를 마련함으로써 정치무대에 등장해 그 이름을 떨쳤다. 마오쩌둥이 사범학교에 다닐 때 가장 애독한 잡지가 바로 이 〈신청년〉으로, 마오쩌둥은 1936년 미국 기자 스노우와 담화할 때 아주 감격스럽게 그때 당시를 회고했다. "〈신청년〉은 유명한 신문화 운동 잡지로 천두슈가 편집을 맡았소. 나는 사범학교 다닐 때 이 잡지를 읽기 시작했지. 나는 후스(胡適)와 천두슈의 문장을 읽고 아주 우러러 탄복했어. 그들은 내가 이미 포기한 량치차오(梁啓超)와 캉유웨이(康有爲)를 대신하여 한때 나의 본보기가 되었소."

마오쩌둥은 '5·4 운동'에 있어 천두슈의 걸출한 지위와 공헌에 대해 자신이 직접 느낀 바대로 이야기 하였다. 천두슈·우위(吳虞) 등의 "공자(孔子)를 타도하자"는 문장과 리다자오(李大釗)의 '청춘' 등 계몽작품은 모두 마오쩌둥과 그의 친구들이 깊이 심취하여 읽은 것들이다. 이들은 문장 속의 중요한 부분들에 대한 자신의 의견을 밝혀 치열한 토론을 벌이곤 하였다.

〈신청년〉은 '민주(民主)'와 '과학(科學)'의 두 깃발을 높이 내걸었으며, 천두슈는 논문을 통해 감연히 주장하였다. "'민주'를 지지한다면 공자와 예법, 옛 윤리와 옛 정치를 반대하지 않을 수 없을 것이다. '과학'을 지지한다면 옛 예술과 옛 종교를 반대하지 않을 수 없을 것이다. 민주와 과학을 함께 지지한다면 국수(國粹)9)와 옛 문학을 반대하지 않을 수 없을 것이다." 마오쩌둥은 이러한 주장에 완전히 뜻을 같이 하여 뒷날 자신이 발행한 〈상강평론(湘江評論)〉을 통해 민주와 과학을 적극 선전하였다. 〈신청년〉은 '문학혁명'의 구호를 제창하였는데, 천두슈는 '문학혁명론'에서 다음과 같이 주장하였다. "지나치게 문장을 수식하여 아첨하는 귀족(貴族)문학을 버리고 알기 쉬우며 감정을 그대로 표현하는 국민(國民)문학을 만들자. 진부(陳腐)한 겉치레의 고전(古典)문학을 버리고 신선하며 진실된 사실(寫實)문학을 만들자. 문장이 난삽하여 이해하기 곤란한 산림(山林)문학을 버리고, 뜻이 분명하며 통속적인 사회(社會)문학을 만들자." 마찬가지로 마오쩌둥은 〈상강평론〉에 "귀족의 문학, 고전의 문학, 죽은 문학을 평민의 문학, 현대적 문학, 생명의 문학으로 바꾸자"는 주장을 폈다.

천두슈는 '헌법(憲法)과 공교(孔敎)'라는 글에서 헌법 중에 공자 존

---

9) 한 나라나 민족이 지닌 고유한 정신적·물질적인 장점.

숭의 조항이 삽입되는 것에 반대하고, 종교와 신앙의 자유를 주장했다. 마오쩌둥은 〈상강평론〉 창간 선언에서 "종교 방면에서 보면 '종교개혁'을 하여야 그 결과 신앙의 자유를 얻을 수 있다"고 하였다. 이처럼 마오쩌둥의 〈상강평론〉은 천두슈의 〈신청년〉 논조를 따랐을 뿐만 아니라 그 편집체제 등도 유사하여 동생과 형의 관계와 비슷하였다.

5) 마오쩌둥의 마르크스주의에 영향

1918년 8월, 마오쩌둥은 베이징으로 가서 스승 양창지의 소개로 베이징대학 도서관 보조원으로 일하면서 오랫동안 흠모하던 천두슈를 직접 만나 대화를 나눌 기회를 가졌다. 마오쩌둥은 당시 베이징대학 문과학장을 맡고 있던 그로부터 지대한 계발(啓發)과 영향을 받았다.

1919년 6월 11일, 천두슈는 전단을 살포한 혐의로 북양정부에 체포되었다. 마오쩌둥은 자신이 막 발행한 〈상강평론〉 창간호에 '천두슈의 체포와 구출'이라는 2천여 자의 장문의 글을 실어 그의 체포과정과 각 방면의 구출활동 상황을 상세히 전하였으며, 아울러 장스자오(章士釗)가 북양정부에 대해 문자옥(文字獄) 사건을 일으키지 말라고 촉구하는 전보(電報)의 내용도 실었다. 그리고 이 사건에 대한 자신의 의견을 다음과 같이 밝혔다.

"천두슈(陳獨秀) 선생은 이전부터 학계의 큰 기대를 받아 왔으며, 그 언론과 사상은 국내외에 모두 널리 알려져 있다. 그는 근대사상의 제창에 가장 힘을 쏟은 사람으로 실학계(實學界)의 중진(重鎭)이며, 우리는 그를 사상계의 밝은 별로 여기고 있다. 그가 이야기하는 것을 머리를 약간 맑게 하여 들어보면, 모두가 각자 마음속으로 하고 싶은 말들이다. 현재 중국은 아주 위험한 지경에 처해 있는데, 그것은 인민의 사상이 공허(空虛)하고 부패(腐敗)한 정도가 도를 넘었기 때문이다. 중국의 4억 인구 중 3억 9천만이 미신을 믿고 있으니, 이는 과학(科學)사상이 발달하지 못한 결과이다. 중국에 '공화(共和)'란 말이 있으나 실은 전제(專制)가 횡행하고 있으니, 이는 군중심리에 민주(民主)의 의식이 없기 때문이다. 천두슈가 과학과 민주를 주장한 때문에 당국에 체포된 것은 잘못된 일이며, 그의 지고한 정신을 손상시켜서는 안 된다. 천두슈 만세! 천두슈의 지고한 정신 만세!"

마오쩌둥의 모든 저작 중에서 이처럼 숭고한 찬사를 이 세상 사람에게 바친 예는 다시 찾아보기 힘들다.

1919년 12월 하순, 마오쩌둥 등이 영도한 '후난(湖南) 독군(督軍) 장징야오(張敬堯) 축출 대표단'이 베이징에 도착하여 천두슈와 접촉하여 의논하게 되었다. 이 때 천두슈와 리다자오는 이미 중국 문제의 해결을 위해서는 마르크스주의가 필요하다는 점을 인식하고 있었다. 이러한 점이 마오쩌둥에게 영향을 미쳤음은 의심의 여지가 없다. 마오쩌둥 또한 그때를 회고하고 있다. "이때 신속하게 마르크스주의를 향한 방향의 발전이 이루어졌으며, 나 또한 이 방면에 깊은 관심을 가졌고, 천두슈 또한 도움을 주었다." 1920년 5월, 마오쩌둥은 두 번째 상하이로 갔으며, 천두슈를 만나 후난을 개조하는 문제와 함께 마르크스주의 학습 문제도 상의하였다.

6) 잘못 많지만 그의 역사적 지위 인정

천두슈는 청년 마오쩌둥에 대하여 아주 높이 평가하였다. 1920년, 그는 '후난(湖南)사람들의 끝을 보는 정신을 환영함'이라는 글을 발표했는데, 바로 이때, 마오쩌둥은 독군 축출을 위해 베이징에서 활동하고 있었다. 천두슈는 문장에서 후난(湖南) 출신들의 분투정신을 열거하였는데, 간고분투한 학자 왕부지(王夫之, 船山), 서생의 몸으로 태평군을 진압한 증국번(曾國藩)과 라택남(羅澤南), 신해혁명을 이끈 견인불발의 군인 황싱(黃興)과 차이어(蔡鍔) 등을 예로 들었다. 그는 이러한 분투정신이 사랑스럽고 존경스러운 일단의 젊은이들을 통해 점점 부활하고 있다고 지적하였다.

마오쩌둥은 훗날 천두슈와 갈라서게 된 첫 원인은 대혁명 시기에 농민 문제에 대한 의견 차이 때문이었으며, 뒤이어 중국혁명의 전도에 대한 인식 차이, 국민당에 대한 협력 문제, 그리고 무장투쟁의 문제 등으로 점점 사이가 벌어지게 되었다고 했다. 중공 5전대에서 천두슈는 마오쩌둥의 합리적인 의견을 억압하였다. 1927년 대혁명 실패 후, 마오쩌둥의 천두슈에 대한 평가가 아주 크게 변화하여 많은 문장 중에서 '천두슈 우경(右傾)기회주의의 착오(錯誤)'를 이야기하고 있다. 마오쩌둥은 1939년 5월 4일 쓴 '청년 운동의 방향'에서 그를 비판하고 있다. "천두슈 또한 마르크스주의를 신봉하지 않았던가? 그는 훗날 무슨 짓을 했는가? 그는 반혁명 진영으로 달아나 버렸다." 1945년 8월 13일, 마오쩌둥은 '항일전쟁 승리 후의 시국과 우리의 방침'이라는 문장에서 다시 천두슈를 비판하고 있다. "우리가 인민의 대표로 나섰으면 반드시 대표 노릇을 잘 해야 하며, 천두슈를 닮아서는 안 된다. 천두슈는 반혁명 세력이 인민을 향해 진공해 올 때 상대방과 첨예하게 맞붙어 한 치의 땅이라도 꼭 **뺏**는다는 방침을 택하지 않았으며, 그 결과 1927년의 몇 개월 동안 인민들이 이미 얻은 권리들을 모두 깨끗이 잃고 말았다."

비록 이렇게 비판하였지만, 마오쩌둥은 1942년 3월 20일, 중공중앙학습조에 대한 '중공당사를 어떻게 연구할 것인가'라는 강연에서 천두슈의 역사적 지위를 인정하고 있다. "천두슈(陳獨秀)는 5·4 운동의 총사령이다. 현재 우리는 아직 그의 역사를 선전하고 있지 않지만, 장래에 우리는 중국역사를 편찬하여 그의 공로를 기록하게 될 것이다."

03 루쉰(魯迅)은 중국 제일의 성인(聖人)

루쉰(魯迅) 선생은 마오쩌둥이 일생동안 학습하고, 연구하며, 추앙했던 위인(偉人)이다. 루쉰에 대한 높은 평가와 많은 언급의 사례는 마오쩌둥이 평가했던 인물 중에서 극히 보기 드문 것이다. 마오쩌둥은 그의 마음과 루쉰의 마음은 서로 호흡을 같이 하듯 잘 통한다고 했다. 그 두 사람은 어떻게 그리 호흡이 잘 맞았던 것일까? 더군다나 두 사람은 한번도 직접 대면한 적이 없었다.

루쉰(魯迅)은 중국 문화혁명의 주역(主役)으로 위대한 문학가(文學家)임과 동시에 위대한 사상가(思想家)요 혁명가(革命家)이다. 그는 줏대가 아주 강한 사람으로 털끝만큼의 노예근성이나 비굴함도 없었으니, 이는 식민지 또는 반(半)식민지 인민들에 있어 가장 보배로운 성격이다. 루쉰은 문화전선(文化戰線)에서 전 민족의 대다수를 대표하고 있으며, 적진 함락을 위해 돌격해 들어가는 데 있어 가장 정확하고 용감하며, 충실한 전대 미문의 민족영웅이다. 루쉰이 지향하는 방향은 곧 중화민족 신문화의 방향이다.

- 毛澤東, 『新民主主義論』(華文出版社, 1993), p. 89.

내가 보기에 루쉰(魯迅)은 중국적 가치에 있어 중국의 으뜸가는 성인 (聖人)이다. 공자(孔子)가 봉건사회의 성인이라면 루쉰은 현대 중국의 성인인 것이다.

- 毛澤東, 1937년 10월 19일, 延安 陝北公學에서 열린 魯迅 逝去 1周年大會에서의 講演, 『毛澤東文集·第2卷』, p. 43.

루쉰(魯迅)의 시(詩), "매서운 표정으로 냉정히 뭇사람 비난에 맞서지만, 머리 숙여 기꺼이 아이들을 위한 소가 되리라"는 두 구절은 마땅히 우리의 좌우명(座右銘)이 되어야 할 것이다. 여기서 '뭇사람'이란 곧 '적(敵)들'을 말하며, 어떠한 흉악한 적을 대할지라도 결코 굴복하지 않는다는 뜻이다. '아이들'은 여기서 무산계급 및 인민대중을 의미한다. 모든 공산당원과 혁명가, 그리고 혁명적 문예(文藝) 일꾼들은 마땅히 루쉰의 본보기를 배워야 하며, 무산계급과 인민대중의 '소'가 되어 나라를 위해 온 힘을 다 바쳐 죽을 때까지 그치지 않아야 할 것이다.

- 毛澤東, 延安 文藝座談會에서의 講話, 『毛澤東選集·第3卷』, p. 877.

나는 루쉰(魯迅)의 책을 읽기 좋아하는데, 그의 마음과 우리의 마음은 서로 호흡을 같이 하듯 잘 통한다. 나는 옌안(延安)에서 밤늦게까지 루쉰의 책을 읽다가 수시로 잠을 잊곤 했다.

- 徐中遠, "讀魯迅著作," 龔育之·逢先知·石仲泉, 『毛澤東的讀書生活』(三聯書店, 1986), p. 184.

　루쉰(魯迅, 1881-1936)은 중국의 문학가·사상가로 본명은 저우수런(周樹人)이며, 자는 위차이(豫才)이다. 1881년 9월 25일, 저장성(浙江省) 사오싱(紹興)의 몰락한 지주(地主) 집안에서 태어났다. 루쉰은 어릴 때부터 봉건문화교육을 받았으며, 잡서 읽기를 좋아하였다. 그러나 조부의 하옥(下獄)과 수재(秀才)로 알려진 아버지 저우보이(周伯宜)의 병사(病死) 등 잇따른 불행으로 소년 시절을 어렵게 보냈다.

　1898년, 난징의 강남수사학당(江南水師學堂)에 입학하였으며, 1899년 광무철로학당(鑛務鐵路學堂)으로 옮겼다. 이때 '천연론(天演論)'을 읽고 진화론(進化論)에 접하게 되어 이를 신봉하는 등 당시의 계몽적 신학문의 영향을 크게 받았다. 1902년 졸업 후, 일본으로 유학을 가 처음에 도쿄 홍문(弘文)학원 보통과에 입학하였다가 1904년 센다이(仙臺)의학전문학교에 입학하여 학습하였다. 1906년, 의학공부를 포기하고 도쿄로 돌아와 문화활동에 종사하였으며, 반청(反淸) 혁명 조직인 광복회(光復會)에 가입하였다.

　1909년, 귀국하여 항저우(杭州)·사오싱(紹興) 등지에서 교편을 잡으면서 혁명을 선전하였다. 1911년 신해혁명(辛亥革命) 후, 사오싱사범학교 교장에 임명되었다. 1912년, 중화민국 난징(南京)임시정부가 수립된 후, 교육부 부원이 되었으며, 정부가 베이징으로 옮겨갈 때 따라가 교육부 과장 등을 맡으면서 베이징대학과 베이징여자사범대학에서 강의하였다. 또 틈틈이 금석탁본(金石拓本)의 수집과 고서(古書) 연구 등에도 심취하였다.

1) 백화소설(白話小說)로 근대문학 기초 확립

루쉰은 1918년 초, 잡지 〈신청년(新靑年)〉의 편집을 맡았다. 5월에 처음으로 루쉰(魯迅)이라는 필명을 사용하여 첫 번째 백화소설(白話小說)10)인 '광인일기(狂人日記)'를 그 잡지에 발표하여 봉건제도와 예교(禮敎)를 맹렬히 공격하고 구(舊)사회의 '사람 잡아먹는' 역사를 폭로하였다. 이후 대표작 '아큐정전(阿Q正傳)'과 '공을기(孔乙己)'·'고향'·'축복' 등의 단편을 수록한 첫 번째 소설집 '납함(吶喊)'을 발표하여 중국 근대 문학의 기초를 확립하였다.

5·4신문화 운동 중 루쉰은 반제(反帝)·반봉건의 최전선에서 활동하였다. 1921년, 문화통일전선이 분화되자 번뇌하던 루쉰은 두 번째 소설집 '방황(彷徨)'과 산문시 '야초(野草)' 등을 발표하였으며, 망원사(莽原社) 등 문학 단체를 조직하고 〈망원(莽原)〉 등 간행물을 발간하였다. 이 시기에 루쉰은 마르크스레닌주의에 접촉하기 시작하였다.

1926년 8월, 루쉰은 샤먼(廈門)대학으로 내려가 교편을 잡았다. 1927년 1월, 광저우 중산(中山)대학으로 가 문과(文科) 주임을 맡았으며, 중국공산당과 밀접한 연락관계를 수립하기 시작하였다. 이 해 4월 12일, 장제스가 공개적으로 반공(反共)을 표방하는 정변을 일으

---

10) 중국에서 구어체(口語體)로 쓰인 소설을 이르는 호칭으로 고문(古文)으로 쓰인 문언(文言) 소설의 대칭이다. 당(唐)나라 말기부터 송나라에 걸쳐서 귀족계급의 몰락과 서민계층의 세력 증대로 민간에 구전되는 이야기의 필사본이나 그 대본에서 발달하여 점차 읽기 쉬운 구어체의 소설을 만들게 되었다. 그러나 구어 문장에 의한 작품이 문학의 주류로 등장한 것은 1917년의 천두슈(陳獨秀)·후스(胡適) 등의 문학혁명 제창 이후이며, 1918년 루쉰(魯迅)의 백화소설 '광인일기(狂人日記)'가 발표된 다음이다.

키자 루쉰은 격분하여 사직하고 상하이로 가서 〈어사(語絲)〉·〈분류(奔流)〉 등 간행물을 편집하였으며, 진화론자에서 계급론자로 변화하기 시작했다. 1927년 가을, 상하이의 조계(租界)에 숨어 문필 생활에 몰두하는 한편, 창조사(創造社)·태양사(太陽社) 등 혁명문학을 주창하는 급진적 그룹 및 신월사(新月社) 등 우익적 그룹에 대한 논전을 통하여 매우 전투적인 사회 단평(短評)의 문체를 확립하였다. 1930년, 좌익작가연맹이 성립되자 지도적 입장에 서서 활약하였고, 기관지 〈맹아(萌芽)〉를 발간하였다.

루쉰은 1931년 만주사변 뒤에 대두된 민족주의 문학, 예술지상주의 및 소품문파(小品文派)에 대하여 날카로운 비판을 가하였다. 그는 '이심집(二心集)'·'남강북조집(南腔北調集)'·'위자유서(僞自由書)'·'준풍월담(准風月談)' 등 8편의 잡문집을 펴내 일본제국주의들의 죄상을 폭로하고, 국민당의 문화 '섬멸전'을 분쇄하는 데 앞장섰다.

1933년, 루쉰은 중국민권보장동맹에 참가하여 상하이 분회 집행위원을 맡았으며, 쑹칭링 등과 함께 체포된 공산당원 및 진보인사들에 대한 구조 활동을 적극적으로 전개하였다. 이때 공산당원 취츄바이(瞿秋白)와 깊은 우정을 쌓게 되었으며, 그가 국민당에 의해 살해된 후 루쉰은 병을 앓고 있으면서도 취츄바이의 번역서 '해상술림(海上述林)'을 정리하여 출판하였다. 1935년 장정(長征)이 끝난 후, 홍군이 섬북에 도착했을 때 루쉰은 중공중앙에 축하전보를 보냈다. 그는 또 공산당원 팡즈민(方志敏)이 옥중에서 중공중앙에 보낸 편지와 약간의 원고들을 보존하여 두었다가 나중에 당 중앙에 온전하게 전달하였다.

루쉰은 1936년 10월 19일, 상하이에서 숨졌다. 수많은 국내외 조문객들이 모여 그를 추도하였으며, 장례식 행렬을 따르는 군중이 수만에

달했다. 10월 22일, 중공중앙과 중화소비에트인민공화국 중앙정부는
루쉰 선생을 기리는 추도문을 발표하였다. "루쉰 선생의 민족해방을
위한 평생의 투쟁은 중화민족 인민들과 문인들의 모범이 되었다. 그
의 붓은 제국주의와 매국노 등 모든 나쁜 무리들에 대한 대포가 되었
으며, 그는 항상 피압박 대중들과 함께하며 적들과 싸움을 벌였다."

　루쉰은 일생 동안 수많은 저술을 남겼으며, 창작물 이외에도 많은
번역 작품이 있는데 주로 '루쉰전집(魯迅全集)'에 수록되어 있다.

2) "사상과 행동은 공산당 밖의 볼셰비키"

　마오쩌둥이 중국 현대작가 작품을 읽은 것은 상대적으로 적었으며,
또한 그 작가들에 대해 언급하는 경우도 아주 드물었다. 그러나 루
쉰(魯迅)에 대해서만은 예외였다. 마오쩌둥은 루쉰과 그의 저작에
대하여 여러 차례 언급하였고, 이를 최고의 수준으로 평가함으로써
고금의 문화인들 중 이에 비길 사람이 없었다.

　마오쩌둥은 루쉰의 작품을 알게 되고 이를 읽기 시작한 것은 5·4
운동 때부터이다. 그때 마오쩌둥은 〈신청년〉 잡지의 열렬한 애독자였
는데, 이 잡지에 루쉰이 쓴 백화소설과 약간의 잡문이 발표되었던 것
이다. 1932년 말 펑쉐펑(馮雪峰)11)이 상하이에서 루이진(瑞金)에 도

---

11) 펑쉐펑(馮雪峰, 1904-1976)은 저장성(浙江省) 이우현(義烏縣) 출신이
　　다. 시인으로 출발하였으나 1927년 공산당에 입당하여 러시아 문학의
　　번역과 평론으로 방향을 바꾸었다. 1928년 러우스(柔石)의 소개로 루쉰
　　(魯迅)과 알게 되고, 그와 협력하여 중국좌익작가연맹의 주간으로서 활
　　약하였다. 그 뒤 장정(長征)에 참가하고 항일통일전선 결성의 공작 등

착하여 마오쩌둥에게 말했다. "어떤 일본인이 평가하기를 '전 중국에서 오로지 두 사람 반(半)이 중국을 이해하고 있는데, 하나는 장제스이고, 또 하나는 루쉰이며, 반(半) 사람은 마오쩌둥'이라고 했습니다." 이러한 기상천외한 평가를 전해 듣고 마오쩌둥은 박장대소를 터뜨렸다. 그런 후 잠시 생각을 가다듬은 마오쩌둥은 고개를 끄덕이며 말했다. "그일본인은 대단하오. 루쉰이 중국을 이해한다고 한 그 말은 옳소."

루쉰은 살아있을 때 마오쩌둥과 직접 대면한 적이 없다. 홍군이 장정에 성공했을 때 그는 마오쩌둥에게 한 통의 전보를 보내 승리를 축하했다. "그대들에게 인류와 중국의 희망이 달려 있다." 루쉰은 죽기 얼마 전 사람을 시켜 상하이에서 멀리 섬북의 마오쩌둥에게 절여 말린 돼지다리 두 짝을 선물하면서 편지도 함께 보냈다.

마오쩌둥이 처음으로 루쉰에 대한 공개적이며 전면적인 평가를 한 것은 1937년 10월 19일 루쉰 서거 1주년을 맞는 날, 옌안(延安) 섬북 공학에서 '루쉰을 논함'이라는 강연을 통해서였다. 강연 내용은 수강생 왕다모(汪大漠)에 의해 기록되어 1938년 3월 〈7월〉 잡지에 발표되었다. "우리가 오늘 루쉰 선생을 기념하기 위해서는 먼저 그에 대해 알아야 하고, 그가 중국혁명에서 차지하고 있는 위치를 이해해야한다. 우리가 그를 기념하는 것은 그가 문장을 잘 쓰고 위대한 문학가이기 때문이기도 하지만, 또한 그가 민족 해방의 최선봉으로서 혁명에 크나큰 도움을 주었기 때문이다. 그는 비록 공산당 조직에 속해 있지 않았지만 그의 사상과 행동, 그리고 그의 저작은 모두 마르크스주의적이다. 그는 당 밖의 볼셰비키이다."

에 진력하였다. 주요저서로 '과거(過去)'·'시골과 도시'·'회억루쉰(回憶魯迅)'(1952), 시집 '영산가(靈山歌)' 등이 있다.

이어서 마오쩌둥은 '루쉰(魯迅)정신'의 세 가지 특징을 구체적으로 설명하였다.

"첫째, 그의 정치를 보는 원대한 식견이다. 그는 망원경과 현미경을 사용하여 사회를 관찰했으므로 멀리, 그리고 뚜렷하게 볼 수 있었다. 그는 1936년 트로츠키파의 위험한 경향을 대담하게 지적하였는데, 현재의 사실들을 보면 그의 견해가 정확하고 분명했다는 것이 완전히 증명되고 있다. 루쉰은 중국적 가치에 있어 중국의 으뜸가는 성인(聖人)이다. 공자(孔子)가 봉건사회의 성인이라면 루쉰은 현대 중국의 성인인 것이다. 우리는 영원히 그를 기념하기 위하여 옌안에 루쉰기념관을 지었으며, 루쉰예술학원도 개설하여 후세 사람들이 그의 위대함을 존경할 수 있도록 하였다."

"둘째, 그의 투쟁정신이다. 그는 암흑과 폭력의 시대를 꿋꿋이 버틴 한 그루 거목이었으며, 작은 풀잎처럼 이리저리 흔들리지 않았다. 그는 정치의 방향을 분명하게 정하고 나서 그 목표를 향해 용감하게 투쟁하였으며, 결코 중도에서 타협하지 않았다. 철저하지 못한 일부 혁명가들은 처음에 투쟁에 참가했지만 나중에는 대오에서 이탈하여 도망을 쳤다. 독일의 카우츠키나 러시아의 플레하노프 등이 그 좋은 실례이다. 중국에도 그러한 사람이 적지 않았다. 루쉰 선생은 그러한 사람들을 통한스럽게 생각하였으며, 이들에 맞서 투쟁하였다."

"셋째, 그의 희생정신이다. 그는 적들이 자신을 위협하거나 회유하고 잔악하게 해를 가하여도 조금도 두려워하지 않았으며, 적들의 예봉을 피하지 않고 칼과 같은 붓을 휘둘러 증오스러운 모든 것들을 베어 넘겼다. 루쉰은 철저한 현실주의자로 조금의 타협도 없는 굳은 결단력을 갖추고 있었다. 그는 거짓으로 자비로운 체하는 가짜 군자의 색채가 전혀 없었다."

3) 자아비판(自我批判) 정신 높이 평가

마오쩌둥은 루쉰이 중국의 으뜸가는 성인(聖人)이라는 관점을 만년에도 여전히 견지하였다. 1971년 11월 20일 우한(武漢)에서의 담화에서 그는 말했다. "루쉰은 중국 제일의 성인이다. 중국 제일의 성인은 공자(孔子)가 아니며, 나도 아니다. 나는 성인의 학생이다."

마오쩌둥은 루쉰의 저작을 아주 즐겨 읽었으며, 세 종류 판본의 '루쉰전집'을 소장하고 있었다. 1975년 7월 마오쩌둥은 노인성 백내장(白內障) 수술을 받아 시력이 아직 회복하지 못했으므로 측근의 근무자를 불러 루쉰의 작품을 낭독하도록 시켰다. 루쉰은 '준풍월담(准風月談)'에서 문예계 일부의 완벽주의를 비판했다. 즉 사과가 약간 썩어 문드러졌다고 해서 모든 사과를 내다 버리는 방법은 잘못된 것이며, 머리장식은 반드시 순금으로 해야 하고, 인물(人物)은 완전한 사람이어야 한다는 사상은 그릇된 것이라고 루쉰은 주장했다. 루쉰은 썩은 사과 먹는 것을 예로 들어 결함이 있는 문예작품을 정확하게 다루도록 사람들에게 가르치고 있다. 마오쩌둥은 루쉰의 견해에 찬동하여 "잘 썼다. 옳은 말이다"라고 칭찬했다. 루쉰의 작품 중에서도 마오쩌둥이 가장 좋아한 것은 잡문(雜文)이며, 특히 후기의 잡문을 좋아했는데 전투정신이 풍부하고 변증법적 요소가 잘 갖추어져 있었다.

마오쩌둥은 다른 사람들에게 루쉰의 잡문 쓰는 것을 배우도록 권하였을 뿐만 아니라, 그 자신이 장래에 물러난 이후에는 잡문을 쓸 것을 희망하였다. 실제로 그는 청년시절부터 일생 동안 많은 시사정론(時事政論)을 써왔으며, 그 대부분이 뛰어난 잡문 문장으로 루쉰의 스타일에 아주 닮아 있었다.

마오쩌둥은 또 루쉰의 소설을 좋아하였는데, 항상 '아큐정전(阿Q正傳)'의 내용을 예로 들어 문제를 설명하곤 하였다. 1956년 4월 25일, '십대관계론(論十大關係)'이라는 연설에서 다음과 같이 지적했다. "'아큐정전'은 훌륭한 소설로 이미 읽은 동지들은 다시 한 번 더 읽고, 아직 읽지 않은 동지들은 꼭 한번 읽어보기를 권유한다. 루쉰은 이 소설에서 낙후되었으나 깨우치지 못한 어느 농민을 그리고 있다. 루쉰은 일부러 '혁명을 허용하지 않다'는 장(章)을 만들어 가짜 양코배기가 아큐의 혁명을 허용하지 않는다고 적고 있다. 사실은 당시 아큐의 이른바 혁명이란 다른 사람들과 같이 무언가를 손에 쥐었으면 하고 바라는 것에 불과하였다. 그러나 이러한 혁명 또한 가짜 양코배기는 허용하지 않았다. 이런 점에서 볼 때 어떤 사람들은 양코배기를 아주 닮았다. 그들은 잘못을 범한 사람들이 혁명을 하는 것을 허용하지 않으며, 잘못을 범한 것과 반(反)혁명을 구분하지 않고, 심지어 조금이라도 잘못을 범한 사람은 바로 죽인다. 우리는 이 교훈을 기억해야 할 것이다. 사회적으로 사람들의 혁명을 허용하지 않는 것은 물론, 당내에서 잘못을 범한 동지에게 이를 바로잡을 기회를 주지 않는 것은 모두 나쁜 것이다."

1959년 여름 루산(廬山)회의 기간에 마오쩌둥은 여러 차례 루쉰과 '아큐정전'에 관하여 언급하였다. "루쉰은 마르크스주의자이다. '매서운 표정으로 냉정히 뭇사람 비난에 맞서지만, 머리 숙여 기꺼이 아이들을 위한 소가 되리라'는 두 구절은 변증법에 들어맞는다. 잘못을 범한 동지에게는 출로를 열어주어야 하며, '아큐정전'의 양코배기처럼 다른 사람의 혁명을 불허해서는 안 된다."

마오쩌둥은 루쉰의 자아비판 정신을 매우 높이 평가하여 루쉰의 그 자신에 대한 엄격한 요구를 배우고자 하였다. 1966년 7월 8일, 장 칭(江青)에게 보낸 편지에 다음과 같이 썼다. "나는 루쉰의 마음과 서로 통한다. 나는 그의 솔직담백함을 좋아한다. 자신의 사상을 분석 하면서, 이따금 다른 사람의 사상을 분석하는 데 엄격하다고 그는 말한다. 몇 번 실패를 겪은 후에 나 역시 종종 그러하다. 그러나 동 지들은 이를 믿지 않는다."

마오쩌둥은 루쉰이 '미유천재지전(未有天才之前)'이란 문장에서 밝 힌 관점에 완전히 찬동했다. "천재는 깊은 숲이나 황야에서 스스로 생장하는 괴물이 아니며, 천재를 생장시킬 수 있는 민중에 의해서 만들어져 성장하는 것이다. 따라서 이러한 민중이 없으면 당연히 천 재도 없게 된다." 마오쩌둥은 이 대목에 붉은 색깔로 굵은 선을 그 어두었다. 마오쩌둥은 이전부터 하늘이 천재를 만든다는 생각에 찬 성하지 않았으며, 천재란 다만 약간 총명할 뿐이라고 여겼고, 진실한 천재는 부지런히 실천하여 참된 지식을 나타내는 사람이라고 보았다. 마오쩌둥은 "사람은 누구나 자신을 정확히 아는 것이 중요하며, 항 상 자신의 약점과 잘못을 생각해야 한다."고 주장하였다.

04 후스(胡適)는 진보적 청년들의 본보기

후스(胡適)는 아주 유명한 사람이지만, 또한 극히 복잡한 인물이기도 하였다. 신문화 운동 시기에 그는 한동안 마오쩌둥의 본보기가 되었다. 마오쩌둥은 어떻게 그를 인식하고 있는가? 이러한 인식은 어떻게 발전하고 변화한 것일까? 상당한 우여곡절과 아주 많은 깨달음이 있었다.

나는 배움을 구하기 위해서 어떤 곳에 꼭 가야 할 필요가 없다고 생각한다. 어떤 이들은 외국으로 나가는 것에 도취되어 있다. 중국에서 외국으로 나간 사람은 수만 또는 수십만 명이 되나 성공한 경우는 많지 않다. 대다수는 여전히 어리석고, 아직도 갈피를 잡지 못하는 것이 그 구체적 증거이다. 나는 이를 근거로 후스(胡適)와 리사오시(黎邵西) 두 분께 질문을 하였는데, 그들은 모두 나의 의견을 옳다고 여겼으며, 후스선생은 그 위에 '비유학편(非留學篇)'이라는 문장까지 지었다. 그래서 나는 당분간 외국으로 나가지 않고, 국내에서 여러 학문의 개요를 연구할 생각이다.

- 毛澤東, 1920년 3월 14일 周世釗에 보낸 書信, 『毛澤東早期文稿』(湖南出版社, 1990), p. 474.

　　<신청년(新靑年)>은 유명한 신문화 운동의 잡지로 천두슈(陳獨秀)가 편집을 맡았다. 나는 사범학교에서 공부하던 시절 이 잡지를 읽기 시작했다. 나는 후스와 천두슈의 문장을 읽고 아주 우러러 탄복했다. 그들은 내가 이미 포기한 량치차오(梁啓超)와 캉유웨이(康有爲)를 대신하여 한때 나의 본보기가 되었다.

- 毛澤東, 1936년 延安에서 에드가 스노우와의 談話, 李銳, 『毛澤東早年讀書生活』(遼寧人民出版社, 1992), p. 251.

　　후스(胡適, 1891-1962)는 현대중국의 사상가이며 교육자로 학명 홍이(洪驛), 자 스즈(適之), 안후이성(安徽省) 지시(績溪) 출신이다. 상하이의 관리 겸 상인의 가정에서 태어났는데 아버지는 청(淸)말의 지방 관리였으며, 어머니는 농촌 출신이었다. 1895년 봄 고향의 서당에 나가 공부를 시작하여 사서오경을 읽었다. 아홉 살 때부터 '수호전(水滸傳)'·'삼국지연의(三國志演義)'·'홍루몽(紅樓夢)'·'유림외사(儒林外史)'·'요재지이(聊齋志異)' 등의 소설을 열독하였다. 사상적으로는 정주(程朱) 이학(理學)의 영향을 받았다.

　　1904년 봄, 상하이의 신식 학당(學堂)에 입학하여 영어와 자연과학을 배웠고, 옌푸(嚴復)가 번역한 영국 헉슬리의 '천연론(天演論)'과 량치차오의 '신민설(新民說)'을 접하게 되어 큰 깨우침을 얻었다. 그는 중국공학(中國公學)에서 공부할 때 경업학회(竟業學會)에 참가하였으며, 한때 백화문(白話文)으로 발간된 〈경업순보〉의 편집을 맡기도 하였다. 이 시기에 후스는 고문(古文)의 시(詩)에 깊이 빠지게 되어 자연과학을 포기하고 문학(文學)과 사학(史學)을 전공으로 삼게 되었다.

1) 개성(個性) 해방과 사상의 자유를 선전

후스는 1910년 베이징으로 가 제2기 관비(官費)장학생으로 뽑혀 미국으로 유학을 떠났다. 코넬대학에서 처음에 농업을 전공하다 나중에 문과로 바꾸어 정치 · 경제 · 문학 · 철학을 배웠다. 1914년 문학사 학위를 얻은 후 컬럼비아대학으로 가 철학을 전공하였으며 존 듀이의 실용주의 철학에 깊은 감명을 받았다. 후스는 뒷날 다음과 같이 회고했다. "나의 사상은 두 사람의 영향을 가장 많이 받았다. 한 사람은 헉슬리이며, 또 한 사람은 듀이 선생이다. 헉슬리는 나에게 회의(懷疑)하는 방법을 가르쳐 주었으며, 충분한 증거를 갖지 못한 모든 것들을 믿지 않도록 나에게 가르쳤다. 듀이 선생은 어떻게 생각하는가를 나에게 가르쳐 주었으며, 일체의 학설과 이상을 모두 결론을 위한 가설(假設)로 보도록 지도했다."

1917년 논문 '선진명학사(先秦名學史)'를 완성하였으며, 이를 컬럼비아대학에 학위논문으로 제출하여 철학박사학위를 획득하였다. 이해 여름 귀국하여 베이징대학 철학교수에 임명되었으며, 나중에 다시 영문과 주임과 문과 학장 등을 역임하였다. 이 해 장둥슈(江冬秀)와 결혼하였다. 그때 차이위안페이(蔡元培)가 베이징대학 학장으로 있었는데, 그는 교육 개혁을 위해 일본과 구미 각국에서 유학을 마치고 돌아온 새로운 지식인들을 베이징대학으로 모았던 것이다. 그들은 천두슈가 편집하는 〈신청년〉을 진지(陣地)로 삼아 민주와 과학을 선전하였고, 반봉건적 신문화 운동과 문학혁명 운동을 창도하였다. 후스는 이러한 운동에서 적극적인 역할을 맡았다.

미국유학 시절인 1917년 1월, 잡지 〈신청년〉에 논문 '문학개량 추의(芻議, 자기 의견을 낮추어 이르는 말)'를 발표, 구어(口語)에 의한 문학을 제창하여 문학혁명의 계기를 만들었다. 1918년 〈신청년〉 편집부에 들어가 백화문(白話文)을 제창하고 개성해방과 사상의 자유를 선전하여 천두슈·리다자오 등과 함께 신문화 운동의 영도적 인물이 되었다. 5·4 운동을 전후하여 후스는 '논단편소설(論短篇小說)'·'담신시(談新詩)' 등 문장을 계속 발표하여 창작 이론의 각도에서 신구(新舊) 문학의 구별을 설명하고, 신문학 창작을 제창하였다. 그는 또 모파상 등 프랑스 유명 작가의 작품을 번역하여 신문학의 거울로 삼게 하였다.

이와 동시에 그는 백화문학사(白話文學史)의 연구와 장회소설(章回小說)의 고증 사업에 노력을 기울였다. '백화문학사' 상권을 저술하였으며, 1920년부터 계속하여 '수호전'·'홍루몽'·'서유기'·'삼국지연의' 등의 고증작업에 관한 논문을 집필하여 이를 '중국장회소설고증'이라는 책으로 출판했다. 그가 고증한 소설은 두 종류로 나뉘는데 하나는 '수호전'을 대표로 하는 역사소설로 그 역사적 변천 과정을 중점적으로 연구하였다. 또 한 종류는 '홍루몽'을 대표로 하는 창작소설로 작가의 주변 환경과 경력을 고증하는 데 중점을 두었다. 1921년에서 1933년까지 '홍루몽'을 고증하는 다섯 편의 문장을 발표하여 색은파(索隱派)의 구홍학(舊紅學)을 부정하였고, '자전설(自傳說)'을 주장하여 뒤에 신홍학(新紅學)이라 불린 학파를 창설하였다.

1927년 국민당정권 건립 후, 후스는 월간지 〈신월(新月)〉에서 인권 문제에 관해 토론한 문장을 '인권논집'으로 출간하여 한때 국민당정부의 불만을 사기는 했지만, 대체로 국민당과 그 노선을 함께하는 정치적 태도를 보였다. 1930년 4월에 작성한 문장 '우리는 어느 길로 가는가'에서 후스는 중국이 다섯 개 원수를 타도해야 한다고 주장하였는데, 빈곤·질병·우매(愚昧)·부패·혼란 등이 바로 그것이며, 제국주의의 중국에 대한 침략과 봉건세력의 중국에서의 존재는 완전히 부인하였다. 1933년 초, 쑹칭링과 차이위안페이가 주도하는 중국 민권보장동맹(中國民權保障同盟)에 참가하여 베이징 책임자가 되었으나 정부 권력의 옹호를 강조하는 문장을 써 민권 동맹을 비판하였으므로 동맹에서 제명되었다.

항일전쟁 기간 후스는 국민당정부 주미(駐美) 대사를 지냈으며, 항일전쟁 승리 후에는 베이징대학 학장이 되었다. 그는 당시 날로 고양되던 민주화 운동 중에서 진보적 청년학생들의 반대편에 섰다. 1946년, 국민당정부가 개최한 이른바 '국민대회'에 참가하여 대회 주석을 맡아 국민당정부를 위해 진력하였다.

중화인민공화국이 성립되기 직전 후스는 대륙을 떠나 미국으로 갔다. 그는 1957년 타이완 당국의 유엔대표를 맡았으며, 1958년 타이완으로 돌아와 중앙연구원 원장과 총통부 자정(資政) 등의 요직을 역임하였다. 후스는 1962년 2월 24일 심장병으로 인해 사망했다. 중국에서는 1954년 이후 후스를 관념적 부르주아 사상가로 비판하는 운동이 일어났다. 주요저서로 '중국철학사 대강(大綱)'(1919), '백화(白話)문학사'(1928) 등이 있다.

2) 외국서 수입해 온 '주의(主義)'는 헛된 것

후스(胡適)는 마오쩌둥보다 두 살밖에 많지 않았지만 비교적 일찍 사회적으로 두각을 나타내었다. 그는 5·4 운동 시기에 풍운(風雲)의 인물로 많은 진보적 청년들의 존경을 받는 모범이 되었으며, 청년 마오쩌둥도 예외가 아니었다. 10여년 후, 그는 스노우와 대화하면서 젊었을 때 〈신청년〉을 읽던 때를 회상하였다. "나는 후스와 천두슈의 문장을 읽고 아주 우러러 탄복했다." 여기서 마오쩌둥은 후스와 천두슈를 나란히 거론하며 이들을 당시에 자신의 본보기를 삼았다고 밝히고 있다.

마오쩌둥은 처음 〈신청년〉에 실린 후스의 문장을 읽고 나서부터 후스를 이해하기 시작했다. 그런 후 1918년 10월부터 1919년 3월까지 마오쩌둥은 베이징대학에서 후스의 강의를 청강하였다. 후스는 신진 세력의 대표적 인물로 신문화 운동을 창도한 영도자의 한 사람이었으며, 사회적으로 명성이 높았다. 그의 학문은 동서양을 관통하는 광범위함과 정치(精緻)함을 두루 갖추었고, 항상 새로운 관념과 사상을 두루 전파하였기 때문에 많은 대학생과 청년들의 환영과 지지를 받았다. 당시 마오쩌둥도 후스를 숭앙하였다. 샤오싼(蕭三)의 회고에 따르면 마오쩌둥의 스승 양창지는 마오쩌둥 등 제자들의 지적 욕구를 충족시켜주기 위하여 이들을 당시 문화계 명사들에게 소개시켜 주었는데, 이렇게 하여 만난 사람은 차이위안페이·후스·타오멍허(陶孟和) 등이다.

후스의 중요 문장을 마오쩌둥은 열심히 읽고 연구하였는데, '문학 개량 추의'와 같은 글은 마오쩌둥에게 깊은 인상을 남겼다. 후스는

"틀에 박힌 말을 마구 쓰는 것을 삼가고, 속자(俗字)와 속어(俗語)를 피하지 마라"고 주장하였는데, 25년 뒤, 마오쩌둥은 '당의 팔고(八股)에 반대함'이라는 유명한 연설에서 이를 다시 강조하였다. 마오쩌둥은 또한 철학상의 몇 가지 문제, 가령 중국과 서양학술의 관계 및 실험주의 철학 등에 관해 후스에게 가르침을 청하여 직접 지도를 받았다. 또 후스의 묵자(墨子) 철학과 실험주의(實驗主義) 철학 등에 관한 강연을 들었다.

천두슈와 후스는 당시 〈매주평론(每週評論)〉이라는 아주 유명한 잡지를 발간하였는데, 마오쩌둥은 이 잡지에서도 많은 영향을 받았다. 1919년 7월 4일 마오쩌둥이 창간한 〈상강평론(湘江評論)〉은 간행물의 이름에서부터 그 편집 형식과 내용 모두가 〈매주평론〉의 영향을 받았음을 누구나 쉽게 알 수 있었다. 후스 또한 그렇게 보았으며, 〈상강평론〉이 〈매주평론〉의 '동생'이라고까지 이야기했다. 후스는 〈매주평론〉 제36호(1919년 8월 24일)에 '새로운 출판물 소개'를 발표했다. "현재 새로 출판된 주보나 신문의 숫자가 적지 않다. 북으로는 베이징에서, 남으로는 광저우까지, 동으로는 상하이에서, 서로는 쓰촨에 이르기까지 거의 모든 도시에서 이러한 새 간행물들이 발행되고 있다. 우리는 새롭게 대열에 합류한 두 명의 '동생'을 특별히 소개한다. 하나는 창사(長沙)의 〈상강평론〉이고 또 하나는 청두(成都)의 〈일요일〉이다." 이 문장에서 후스는 〈상강평론〉에 발표된 마오쩌둥의 '민중적 대연합'이라는 글을 특별히 칭찬하였다. "이 문장은 보는 시야가 아주 넓고 의론 또한 통쾌하니 확실히 오늘날의 중요 문장이라 할 수 있다." 마오쩌둥은 이 글에서 입센의 여성해방론에 대한 관점을 포함시켰는데, 이는 후스가 선전하는바 주장과 일치하였던 것이다.

1919년 7월, 후스는 〈매주평론〉 제31호에 '문제를 많이 연구하고, 주의(主義)는 적게 이야기하자'라는 글을 발표하였다. "듣기 좋은 공론(空論)으로 '주의'를 얘기하기는 극히 쉬운 일로, 개나 소나 모두 할 수 있는 일이며, 앵무새나 축음기도 가능하다. 외국에서 수입해 온 '주의'를 헛되이 이야기하는 것은 아무짝에도 쓸모없는 일이다." 후스는 심지어 한쪽으로 치우친 '주의'는 아주 위험하다고까지 여겼다. 이 같은 구두선(口頭禪)은 부끄러움을 모르는 정객(政客)들에게 이용되어 종종 사람들을 해칠 수 있다는 것이다. 여기서 '외국에서 수입해 온 주의'는 무엇을 가리키는가? 그는 명확하게 밝히지 않고 있다. 다만 그는 사회 문제를 근본적으로 해결할 수 있다고 하는 '주의'에 반대를 표시하고 있으며, 인력거꾼의 생계 문제나 여성해방 문제 등을 연구해 나가야 한다고 주장하고 있다. 그러나 후스가 반대한 것이 사회적 문제의 '근본적 해결'을 주장하는 마르크스주의였다는 것은 모두가 짐작하여 아는 사실이다. 그는 만년(晩年)에 타이완에서 출판된 자서전에서 "문제연구와 주의의 투쟁은 나와 마르크스주의자와의 첫 충돌"이라고 밝히고 있다.

3) 국민당의 '당치(黨治)'와 '인치(人治)' 비판

1919년 12월, 후난(湖南) 독군(督軍) 장징야오(張敬堯)를 몰아내기 위하여 마오쩌둥은 후난성 대표단을 이끌고 베이징으로 가 그곳에서 3개월 남짓 머물렀다. 이 기간에 그는 후스와 접촉하였다. 1920년 3월 14일 마오쩌둥은 저우스자오(周世釗)에게 보낸 편지에서 후스와 만나 서로 대화한 내용을 적고 있다. 그때 많은 사람들이 모두 외국으로 유학을 가기 위해 노력하고 있었는데, 마오쩌둥은 이에 대해 아주 못마땅해 하였으며, 후스와 외국 유학의 득실 문제를 토론하였다고 한다. "나는 배움을 구하기 위해서 어떤 곳에 꼭 가야 할 필요가 없다고 생각한다. 중국에서 외국으로 나간 사람은 수만 또는 수십만 명이 되나 성공한 경우는 많지 않다. 나는 이를 근거로 후스(胡適)와 리사오시(黎邵西) 두 분께 질문을 하였는데, 그들은 모두 나의 의견을 옳다고 여겼으며, 후스 선생은 그 위에 '비유학편(非留學篇)'이라는 문장까지 지었었다."

후스는 일찍이 1914년 1월 출판된 〈유미학생년보(留美學生年報)〉 제3호에 실린 '비유학편' 문장에서 "국립대학을 설립하여 본국의 인재 양성소로 만들어야 한다"고 주장했다. 본국의 대학이 잘되면 꼭 외국으로 나갈 필요가 없다는 것이다. 그는 또 학업의 운영 문제에 있어서 중국 고대의 서원(書院)이 자습(自習)과 연구를 중시한 것을 본받아야 한다고 인식하였다. 마오쩌둥은 1920년 저우스자오에게 보낸 편지에서 자신이 후스와 '독학대학' 설립계획을 상의하였음을 밝히고 있다. "나는 우리가 창사에서 집 하나를 빌려 독학대학을 설립하여 새로운 학습 문화를 창조해야 한다고 생각한다. 우리는 이 대학에서 공산(共産)의 생활을 실행할 것이다. 이 조직은 '공독호조단(工讀互助團)'이라 부를 수 있을 것이다." 후스는 마오쩌둥의 이 계획을 찬성하고 지지했으며, 조직의 이름은 '독학대학(自修大學)'으로 바꾸도록 권유했다. 마오쩌둥 등은 그 후 독학대학을 설립하였으며, 사회의 강렬한 반향을 일으켰고, 〈신교육〉 등 잡지가 이를 긍정적으로 평론하였다.

마오쩌둥은 1923년 4월 10일 발간한 〈신시대〉 창간호에 '외력(外

力) 및 군벌과 혁명'을 발표하여 국내 각파의 세력을 혁명적 민주파, 비혁명적 민주파, 그리고 반동파 등 세 가지로 나누었다. 그는 후스 등 '신흥자산계급'을 비혁명적 민주파로 규정하고 그들과 혁명파가 합작할 수 있을 것으로 인식하였다. 1949년 이후 후스는 반동파(反動派)로 규정되었으나 현재로 볼 때 그러한 비판은 다소 경솔한 점이 없지 않았다.

　후스는 일생 동안 백화문(白話文)의 보급자를 자처하였는데 사실이 그러하다. '문학혁명'의 구호도 루쉰이 아닌 후스가 가장 먼저 제기한 것이다. 후스는 또 '타도 공자(孔子)'의 구호를 가장 먼저 외쳤으며, 예교(禮敎)·정절(貞節)·효도(孝道) 등에 대한 비판을 후스가 먼저 하고 루쉰이 뒤를 이어 목소리를 함께 했다. 그 밖에 중국 철학사와 사상사의 연구 및 정리, 중국고전소설의 고증 및 고사(古史)연구 분야에 있어서도 후스는 개척자적인 공헌을 하였다. 그는 또 '자유신(自由神)'을 자처하며 1929년 '인권 문제' 토론을 발기하여 국민당의 '당치(黨治)'와 '인치(人治)'를 대담하게 비판하였으며, 이를 바탕으로 '법치(法治)'를 널리 호소하였다. 주미대사 시절에는 항일(抗日)을 위한 차관(借款)을 모으기 위해 곳곳에서 순회연설을 하였다. 1942년 상반기 4개월 동안에만 1백 여회의 강연을 하였으며, 결과적으로 과로가 누적되어 심장병으로 병원에 입원을 하였다. 그는 미국으로 유학하여 '나라의 병을 고치는 의술(醫術)'을 배우고자 하였으며, 알퐁스 도데의 '마지막 수업'과 바이런의 '그리스 애가(哀歌)' 등을 번역하였고, 농업을 포기하고 문학에 종사하여 '집필보국(執筆報國)'하기로 결심하였다. 후스는 비록 뒷날 타이완 당국을 위해 일했지만 죽을 때까지 국민당에는 입당하지 않았다.

미국유학시절의 후스

후스와 그의 부인

북경대학 교수시절의 후스

05 궈모뤄(郭沫若)의 사론(史論)은 중국인민에 유익

　　궈모뤄(郭沫若)는 백과사전과 같은 인물로 혁명에 일찍 참가하였고, 마오쩌둥과도 일찍 알게 되어 그 교유(交遊)관계가 깊었다. 그는 훌륭한 글로써 혁명과 문화사업에 커다란 공헌을 하였다. 역사에 대한 탐구로부터 시사(詩詞)를 주고받기에 이르기까지 마오쩌둥은 그와 여러 방면에서 서로 왕래가 있었다. 마오쩌둥은 그에 대해 아주 높이 평가하였으며, 아주 큰 기대를 걸고 있었다.

　　궈모뤄(郭沫若) 형,
　　'호부(虎符)'를 받아 전편(全篇)을 읽고 나서 깊은 감동을 받았소. 그대가 혁명을 위해 아주 유익한 문화 공작을 많이 하였기에 나는 그대에게 치하(致賀)의 뜻을 표합니다.
　　　　　　　　　　　　　　　마오쩌둥, 1944년 1월 9일, 옌안
　　- 毛澤東, 1944년 1월 9일 郭沫若에게 보낸 書信,『毛澤東書信選集』(人民出版社, 1983), p. 221.

모뤄(沫若) 형,

편지 잘 읽었소. 과분한 칭찬 감당하기 어려우나 더욱 학습에 노력하여 옛 친구의 기대에 부응하도록 하리다. 우창(武昌)에서 헤어진 후에는 온 종일 일에 묻혀 사는 바람에 책 읽고 연구할 기회가 없었기에 그대가 성취한 저작물을 대하니 부럽기 한량없습니다. 그대가 지은 '갑신삼백년제(甲申三百年祭)'를 우리는 정풍(整風)사업을 위한 학습문건으로 삼고 있소. 작은 승리에 교만해지고 큰 승리에 더욱 교만해져 점점 더 불리한 국면에 빠지게 되니, 이러한 결함을 어떻게 모면할 것인가에 대해 확실히 주의를 기울일 필요가 있지요. 만약 태평천국(太平天國)의 경험을 그대와 같은 대문호가 정리하여 기록한다면 매우 유익할 것이나, 감히 정식으로 제의하지 못하는 까닭은 그대가 너무 피로할까 염려되기 때문이오. 그대의 사론(史論)과 사극(史劇)은 중국인민에 크게 유익하므로 더욱 많이 발표되는 것이 바람직하며, 그 정신은 결코 헛되지 않을 것이니 계속 노력해주시기 바라오. 언라이(恩來) 동지가 도착하여 그간의 상황을 내게 다 알려주었으니 일일이 언급하지 않겠소. 우리 모두는 그대를 만나보고 싶어 하나 그런 기회가 언제 올지 모르겠소. 건강하시기를 비오.

마오쩌둥 올림. 1944년 11월 21일 옌안에서

- 毛澤東, 1944년 11월 21일 郭沫若에게 보낸 書信, 『毛澤東書信選集』(人民出版社, 1983), pp. 241-242.

궈모뤄(郭沫若, 1892-1978)는 중국의 역사학자이며 문필가로 쓰촨성(四川省) 야오산현(樂山縣) 사완진(沙灣鎭) 출신이다. 원명은 궈카이전(郭開貞)이며, 호 상우(尙武), 필명은 궈모뤄 이외에 궈딩탕(郭鼎堂)·마이커앙(麥克昂)·가오루홍(高汝鴻)·두구이(杜珪) 등이 있다. 그는 지주 겸 상인의 집안에서 태어났는데 아버지 궈자오페이(郭朝沛)는 실업가적 수단이 있는 영리한 상인이었다. 어머니 두아오전(杜遨貞)은 몰락한 관리 집안의 딸로 자질이 총명하고 문학을 좋아하였다. 궈모뤄가 어릴 때 어머니는 그에게 당시(唐詩) 외우는 것을 가르쳤으며, 그의 시가(詩歌)와 문예(文藝)에 대한 뛰어난 소질은 어머니로부터 받은 영향이 크다고 할 수 있다.

1897년, 서당에 나가 공부를 시작하였으며, 사서오경과 당시·송사(宋詞)를 배웠다. 1906년 자딩부(嘉定府) 야오산현(樂山縣) 고등소학에 입학하여 공부하였다. 그는 고문(古文)과 금문(今文)의 상서(尙書)에 대한 진위(眞僞)에 대한 분석을 통하여 옛 학문에 대한 관심을 키워갔으며, 이는 후일 그가 고증(考證)을 좋아하고 잘못된 정론(定論)을 바로잡는 성격을 형성하는 데 기여하였다. 1907년 가을, 중학당(中學堂)으로 진학하여 서방의 사회과학 서적과 문학작품을 접하기 시작하였다. 그 밖에 '사기(史記)'를 열심히 읽은 것이 그에게 풍부한 사상과 문학의 영양분을 공급해 주었다.

1) 일본 의대(醫大) 졸업 후 난창봉기 참가

1910년 2월, 궈모뤄는 청두(成都)고등학당 병설중학에 입학하였으며, 1911년 수업거부 투쟁에 참가했기 때문에 잠시 제적되기도 하였다. 신해혁명이 성공을 거둔 후 그는 변발(辮髮)을 잘랐다. 1912년 봄, 부모의 뜻에 따라 마지못해 장충화(張瓊華)와 혼례를 치렀으며, 5일 후 청두로 돌아와 다시 학업을 계속했다. 1913년 말, 큰 형의 도움을 받아 일본으로 유학을 떠나 1914년부터 1923년까지 도쿄 제1고등학교 예과, 오카야마(岡山) 제6고등학교, 큐슈제국대학 의과(醫科)에서 학습하였다. 처음 일본에 도착했을 때 이국생활에서 받은 민족

차별과 자신의 결혼 문제 등으로 인해 실의에 빠져 의기소침한 나날을 보냈다. 그는 이를 벗어나고자 '왕문성공전서(王文成公全書)'를 읽었으며, 왕양명(王陽明)의 주관적 유심(唯心)주의 철학의 영향을 깊이 받았다. 왕양명의 학설은 다시 그를 노장(老庄)철학과 공자(孔子)철학 및 인도철학(印度哲學)에 심취하게 하는 계기를 만들었다. 이때 그는 인도 시인 타고르의 시(詩)를 접하게 되어 많은 감동을 받았으며, 독일 시인 하이네와 괴테를 읽었고, 네덜란드 철학자 스피노자의 저작을 섭렵하게 되었다. 5·4 운동 시기에 그는 칸트와 니체를 즐겨 읽었으며, 프로이드의 정신분석학에도 관심을 보였다.

 궈모뤄는 1916년, 일본인 처녀 안나(본명 佐藤富子)와 사귀다가 결혼하였다. 1919년 9월 상하이에서 발행되던 〈시사신보〉의 자매지 〈학등(學燈)〉에 신시(新詩)를 발표하였다. 그는 미국 시인 월트 휘트먼을 좋아하게 되어 그 시풍(詩風)과 형식을 본받게 되어 '분화구(噴火口)' 방식을 개발하게 되었다. 그의 시들은 '여신(女神)'이라는 시집으로 출판되었으며, 1921년, 그와 청팡우(成仿吾)·위다푸(郁達夫)·장쯔핑(張資平) 등이 창조사(創造社)를 결성하고 1922년, 〈창조계간〉을 발간하였다.

 1921년 4월, 궈모뤄는 의학 공부를 포기하기로 하고 다른 출로를 모색하기 위해 청팡우와 함께 상하이로 돌아왔다. 그가 상상한 5·4 운동 후의 중국은 신선하고 활기에 넘치는 것이었으나, 실제로 조국 땅을 밟으니 보고 듣는 것이 모두 끝없는 암흑천지와 다름이 없었으며, 이상은 현실의 벽에 부딪쳐 좌절된 형국이었다. 그는 9월에 다시 일본으로 가 학업을 계속하였다. 1923년 3월, 큐슈대학 의과를 졸업하고 난 뒤, 아내 안나와 세 아이를 데리고 상하이로 돌아왔다. 1924

년 5월, 가와카미 하지메(河上肇)의 '사회조직과 사회혁명'의 책 번역
을 마쳤으며, 이때부터 처음으로 마르크스주의에 기울기 시작했다.
1926년 3월, 취츄바이(瞿秋白)와 린보취(林伯渠)의 추천으로 광둥대
학(廣東大學, 다음 해 中山大學으로 개칭) 문학원 원장에 임명되었
다. 이 해 7월, 북벌전쟁에 참가하여 국민혁명군 총정치부 선전과장,
비서장, 부주임 등을 역임하였다. 4·12 정변을 전후하여 '오늘의 장
제스(蔣介石)를 보라'라는 글을 써 장제스의 혁명에 대한 배반과 살
인죄상을 폭로하였다. 몇 개월 후, 난창(南昌)봉기에 참가하여 혁명
군 총정치부 주임 및 선전위원회 주석을 맡았으며, 국민당혁명위원
회 주석단의 성원이 되었고, 중국공산당에 가입하였다.

2) 중국고대사 연구와 역사극 창작 몰두

난창봉기 실패 후, 1928년 2월, 궈모뤄는 상하이를 떠나 일본으로
갔으며, 미리 가 있던 아내 및 아이들과 함께 지바현(千葉縣) 이치
카와시(市川市)로 피신하여 지냈다. 일본에서의 망명생활 10년 동안
그는 중국고대사 및 고문자학(古文字學) 연구에 종사하였다. 1930년
부터 1937년 사이에 '중국고대사회 연구', '갑골(甲骨)문자 연구', '은
주청동기명문(殷周靑銅器銘文) 연구', '금문총고(金文叢考)' 등의 저
작을 차례로 출판하였다. 이 기간에 그는 또 자서전과 역사소설, 잡
문과 산문 등 많은 작품을 썼다.

1937년 7월 7일, 루거우차오(盧溝橋) 사건이 일어났고, 궈모뤄는 7
월 25일 단신으로 일본을 떠나 중국으로 돌아왔다. 그는 저우언라이

(周恩來)의 직접 영도 아래 진보적 문화계 인사들을 조직하고 단결시켜 항일구국활동에 종사했으며, 국민정부군 군사위원회 정치부의 제3청장과 문화공작위원회 주임 등의 직책을 맡았다. 환난(皖南)사건 후, 역사극의 창작과 사론의 저술에 주로 종사했다. 1941년 11월 16일, 중국공산당의 진보 문화계는 충칭(重慶)·청두(成都)·옌안(延安)·홍콩 등지에서 궈모뤄 탄생 50주년을 기념하는 활동을 벌였다. 저우언라이는 충칭 기념회에서의 강연을 통해 궈모뤄의 혁명열정과 연구정신을 찬양하고, 그를 가리켜 루쉰의 뒤를 이은 '오늘날 혁명문화의 지도자'라고 칭송했다.

1941년 12월부터 1943년 3월 사이에 궈모뤄는 '굴원(屈原)'·'호부(虎符)'[12]·'고점리(高漸離)'·'공작담(孔雀膽)'·'남관초(南冠草)' 등 극본을 완성하였으며, 중국역사 연구를 계속 진행하여 '십비판서(十批判書)'·'청동시대(青銅時代)'·'역사인물(歷史人物)' 등의 사론을 저술했다.

1944년 3월, 궈모뤄는 명(明) 말 이자성(李自成)의 농민봉기군이 베이징에 입성한 3백주년을 기념하고, 그 역사경험을 총결하기 위하여 '갑신삼백년제(甲申三百年祭)'라는 장문의 글을 지었다. 마오쩌둥은 그에게 편지를 보내 이를 찬양하였다. 항일전쟁의 승리를 앞둔 1945년 2월 22일 충칭 〈신화일보(新華日報)〉는 궈모뤄가 초안하고 3백여 명이 서명한 '문화계 시국선언'을 게재하여 국내외 여론의 주목을 받았다. 1945년 6월, 궈모뤄는 소련과학원의 요청으로 소련을 방문하였으며, 그 느낀 소감을 '소련기행(蘇聯紀行)'으로 남겼다.

항일전쟁 승리 후, 궈모뤄는 민주 운동의 선봉에 서서 국민당의

---

12) 중국에서 구리로 범의 모양을 본떠 만든 군대(軍隊) 동원(動員)의 표지.

내전 발동에 맞서 결연히 투쟁하였다. 그는 1946년 2월 10일, 충칭 샤오창커우(校場口)에서 열린 정치협상회의 성립 축하대회에 참석하였으며, 국민당 특무대가 출동하여 대회를 지휘하던 리공푸(李公朴)를 모질게 구타하자 이를 말리다 부상을 입었다. 그는 1947년 11월, 중국학술공작자협회 및 중화전국문예계협회 홍콩분회의 사업을 지도하였다. 1949년 2월, 그는 홍콩에서 베이징으로 옮겨 신중국의 탄생을 준비하였다.

1949년 7월, 궈모뤄는 중화전국문학예술공작자연합회 주석으로 선출되었다. 신중국(新中國) 성립 후, 정치사회활동과 문화과학의 조직, 지도 및 대외교류사업에 주로 종사하였으며, 1951년, 국제평화에 기여한 공로로 '스탈린 국제상'을 받았다. 그는 중앙인민정부 위원, 정무원 부총리, 중국과학원 원장, 중국과기대학 학장, 역사연구소 소장, 중국문학예술계연합회 주석, 중일(中日)우호협회 명예회장, 중공중앙 위원, 전인대 상무위원회 부위원장 등의 직책을 역임하였다. 또 꾸준한 저술활동을 통하여 '노예제시대(奴隸制時代)'·'문사논집(文史論集)'·'관자집교(管子集校)'·'염철론(鹽鐵論)독본' 등의 연구서를 남기는 한편, '채문희(蔡文姬)'·'무측천(武則天)'·'정성공(鄭成攻)' 등의 역사극본을 완성하였다.

문화대혁명 기간 궈모뤄는 박해를 받았다. 1976년 10월, 장칭 반혁명집단이 분쇄된 이후, 그는 "사람들 마음을 매우 즐겁게 한 일은, 사인방(四人幇)을 제거한 것"이라고 하여 많은 인민들의 공감을 자아냈다. 1978년, 병든 몸을 이끌고 전국과학대회에 참가한 그는 '과학의 봄'이라는 제목으로 강연을 하였으며, 그 후 다시 전국문련(全國文聯) 확대회의에 '충심으로 축원함'이라는 서면발언을 통해 중국과학과 문예의 봄이 왔음을 환영하였다. 1978년 6월 12일, 궈모뤄는 베이징에서 사망했으며, 향년 86세였다. 그의 저작 38권을 묶은 '궈모뤄전집(郭沫若全集)이 출판되었는데 문학편 20권, 역사편 8권, 고고(考古)편 10권으로 구성되어 있다.

3) "농민봉기는 역사발전을 촉진하는 동력"

마오쩌둥과 궈모뤄(郭沫若)는 1920년대에 서로 알게 되었다. 당시는 제1차 국공합작 시기로 마오쩌둥은 국민당의 선전부장 대리를 맡고 있으면서 제6기 광저우 농민운동강습소의 일을 주재하고 있었다. 궈모뤄는 1926년 북벌전쟁에 참가하여 국민혁명군 총정치부 부주임을 맡았으며, 이듬해 난창봉기에 참가한 후 중국공산당에 가입하였다. 1928년 국민당의 지명수배를 받자 그는 일본으로 망명하여 역사 연구 및 작품 활동에 종사했다. 항일전쟁이 시작된 후, 중국으로 돌아온 그는 저우언라이의 직접 지도 아래 충칭에서 항일구국 운동에 종사했다. 1945년 일본이 패망한 후, 마오쩌둥은 충칭으로 가서 장제스와 평화담판을 진행하면서 궈모뤄와 재회의 기쁨을 나누었다. 궈모뤄는 마오쩌둥이 사용하고 있는 회중시계가 너무 낡은 것을 보고는 즉시 자신의 손목시계를 풀어 정겹게 선물했다. 마오쩌둥은 이 시계를 아주 소중히 여겼으며, 수리를 거듭하고 시곗줄을 바꾸면서도 일생 동안 차고 다녔다.

궈모뤄는 학식이 넓고 깊은데다 재능이 뛰어나 루쉰(魯迅) 이후 중국 문화전선(文化戰線)에서 또 하나의 빛나는 깃발이었다. 마오쩌둥과 궈모뤄는 오랫동안 서로 돕고 교류하는 관계를 유지하였다. 마오쩌둥은 궈모뤄의 저작을 매우 좋아하고 소중히 여겨 '역사인물'·'노예제시대'·'십비판서'·'중국사고(中國史稿)' 등을 자신의 서재에 소장하고 수시로 이를 탐독하였다.

궈모뤄는 1942년 자신이 창작한 '호부(虎符)' 극본을 옌안의 마오쩌둥에게 보냈다. '호부'는 전국(戰國)시대 위(魏)나라의 신릉군(信陵君)이 안이왕(安釐王)의 총희 여희(如姬)의 도움으로 임금의 병부(兵符)를 훔쳐 군대를 지휘하여 조(趙)나라를 구한 고사(故事)를 빌어 애국주의를 선전하고 국민당 반동파를 비판한 작품이다. 1944년 1월 9일, 마오쩌둥은 궈모뤄에게 편지를 보내 그의 업적을 칭찬하였다. '호부(虎符)'를 받아 전편(全篇)을 읽고 나서 깊은 감동을 받았소. 그대가 혁명을 위해 아주 유익한 문화 공작을 많이 하였기에 나는 그대에게 치하(致賀)의 뜻을 표합니다."

1944년 3월, 이자성이 봉기를 일으켜 명(明)왕조를 전복시킨 300주년을 기념하기 위하여 궈모뤄는 '갑신삼백년제'라는 1만 9천 자에 달하는 논문을 발표했다. 그는 이 논문에서 명나라의 정치경제 상황과 그 멸망의 역사적 필연성을 설명하고, 이자성이 영도한 농민봉기군의 성공과정과 베이징 입성 후, 실패에 빠지는 과정과 원인을 자세하게 분석하고 있다. 이 글은 국민당 어용사가(御用史家)들이 이자성을 도적(盜賊)으로 모는 관점에 반대하였으며, "이자성이 대규모의 농민혁명을 오랫동안 영도하였다"고 찬양하여 "농민봉기는 역사발전을 촉진하는 동력"이라는 유물사관을 독창적으로 논술하고 있다. 이 논문의 또 다른 가치는 봉기군이 베이징에 입성한 후, 일부 지도자들이 부패에 물듦과 아울러 파벌투쟁이 발생하는 과정을 서술함으로써 혁명이 막 성공하려는 순간에 실패한 처참한 교훈을 총결하고 있다는 점이다. 즉, 혁명을 목표로 하는 모든 계급 또는 사회집단은 승리의 상황 아래서 절대로 교만해서는 안 된다는 역사경험을 강조하고 있다.

'갑신삼백년제'는 발표되자마자 아주 신속하게 옌안에 전달되어 마오쩌둥과 중공중앙으로부터 높은 평가를 받았으며, 이자성 봉기군의 성공과 실패의 경험 교훈을 모든 당원들에게 주지시킬 필요가 있다는 인식을 갖게 하였다. 이 글은 이자성 봉기군이 베이징에 들어간 후 일부 지도자들이 부정부패를 저지르고, 변방의 수비를 게을리하였으며, 정책과 전략을 연구하지 않음으로써 군중으로부터 이탈되었다는 점 등을 서술함으로써 앞으로 베이징으로 진입하게 될 중국공산당에 경종을 울려 우환을 미리 방지하는 작용을 할 수 있었다. 이에 따라 중공중앙은 이 논문을 그때 한창 진행 중이던 정풍(整風)운동의 학습 문건으로 채택하였다.

1944년 11월 21일 마오쩌둥은 궈모뤄에게 특별히 서신을 보내 그의 노고를 치하했다. "그대가 지은 '갑신삼백년제(甲申三百年祭)'를 우리는 정풍(整風)사업을 위한 학습 문건으로 삼고 있소. 그대의 사론(史論)과 사극(史劇)은 중국인민에 크게 유익하므로 더욱 많이 발표되는 것이 바람직하며, 그 정신은 결코 헛되지 않을 것이니 계속 노력해주시기 바라오." 마오쩌둥은 이어 태평천국도 좋은 교훈이 될 것이라는 의견을 피력했다. "작은 승리에 교만해지고 큰 승리에 더욱 교만해져 점점 더 불리한 국면에 빠지게 되니, 이러한 결함을 어떻게 모면할 것인가에 대해 확실히 주의를 기울일 필요가 있지요. 만약 태평천국(太平天國)의 경험을 그대와 같은 대문호가 정리하여 기록한다면 매우 유익할 것이나, 감히 정식으로 제의하지 못하는 까닭은 그대가 너무 피로할까 염려되기 때문이오."

　1949년 3월 23일, 중공중앙이 시바이포(西柏坡)를 떠나 베이징으로 진격을 시작할 때, 마오쩌둥은 결연한 태도로 여러 사람에게 말했다. "우리는 결코 이자성이 되어선 안 되오. 물러나오는 것은 곧 실패를 의미합니다."

06 펑유란(馮友蘭)은 백가쟁명(百家爭鳴) 중 일가(一家)

　　펑유란(馮友蘭)은 유명한 철학자이며 역사가이고 교육자이다. 그는
처음에 공자를 존숭하였으나, 뒤에 공자를 비판하였다. 그는 95세의
고령(高齡)에 독자적인 체계를 갖춘 '중국철학사신편'을 탈고하여 발
간하였다. 이러한 철학대가를 마오쩌둥은 어느 파벌에 속한다고 인식
하였는가?

　　백가쟁명(百家爭鳴)중에 당신도 일가(一家)를 이루고 있습니다. 그대가
　　쓴 문장을 나는 모두 읽고 있소.

　- 毛澤東, 1957년 全國宣傳工作會議 小組會에서 馮友蘭과의 談話, 陳薇, 『毛澤東與文化界
　　名流』(中國社會科學出版社, 1993), p. 36.

베이징대학에 펑유란(馮友蘭)이 있는데, 유심주의(唯心主義) 철학을 논하고 있다. 우리는 오로지 유물주의(唯物主義)만 알고 있지만, 만약 유심주의에 약간의 관심이 있다면 역시 그를 찾아가야 할 것이다.

>   - 毛澤東, 1968년 어느 中央會議에서의 講話, 陳薇, 『毛澤東與文化界名流』(中國社會科學出版社, 1993), p. 37.

펑유란(馮友蘭, 1895-1990)은 중국의 철학자로 자 즈성(芝生), 허난성(河南省) 탕허현(唐河縣) 출신이다. 1918년 베이징대학교 철학과를 졸업하고 미국 컬럼비아대학교 대학원으로 유학하여 1923년 철학박사학위를 받았다. 귀국 후, 중저우(中州)대학교·광둥(廣東)대학교·옌징(燕京)대학교 등의 철학과 교수를 역임하였다.

1) 중국인에 의한 중국철학사 처음 완성

1928년 칭화(淸華)대학 철학과 교수로 부임하여 1929년 문과 학장이 되었고, 1952년까지 재임하였다. 그 중 1930년부터 1946년까지는 항일전쟁으로 인하여 서남연합대학에서 강의하였으며, 중국과학원 철학사회과학부 위원을 겸임하였다. 제2·3·4기 전국정치협상회의 위원과 제5기 정협(政協) 상무위원회 위원, 제4기 전국인민대표대회 대표를 역임하였다.

펑유란(馮友蘭)은 교육 사업에 장기간 종사한 이외에, 철학 및 철학사와 관련된 많은 저서를 편찬하였다. 1926년 출판된 '인생철학(人

生哲學)'에서 중국의 전통철학과 실용주의(實用主義) 및 신실재론 (新實在論)의 견해를 융합하여 중도(中道)적 인생관을 제시하였다. 1930년에 '중국철학사(中國哲學史)' 상권을, 1934년에 하권을 출판하여 최초로 중국인에 의한 중국철학사를 완성하였고, 영문(英文)과 일문(日文) 번역본을 내어 국내외에 큰 영향을 미쳤다. 1933년에는 영국의 초청을 받아, 영국의 각 대학에서 중국철학을 강의하기도 하였다. 항일전쟁 기간에 '신이학(新理學)'·'신사론(新事論)'·'신세훈 (新世訓)'·'신원인(新原人)'·'신원도(新原道)'·'신지언(新知言)' 등 여섯 권의 저작을 완성하여 이를 '정원(貞元)의 저서'라 칭하였으며, 정주(程朱)의 성리학과 서방의 신실재론(新實在論)을 상호 결합하여 사변성(思辨性)이 풍부한 철학 체계를 구성하였다.

1946년과 1947년 미국 펜실베이니아대학교 객원교수로 있을 때, 영문으로 '중국철학 소사(小史)'를 집필하여 1948년 뉴욕에서 출판하였으며, 이는 나중에 이태리어와 프랑스어로 번역, 출판되었다. 중화인민공화국 수립 후에는 마르크스레닌주의로 전향하여 1962년 마르크스레닌주의와 '마오쩌둥 사상'의 입장에서 구저(舊著)를 고쳐 쓴 '중국철학사 신편(新編)' 2권을 발간하였다. 그러나 문화대혁명 때에 그의 철학사 연구는 지주계급과 봉건제도를 옹호한 것이라고 격렬한 비판을 받았다. 1990년 7월, 95세 고령(高齡)에 신찬(新撰) 7권 본 '중국철학사 신편(新編)'을 완성하였으며, 그해 11월 26일, 이 세상을 하직하였다.

2) "사상개조(思想改造)를 서두를 필요 없다"

평유란(馮友蘭)은 국내외에 널리 알려진 중국의 유명한 철학자이며 교육자이다. 중화인민공화국 수립을 전후하여 유명한 대학교수 상당수가 "옛 사상을 포기하고 새 사상을 학습하겠다는" 결심의 편지를 마오쩌둥에게 보냈다. 당시 칭화(淸華)대학교에 있던 평유란도 이러한 환경의 영향을 받아 1949년 10월 5일 마오쩌둥에게 편지를 보냈는데 그 줄거리는 다음과 같다. "나는 과거 봉건 철학을 논하여 국민당(國民黨)에 협조하였으나, 현재 사상을 개조하여 마르크스주의를 학습하기로 결심했습니다. 5년 이내의 준비를 거친 후, 마르크스주의의 입장과 관점 및 방법을 이용하여 중국철학사를 다시 새롭게 저술하고자 합니다." 그로부터 8일 후 평유란은 마오쩌둥의 회신을 받았다.

유란(友蘭) 선생,
10월 5일 보내주신 편지 잘 받았습니다. 우리는 사람들이 진보하는 것을 환영합니다. 당신과 같이 과거에 잘못을 범하고 지금 이를 바로잡으려 하는 것은 실천이 가능하다면 아주 좋은 일이지요. 그러나 너무 서두를 필요는 없으며, 천천히 고치면 될 것입니다. 어쨌든 성실한 태도를 취하고 적당히 하세요. 이와 같이 회답합니다.
1949년 10월 13일 마오쩌둥 올림

평유란은 마오쩌둥이 이렇게 빨리 답신을 보내오리라 생각하지 못했으므로 아주 기뻤다. 그러나 편지 내용 중 "어쨌든 성실한 태도를 취하고 적당히 하라"는 이 구절은 도무지 이해가 되지 않았으며, 어쩌면 반감(反感)이 일어나기까지 하는 대목이었다. 도대체 '성실한 태도'란 무슨 의도인가, 내가 불성실하기라도 했단 말인가?

1957년 4월 1일, 마오쩌둥은 철학자(哲學者)와 사학자(史學者) 몇 명을 자기 집으로 초청하여 식사를 함께 했다. 진위에린(金岳霖)·정팅(鄭聽)·허린(賀麟)·후성(胡繩)과 함께 펑유란도 이 자리에 초대되었다. 이보다 얼마 전 마오쩌둥은 최고 국무회의에서 '인민내부 모순을 정확히 처리하는 문제'에 관한 보고를 하였다. 펑유란은 정협(政協) 위원이었으므로 당연히 이 회의에 참석했다. 그는 마오쩌둥이 연설을 하면서 원고나 메모를 이용하지도 않고 평상시의 말투대로 쉽게 하는 것을 보고 깊은 감명을 받았다. 마오쩌둥은 때로는 유머도 적당히 섞어가며 어려운 내용을 풀어나갔던 것이다.

3) "유심(唯心)주의 관심 있다면 그를 찾아라"

당시 펑유란은 '중국철학 유산의 계승 문제'라는 논문을 발표하여 그중에서 공자의 "배우고 때때로 익히니, 또한 즐겁지 아니한가(學而時習之, 不亦悅乎)"에 대한 새로운 논의를 제기하였다. 얼마 뒤, 그는 중공 전국선전공작회의에 참가하였는데, 분임(分任) 토론 때 마오쩌둥과 마침 한 조(組)가 되었다. 소조(小組)회의는 마오쩌둥의 집에서 열려 그가 주재하게 되었다. 펑유란이 마오쩌둥의 집 대문을 들어 설 때 마오쩌둥이 그를 맞으면서 "배우고 때때로 익히니, 또한 즐겁지 아니한가?"라고 말을 건넸다. 마오쩌둥은 이미 그의 문장을 다 읽었던 것이다. 두 사람은 마주보며 한바탕 웃었다.

소조회의에서 마오쩌둥은 펑유란에게 발언의 시간을 주었다. 펑유란은 빠져나갈 방법이 없었으므로 중국철학사 문제에 관하여 몇 가지 의견을 밝혔다. "현재의 해석 기준에 비추어 보면 어떤 것은 설명하기가 아주 곤란합니다." 마오쩌둥은 "그것은 기준을 너무 단순화했기 때문이오, 단순화해서는 안 되지"라고 말했다. 회의를 마쳤을 때, 마오쩌둥은 펑유란의 손을 붙잡고 말했다. "자신의 의견을 거리낌 없이 밝히도록 하시오. 백가쟁명(百家爭鳴) 중에 당신도 일가(一家)를 이루고 있습니다. 그대가 쓴 문장을 나는 모두 읽고 있소."

1964년 열린 전국정협대회에서 펑유란은 자신이 '중국철학사 신편(新編)'을 저술하게 된 정황에 대하여 발언하였다. 폐회하는 날 마오쩌둥과 중앙 지도자들은 회의 참석자들을 접견하고 기념 촬영을 하였다. 사진을 찍으려 할 때 펑유란은 마침 마오쩌둥과 류사오치(劉少奇)가 나란히 앉을 좌석의 뒤쪽 중간에 서 있었다. 마오쩌둥은 자리에 앉으면서 곧 그를 알아보고 손을 당겨 잡으면서 말했다. "당신 몸이 나보다 좋군요." 펑유란이 "주석은 저보다 크십니다"라고 대답하자 마오쩌둥은 말했다. "아니야, 나는 이미 노태(老態)가 나는 걸."

마오쩌둥은 그에게 '중국철학사 신편(新編)'의 저술상황에 대해 묻고 난 후 화제를 돌렸다. "중국철학사를 마친 후에는 다시 서양철학사를 쓸 계획이오?" "저는 중국 것만 쓸 수 있을 뿐입니다. 서양철학사를 쓰는 임무는 이미 다른 이들에게 맡겼습니다." 마오쩌둥이 "공자(孔子)에 대한 입장에서 당신과 궈모뤄(郭沫若)는 일파(一派)"라고 하자 류사오치가 대화에 끼어들었다. "주석의 말씀이 아주 훌륭합니다. 말은 간결하지만 뜻이 완벽합니다."

저우언라이(周恩來)가 한쪽 옆에서 펑유란에 대한 소개를 하였다. "이 대회에는 그의 삼대(三代)가 참가하였습니다. 런즈밍(任芝銘)

선생은 장인(丈人)이시고, 쑨웨이스(孫維世)는 장인의 외손녀이므로 삼대가 한 지붕 밑에 모인 셈입니다." 마오쩌둥은 머리를 끄덕였다.

1966년, 문화대혁명이 시작되자 펑유란은 부르주아반동의 학술권위자로 낙인찍혀 집 안의 수색과 몰수를 당하였으며, 얼마 뒤 자기 집에서 쫓겨났다. 1968년 가을, 펑유란 부부는 원래의 집으로 돌아가도 좋다는 허락을 받았는데, 이는 매우 관대한 처분으로 그 영문을 알 수 없었다. 뒷날 한 친구가 그에게 가만히 알려주었다. "마오 주석께서 어느 중앙회의에서 당신과 젠보짠(翦伯贊)을 언급하셨어요." 마오쩌둥은 이때 이렇게 말했다. "베이징대학에 펑유란(馮友蘭)이 있는데, 유심주의(唯心主義) 철학을 논하고 있다. 우리는 오로지 유물주의(唯物主義)만 알고 있지만, 만약 유심주의에 약간의 관심이 있다면 역시 그를 찾아가야 할 것이다."

펑유란은 이때서야 비로소 깨닫는 바가 있었다. 그러나 마오쩌둥이 발언한 원래의 취지는 잘 알 수 없었다. 노동선전대의 동원 아래 그는 마오쩌둥에게 감사의 편지를 썼다. 1971년 5월 셰징이(謝靜宜)가 펑유란의 집에 들러 소식을 전했다. "내가 최근 마오 주석을 만났습니다. 마오 주석은 나에게 '편지를 잘 받았으며, 고맙다고 전하라'고 하셨어요. 그리고 나를 보내 안부를 묻게 하셨지요." 펑유란은 감동을 받고 다시 감사의 편지를 썼다.

4) 공자(孔子)를 비판한 두 편의 문장 지어

1973년 비림비공(批林批孔) 운동이 시작되자, 마음에 아직도 공포가 남아있던 펑유란은 바짝 긴장하였다. 또다시 뭇사람의 지탄과 비판을 받을 것을 염려하였던 것이다. 그 후 그는 생각을 바꾸었다. "구태여 두려워할 필요가 있는가? 내가 만약 군중과 함께 공자를 비판한다면 별 문제가 될 게 없지 않겠는가?" 그리하여 그는 두 편의 공자(孔子)비판 문장을 작성하여 회의장에서 이를 낭독하였으며, 생각했던 바와 같이 큰 환영을 받았다.

어느 날 〈베이징대학 학보〉 편집장이 펑유란과 마주치자 "그 두 편의 문장을 학보에 게재하자"고 요청했으며, 얼마 뒤 학보에 실린 이 문장들은 〈광명일보(光明日報)〉와 〈베이징일보〉에 전재(轉載)되었다. 이 문장들이 왜 이렇게 중시되는 것일까? 펑유란은 1974년 1월 25일 국무원 비림비공대회에서 셰징이(謝靜宜)가 발언한 내용을 듣고는 비로소 그 내막을 알게 되었다. "어떤 회의에서 베이징대학이 비림비공운동의 상황을 보고하는 가운데 펑유란의 그 두 편 문장이 거론되었다. 마오 주석은 듣자마자 즉시 이를 보고자 하였으며, 나는 곧바로 이를 찾아 드렸다. 마오 주석은 즉석에서 이를 다 읽었으며, 아울러 붓을 들어 몇몇 글자와 문장부호(文章符號)를 고쳤다. 그 후 발표되었는데…"

1976년 9월 9일 마오쩌둥이 유명(幽冥)을 달리하였고, 그 며칠 후 톈안먼(天安門) 앞에서 마오쩌둥 추도(追悼)대회가 열렸다. 펑유란은 한 편의 시(詩)로써 자신의 감회를 나타냈다.

紀念碑前衆如林,   기념비(紀念碑) 앞 사람들 숲을 이루고,
無聲哀于動地音.   땅 흔들리는 소리에 조용히 슬퍼하네.
城樓華表依然在,   성루(城樓) 앞 돌기둥은 여전히 서있는데,
不見當年帶路人   그 시절 선도자(先導者)는 보이지 않네.

　문혁(文革) 중, 펑유란은 여러 가지 박해를 받았으나, 뒤에 마오쩌
둥의 이와 관련된 지시에 따라 그 처지가 비로소 개선되었다. 그러나
뜻밖에도 사인방(四人幇)이 분쇄된 후에 다시 비판에 직면하게 되었
다. 그와 마오쩌둥의 관계가 사인방과의 관계로 왜곡되었으며, 거기에
다 몇 가지 날조된 죄명이 더해졌다. 그의 부인 런(任)씨 또한 비판
이 진행 중이던 이 때 몸져눕게 되었다. 이에 따라 그는 지난 교훈
을 되새겨 앞으로는 오로지 자기 자신의 중국철학과 문화에 대한
이해와 체험만 쓰고 다시는 다른 사람을 모방하지 하기로 결심했다.
　1979년, 펑유란은 문혁 전 이미 출판된 두 권의 '신편(新編)'을 포
기하고 84세의 고령으로 처음부터 다시 7권 본 '중국철학사 신편(新
編)'의 편찬을 시작하였다. 이후의 세월에서 1982년 모교 컬럼비아대
학이 수여하는 명예박사학위를 받기 위해 잠시 미국을 방문한 것을
제외하고는 모든 시간과 노력을 '신편(新編)'의 저작에 집중하였다.
그는 정협 6·7기 상무위원이었지만 이 회의에도 불참하면서 10여
년의 분투와 각고 끝에 마침내 95세의 고령으로 숨지기 얼마 전 이
대작을 완성하였다.
　철학자이며 철학 사가 및 교육자인 펑유란은 일생 동안 30여부의
저서와 5백여 편의 문장을 집필하였으며, 이는 모두 670만 자에 달
하는 싼쑹탕전집(三松堂全集)으로 편찬되었다. 이 밖에 그는 '펑유란
영문(英文) 저작집'과 '장자(庄子)·내편(內篇)'의 영역본을 남겼다.
　펑유란의 학술 연구 성취는 괄목할 만하여 국내외에 미친 영향이
아주 컸다. 그는 근대 이래의 중국에서 자신만의 독자적 체계를 수
립한 몇 안 되는 철학자 중 한 사람으로, 그의 사상은 현대 중국의
철학사에서 중요한 위치를 차지하고 있다. 마오쩌둥은 펑유란의 학

술연구에 많은 관심과 지지를 보냈으며, 그의 진보에 대하여 매번 환영과 격려를 보냈다. 그러나 펑유란의 학술이론에 대한 마오쩌둥의 평가는 시종 엄격하였으며, 그가 유심주의 체계에 속한다고 항상 인식하였다.

제2장

정치가(政治家)

쑨원(孫文)은 1917년 소련(蘇聯)의 10월혁명 성공을 보고 자신의 삼민주의(三民主義)를 실현하기 위해 소련과 연합하기로 결심한다. 많은 중국의 진보적 지식인들 또한 마르크스레닌주의에 의한 사회주의야말로 제국주의 침략으로부터 벗어나 독립국가를 세우기 위한 유일한 길이라고 인식하게 되었다. 이러한 움직임은 대부분의 아시아 식민국가에서 사회주의의 물결이 지식인 계층에서 하나의 유행을 형성한 것과 그 맥락을 같이 한다.

진보적 젊은이들을 주축으로 1921년 성립된 중국공산당은 처음에는 국민당과의 합작을 통하여 군벌들을 소탕하는 데 주력을 기울였으며, 1927년 국공합작이 결렬된 이후에는 자신들의 독자적인 군사력을 설립하여 장제스(蔣介石)의 국민당에 대항하였다. 중공(中共) 지도자들은 1934년 제2차 국공합작 이후에는 항일(抗日) 투쟁에 전력을 투입하면서 자신들의 근거지를 확대하고 군사 역량을 강화해 나갔으며, 1945년 일본이 패망하자 국민당과의 전국적인 해방전쟁에 승리하여 정권을 장악하였다.

이러한 과정에서 저우언라이(周恩來)·류사오치(劉少奇)·덩샤오핑(鄧小平) 등은 정치와 군사 부문 모두에서 탁월한 능력을 발휘하였으며, 건국 후에도 유력한 지도자로서 국가건설에 많은 공적을 남겼다. 천윈(陳雲)은 특히 중국의 재정(財政) 부문 발전에 공헌하였다. 문혁(文革) 중에 문득 지도자 반열로 격상된 왕훙원(王洪文)은 결국 그 능력의 한계를 드러내어 자멸하였으며, 쑨원의 미망인 쑹칭링(宋慶齡)은 시종일관 중국공산당의 입장을 대변하였다.

07 저우언라이(周恩來)는 모순의 처리에 능숙

　　그는 중국공산당 주요 창시자 중 한 사람인 영수(領袖)요, 인민군
대의 창설자 중 한 사람이며, 중화인민공화국의 개국 총리(總理)이
고, 마오쩌둥의 친밀한 전우(戰友)이며 유력한 조수(助手)였다. 그는
마오쩌둥과 서로 존중하면서 묵계(黙契)속에 협력하여 죽을 때까지
조심하고 삼가였다. 저우언라이는 20세기의 위대한 외교가(外交家)
였다.

　　나의 후계자 중 세 번째는 저우언라이(周恩來)이다. 이 동지는 국제 활
　동 방면에서 나보다 강하고, 각종 복잡한 모순의 처리에 능숙하다. 하지
　만 그에게도 약점은 있다. 어쨌든 그는 좋은 사람이다.

　- 權延赤, "毛澤東與赫魯曉夫." 〈人物〉雜誌 1989年 第5期

96

후쭝난(胡宗南)이 옌안(延安)으로 진격한 후, 나는 섬북(陝北)의 동굴 안에서 저우언라이(周恩來)·런비스(任弼時) 동지와 함께 전국적인 전쟁을 지휘하였다.

- 張耀祠, 『張耀祠回憶毛澤東』(中共中央黨校出版社, 1996), p. 26.

총리는 여전히 총리이다.

- 毛澤東, 1974년 12월 王洪文과의 談話. 宋一秀·楊梅葉, 『毛澤東的人際世界』(紅旗出版社, 1992), p. 186.

중국의 대표적인 정치가요 외교가인 저우언라이(周恩來, 1898-1976)의 자는 샹위(翔宇), 원적(原籍)은 저장(浙江) 사오싱(紹興)이다. 1898년 3월 5일, 장쑤성(江蘇省) 화이안(淮安)의 몰락한 학자 집안에서 태어났다. 1910년 가을, 펑톈(奉天, 瀋陽)에서 소학에 입학했다. 1913년 8월 톈진(天津)의 난카이(南開)학교에 입학하여 1917년 6월 우수한 성적으로 졸업했으며, '국문(國文) 최우수'라는 특별상을 받았다. 저우언라이는 신중한 고려 끝에 일본 유학을 결심하고 친지들로부터 최소한의 유학 경비를 마련하였다. 1917년 9월 일본으로 건너간 그는 10월에 도쿄 동아고등예비학교에서 일본어(日本語)를 학습하며 도쿄고등사범 및 도쿄제일고등학교 입시를 준비하였다. 그와 함께 일본 사회에 대한 관찰에도 힘을 쏟았다. 1918년 초, 고등사범학교에 응시하였으나 일본어 성적이 나빠 합격에 실패했다. 이때, 그는 천두슈가 발행한 〈신청년〉을 친구로부터 받아 읽고 많은 영향을 받았으며, 5월에 일본 유학생들의 애국단체인 신중학회(新中學會)에 가입하였다.

1) 파리대학에서 정치학(政治學) 공부

1919년 4월, 일본에서 돌아온 저우언라이(周恩來)는 5·4 운동에 참가하였으며, 곧 톈진(天津) 학생계의 지도자로 떠올랐다. 그는 난카이대학(南開大學) 제1기로 입학하여〈톈진학생연합회보〉를 편집하였으며, 진보단체 '각오사(覺悟社)'의 조직에 참여하였다. 1920년 1월, 애국학생 운동을 지도한 혐의로 체포되어 7월 출옥하였다. 그는 옥중에서 혁명 의식을 더욱 강화하였으며, 이때부터 점차 직업혁명가의 길을 걷게 되었다.

1920년 11월, 근공검학단(勤工儉學團)의 일원으로 프랑스에 건너가 파리대학에서 정치학을 공부하였다. 저우언라이는 1921년 중국공산당에 가입하였고, 1922년 6월 자오스옌(趙世炎) 등과 함께 유럽지역 중국소년공산당(뒤에 중국사회주의청년단 유럽지부로 개칭)을 조직하여 그 서기를 맡았다. 1924년 8월 런던·베를린·모스크바를 걸쳐 귀국하였으며, 10월에 중공(中共) 광둥구(廣東區)위원회 위원장을 맡아 광둥(廣東)·광시(廣西)·샤먼(廈門)·홍콩(香港) 등지의 당 사업을 책임졌다. 저우언라이는 3개월의 임기 동안 쑨원(孫文) 선생의 동의를 얻어 대원수부(大元帥府) 직속의 장갑차(裝甲車)부대를 창설하였다. 이는 중국공산당이 직접 장악하는 첫 번째의 무장역량이었으며, 후일 예팅(葉挺) 독립 연대의 모체가 되었다.

1924년 11월, 황푸(黃埔)군관학교 정치부 주임에 임명되어 군사학교의 정치 공작을 한층 강화하였다. 1925년 8월, 국민혁명군 제1군 정치부 주임(준장) 겸 제1사단 당 대표가 되었고, 1926년 1월 제1군 당 부대표에 임명되었다. 저우언라이는 1차 국공합작(國共合作) 기간에 군사학교와 국민혁명군의 요직을 맡음으로써 양당의 협력강화와 새로운 무장역량의 창설, 그리고 북벌(北伐)의 추진 등 중요한 역할을 훌륭히 수행하였다.

1926년 3월 장제스(蔣介石)가 중산함(中山艦)사건을 일으킨 후, 저우언라이는 황푸군관학교와 제1군에서 물러났다. 1926년 12월 상하이(上海)로 옮겨가 중공중앙의 조직부 비서 및 중앙군사위 위원을 겸임하였으며, 상하이 노동자 3차 무장봉기를 지도했다. 1927년 5월 중국공산당 제5차 전국대표대회에서 중앙위원에 당선되었고, 제5기 1중전회에서 중앙정치국위원에 당선되었으며, 중공중앙 군사부장에 임명되었다. 국공합작이 완전히 결렬된 후, 중공 전적위(前敵委) 서기(書記)의 신분으로 허룽(賀龍)·예팅(葉挺)·주더(朱德)·류보청(劉伯承) 등과 함께 1927년 8월 1일 난창(南昌)봉기를 지도하였다. 1927년 11월 중공중앙은 임시 정치국확대회의를 개최하였으며, 저우언라이는 상무위원으로 보임되었다.

2) 상하이(上海)에서 3년간 비밀 지하공작

1928년 6월, 중공 제6차 전국대표대회가 소련 모스크바에서 개최되었는데, 저우언라이(周恩來)는 주석단(主席團)에 포함됨과 함께 대회 비서장을 맡아 많은 일들을 훌륭히 처리하였다. 제6기 1중전회에서 다시 중앙정치국 상무위원으로 당선되었으며, 정치국 상무위원회 비서장과 중앙 조직부장을 겸임하였고, 뒤에 중앙군사위원회 서기에 임명되었다. 7월 코민테른 제6차 대표대회에 참가하여 중앙집행위원회 후보위원으로 당선되었다.

1928년 11월, 저우언라이는 백색(白色)테러가 난무하는 상하이(上海)로 돌아와 국민당 통치구역에서 3년간 지하공작을 수행하였다. 이 시기에 사실상 중공중앙의 주요한 책임자로 떠오른 그는 침체상태에 빠져있던 당 조직을 추슬러 비밀공작을 활발하게 진행함으로써 당의 기능을 회복하고 발전시켰다. 저우언라이는 각 지구의 무장투쟁을 지도하였고, 홍군(紅軍)의 확대와 혁명근거지 확보를 위해 노력했으며, 중공중앙기관의 안전을 위한 보위공작에도 만전을 기했다.

1931년 12월 저우언라이는 상하이를 떠나 장시(江西) 남부와 푸젠(福建) 서부에 있던 중앙혁명근거지에 도착하여, 중앙소비에트구 중앙국 서기 및 중앙혁명군사위원회 부주석에 임명되었다. 그는 또 중국 공농홍군(工農紅軍) 총정치위원 겸 제1방면군 총정치위원의 직책도 함께 맡아 홍군의 건설과 작전방침 등에 대하여 중요한 의견들을 제출하였다. 1933년 봄, 주더(朱德)와 함께 국민당의 제4차 섬멸전에 대항하는 전투를 지휘하여 승리를 거두었다. 이때 중공 임시중앙이 상하이에서 중앙소비에트구로 옮겨 왔으며, 소비에트 중앙국은 중공 중앙국으로 합병되었다. 1934년 1월, 제6기 5중전회에서 저우언라이는 중앙정치국 위원과 서기처 서기에 당선되었다. 7월, 마오쩌둥·주더와 연명으로 '홍군 항일선언(爲中國工農紅軍北上抗日宣言)'을 발표하여 중국의 모든 무장 세력이 함께 연합하여 항일투쟁에 나설 것을 다시금 촉구하였다. 국민당의 제5차 섬멸전에 대한 방어에 실패한 공산당 지도부는 홍군을 이끌고 장정(長征)에 나섰다. 1934년 12월 장정 도중에 저우언라이는 리핑(黎平)에서 정치국회의를 주재하였는데, 회의에서는 후난(湖南) 서부로 진격하자는 일부의 주장을 부결시킴으로써 10여 만의 적군을 후난지역에 내버려 두고 홍군은 오히려 능동적으로 움직일 수 있게 되었다.

1935년 1월, 쭌이(遵義)에서 개최된 정치국확대회의에서 저우언라이는 마오쩌둥의 주장을 지지하고 좌경(左傾)모험주의를 비판함으로써, 마오쩌둥이 공산당의 영도적 지위를 확립하는 데 중요한 작용을 하였다. 회의 후, 중앙의 주요 군사 지도자 직책을 계속 맡았으며, 마오쩌둥과 함께 홍군을 지휘하여 장정을 성공적으로 마무리하였다.

중국공산당은 1935년 12월, 와야오바오(瓦窯堡)에서 정치국확대회의를 열어 항일(抗日)민족통일전선 정책을 결정하였으며, 이때부터 저우언라이가 이 방면의 공작 책임을 맡음으로써 이후 여러 가지 중요한 공헌을 하게 되었다. 와야오바오회의는 동북군(東北軍)공작위원회의 성립을 결정하고, 저우언라이를 서기로 임명하였으며, 이후 반년 동안에 홍군, 동북군, 서북군(西北軍)의 대연합 국면이 기본적으로 형성되었다.

3) 장제스와 담판, 제2차 국공합작 실현

1936년 시안(西安)사건 발생 후, 저우언라이(周恩來)는 중공의 전권 대표가 되어 친방셴(秦邦憲, 별명 博古)·예젠잉(葉劍英) 등과 시안으로 가서 장쉐량(張學良)·양후청(楊虎城)과 함께 장제스(蔣介石)가 '내전(內戰) 중지'와 '일치 항일(抗日)'의 주장을 받아들이도록 설득 작업을 추진하였다. 1937년 상반기에 저우언라이는 장제스와 여러 차례 담판을 가졌는데, 정확하게 형세를 파악하여 양당 관계의 복잡한 문제를 합당하게 처리함으로써 마침내 제2차 국공합작을 실현하게 되었다.

항일전쟁이 시작된 후 3개월 동안, 저우언라이는 중공 대표로 산시(山西)에 머물며 옌시산(閻錫山)과 팔로군(八路軍)의 산시 진입 후, 작전 원칙과 활동 지역에 관해 협의했으며, 핑싱관(平型關) 전투를 조직하여 대승을 거두었고, 다시 국공합작으로 신커우(忻口) 전투를 진행하였다. 또 화북(華北) 지역 적 후방에 팔로군을 신속히 배치하여 유격전을 전개하는 등 많은 공작을 하였다. 1937년 12월, 중공 정치국회의는 저우언라이 등으로 장강(長江) 중앙국을 조직하여 남부지역의 공산당 조직을 지도하기로 하였다. 또 중공중앙은 저우언라이·왕밍(王明)·친방셴(秦邦憲)·예젠잉(葉劍英) 등으로 국민당과 담판할 외교대표단을 조직하기로 결정하였다. 저우언라이는 우한(武漢)에 있는 동안 국공합작의 필요에 따라 국민정부 군사위원회 정치부 부주임을 맡았으며, 제3청을 지도하여 모든 사람을 설득시킬 수 있는 항일선전공작을 전개하였고, 전국적인 항일구국 운동을 추진하여 항일민족통일전선을 발전시켰다. 또 장강국(長江局)을 지도하여 허난(河南) 등 13개 성(省)의 공산당 조직을 회복하거나 새롭게 건설하였다.

국민당과의 여러 차례 담판에서 장제스가 반공(反共)의 입장을 포기하지 않았으므로 국공관계의 실질적인 진전은 없었으며, 국민당의 5중전회 이후 계획적인 반공활동이 전개되었다. 이에 따라 국민당 통치구역에서의 지하공작을 강화할 필요성이 있어 중공 제6기 3중전회는 장강국을 철폐하고 충칭(重慶)에 남방국(南方局)을 설립하기로 결정하였으며, 저우언라이를 서기로 하여 화남(華南)과 서남(西南) 각 성의 당 공작을 관할하도록 하였다. 저우언라이는 또한 국민당 통치 구역 내의 중공 대표를 맡고 있었으며, 광범위하게 민주당파와 애국인사들을 단결시켜 항일민족통일전선을 유지하고 발전시켰다. 국민당 지역 내의 험악한 환경에 맞서 저우언라이는 중공의 지하조직을 강력한 전투력으로 은폐시키는 여러 가지 지도 방법을 강구하였다. 그는 1945년 중공 제7기 1중전회에서 중앙정치국 위원 및 서기처 서기로 당선되었다.

항일전쟁(抗日戰爭) 승리 후, 저우언라이는 내전에 반대하고, 민주를 쟁취하며, 평화를 추구하는 방침을 기본으로 하여 국민당과의 담판을 계속하였다. 또 민주인사를 단결시켜 정치협상회의를 추진하는 한편, 중공(中共)의 대표로서 국민당(國民黨) 및 미국(美國) 대표와 3인위원회를 구성하여 군사 문제의 조사와 처리를 진행하였다. 저우언라이는 일련의 공작을 통하여 국민당 지역의 광대한 인민들에게 정치협상회의의 결의를 어긴 것이 국민당이라는 것을 명백하게 알려줌으로써 차츰 내전의 명분을 축적하였으며, 혁명통일전선을 공고히 하고 발전시켰다. 해방전쟁(解放戰爭) 기간에 그는 중앙군사위 부주석 겸 참모총장 대리로서 마오쩌둥과 함께 섬북(陝北)을 전전하며 전국적인 전쟁을 조직하고 지도하는 한편, 국민당 지역의 애국민주 운동을 지도하여 제2의 전장(戰場)을 벌였고, 중국인민정치협상회의를 준비하여 절대다수의 인민을 포괄하는 통일전선을 발전시키는 등 중요한 공헌을 하였다.

4) 27년간 총리 맡아 외교(外交) 큰 업적

1949년 중화인민공화국 성립 후, 저우언라이(周恩來)는 정무원 총리(總理)를 맡았으며, 뒤에 국무원 총리로 바뀌어 1976년 사망할 때까지 27년간 줄곧 연임하였다. 이 기간, 중, 초기에 9년 가까이 외교부장(外交部長)을 직접 겸임하였고, 정치협상회의 부주석과 주석을 맡기도 하였으며, 중공중앙의 부주석과 중앙군사위 부주석 등의 직책을 역임하였다. 그는 당과 국가의 일상 공작이라는 복잡하고 무거운 업무의 처리를 책임졌다. 그는 마오쩌둥과 함께 당의 사회주의건설 노선과 정책을 제정하였고, 세밀한 계획과 거대한 조직사업을 동시에 진행하였다. 중국의 국민 경제를 발전시키기 위한 여러 차례의 5개년계획은 모두 저우언라이가 주도하여 제정하고 조직한 것이다. 그는 통일전선 공작과 지식분자 공작, 그리고 과학문화 공작에 특별한 관심을 쏟았으며, 이러한 공작을 지도하여 중대한 성취를 얻었다.

저우언라이의 총리로서의 업적은 무엇보다도 외교(外交) 분야에서의 눈부신 성과일 것이다. 그는 중대한 외교정책의 결정에 직접 참여하고 이를 실행하였다. 그는 1954년에 그 유명한 '평화공존 5개 원칙(和平共處五項原則)'[13]을 처음으로 제창하여 국가와 국가간 관계의 준칙(準則)으로 삼음으로써 국제적으로 많은 영향을 주었다. 1955년, 아시아·아프리카의 29개 국가는 인도네시아에서 개최한 반둥회의에서 평화공존을 주장하였으며, 식민주의에 반대하였고, 구동존이(求同存異, 같은 것은 추구하고 다른 것은 존치함)를 제창하였다. 저우언라이는 유럽·아프리카·아시아의 수십 개 국가를 방문하고, 중국을 방문한 수많은 세계 각국 지도자들과 우호적 인사들을 영접함으로써 중국인민과 세계인민의 우의를 증진하는 데 이바지하였다.

---

13) 평화공존 5개 원칙은 주권과 영토보존의 상호 존중, 상호 불가침, 상호 내정 불간섭, 호혜 평등, 그리고 평화 공존을 말한다.

그는 중미(中美) 관계 및 중일(中日) 관계의 정상화 실현과 중국의 국제연합 회원자격을 되찾기 위해 탁월한 공헌을 이룩하였다.

문화대혁명 중, 저우언라이는 린뱌오(林彪)·장칭(江靑) 집단과 투쟁을 벌여 당(黨)과 국가가 필요로 하는 사업을 계속 진행할 수 있도록 하였으며, 당내외 간부 및 기타 인사들을 보호하였다. 1972년 방광암(膀胱癌)이 발견되었지만 집무를 계속하였으며, 1975년 열린 제4기 전인대(全人大) 제1차 회의에서 중국공산당을 대표해 20세기 안에 공업·농업·국방·과학기술의 현대화를 전면적으로 실현하자고 호소했다. 저우언라이는 78세의 나이로 1976년 1월 8일, 베이징에서 사망했다. 그를 추도하는 전국적인 움직임은 4월 초순 청명(淸明)을 전후하여 '톈안먼(天安門)사건'으로 발전하여 뒷날 장칭 등 반혁명집단을 분쇄하는 기초를 닦았다. 그의 주요 저작은 '저우언라이선집(周恩來選集)'에 수록되어 있다.

5) 마오쩌둥과 서로 존경심과 관심 쏟아

저우언라이(周恩來)는 마오쩌둥에 대하여 깊은 존경심과 관심을 쏟았다. 마오쩌둥이 어떤 활동에 참가하더라도 반드시 그 곁에 저우언라이가 있었다. 두 사람이 함께 있는 경우가 많았으므로 저우언라이는 마오쩌둥의 일거일동에 익숙하였다. 섬북(陝北)에서 마오쩌둥이 가는 길은 저우언라이가 항상 먼저 다녀오곤 하였다. 마오쩌둥이 머무는 곳은 저우언라이가 직접 확인하였으며, 침대 밑까지도 안전 여부를 검사하는 등 매우 세밀하게 조사하였다. 전국 해방 이후에도 저우언라이의 이 같은 세심함은 여전하였다. 어느 날 저녁 무렵, 저우 총리는 외부 행사에 참석하기 위해 자동차로 출발했다. 그의 운전기 사는 전방에 다른 차량이 없었으므로 시간 절약을 위해 빠른 속도로 주행하여 곧바로 회의장 입구에 도착하였다. 총리는 차에서 내린 후 마오 주석의 차량이 곧 뒤따라 도착하는 것을 발견하였으며, 그를 영 접하여 입장시킨 후에 자신도 입장하였다. 회의를 마친 후, 돌아오는 길에 총리는 운전기사에게 엄숙하게 말했다. "이후 우리가 차량으로 이동할 때, 특별히 야간에는 앞뒤를 잘 살펴야 하네. 만약 주석의 차 량이 오는 것을 보았을 때는 반드시 먼저 길을 양보해야 하오."

마오쩌둥의 저우언라이에 대한 존경심과 관심 또한 꾸준하였다. 1961년, 중앙공작회의 기간에 저우언라이가 직접 영도한 난창(南昌) 봉기 34주년을 기념하기 위해 마오쩌둥은 루산(廬山)인민극장에서 열리는 건군(建軍)기념일 연회에 특별히 참석하였다. 화려한 장식등 이 막 켜질 무렵 극장 입구에 도착한 마오쩌둥은 차에서 내리자마자 정문 근무자에게 물었다. "총리가 도착했소?" 총리는 근처를 산보하 고 있으며, 곧 도착할 것이라는 대답을 들은 마오쩌둥은 웃으며 고 개를 끄덕이더니 이내 극장 입구에 있던 나무 의자에 걸터앉으며 경 호원들에게 말했다. "총리가 오기를 기다려 함께 입장합시다." 마오 쩌둥의 집 뜰에 심은 딸기가 아주 잘 익어 먹음직스러웠는데 마오쩌 둥은 측근을 시켜 총리에게도 조금 보내주도록 하였다. 저우 총리가 만년에 중병으로 입원해 있을 때는 고급 소파를 보내주기도 하였다.

마오쩌둥은 저우언라이의 부인 덩잉차오(鄧穎超)와도 깊은 우의 (友誼)를 나누었다. 1965년 여름 마오쩌둥이 외빈을 접견할 때, 덩잉 차오가 배석자로 회견에 참가하여 이야기를 나누던 중 "최근에 주석께서 시(詩)를 지으신 것이 있느냐"고 물었다. "아주 오랫동안 주석의 신작(新作)이 없어 궁금하니 한 편 읽어 볼 수 없겠느냐"고 덩잉차오는 완곡하게 부탁하였던 것이다. 마오쩌둥은 과연 이로부터 오래되지 않아 '다시 징강산에 오르다(重上井岡山)' 등 두 편의 시를 써 덩잉차오에게 보냈다. 마오쩌둥은 그 시 위에다 장난스럽게 다음과 같은 메모를 적었다. "제수(弟嫂)씨가 내게 시를 쓰라고 압력을 넣었기에, 어쩔 수 없이 명령에 따라 이틀 밤을 꼬박 새워 두 편을 썼습니다. 여러 번 고쳤지만 아직도 좀 더 손을 봐야겠어요. 지금 보내오니 부디 가르침 주시기 바랍니다." 덩잉차오는 이 작품들을 아주 소중히 여겨 기념품으로 고이 간직하였다.

6) "저우언라이(周恩來)는 세 번째 후계자"

마오쩌둥과 저우언라이의 우의는 고난의 세월을 함께 겪은 혁명투쟁의 역사 속에서 자연스럽게 형성되었다. 마오쩌둥은 1952년 2월 하얼빈(哈爾濱)에서 지난날을 회고하며 매우 자랑스럽게 이야기하였다. "후쭝난(胡宗南)이 옌안(延安)으로 진격한 후, 나는 섬북(陝北)의 동굴 안에서 저우언라이(周恩來)·런비스(任弼時) 동지와 함께 전국적인 전쟁을 지휘하였습니다." 옆에 있던 저우언라이가 말을 이었다. "주석께서는 세계 최소의 사령부에서 세계 최대의 인민전쟁을 지휘하셨지요. 사람들은 이것을 세계전쟁사의 일대 기적이라고 말하고 있습니다."

마오쩌둥은 저우언라이의 탁월한 외교능력과 조직능력에 대해 충심으로 찬양해 마지않았다. 1957년, 소련을 방문한 마오쩌둥이 모스크바에서 흐루시초프와 회견했을 때 흐루시초프는 단도직입적으로 마오쩌둥에게 중국의 다음 후계자는 누구냐고 물었다. 마오쩌둥은 첫 번째가 류사오치(劉少奇), 두 번째가 덩샤오핑(鄧小平), 세 번째가 저우언라이(周恩來)라고 대답했다. 마오쩌둥은 저우언라이에 대해 "이 동지는 국제 활동 방면에서 나보다 강하고, 각종 복잡한 모순의 처리에 능숙하다"고 크게 칭찬하였다.

건국을 전후하여 저우언라이는 마오쩌둥과 함께 신중국 외교의 기본정책과 방침을 제정하였다. 건국 이래의 모든 중대한 대외 활동은 모두 저우언라이가 스스로 실천하거나 직접 지휘한 것이다. 그는 1950년 2월, 마오쩌둥의 담판을 도와 '중소우호동맹상호원조조약(中蘇友好同盟互助條約)'을 체결하였다. 또한 논리를 바탕으로 꾸준히 노력한 결과 유엔 중국특별대표가 대만에 대한 미국의 부당한 간섭을 국제사회에 호소할 수 있었다. 또한 그의 영도 아래 신중국은 제국주의의 중국에서의 특권을 신속하게 정리할 수 있었으며, 여러 서방국가들과 평등한 외교 관계를 새롭게 수립할 수 있었다.

한국전쟁이 끝난 후, 저우언라이는 중앙의 정책 결정을 바탕으로 평화외교정책을 적극 추진하고 발전시켰다. 그는 국가와 국가간의 관계를 설정함에 있어 '평화공존 5개 원칙(和平共處五項原則)'을 제창하고 지도하였으며, 인도(印度) 및 버마 양국 총리와 이를 공동으로 천명하였다. 그는 제네바회담과 반둥회의에서 이러한 원칙을 운용함으로써 인도 문제를 평화적으로 해결하고 아시아의 단결을 촉진하는 역사적 공헌을 이룩하였다. 1956년 말부터 1964년 초까지 그는 세 번에 거친 해외 순방을 통해 아시아 28개국을 방문하여 그들의 정치 · 경제적 독립 투쟁을 지지하고 원조하였으며, 우호합작관계를 수립하여 외교적으로 심대한 영향을 미쳤다. 이와 함께 저우언라이는 선진 자본주의국가와의 관계 수립과 발전을 적극 추진하였다. 일본(日本)에 대해서는 '민간선행(民間先行)'의 원칙 아래 대대적인 국민외교를 벌임으로써 국가간의 외교 관계를 촉진하도록 하였으며, 영국(英國)에 대해서는 제네바회담 이후 대표부급 반(半)외교관계를 수립하였다. 그는 드골 대통령 특사와의 오랜 시간에 거친 심도 깊은 회담을 통해 1964년 중국-프랑스 국교 수립을 실현함으로써 서방 국가와의 본격 외교에 돌파구를 열었다. 저우언라이는 미국(美國) 또한 평화외교정책의 추진 범위에서 배제하지 않았다. 그는 미국의 간섭정책에 단호하게 투쟁하는 동시에, 여러 차례에 걸쳐 대만 문제 등의 해결을 위해 미국과의 회담을 희망한다는 뜻을 표시하였다. 그가 직접 지휘한 중미 대사급 회담은 중국과 미국의 외교 투쟁 장소가 되기도 하였지만, 또한 이 회담이 쌍방의 연락통로 역할을 함으로써 이후 중미관계를 타개하는 데 있어 매우 긍정적인 작용을 하였다. 저우언라이는 중미관계를 유지하기 위해 부단히 노력하는 한편, 소련의 간섭과 조정에 대해서도 결연히 맞섰다. 특히 소련이 중국과의 협력을 중단하고 기술자들을 철수시키는 고압정책을 구사한 데 대하여 그는 철저히 독립되고 자주적인 입장을 고수하였다.

7) 중미(中美)관계 타개하고 유엔 지위 회복

한국전쟁 정전(停戰) 후 1965년까지 중국과 국교를 수립한 국가는 건국 초기의 18개국의 배가 넘는 49개국에 이르게 되어 중국의 국제 무대에서의 지위는 크게 향상되었다. 특히 아시아·아프리카·중동의 여러 나라는 중국을 그들의 진정한 우방이라고 인식하고 소련의 패권주의(覇權主義)에 반대하는 대열에 동참하였는데, 이는 저우언라이의 끈질긴 외교적 노력과도 무관하지 않은 것이다.

  문화대혁명이 시작된 후 외교 부문도 '사인방(四人幇)'의 간섭을 받게 되었으며, '평화외교정책'이 '제국주의·수정주의·반동파에 투항(投降)하여 혁명 투쟁을 소멸시키는 것(三降一滅)'이라는 비방을 받았고, 외교정책에 위반되는 파괴적 행동들이 종종 나타나기도 하였다. 저우언라이는 어려운 처지 아래서도 능력이 닿는 범위 내에서 사인방의 그릇된 조치들을 막아내었으며, 실제 업무를 추진하면서 이를 바로잡아 나갔다. 그의 노력으로 인해 외교 업무는 1968년부터 점차 정상으로 회복되었다.

  1970년대 초, 국제 정세의 발전과 변화로 닉슨 대통령이 중국에 대한 정책을 조정하려는 움직임을 보이자 당 중앙과 마오쩌둥은 중미(中美)관계를 타개하려는 전략적 결정을 하게 되었다. 저우언라이는 당연히 이 정책결정의 중요한 참여자였으며, 또 이를 직접 실행한 사람이었다. 미국의 주(駐)폴란드 대사와 '핑퐁외교'를 추진한 것과 키신저의 중국 비밀방문, 그리고 닉슨 대통령이 태평양을 건너와 악수를 하기까지의 일련의 모든 과정은 저우언라이가 직접 지휘하고 조정하였다. 그는 닉슨과 담판 끝에 상하이공동성명에 서명하여 '평화공존 5개 원칙(和平共處五項原則)'에 따라 양국 관계를 처리한다는 것을 확인하였으며, 이로써 뒷날 중미관계 정상화를 위한 튼튼한 기초를 마련했다. 이를 계기로 하여 중국은 세계 각국과의 외교관계 수립에 새로운 전기를 마련하게 되었으며, 저우언라이 사망 전 중국과 국교를 수립한 나라는 무려 107개국에 달하게 되었다. 이와 함께 중국은 유엔의 합법적인 회원국 지위를 회복하게 되었다.

8) 사인방(四人幇)의 권력 찬탈 음모 저지

1974년 말, 제4기 전국인민대표대회의 준비가 한창일 때였다. 12월 23일 저우언라이(周恩來)는 병든 몸을 이끌고 왕훙원(王洪文)과 함께 창사(長沙)로 가서 마오쩌둥에게 전인대 준비상황을 보고하였다. 마오쩌둥은 그들과 네 차례에 걸쳐 담화를 나누었다. 담화 중 마오쩌둥은 장칭(江靑) 일당에 대해 비판을 가하였으며, 그들이 종파(宗派) 활동을 멈추지 않을 경우 패망할 것이라고 경고하였다. 마오쩌둥은 "총리는 여전히 총리"라고 말했다. 아울러 그는 덩샤오핑(鄧小平)을 군사위원회(軍事委員會) 부주석 겸 총참모장, 그리고 제1부총리로 임명할 것을 제의하였다. 또 전인대 정부 공작보고를 짧게 하도록 하라고 특별한 관심을 보였는데, 이는 병든 저우언라이가 보고서를 끝까지 읽어낼 수 있도록 배려한 것이었다. 마오쩌둥의 결단으로 장칭 일당의 당 및 국가기관 최고영도권 찬탈 음모는 분쇄되었는데, 이는 마오쩌둥의 저우언라이에 대한 신뢰가 두터웠음을 보여 준다.

1975년 2월 제4기 전인대가 열리고 난 후 저우언라이는 극도로 피로가 쌓여 병세가 계속 악화되었고, 매일 혈변(血便)을 보게 되었다. 마오쩌둥은 이 소식을 듣고 매우 걱정하였다. 그 자신도 침대에 누워 실명(失明)의 고통을 받고 있던 마오쩌둥은 측근들에게 총리의 근황이 어떤지 전화로 알아보라고 재촉하였다. 저우언라이 또한 마오쩌둥의 병세에 큰 관심을 쏟았다. 1974년 봄, 마오쩌둥은 노인성 백내장(白內障)에 걸려 시력(視力)이 계속 떨어졌다. 저우언라이는 안과 전문의에게 연락하여 병세를 자세히 살피도록 하는 동시에, 자신이 여러 해 동안 사용하던 안경 하나를 마오쩌둥에게 보냈다. 저우언라이가 마오쩌둥 측근 편에 보낸 편지에는 다음과 같이 쓰여 있었다. "이 안경은 제가 오랫동안 쓰던 것으로 비교적 주석에게도 적합할 것입니다. 한번 시험 삼아 써보시고, 맞지 않으면 다시 보내 드리겠습니다."

1975년 8월, 의료진들이 마오쩌둥의 백내장 수술을 준비하였다. 이러한 수술은 일반적인 작은 수술로 크게 염려할 바가 못 되었다. 그러나 저우언라이는 마음을 놓지 못하여 자신의 병세가 위중함에도 불구하고 수술현장에 나타났다. 마오쩌둥의 수술을 방해하지 않기 위해서 그와 다른 몇 명의 영도자들은 수술실 밖의 큰 방에서 대기하다가 수술이 성공적으로 끝난 후 비로소 그곳을 떠났다.

1975년 10월 하순, 의료진은 저우언라이에 대한 마지막 수술을 실시했다. 12월 중순 들어 그는 이미 음식을 넘길 수가 없었으며, 완전히 링거액으로 생명을 유지하고 있었다. 1976년 1월 8일, 완전히 생명력이 소진된 저우언라이는 이 세상을 떠났다. 마오쩌둥은 이 소식을 듣고 비통함을 금치 못했으나 자신의 병세가 위중하여 추도회에는 참가하지 못했다. 이로부터 8개월 후, 마오쩌둥 자신도 이 세상을 하직하였다.

08 류사오치(劉少奇)는 노련한 군중의 영수(領袖)

그는 당 사업에 탁월한 공헌을 하였으며, 오랫동안 시련을 겪은 정확성을 갖춘 영수(領袖)이다. 그는 마오쩌둥과 오랜 기간 성공적으로 협력하였으며, 당 중앙과 마오쩌둥은 일찍이 그가 당 주석(主席)의 후계자임을 명확하게 하였다. 그러나 아쉽게도 1960년대 후반 들어 마오쩌둥은 그와 점점 멀어지게 되었으며, 문혁(文革) 기간에 류사오치(劉少奇)는 억울하게 공직에서 추방되기에 이르렀다. '제2인자'의 운명은 언제나 불안한 것이 역사의 철칙인가?

　류사오치(劉少奇)는 백구(白區, 국민당 통치지역) 공작 문제에 있어 풍부한 경험을 가지고 있다. 그의 일생 동안 실제 공작으로 군중의 투쟁을 지도하고 당내 관계를 처리함에 있어 모두 정확하였다. 그가 백구 공작에서 좌경(左傾)의 경향을 바로잡는 문제를 구체적으로 직접 해결한 것은 기본적으로 옳았다. 류사오치는 실제 공작의 변증법(辨證法)을 이해하였으며, 과거에 당이 이 문제로 인하여 겪은 해악을 체계적으로 아주 정확하게 지적하였다.

> － 毛澤東, 1937년 6월 1일부터 4일까지 열린 政治局會議에서의 發言, 黃崢, 『劉少奇一生』(中央文獻出版社, 1995), p. 124.

류사오치(劉少奇) 동지의 문장을 내가 읽어보니 아주 잘 썼다. 이 문장은 정의를 제창하고 사악함에 반대하는 아주 중요한 문장으로 빨리 게재하여야 할 것이다.

> － 毛澤東, 1939년 8월에 발표 예정인 劉少奇의 '論共産黨員的修養'을 읽고 週刊〈解放〉編輯 吳黎平에게 보낸 回信, 黃崢, 『劉少奇一生』(中央文獻出版社, 1995), p. 150.

류사오치(劉少奇) 동지는 아주 훌륭하고 노련한 군중의 영수(領袖)로 그의 견해가 진리인 까닭은 당시의 직접적인 사실로도 증명될 뿐만 아니라, 모든 좌경(左傾) 기회주의 노선이 집행된 시기의 전체 결과가 이를 증명하고 있다.

> － 毛澤東, 1941년 10월 起草된 '關于四中全會以來中央領導路線問題結論草案'과 '關于1931年至1935年1月期間中央路線的批判', 黃崢, 『劉少奇一生』(中央文獻出版社, 1995), p.199.

류사오치(劉少奇, 1898-1969)는 중국의 국가주석을 역임한 정치가이며 탁월한 공산주의 이론가이다. 1898년 11월 24일, 후난성(湖南省) 닝샹현(寧鄕縣) 화밍러우(花明樓)에서 태어났는데 원명은 사오쉬안(紹選), 자 웨이황(謂璜)이며, 뒷날 후푸(胡服)로 이름을 바꾸었다. 그의 원적은 장시성(江西省) 지수이현(吉水縣)인데 조상 중의 한 사람이 후난성 푸양현(釜陽縣)에서 벼슬살이를 하게 되어 그 가족이 후난으로 옮겨가게 되었으며, 탄쯔충(炭子冲)에 자리를 잡았다. 그 후 여러 차례 이사를 다녔으나 가정형편은 날이 갈수록 나빠졌으며, 류사오치의 증조부 류짜이저우(劉在洲) 때에 이르러서는 소작으로 겨우 생계를 유지하였다. 아버지 류춘성(劉春生)과 어머니 루(魯)씨 사이의 4남 2녀 중 막내인 사오치는 동갑인 부모가 34세 되던 해 태어났다. 그는 사촌들을 포함하여 아홉 번째의 서열이고, 가장 나이가 어렸으므로 집안에서는 그를 '쥬만(九滿)'이라고 불렀다.

　류사오치는 여덟 살 때부터 고향의 서당에서 공부하였다. 그는 어린 나이에 많은 책을 읽었으며, 폭넓은 지식을 쌓았다. 그는 친구들과 논쟁을 하거나 어른들과의 대화 도중에 항상 경전(經典)에 나오는 말들을 인용하여 이치에 맞게 자신의 주장을 폈다. 사오치의 총명함은 고향 탄쯔충 인근에서 소문이 자자하였다. 그는 사방에서 책을 빌려 모조리 독파하였고, 항상 책을 손에서 놓지 않았으므로 그에게는 '책궤짝(劉九書櫃)'이라는 또 하나의 별호(別號)가 붙었다. 1913년, 팡추샹(芳儲鄉) 소학교를 졸업한 류사오치는 우수한 성적으로 닝샹현 제1고등소학교에 입학하였다. 이때부터 그는 조롱(鳥籠)에서 벗어난 한 마리 작은 새처럼 넓은 세계를 향해 날아갔다.

1) 소련 유학 후 노동운동(勞動運動)에 종사

　류사오치(劉少奇)는 1916년 창사(長沙) 육군강무당(陸軍講武堂)에 응시하였는데, 붓을 던지고 종군(從軍)하는 것이 국가를 위한 것이라고 판단한 때문이었다. 입학 후 호법(護法)전쟁14)이 발발하였으며, 건물이 포격을 받는 바람에 학교는 1년이 채 못 되어 문을 닫았다. 그는 집에서 1년을 독학하다가, 1919년 초 창사에 있는 사립학교 위차이(育才)중학 졸업반에 편입하였으며, 5·4 운동이 시작되자 베이징과 바오딩(保定) 등지에서 학생 운동에 참여하였다.

1920년 류사오치는 중국사회주의청년단에 가입하였으며, 1921년, 소련으로 가 모스크바에 있는 동방노동자공산주의대학에서 학습하였다. 1922년 중국으로 돌아와 주로 노동 운동에 종사하였으며, 안위안(安源) 탄광 파업과 철도노동자 파업 등의 지도에 참가하였다. 1925년 4월 쑨원(孫文)선생이 서거하자 추도문을 지어 노동계급이 그의 유업(遺業)을 계승해 혁명을 계속할 것을 호소하였으며, 제국주의와 군벌(軍閥)에 대한 투쟁을 꾸준히 전개하였다. 5월, 제2차 전국노동대회에서 중화전국노동조합 부위원장에 당선되었다. 1927년 1월, 우한(武漢) 노동자들의 영국 조계(租界) 환수 투쟁을 지도하였다. 이 해 4월, 중공(中共) 제5차 전국대표대회에서 중앙위원에 당선되었다.

제1차 국공합작(國共合作)이 결렬된 후, 상하이(上海)·톈진(天津)·화북(華北) 등지에서 당의 지하공작에 종사하였으며, 중공 허베이성(河北省)위원회 지도에 참가하였다. 1930년 여름, 모스크바에서 열린 제5차 '붉은 노동자 국제대회'에 참석하여 집행국위원에 당선되었으며, 그 직무를 수행했다. 1931년 1월, 중공 제6기 4중전회에서 정치국위원으로 당선되었다. 이 해 가을 상하이로 돌아와 당 중앙 노동부장과 중화전국노동조합 당서기를 맡았다. 1932년 겨울 장

---

14) 1916년 위안스카이(袁世凱)가 황제로 즉위하자 쑨원(孫文)의 중국혁명당이 중심이 되어 이에 반대함으로써 벌어진 전쟁.

시(江西) 소비에트로 들어가 전국노동조합 위원장이 되었다. 1934년 4월 중공 푸젠성(福建省)위원회 서기가 되었으며, 10월, 장정(長征)에 참가하여 중국공농홍군 제8군단과 제5군단의 당대표 및 제3군단 정치부 주임을 맡았다. 쭌이(遵義)에서 열린 정치국 확대회의에서 마오쩌둥(毛澤東)의 주장을 지지하였으며, 장궈타오(張國燾)의 분열주의에 맞서 결연히 투쟁하였다.

1936년 봄, 화북지역에서 당 대표와 북방국(北方局) 서기 등을 역임하면서 모든 항일세력들의 연합을 도모하여 항일민족통일전선을 적극 강화하였다. 특히 산시(山西)지방의 실력자 옌시산(閻錫山)과 국민당 쑹저위안(宋哲元)의 제29군을 항일전선의 동맹군으로 만들기 위해 많은 공작을 펼쳤다.

2) 적 후방에 침투하여 항일(抗日) 유격전쟁

항일전쟁이 시작된 후, 류사오치(劉少奇)는 적 후방에 깊이 침투하여 군중을 동원해 항일유격전쟁을 전개했고, 화북의 적 점령지역 안에 항일근거지를 만드는 공작을 펼쳤다. 1938년 11월, 중공 중원국(中原局) 서기로 임명되어 화북 지역을 공고히 하고 화중(華中) 지역으로 발전해 나간다는 당 중앙의 전략방침을 굳건히 관철하였다. 환난(皖南)사건 후, 신4군(新四軍) 정치위원 및 당 중앙 화중국(華中局) 서기로 임명되자 천이(陳毅) 등과 함께 신4군을 재편성하여 양쯔강(揚子江) 중류와 하류 지역의 항일무장역량을 복원하고 발전시켰으며, 화중지역의 항일근거지를 확충하였다. 1939년에서 1941년 사이 '공산당원수양론(論共産黨員的修養)' 등 저작을 발표하여 당의 이론을 풍부하게 하는 데 기여했다.

류사오치는 1943년 옌안(延安)으로 돌아가 중공 서기처 서기 및 중앙혁명군사위원회 부주석이 되었다. 1945년 중공 제7차 전국대표대회에서 '당 장정 개정에 관한 보고(關于修改黨的章程的報告)'를 하였으며, 마르크스레닌주의의 이론과 중국혁명의 실천을 결합한 "마오쩌둥 사상"을 당의 모든 공작의 지침으로 삼을 것을 제안하였다. 이 대회에서 그는 중앙 정치국위원 및 서기처 서기로 당선되었다. 항일전쟁이 끝난 후 마오쩌둥이 충칭(重慶)에서 장제스와 담판을 할 때 당주석을 대리하였으며, 이 때 "남쪽을 방어하고 북쪽으로 발전한다"는 당의 전략방침을 충실히 이행하여 동북(東北)지방 확보 등에 주력하였다. 1947년 3월, 국민당 군대가 중공중앙의 소재지인 옌안을 점령하자 마오쩌둥·저우언라이·런비스(任弼時) 등은 계속 섬북(陝北)지역을 전전하였으며, 류사오치와 주더(朱德) 등은 허베이성(河北省) 핑산현(平山縣) 시바이포촌(西柏坡村)으로 옮겨 중공중앙 공작위원회를 조직하고 류사오치의 책임 아래 중앙이 위탁한 사업을 수행하였다. 이 해 7월 류사오치는 시바이포에서 전국토지회의를 개최하고 '중국토지법 대강(中國土地法大綱)'을 제정하여 중국민주혁명의 기본임무 중 하나인 토지 문제의 해결을 위한 기본방침을 확립하였다.

1949년 9월, 중국인민정치협상회의 제1기 전체회의에서 류사오치는 중화인민공화국 중앙인민정부 부주석에 당선되었으며, 신중국(新中國)의 정치·경제·문화·교육·외교 등의 정책과 방침을 제정하는 데 있어 중요한 작용을 하였다. 1954년 9월, 제1기 전국인민대표대회에서 중화인민공화국 헌법(憲法) 초안에 관한 보고를 하였으며, 전인대 상무위원회 위원장에 당선되었다. 1956년, 중공중앙위원회 정치국 위원 및 상무위원, 그리고 당 부주석에 당선되었다. 1959년 4월, 제2기 전인대 제1차 회의에서 중화인민공화국 주석(主席) 및 국방위원회 주석으로 당선되었다. 1965년 1월, 제3기 전인대 제1차 회의에서 중화인민공화국 주석으로 다시 당선되었다. 1966년, 문화대혁명(文化大革命)이 시작된 후, 억울하게 비판을 받음과 아울러 린뱌오(林彪) 및 장칭(江靑) 일당으로부터 정치적 박해와 인신학대를 받았으며, 1969년 11월 12일 허난(河南) 카이펑(開封)시에서 71세로 병사하였다. 그의 주요 저작은 '류사오치선집(劉少奇選集)'에 수록되어 있다.

3) "백구(白區)공작 책략사상은 하나의 모범"

중국공산당 초기의 당원 중 한 사람인 류사오치(劉少奇)의 고향은 마오쩌둥의 고향과 아주 가까운 거리에 있다. 그는 중국공산당의 주요 영도자로 수십 년 동안 중국혁명을 위해 많은 공적을 쌓았다.

류사오치는 일찍이 백구(白區) 지역의 공작에 관한 체계적인 책략사상을 마련한 것으로 유명하다. 중공 제7기 7중전회에서 채택된 '약간의 역사 문제에 관한 결의(關于若干歷史問題的決議)'는 그의 이러한 사상을 개괄함과 아울러 높은 평가를 부여하고 있다. "류사오치 동지의 백구공작에 있어서의 책략사상은 하나의 모범이다. 그는 1927년 혁명 실패 후의 백구, 특히 도시 지역에서 적과 아군의 역량에 큰 차이가 있음을 정확하게 계산했기 때문에 체계적인 조직의 퇴각 및 방어를 주장하였다." "형세와 조건이 우리에게 불리할 때는 일시적으로 적과의 결전을 피하고, 앞으로 있게 될 혁명의 전진 및 결전을 준비해야 한다."

류사오치는 1924년부터 1927년까지 혁명시기의 당의 공개된 조직은 철저한 비밀조직으로 전환해야 한다고 주장했다. 그는 어렵고 힘든 공작은 될수록 공개적이고 합법적인 수단을 이용하며, 당의 비밀조직은 군중공작에서 장기간 그 역량을 은폐하고 군중 속으로 깊이 들어가 군중의 역량을 비축하고 강화하며, 군중의 각오를 드높여야 한다고 주장했다. 류사오치는 군중 투쟁을 지도함에 있어 당시의 시간과 장소의 환경 및 조건과 군중의 각오 정도 등에 근거하여 그들이 능히 받아들일 수 있는 구호(口號)와 요구 및 투쟁방식을 제기해야 하며, 투쟁과정 중 여러 조건의 변화에 근거하여 투쟁을 점차 강화하거나 또는 적당한 때에 잠시 전투를 중단하고 다음의 더 큰 투쟁을 준비해야 한다고 주장했다. 적 내부의 모순을 이용하거나 일시적인 동맹자를 선택하는 문제에 있어 그는 "이러한 모순이 폭발하도록 충동하여야 하며, 적 진영 중에도 우리와 협력할 수 있는 세력이 있으므로 일시적으로 연합하여 주요한 적을 공격해야 한다."고 하였다. 또 "우리와 협력을 원하는 동맹자에게는 응당 필요한 양보를 해야 하며, 그들을 끌어들여 우리와 연합하게 한 후, 공동으로 행동하면서 다시 그들에게 영향을 줌으로써 그들 휘하의 군중을 우리 편으로 만들어야 한다."고 주장했다. 결의문은 '12 · 9 운동'의 성공은 이러한 백구공작의 책략 원칙의 정확성을 증명하였다고 적고 있다.

류사오치는 중국공산당의 마르크스주의 이론가이다. 그는 이론과 실천의 통일을 일관되게 중시하였으며, 조사연구와 경험 총결을 조금도 게을리하지 않았을 뿐만 아니라, 실천 경험을 보다 높은 이론으로

정립하는 면에 있어서 탁월하였다. 그는 일찍이 "마오쩌둥 사상"이라
는 개념을 제기하여 당 7차 대회에서 이를 유력하게 선전하였다. 그
의 '공산당원수양론'과 기타 당의 건설에 관한 저작은 모든 당원들을
교육시킴으로써 중국공산당의 소중한 정신적 자산이 되었다.

류사오치는 신민주주의 혁명시기에 중국공산당내의 중대한 정치노
선 투쟁에서 정확한 주장을 견지하였다. 그는 일찍이 리리싼(李立三)
의 좌경(左傾)모험주의, 왕밍(王明)의 좌경(左傾)기회주의, 장궈타오
(張國燾)의 장정 도중 당 분열활동, 그리고 왕밍의 항일(抗日) 초기
우경(右傾)기회주의와 결연히 투쟁하였다.

1949년 건국 이후, 류사오치는 당과 국가의 주요한 영도자 중 한
사람이 되어 사회주의건설의 노선과 정책을 제정하고 집행하는 데
적극 참여하였다. 중국의 생산재 소유제의 사회주의 개조가 기본적
으로 완성된 후 열린 중공 제8차 전국대표대회의 보고에서 그는 당
의 사업 중점이 경제 건설로 옮겨져야 하며, 사회생산력의 제고에
역량을 집중해야 한다고 주장했다. 1960년대 초 경제가 곤란한 시기
에 그는 실제 상황을 깊이 이해하였으며, 군중들의 호소에 귀를 기
울였고, 국가의 안위(安危)와 인민의 고통에 깊은 관심을 가지고 경
제 건설을 위해 노력하였다.

4) 농촌 궁핍한 상황 보고서(報告書)로 제출

1961년 5월, 류사오치(劉少奇)는 고향 닝샹(寧鄕)으로 가 심층 조
사를 벌였다. 떠난 지 40년 만에 옛집에 돌아온 그는 매일 농민이나

간부들과 대담하면서 생산과 생활의 정황을 물었다. 그곳에서 군중들의 생활이 아주 궁핍하다는 실제상황을 알게 된 그는 마음이 침통하기 이를 데 없었다. 그는 경험을 총결하여 간부들에게 훈시하였다. "업무 태도를 바꾸고 지도에 힘쓸 것이며, 군중들의 생산을 독려하여 이 난관을 돌파해야 하오." 류사오치의 닝샹 방문이 사람들에게 깊은 인상을 남긴 것은 그가 마오쩌둥의 영도력에 대해 깊은 신뢰를 가지고 그의 명예를 보호하기 위해 극도로 주의를 기울였기 때문이다. 류사오치는 마침 그때 마오쩌둥이 후난(湖南)에 도착했다는 소식을 듣고 즉시 창사(長沙)로 가서 자신이 조사한 현지 상황을 마오쩌둥에게 보고하였다. 마오쩌둥은 그의 보고를 듣고 아주 즐거워하며 사람들에게 장난스럽게 말하였다. "류사오치 동지에게 배웠으니 나도 사오산(韶山)에 조사하러 가야겠소." 그 후, 류사오치는 다시 탄쯔충(炭子冲)에서 닝샹현으로 돌아와 자신이 파악한 상황을 서면으로 작성하여 마오쩌둥에게 보고서로 제출하였다. 이미 1959년 중화인민공화국 주석으로 선출되어 명실상부한 제2인자의 자리를 굳히고 있던 류사오치가 당 주석인 마오쩌둥에게는 시종 삼가고 조심하는 태도를 보이는 것이 눈에 띈다.

　닝샹에서 조사할 때, 류사오치는 어떤 지방에서 '류주석 만세'라고 쓰인 커다란 플래카드를 보았으며, 곧 사람을 불러 이 같은 표어를 당장 치우라고 지시했다. "우리 당과 국가에는 오로지 한 사람의 주석(主席)밖에 없으니, 곧 마오 주석이오. 외치려거든 '마오 주석 만세'라고 외쳐야 하오." 화밍러우(花明樓)에 있는 류사오치의 생가를 일부 사람들이 수리하려는 움직임을 보였는데, 이는 많은 사람들이 이곳을 참관하러 오기 때문에 집을 손볼 필요가 있었기 때문이다. 이를 알게 된 류사오치는 이를 결코 허락하지 않았다. "이곳에 기념관(紀念館)을 만들자고 여러 차례 내게 편지를 보내 물었지만, 나는 몇 차례나 답신을 보내 안 된다고 했소. 절대 그럴 수 없소! 기념관은 사오산에 만들어야 할 것이오." 어떤 사람이 "사람들이 참관하러 오는데 어떻게 합니까?"라고 묻자 류사오치는 대답했다. "외국인이 오겠다면 못 오게 해야 하고, 중국인이 꼭 참관을 원하면 지금 모습 그대로 보게 하시오. 외부에서 사람이 오면 동네 할머니가 끓인 물을 대접하면 되고, 물 두 잔에 1전씩 받으면 될 것이오." 그는 또 고향사람들에게 재삼 당부하였다. "스스로 노력하여야 하오. 절대 우리 고향의 이름을 팔아 다른 사람들로부터 혜택을 요구해서는 안 됩니다."

마오쩌둥은 류사오치의 사람됨을 익히 잘 알고 있었으며, 그의 사업 추진에도 만족하여 항상 그를 칭찬하고 높이 평가하였다. 예를 들어, 1937년 류사오치의 백구(白區)공작에 대한 평가, 1939년 '공산당원수양론'에 대한 평가, 1941년 류사오치에 대한 평가 등이 그것이다.

1961년 9월, 영국의 몽고메리 원수가 두 번째로 중국을 방문하여 마오쩌둥과 대담할 때, 그는 "류사오치가 나의 후계자"라고 명확하게 언급했다. 9월 23일 오후, 마오쩌둥은 우창(武昌) 둥후빈관(東湖賓館)에서 몽고메리를 접견했다. 두 사람이 대화를 나누던 중 몽고메리가 갑자기 하나의 문제를 제기하였다. "나는 세계 각국의 지도자들을 잘 알고 있습니다. 그런데 그들은 한결같이 자신의 후계자가 누군지 말하기를 꺼려하는데, 맥밀란 수상이나 드골 대통령이 그 좋은 예이지요. 주석께서는 당신의 후계자가 누구인지 확실하게 말해주실 수 있나요?" 마오쩌둥은 시원스레 대답했다. "아주 분명해요. 우리 당의 제1부주석인 류사오치입니다. 내가 죽은 뒤 바로 그의 차례이지요.”“류사오치의 뒤엔 저우언라이입니까?” 몽고메리가 다시 물었다. “류사오치 뒤의 일은 내가 관여할 수 없지요.” 마오쩌둥은 웃으며 대답했다.

5) “마오쩌둥의 후계자는 류사오치(劉少奇)”

마오쩌둥은 분명한 뜻으로 이 점을 세인들에게 설명했다. 접견하기 전 어느 날, 몽고메리를 접대하는 외교부의 책임자의 보고에 따르면, 몽고메리가 마오쩌둥의 후계자가 누군지 알고자 한다는 것이었다. 마오쩌둥은 즉시 말했다. “몽고메리는 우리가 소련과 다르다는 것을 이해하지 못하는군. 스탈린에 비해 긴 안목을 가졌다는 것을 말이야. 옌안에서 우리는 바로 이 문제에 주의를 기울였고, 1945년 7전대에서 이를 명확히 하였지. 당시 옌안은 궁벽한 산골이라 서양사람들이 알 수가 없었어. 1956년 8전대는 대규모로 개최되었으며, 민주당파는 물론 서양인들도 대거 초청하였지. 모든 회의는 시종일관 완전히 공개되어 비밀은 조금도 없었어. 이때 통과된 새 당장(黨章) 가운데 이러한 조항이 있었지. 필요할 때 중앙위원회는 명예주석 1인을 뽑는다. 무엇 때문에 이러한 조항이 필요한가? 필요할 때 누가 명예주석을 맡을 것인가? 미국에서 대통령 자리가 비게 되면 부통령이 대통령직을 맡게 되지. 우리 중국의 부주석은 6명인데 가장 서열이 빠른 사람은 누구인가? 바로 류사오치일세. 우리는 제1부주석이라고 부르지 않지만 그는 실제상의 제1부주석이며, 일선의 공작을 책임지고 집행하고 있지. 류사오치는 말렌코프[15]가 아니야. 지지난해 전인대의 선출로 중화인민공화국의 주석이 마오쩌둥에서 류사오치로 바뀌었지. 전에는 두 주석이 모두 마오(毛)씨였으나 지금은 당에는 마오, 국가에는 류(劉)씨 성을 가진 주석이 있지. 좀 더 세월이 흐르면 두 주석 모두 류씨가 맡을 것일세. 만약 마르크스가 나를 부르지 않는다면, 나는 바로 그 명예주석을 맡을 거야. 누가 나의 후계자냐고? 이 속에는 철(鐵)의 장막도 죽(竹)의 장막도 없고 단지 창호지 한 장이 가려져 있을 뿐이라 쉽게 드러나게 돼 있지."

그러나 마오쩌둥은 '후계자'라고 부르는 것에 동의하지 않았기에 관계자들에게 다음과 같이 푸념했다. "그 명칭은 좋지 않소. 나는 토지도 집도 은행예금도 없는데 나의 무엇을 계승한단 말이오? 소년선봉대 노래에 '우리는 공산주의 교대근무자'란 구절이 있는데, 이 '교대근무자(接班人)'란 말이 프롤레타리아(무산계급)의 화법에 알맞기 때문에 그렇게 부르는 것이 좋겠소. 몽고메리 원수는 중국어를 알지 못하고 영어로 말하는 손님이었으므로 잠시 '후계자'란 말을 사용했던 거요." 몽고메리는 영국으로 돌아간 뒤 이내 '삼대주(三大洲)'라는 제목으로 책을 펴냈는데, 그 속에는 마오쩌둥과의 대담 내용이 실려 있었다. "마오쩌둥의 후계자는 류사오치"라는 소식은 이로써 세계에 널리 알려졌다.

---

15) 말렌코프(G. M. Malenkov, 1902-1988)는 스탈린에게 능력을 인정받아, 1925년부터 당 중앙위원회에서 근무하였다. 대숙청에 깊이 관여하였으며, 1939년 당 중앙위원과 당 중앙서기국원, 그리고 1941년 당정치국원 후보, 1946년 정치국원이 되었다. 1952년 제19차 당대회에서는 중앙위원회의 보고를 맡아, 스탈린의 후계자로서 유력시되었다. 1953년 3월 스탈린이 죽자 총리가 되었으나, 곧 당내의 지도권 다툼에서 흐루시초프에게 패배하여 1955년 2월에 총리를 사임하였다. 그 후 얼마 동안 발전소(發電所) 담당 장관으로 있다가, 1957년 몰로토프, 카가노비치와 함께 '반당(反黨)그룹'으로 몰려 당 중앙위원회에서 추방당해 벽지의 수력발전소장으로 좌천되었으며, 1961년, 당에서도 추방되어 복권되지 못하였다.

6) 문혁(文革) 때 반역죄명 1980년 명예회복

1960대 초, '마오쩌둥 선집(選集)' 제4권이 편찬된 후 마오쩌둥은 '류사오치 선집'을 편집하여 출판할 것을 다시 한번 제의했다. 그는 이전에 몇 차례나 이러한 제안을 한 바 있었으나 류사오치가 한사코 사양하였던 것이다. 중국공산당 서기처는 마오쩌둥의 제의에 동의하여 '류사오치 선집'의 출판을 결정하고 편집위원회를 구성하였는데, 정치국 후보위원 캉성(康生)이 그 책임을 맡기로 하였다. 류사오치의 업무가 몹시 바빠 선집의 출판이 자꾸 늦어지게 되었으므로 편집위원회는 먼저 '공산당원수양론'을 발표하기로 결정하였다. 1962년 8월 1일 〈인민일보〉와 〈홍기〉잡지에 이 문장이 발표되었으며, 동시에 단행본으로도 출판되었다. 20여년 만에 다시 발표된 류사오치의 문장은 강렬한 반응을 일으켰으며, 중국의 대다수 공산당원들은 이를 필독의 인생교과서로 삼게 되었다. 이 시기에 나타난 중국공산당의 영웅적 모범인물들, 레이펑(雷鋒)·자오위루(焦裕祿)·왕진시(王進喜)·어우양하이(歐陽海) 등은 모두 이 책을 진지하게 학습하였다.

류사오치의 당내에 있어서의 지위는 역사적으로 형성되었다는 것을 모두 알고 있었다. 문화대혁명 직전에 당내에 반(反)혁명 수정주의노선이 존재한다는 주장이 제기되었으며, 곧이어 류사오치를 우두머리로 하는 이른바 '부르주아(자산계급)사령부'가 존재한다는 주장 또한 제기되었다. 린뱌오(林彪)와 사인방(四人幇) 일당은 당권을 찬탈할 목적으로 이 같은 상황을 이용하고 자료를 날조하여 류사오치에 대한 정치적 모함과 인신 박해를 가하였으며, 수많은 당정군(黨政軍) 간부들을 류사오치의 대리인이라는 죄명을 씌워 모조리 타도함으로써 극도로 엄중한 결과를 조성하였다. 이것은 중공(中共) 사상 최대의 모함 사건이었다. 1980년 2월, 전인대 제11기 5중전회는 류사오치의 억울한 누명을 벗겨주기 위한 결의를 통하여 제8기 12중전회가 내린 반역의 죄명을 취소하였다. 이와 함께 당적과 당내외 모든 직위를 박탈한 것이 잘못된 결정이었음을 밝히고 류사오치의 명예를 원상으로 회복시켰다. 1980년 5월 17일, 당 및 국가의 지도자들과 베이징의 각계 대표 1만여 명이 모여 류사오치의 추도식을 성대하게 거행했다.

09 덩샤오핑(鄧小平)은 원칙과 융통성 겸비

덩샤오핑(鄧小平)은 마오쩌둥(毛澤東)의 뒤를 이어 중국의 경제 발전을 이끈 위대한 지도자이다. '세 번 넘어지고 세 번 일어서는' 과정에서 점점 더 눈부시게 성장하는 진기한 인생 경력을 가진 그는 마오쩌둥이 오랫동안 신뢰하고 크게 의지했던 인물이다. 그가 창시한 덩샤오핑이론(鄧小平理論)은 '마오쩌둥 사상'을 계승하고 발전시킨 것으로 오늘날의 중국화된 마르크스레닌주의이다. 중국은 바로 이 이론의 지도 아래 새로운 장정(長征)을 계속하고 있는 것이다.

내가 보기에 덩샤오핑(鄧小平) 이 사람은 비교적 합리적이고 일하는 능력이 있소. 그대는 덩샤오핑이 모든 일을 훌륭하게 처리했다고 말하는가? 아니야, 그도 나처럼 여러 가지 일들을 잘못 처리하였소. 그러나 비교해

128

서 보면 그는 일을 잘 처리하고, 비교적 주도면밀하오. 그에게 불만을 품은 사람도 있는데, 이는 나에게 불만을 품은 사람이 있는 것과 마찬가지요. 대체로 말하자면 이 사람은 비교적 전체 국면을 읽을 줄 알며, 비교적 너그럽고, 문제를 비교적 공정하게 처리하며, 자신의 잘못에 대해서는 매우 엄격하오.

- 毛澤東, 八全大 전에 鄧小平을 中共 總書記로 推薦하는 談話, 劉金田, 『鄧小平的歷程 · 下』(解放軍文藝出版社, 1994), p. 81.

이 사람은 원칙성(原則性)이 있는데다 융통성(融通性)도 있으니, 우리 당에서 보기 드문 영도적 인재이다.

- 毛澤東, 1957년 모스크바에서 흐루시초프와의 談話, 『電視文獻紀錄片 '鄧小平' 解說詞』 (中央文獻出版社, 1997), p. 88.

나와 임무를 교대할 사람은(나의 후계자는) 첫째가 류사오치이고, 둘째가 덩샤오핑이다.

- 毛澤東, 1961년 英國 몽고메리 元帥와의 談話, 陳繼安, 『鄧小平談鄧小平』(湖北人民出版社, 1995), p. 309.

우리는 지금 총참모장(總參謀長) 한 분을 모시고자 합니다. 당신들의 옛 상관이 복귀하도록 나와 정치국이 요청하였습니다. 일부 사람들은 그를 두려워하지만, 그의 일 처리는 비교적 과단성이 있습니다. (마오쩌둥이 덩샤오핑을 보고 말하기를) 나는 그대에게 '부드러움 속에 굳셈을 지니고, 솜 속에 바늘을 감추라(柔中有剛, 綿裏藏針)' 는 두 구절의 당부를 하노니, 바깥으로는 화기(和氣)를 띠고 안으로는 강철(鋼鐵)공장이 되기를 바라오.

- 毛澤東, 1973년 12월 15일 政治局委員 및 大軍區司令員과의 談話, 『電視文獻紀錄片 '鄧小平' 解說詞』(中央文獻出版社, 1997), p. 103.

덩샤오핑(鄧小平)은 보기 드문 인재로 정치사상이 강하오. 그대(王洪文)
보다도 강하오.

  - 毛澤東, 1974년 말, 王洪文과의 談話, 『電視文獻紀錄片 '鄧小平' 解說詞』(中央文獻出版
    社, 1997), p. 105.

덩샤오핑(鄧小平, 1904-1997)은 마오쩌둥의 뒤를 이어 중국의 개혁
개방과 현대화건설을 설계하고 영도하였으며, 중국적 특색의 사회주
의이론을 독자적으로 정립한 정치가이다. 그의 70여년에 거친 혁명
일생은 파란만장한 전투의 연속이라 할 수 있는데 항일전쟁과 국공
내전, 그리고 신중국 성립 이후의 사회주의 경제 발전에 이르기까지
그의 발자취는 곳곳에 뚜렷하다.

덩샤오핑의 원명은 덩셴성(鄧先聖), 학명은 덩시셴(鄧希賢)으로
1904년 8월 22일, 쓰촨성(四川省) 광안현(廣安縣) 셰싱향(協興鄉) 파
이팡촌(牌坊村)에서 태어났다. 다섯 살 때부터 서당에 들어가 공부
했으며, 뒤에 신식 소학으로 옮겼다. 고등소학 졸업 후, 광안현중학에
입학했다. 1919년 가을, 충칭(重慶)에 있는 프랑스유학 근공검학단
예비학교에 들어갔다. 이때 그는 5·4 운동의 영향을 받아 소박한
공업구국(工業救國)의 애국사상을 가지게 되었으며, 다른 학우들과
함께 일본 상품 불매 운동을 벌였고, 매국노들을 성토하였다. 1920년
여름, 프랑스로 건너가 일하면서 공부하였다.

프랑스에서 생활 할 때의 덩샤오핑

1) 프랑스에 건너가 일하면서 배우다

덩샤오핑(鄧小平)은 프랑스에서 생활이 궁핍했기 때문에 중학교에서 겨우 몇 개월 공부하고는 곧 공장에서 일하게 되었다. 그는 생활의 고달픔과 함께 자본가의 노동자에 대한 가혹한 착취를 직접 경험하게 되었다. 당시 덩샤오핑과 일부 중국 유학생들은 러시아 10월혁명의 영향 아래 마르크스주의를 받아들이게 되었으며, 점차 혁명의 길로 들어서게 되었다. 그는 1922년 유럽 지역 중국소년공산당(뒤에 중국사회주의청년단 유럽지부로 개칭)에 가입하였으며, 1924년 중국공산당에 입당하였고, 이 때부터 그는 프롤레타리아 직업혁명가의 길을 걷게 되었다. 그는 청년단 유럽지부의 지도 그룹에 속하면서 중국공산당 조직의 리용(Lyon)지구 특파원이 되었다. 그는 또 청년단 기관지인 〈적광(赤光)〉잡지의 편집을 맡기도 하였다.

1926년 초, 덩샤오핑은 프랑스를 떠나 소련으로 갔으며, 모스크바 동방(東方)대학과 중산(中山)대학에서 학습하였다. 1927년 봄, 중국공산당으로부터 귀국 요청을 받아 시안(西安)의 국민당 펑위샹(馮玉祥) 부대로 가서 중산군사학교 정치처장 겸 정치교관이 되었으며, 그 학교 중공조직의 서기를 맡았다. 장제스(蔣介石)가 상하이에서 4·12사건을 일으킨 후, 덩샤오핑은 6-7월에 한커우(漢口)로 옮겨 가 중공중앙의 기관에서 공작하였다. 얼마 뒤, 왕징웨이(汪精衛)의 우한(武漢)정부도 공개적인 반공(反共)정책을 취해 잔인한 백색(白色)테러가 전국을 휩쓸게 됨에 따라 중국공산당은 지하로 숨어들게 되었다. 비밀공작의 환경에 적응하기 위하여 그는 이때부터 이름을 덩셴성(鄧先聖)에서 덩샤오핑(鄧小平)으로 바꾸었다. 1927년 8월 7일, 그는 중공중앙의 긴급회의(8·7회의)에 참가하였다. 회의에서는 천두슈(陳獨秀)의 우경(右傾)기회주의를 바로잡아 청산하였으며, 토지혁명과 국민당에 대한 반격의 실행 방침을 확정하였다. 이해 말, 덩샤오핑은 중공중앙기관을 따라 비밀리에 상하이로 잠입하였으며, 1928년부터 1929년까지 당 중앙의 비서장을 맡았다. 1928년, 중국공산당 제6차 전국대표대회가 소련의 모스크바에서 열렸을 때, 그는 국내에 머물고 있던 중앙의 지도자들을 도와 당의 일상 공작을 처리하였다.

대혁명 실패 후, 중국공산당은 혁명을 불을 계속 지피기 위해 일련의 무장봉기를 시도하였다. 1929년 여름 덩샤오핑은 중공중앙 대표로 광시(廣西)로 가서 무장봉기를 지도하였다. 그는 이름을 덩빈(鄧斌)으로 바꾸고 광시 전적(前敵)위원회 서기를 맡았으며, 장원이(張雲逸)와 함께 12월에 백색(百色)봉기를 일으켜 홍군(紅軍) 제7군과 유장(右江)근거지를 창건하였다. 1930년 2월, 다시 룽저우(龍州)봉기를 일으켜 홍군 제8군과 쭤장(左江)근거지를 건립하였다. 그는 홍7군과 홍8군의 정치위원 및 전적위원회 서기를 맡았다. 덩샤오핑 등의 지도 아래 홍군은 4개월여 만에 7천명으로 발전하였으며, 그들이 확보한 홍색(紅色)구역은 20여개 현(縣)에 1백여만의 인구를 보유하게 되어 당시로는 비교적 큰 혁명근거지를 이루게 되었다. 그러나 당내 좌경(左傾)모험주의의 잘못으로 인해 이후 작전은 연속 실패하였으며, 하는 수 없이 동쪽으로 7천리를 이동하여 장시(江西)중앙혁명근거지로 가 중앙홍군과 합류하였다. 덩샤오핑은 좌경으로 치우친 잘못된 지휘에 대하여 다른 의견을 제시하였으나 받아들여지지 않았다. 1931년 2월 전적위원회의 위임을 받아 상하이로 가 중앙에 공작 보고를 하였으며, 이 기간에 '제7군 공작 보고'를 작성하여 봉기 전후의 경험 교훈을 총결하였다.

2) '도시중심론'과 군사모험주의에 반대

1931년 여름, 덩샤오핑(鄧小平)은 장시(江西) 중앙혁명근거지로 옮겨 루이진(瑞金) 현위원회 서기, 후이창(會昌) 중심현위원회 서기, 장시성(江西省)위원회 선전부장 등을 역임하였다. 이때 좌경모험주의를 추진하던 중공 임시중앙이 상하이로부터 중앙혁명근거지로 이동해 왔다. 덩샤오핑은 마오쩌둥·셰웨이쥔(謝唯俊)·구바이(古柏) 등과 함께 실제 상황에서 출발하여 현실에 알맞게 집행하는 정확한 노선을 시종 견지하였다. 그들은 '도시중심론'에 반대하였으며, 적군의 군사력이 취약한 드넓은 농촌으로 발전해 나가야 한다고 주장했다. 또 군사모험주의에 반대하면서 적을 깊숙이 유인하는 작전을, 쇠약한 지방 군사력을 이용하는 것보다는 홍군의 주력을 확대할 것 등을 주장했다. 토지분배정책에 있어서도 좌경에 치우쳐서는 불리한 국면을 초래할 것이라고 경고했다. 임시중앙은 자신들의 정책에 반대하는 마오쩌둥과 덩샤오핑 등에 대한 투쟁을 전개하였다. 덩샤오핑은 성(省)위원회 선전부장 직위를 빼앗기고 당으로부터 엄중한 경고 처분을 받았으며, 중앙소비에트 변경 지역의 둥안현(東安縣) 소속 난춘구(南村區)에 순시원으로 파견되었다. 이것은 그가 당의 정치 생활 중 첫 번째로 겪은 잘못된 처분이었다. 그 뒤 군사위원회 정치부 주임 왕자샹(王稼祥) 등의 도움으로 총정치부로 옮기게 되어 비서장으로 임명되었다. 곧이어 총정치부 기관지 〈홍성보(紅星報)〉의 편집을 맡았다.

1934년 10월, 중앙홍군을 따라 장정에 나선 덩샤오핑은 이 해 말에 중앙비서장에 임명되었다. 1935년 1월, 그는 쭌이회의에 참가하였으며, 이 회의에서 대전환이 이루어져 마오쩌둥을 대표로 하는 중공(中共)의 새로운 지도부가 구성되었다. 홍1방면군과 4방면군이 회합한 뒤 그는 홍1군단 정치부 선전부장에 임명되었고, 다시 정치부 부주임과 주임을 역임하였다.

1937년, 일본이 중국에 대한 전면적인 침략을 개시하자 이에 맞서기 위해 제2차 국공합작(國共合作)이 실현되었으며, 중국 공농홍군은 국민혁명군 제8로군으로 개편되었다. 1937년 8월, 덩샤오핑은 팔로군(八路軍) 정치부 부주임으로 임명되어 화북 지역 항일전선으로 달려갔다. 1938년 1월, 팔로군 129사단 정치위원을 맡았는데 사단장은 류보청(劉伯承)이었다.

덩샤오핑과 류보청은 129사단을 이끌고 일본군 점령 지역 후방으로 깊숙이 들어가 타이항산(太行山)을 중심으로 산악 지형에 의탁하여 평야 지대로 발전해 나갔다. 그들은 부대를 이끌고 일련의 전투를 벌였으며, 타이항산에 확고히 자리 잡은 후엔 병력을 분산하여 군중들을 동원해 항일무장을 조직하였고, 항일민주정권을 수립하여 진기예(晋冀豫) 항일근거지를 창건하였다. 항일전쟁에서 쌍방이 서로 대립하는 단계에 접어든 1939년 12월, 국민당 극우파가 제1차 반공(反共) 책동을 벌여 팔로군 사령부와 129사단이 소재한 타이항 지구를 향해 대규모 군사 공격을 가하였다. 덩샤오핑은 1940년 3월, 부대를 이끌고 진기찰(晋冀察)16) 군구(軍區)와 서로 협조하여 맹렬한

반격을 가하였으며, 타이항에 들어온 국민당 군대 1만여 명을 섬멸
하였다.

　일본군의 화북 항일근거지에 대한 소탕 작전에 맞서 1940년 8월부
터 팔로군은 일본군이 점령한 교통선과 거점들에 대한 대규모 파괴
작전에 나섰는데, 이것이 바로 바이퇀(百團)대전이다. 류보청과 덩샤
오핑이 이끄는 부대는 모두 38개 연대가 참가하여 크고 작은 5백여
차례의 전투를 감행함으로써 일본군에 막대한 타격을 주었다.

3) 30만 군대 보유한 전국 최대 해방구 건설

　1941년부터 화북지역 적 후방에서의 항전은 가장 어려운 시기에
봉착하게 되었다. 1942년 9월, 덩샤오핑(鄧小平)은 중공중앙 타이항
분국(太行分局) 서기를 겸하게 되었다. 펑더화이와 류보청이 정풍(整
風) 운동에 참가하러 옌안으로 돌아간 후, 1943년 10월 덩샤오핑은
중공 북방국(北方局) 서기를 대리하여 팔로군사령부의 공작을 주재
하고 항일근거지에서의 투쟁을 지속적으로 전개하였다. 그는 적진아
퇴(敵進我退)의 방침에 근거하여 적 점령구역과 교통선에 대한 적극
적인 유격전을 전개하여 적을 분쇄하였으며, 전 지역에서 당정군(黨
政軍)의 창설을 지도하고 정풍을 진행하였고, 세금을 줄이며 생산 운
동을 벌이는 등 혁혁한 성과를 거두었다. 또 그는 이 시기에 '당과 항
일민주정권(黨與抗日民主政權)', '타이항구의 경제 건설(太行區的經濟
建設)', '북방국 당교 정풍동원회에서의 강화(在北方局黨校整風動員會

16) 산시성(山西省)・허베이성(河北省)・차하얼(察哈尔)의 3성(省)을 말한다.

上的講話)'등의 저술을 통해 적과의 투쟁에 있어 필요한 일련의 구체적 정책과 책략을 제시하였다. 그는 북방국 당교에서의 강화에서 '마오쩌둥 사상'은 곧 중국화된 마르크스레닌주의이며, 당의 사업은 '마오쩌둥 사상'으로 지도해야 한다고 지적했다. 1945년 6월, 덩샤오핑은 당 7전대에서 중앙위원에 당선되었다. 1945년 8월 일본이 항복했을 때, 그와 류보청이 개척한 네 곳의 근거지(太行·太岳·冀南·冀魯豫)는 2,400만 인구와 30만 군대를 보유한 전국 최대의 해방구가 되어 있었다. 8월, 중공중앙은 이 지역에 중앙국(中央局)과 군구(軍區)를 설립하기로 결정하였으며, 덩샤오핑은 중앙국 서기 및 군구 정치위원에 임명되었고, 류보청은 군구사령관이 되었다.

항일전쟁 승리 후 국민당은 공산당과의 평화 회담을 진행하는 동시에 끊임없는 국부 전쟁을 도발하였다. 덩샤오핑과 류보청의 관할 구역은 중원(中原)에 길게 가로놓여 있어 국민당 군대의 화북·동북 지역으로 향한 진로를 막고 있는 군사상의 전략 요충이었다. 당연히 국민당 군대 공격의 창끝은 가장 먼저 이 지역을 향하였다. 1945년 9월, 덩샤오핑과 류보청은 유명한 상당(上黨)전투를 지휘하여 해방구 중심부로 쳐들어온 국민당 군대를 섬멸하였으며, 뒤이어 부대를 동쪽으로 옮겨 핑한(平漢)철로를 따라 북상하는 국민당 군대를 저지하는 한단(邯鄲)전투에서 승리하였다. 이 두 차례 전투의 승리는 국민당 군대의 진격을 유력하게 견제하였으며, 충칭(重慶)담판에서 중국 공산당의 지위를 강화하여 정전 협정을 달성하는 데 중요한 작용을 하였다. 1946년 6월, 장제스(蔣介石)는 전면 내전에 돌입하는 총공격을 개시하였다. 덩샤오핑과 류보청이 이끄는 야전군(野戰軍) 주력은 룽하이(隴海)철로 남북에서 유동전을 전개하여 진로를 막아놓고, 계속하여 룽하이 · 딩타오(定陶) · 쥐예(巨野) 등에서 비교적 대규모의 전투를 진행하여 국민당 군대를 궤멸시켰다.

4) 화이하이(淮海)전투에서 50만 대군 섬멸

　1947년 5월, 덩샤오핑(鄧小平)은 중원국(中原局) 서기에 임명되었다. 6월 들어 당 중앙은 '전략적 방어' 방침을 '전략적 공격'으로 바꾸었으며, 덩샤오핑과 류보청은 야전군 12만을 이끌고 신속히 황하(黃河)를 건넜고, 산둥성(山東省) 서남 지역에서 28일간 작전을 벌여 5만6천의 적군을 섬멸하며 남하 통로를 개척하였다. 연이어 질풍과 같이 적진 속으로 진입하여 수십만의 적군이 앞에서 막고 뒤에서 추격하는 가운데 한 줄기 혈로(血路)를 뚫고 천리를 내달아 다비에산(大別山)지구에 도달하였다. 이것으로 해방전쟁의 전략적 공격은 그 막을 열었다. 중공의 대군이 다비에산지구에 진입하자 장강(長江) 이남의 드넓은 국민당 통치 지역이 직접적인 위협에 직면하게 되었으며, 국민당 군대는 주력을 돌려 이에 대처하지 않을 수 없었다. 다비에산을 포위한 국민당 군대가 약 20만으로 늘어남에 따라 인민해방군의 투쟁은 극도로 어려운 지경에 빠졌다. 덩샤오핑은 부대를 격려하여 말했다. "우리가 다비에산에 버티고 있는 동안 다른 부대와 지구가 대량으로 적을 섬멸하고 공작을 깊숙이 전개할 수 있으니 전체 국면으로 보아 유리하다. 우리는 고난을 참아내고 이곳을 지켜내야 한다." 덩샤오핑과 류보청이 다비에산 근거지의 군민을 영도하여 적의 연속적인 공격을 잘 막아내는 동안, 다시 두 갈래의 인민해방군 야전군이 남하하였다. 이 세 부대는 품(品)자와 같은 삼각형의 진을 형성하게 되었으며, 남쪽의 적군 160개 여단 중 90개 여단의 병력을 견제할 수 있게 되었다. 이로써 전선은 황하 남북에서 양쯔강 북안(北岸)으로 옮겨지게 되었다. 1948년 5월, 덩샤오핑은 관할 구역이 늘어난 중원국의 제1서기를 맡음과 동시에 중원군구(中原軍區) 및 중원야전군의 정치위원이 되었다.

중원의 새로운 해방구를 개척하는 과정에서도 덩샤오핑은 토지 문제와 공상업정책, 정당(整黨) 문제 등과 관련하여 여러 저작을 발표함으로써 중공중앙과 마오쩌둥의 좋은 평가를 받았다. 1948년 봄부터 중원야전군은 화동(華東)야전군과 협동 작전을 벌여 국민당 군대의 중원 방어 체계를 분쇄하였다. 1948년 9월부터 1949년 1월까지 인민해방군은 전쟁의 승패를 총체적으로 결정지은 중요한 싸움이었던 랴오선(遼瀋)·화이하이(淮海)·평진(平津)전투에서 모두 승리함으로써 국민당 군대의 주요 군사 역량을 기본적으로 소멸시켰다.

1948년 11월, 화이하이(淮海)전투가 시작되었다. 중공중앙과 중앙군사위원회는 류보청·천이(陳毅)·덩샤오핑·쑤위(粟裕)·탄전린(譚震林) 등으로 총전위(總前委)를 구성하고 덩샤오핑을 서기로 임명하여 중원야전군(뒤에 제2야전군으로 개칭)과 화동야전군(뒤에 제3야전군)을 통일하여 지휘하도록 결정했다. 이 싸움에서 장제스가 집결시킨 병력은 거의 80만 명이었고, 무기와 장비 면에서도 크게 우세하였는데, 이에 맞선 인민해방군은 60만 명이었다. 총전위는 우세한 병력을 집중시켜 적을 각개 격파하는 전략을 수립하였으며, 66일의 작전을 통해 55만5천 명의 국민당 군대를 섬멸하고 화이하이(淮海)전투를 완전한 승리로 이끌었다.

1949년 3월, 덩샤오핑은 중공 제7기 2중전회에 출석하여 화동국 서기를 겸하도록 명령받았다. 4월 21일, 마오쩌둥 주석과 주더 총사령관은 전국적인 진군의 명령을 하달하였다. 덩샤오핑을 서기로 하는 총전위는 제2·3야전군을 통솔하여 상하이·항저우(杭州) 전투를 벌였으며, 국민당 군대의 장강(長江) 방어선을 일거에 돌파하고 기세 등등하게 장강을 건너 난징(南京)·상하이(上海)·저장(浙江)·장시(江西) 등을 해방시켰다. 난징의 함락은 사실상 국민당 통치의 종말이라고 해도 과언이 아니었다.

5) 서남(西南)지역 평정으로 중국대륙 통일

1949년 9월, 중화인민공화국의 성립을 앞두고 열린 중국인민정치협상회의 제1기 전체회의에서 덩샤오핑(鄧小平)은 중앙인민정부 위원으로 선출되었으며, 10월에는 중국인민혁명군사위원회 위원으로 임명되었다. 곧이어 덩샤오핑과 류보청은 부대를 이끌고 서남 지역으로 진군하여 윈난(雲南)·구이저우(貴州)·쓰촨(四川)에서 저항하고 있는 90만의 국민당 군대를 완전히 섬멸하여 중국대륙을 완전히 통일하였다. 덩샤오핑은 서남에 있는 동안 중공 서남국(西南局) 제1서기, 서남군정위원회 부주석, 서남군구 정치위원을 맡았다. 그와 류보청·허룽(賀龍) 등은 부대를 지휘하여 적을 소탕하는 동시에 적군 중에서 뜻을 같이 할 수 있는 사람들을 포섭하여 함께 단결하는 한편, 소수민족들에 대하여 각별히 배려하였고, 토지 개혁 등 사회개혁을 동시에 추진하여 전쟁 뒤의 혼란을 안정과 발전으로 유도하는 데 주력했다.

1952년 7월, 덩샤오핑은 중앙으로 돌아와 정무원(政務院) 부총리 겸 재정경제위원회 부주임에 임명되었으며, 뒤에 정무원 교통판공실 주임과 재정부장을 겸임하였다. 1954년 중공중앙 비서장, 조직부장, 국무원(國務院) 부총리, 국방위원회 부주석에 임명되었다. 덩샤오핑은 이때 터진 가오강(高崗)17)과 라오수스(饒漱石)의 반동 사건을 척결하는 데 있어 중요한 공헌을 하였다. 1955년 4월, 중공 제7기 5중전회에서 중앙정치국위원에 선출되었다. 1956년 9월 중공 8전대에서 당의 장정(章程) 개정에 관한 보고를 하였다. 중공 제8기 1중전회에서 정치국 상무위원 및 중앙위원회 총서기에 당선되어 마오쩌둥을 핵심으로 하는 중국공산당 제1대 영도집단의 중요 성원이 되었다. 마오쩌둥은 덩샤오핑을 총서기로 추대하면서 "이 사람은 비교적 전체 국면을 읽을 줄 알며, 문제를 비교적 공정하게 처리하고, 너그럽다."고 하였다. 덩샤오핑은 1959년 다시 중공중앙군사위원회 상무위원이 되었다.

덩샤오핑은 총서기로서 중앙 서기처의 공작을 장장 10년이나 주관하였다. 이 10년은 중국이 전면적인 사회주의건설을 시작한 때이다.

---

17) 가오강(高崗, 1905?-1954)은 산시성(陝西省) 헝산(橫山) 출신이다. 1927년 국공(國共)분열 후 산시성 북부에서 류즈단(劉志丹) 등과 혁명 운동에 참여하고 이곳에 항일혁명근거지를 수립하여 장정(長征) 중인 중국공산군을 맞아들였으며, 이 공적으로 1945년 중국공산당중앙위원회 위원으로 선출되었다. 항일전쟁 종전 후로는 중국 내에서 유일하게 산업화된 동북 지방(만주)으로 가서, 중국공산당 동북국 서기 겸 동북 행정위원회·경제재정위원회 주임이 되었다. 공산당정부 수립 때는 중앙인민정부 부주석, 인민혁명군사위원회 부주석에 취임하였고, 1952년 국가계획위원회 주임이 되었다. 그 후 점차 동북 지방을 자기의 '독립왕국'으로 변모시키려고 하는 동시에, 상하이(上海) 시장 라오수스(饒漱石)와 짜고 반(反)중앙·반당 활동을 하다가 1954년 발각되어 체포되자 자살하였다. 1955년 당에서 제명되었다.

중국공산당이 영도한 사회주의 경제 건설과 문화 건설은 큰 성공을 거두었고 중요한 경험을 축적하였으나, 동시에 엄중한 과오를 남기기도 하였다. 덩샤오핑은 줄곧 중앙의 공작 일선에 있었으며, 당과 국가의 중요한 정책 결정에 참가하여 가장 바쁜 10년을 보냈다. 1958년 대약진(大躍進) 및 인민공사(人民公社) 운동이 시작된 후, 좌경의 오류가 범람하는 바람에 연이어 3년간 국민 경제가 곤란에 처하게 되었다. 이 같은 경험 교훈을 총결하고 국민 경제를 정상으로 회복시키기 위하여 그는 농촌 지역으로 가서 조사를 실시하였고, 공공식당과 공급제 등의 문제에 있어 잘못을 시정하는 의견을 제시하였다. 그의 주관으로 '국영공업기업 공작조례'가 제정되었는데, 이 조례는 정상적인 생산 질서를 회복하고 기업관리를 강화하는 데 중대한 작용을 하였다. 그는 또 '교육부 직속 고등학교 임시 공작조례'도 만들었다. 대약진 이후의 잘못된 사업 경험을 총결하기 위해 1962년 2월, 중공중앙은 7천명이 참가한 확대 중앙공작회의를 개최했다. 덩샤오핑은 대회 연설을 통해 민주집중제(民主集中制)를 견지하고 당의 민주 생활을 건전히 하여 당의 우수한 전통을 회복하고 발전시키자고 강조했다.

대약진과 인민공사 운동으로 농촌 집체 경제가 심각하게 파괴되었으므로, 1962년 수많은 농촌 간부와 군중들은 '농가책임생산제(包産到戶)'[18]를 실행할 것을 요구하였다. 이러한 심각하고 복잡한 상황에 직면하여 덩샤오핑은 1962년 7월, 다음과 같은 하나의 원칙을 제시하였다. "비교적 쉽고 빠르게 농업 생산을 회복하고 발전시킬 수 있

---

18) 농업 생산청부제의 한 가지로 토지 소유권(所有權)은 집단(集團)에 있고 경영권(經營權)은 개인(個人)이 가지는 제도를 말한다.

다면, 어떤 지방에서 어떠한 생산 관계 방식을 채택하더라도 무방하다. 군중들이 어떤 방식을 채택하기를 원한다면, 바로 그 방식을 채택하는 것이 옳을 것이다."

덩샤오핑은 총서기를 맡고 있는 동안, 여러 나라의 공산당 지도자들과 폭 넓게 접촉했다. 그는 여러 차례 대표단을 이끌고 모스크바로 가서 소련공산당 지도자들과 담판을 진행하여 중국공산당의 독립·자주 원칙의 입장을 굳건히 수호했다.

6) 문혁(文革) 때 트랙터 수리공장에서 노동

1966년, 마오쩌둥은 문화대혁명의 개시를 선언했다. 덩샤오핑(鄧小平)은 장장 10년에 거친 이 동란 중에 두 차례나 잘못된 비판을 받고 모든 직책을 빼앗김으로써 그의 혁명 생애 중 가장 어렵고 굴절된 시기를 겪어야 했다. 1969년 10월 그는 장시성(江西省) 신젠현(新建縣)으로 하방(下放)되었으며, 매일 트랙터 수리공장에서 반나절 동안 고된 노동을 하였다. 이 기간에 그는 많은 마르크스레닌주의 저작과 그 밖의 국내외 서적들을 폭넓게 읽었다.

린뱌오(林彪) 반혁명 음모가 분쇄된 이후, 마오쩌둥은 덩샤오핑에게 다시 일을 맡기려고 생각하였으며, 저우언라이의 지원 아래 그는 1973년, 국무원 부총리 직위에 복귀하였다. 1974년, 덩샤오핑은 중국 정부를 대표한 유엔 제6차 특별 회의 연설에서 마오쩌둥의 '세계삼분이론(世界三分理論)'을 체계적으로 설명하였다. 제4기 전인대(全人大) 준비 및 국무원 인사(人事) 예비 토의에서 마오쩌둥은 덩샤오핑을 "보기 드문 인재이며, 정치사상이 강하다"고 평가하였다. 덩샤오핑은 자우언라이가 발표한 제4기 전인대 1차회의의 '정부공작보고'를 기초하였다. 1975년 1월, 덩샤오핑은 중공중앙 부주석, 국무원 부총리, 중앙군사위 부주석, 중국인민해방군 총참모장에 임명되었다. 저우언라이 총리의 병환이 위중해지자 그는 마오쩌둥의 지지 아래 당정군(黨政軍)의 일상공작을 주관하였다. 이 기간에 그는 사인방(四人幇)과 첨예한 투쟁을 벌였으며, 문화대혁명으로 조성된 혼란 국면을 수습하기 위해 여러 가지 과감한 조치를 취하였다. 그는 안정과 단결을 강조하며 국민 경제를 회복시키기 위해 노력했으며, 특히 철로(鐵路) 교통을 경제정돈(經濟整頓)의 돌파구로 삼았다. 그는 또 유관 부문에 지시하여 공업발전·과학기술·공작원칙 등에 관한 세 가지 문건을 기초하였다. 짧은 시간 내에 군대·공업·교통·과학교육·문예 등을 포괄한 전면적인 정돈 작업이 현저한 성과를 거두었으므로 전국 인민들의 큰 호응을 얻게 되었다.

당초 마오쩌둥은 덩샤오핑의 정책 추진을 지지하였지만, 그가 문화대혁명의 잘못을 체계적으로 지적하고 이를 바로잡고자 하는 것은 용인할 수 없었으므로 다시 등소평 및 우경(右傾) 비판 운동을 전개하였다. 1976년 1월, 저우언라이가 사망하였고, 청명(淸明)을 맞은 4월 5일 톈안먼(天安門)광장에서 저우 총리를 추도하고, 사인방에 반대하며, 덩샤오핑을 옹호하는 군중 시위가 발생했다. 사인방은 이 기회를 틈타 다시 덩샤오핑을 모함하였으며, 그의 당내외 모든 직책을 빼앗았다. 9월 9일 마오쩌둥이 숨지고, 10월에 화궈펑(華國鋒)[19]이

---

19) 화궈펑(華國鋒, 1921-)은 산시성(山西省) 자오청(交城) 출신으로 1938년 타이위안(太原)의 중학을 중퇴하고 항일유격전에 참가하면서 중국

노간부인 예젠잉(葉劍英), 특무부대장인 왕둥싱(汪東興)과 협력하여 사인방을 분쇄함으로써 문화대혁명은 끝났다.

미래의 중국은 어디로 가야 할 것인가, 이것은 중국인민들이 절실하게 관심을 가지는 중대한 문제였다. 덩샤오핑은 오랜 혁명 기간 동안 많은 업적을 쌓았고, 사인방과의 투쟁과 문화대혁명의 혼란을 잘 수습한 공적이 있어 당과 인민으로부터 많은 신뢰와 성원을 받고 있었다. 1977년 7월 예젠잉(葉劍英)과 천윈(陳雲) 등의 적극 추천으로 중공 제10기 3중전회는 덩샤오핑의 중공중앙 부주석, 국무원 부총리, 중앙군사위 부주석, 인민해방군 총참모장의 직위를 회복하는 결정을 내렸다. 1977년 8월 열린 중국공산당 제11차 전국대표대회에서 덩샤오핑은 중공중앙 부주석으로 당선되었다. 1978년 3월 그는

공산당에 가입하였다. 1945년 자오청현(交城縣) 당위원회 서기 및 군(軍) 지방 부대 정치위원으로 토지 개혁을 지도하고, 1949년 후난성(湖南省) 샹인현(湘陰縣) 당서기 겸 무장부대 정치위원으로 토지 개혁을 지도, 농업합작화 운동에 큰 성과를 올렸다. 1957년 후난성 당위원회 후보서기, 1958년 후난성 부성장이 되었고, 1959년 마오쩌둥(毛澤東)에게 발탁되어 후난성위원회 서기로 승진, 1964-1966년 후난에 240km에 달하는 대규모 수로 공사를 지휘, 완공시켜 농업 분야에서 능력을 과시하였다. 1968년 후난성 혁명위원회 부주임, 1969년 당 제9기 중앙위원, 후난성 당위 제1서기 겸 후난성 군구(軍區) 제1정치위원으로 후난성 최고지도자가 되었다. 1971년, '린뱌오(林彪)사건'으로 중앙으로 진출, 저우언라이(周恩來)의 지도 아래 린뱌오사건을 조사하고, 1973년 당 제10기 중앙위원, 중앙정치국 위원, 1975년, 국무원 부총리 겸 공안부장, 1976년 2월 저우언라이 사망 후, 국무원 총리직 대행, 4월 당 중앙위 제1부주석 겸 국무원 총리가 되었다. 9월 9일 마오쩌둥 사망 후, 10월 사인방(四人幇)을 체포하고 당 주석, 당 군사위원회 주석(국무원 총리 겸임), 1977년 당 제11기 중앙위원회 주석, 군사위원회 주석 겸임 등으로 중국의 최고 지도자로 군림하였다. 그 후 실용주의 정책을 견지하는 덩샤오핑(鄧小平)에 의해 실권을 빼앗기고 물러나 있다가 1992년 당 제14기 전국인민대표대회의 대표로 선출되었다.

제5기 정치협상회의 주석으로 당선되었다. 당시 당면한 정세는 매우 준엄하여 모든 국가 문제가 쌓인 채 해결을 기다리고 있었다.

그는 정치 일선에 나서자마자 즉각 전략가로서의 탁월한 식견을 표출하여 얼기설기 뒤엉킨 난제들 중에서 결정적 실마리를 찾아 가장 먼저 사상노선(思想路線)의 혼란을 바로잡는 일부터 시작하였으며, 우선 진리표준(眞理標準)의 문제에 관한 토론을 전개하도록 지도하고 지원하였다. 그는 "마오쩌둥 사상'의 기치를 높이 들고 실사구시(實事求是)의 원칙을 견지하자' 등의 담화를 통해 '범시론(凡是論)'[20]의 그릇된 방침에 반대하였으며, '마오쩌둥 사상'을 반드시 완전하고 정확하게 이해할 것을 촉구하였고, "실사구시(實事求是)야말로 '마오쩌둥 사상'의 출발점이요 근본점"이라고 강조함으로써 오랫동안 사람들의 사상을 가두었던 장벽을 철폐하려고 시도했다.

7) 사상해방과 실사구시(實事求是) 노선 확립

1978년 12월 열린 중공 제11기 3중전회는 건국 이래 당과 국가의 역사에 있어 중요한 전환점으로 사회주의 발전의 신기원을 열었다. 덩샤오핑은 회의 직전 열린 중앙공작회의에서 '사상을 해방하고, 있

---

20) '두 개의 범시(兩個凡是)'에 따라 마오쩌둥(毛澤東)의 결정과 지시를 절대시하는 것을 일컫는다. 凡是(무릇)는 문장의 첫머리에 나오는 부사(副詞)이다. "凡是毛主席作出的決策, 我们都要坚决拥护; 凡是毛主席的指示, 我们都要始终不渝地遵循"(무릇 마오 주석이 내린 정책 결정은 우리는 굳건히 옹호해야 하며, 무릇 마오 주석의 지시는 우리가 시종 변함없이 따라야 한다.)는 화궈펑(華國鋒)의 말에서 연유되었다.

는 그대로의 사실에 토대하여 진리를 탐구하며, 일치단결하여 앞을 보자(解放思想, 實事求是, 團結一致向前看)'라는 강화를 통해 다음과 같이 지적하고 강조했다. "사상을 해방하는 것은 우리가 당면한 중대한 정치 문제이다." "하나의 당과 국가 또는 민족이 모두 교조(教條)로부터 출발한다면 사상이 경직되고 맹신에 빠지게 되니, 곧 발전이 없고 활력이 정지되어, 이윽고 당과 국가는 망하게 될 것이다." "민주주의는 사상해방의 중요 조건이다." "반드시 민주주의를 제도화, 법률화해야 한다." "새로운 상황을 연구하여 새로운 문제를 해결하자." "만약 지금 개혁을 실행하지 않는다면 우리의 현대화사업과 사회주의사업은 곧바로 장례식을 치르게 될 것이다."

덩샤오핑은 일부 지역 또는 일부 사람들이 먼저 부유하게 되도록 허용하여 기타 지역 또는 사람들을 함께 데리고 가게 한다면 전체 국민 경제가 끊임없는 파도 모양으로 앞을 향해 발전해 나갈 것이라고 제안했다. 이것은 하나의 큰 정책변화로 이 날의 강화(講話)는 사실상 전체회의의 주제 보고였다. 3중전회는 사상해방과 실사구시의 사상 노선을 새롭게 확립하였으며, '계급투쟁 우선'이라는 잘못된 구호의 사용을 과감하게 중지시켰고, 당과 국가의 사업 중점을 사회주의 현대화건설로 옮김과 아울러 개혁(改革)·개방(開放)의 전략을 실행하기로 결정하였다. 이 회의를 통해 덩샤오핑을 핵심으로 하는 중공 제2대 영도 집단이 형성되었다.

덩샤오핑은 조직 노선의 문제를 해결하는 것을 매우 중시하였다. 그는 여러 차례의 강화를 통해 사상 노선과 정치 노선의 실현은 조직 노선에 의해 보증된다고 주장했다. 그는 일련의 조치를 취하여 간부들의 혁명화·연경화(年輕化)·조직화·전문화 문제를 해결하고,

고위 직책의 종신제(終身制)를 개정하여 신구(新舊) 간부들의 합작과 교체를 실행하였다.

혼란을 수습하고 좌경 사상을 척결하는 과정에서 공산당 영도를 벗어나고 사회주의에 반대하는 등 우파(右派)의 사조가 등장하였다. 현대화건설 중 정확한 방향을 유지하기 위하여 덩샤오핑은 1979년 3월 소집된 이론공작실무회의에서 '네 가지 기본원칙을 견지하자(堅持四項基本原則)'는 담화를 통해 사회주의의 길, 인민민주독재, 공산당의 영도, 마르크스레닌주의와 '마오쩌둥 사상' 등 네 가지를 반드시 견지할 것을 주장했으며, "이것은 4개 현대화를 실현하는 근본 전제"라고 강조했다. "만약 이 네 가지 기본 원칙 중 어느 하나라도 흔들린다면 모든 사회주의사업과 현대화건설사업이 흔들리게 될 것"이라고 그는 못 박았다. 1981년 6월, 중공 제11기 6중전회는 덩샤오핑이 주도하여 기초한 '건국 이래 당의 약간의 역사 문제에 관한 결의(關于建國以來黨的若干歷史問題的決議)'를 통과시켰다. 이 결의는 건국 이래의 역사 경험을 총결하고, 문화대혁명을 근본적으로 부정하였으며, 마오쩌둥의 역사적 지위를 옹호하였고, '마오쩌둥 사상'을 과학적으로 평가하였다. 국내 형세의 발전과 국제 정세의 변화에 따라 그는 용기와 탁견을 가지고 이러한 중대한 정책 결정을 내렸던 것이다. 이 회의에서 그는 중앙군사위원회 주석으로 당선되었다.

1982년 9월, 중국공산당 제12차 전국대표대회가 열렸으며, 덩샤오핑은 개회사에서 "마르크스주의의 보편적 진리를 중국의 구체적 실제와 결합시켜 자기의 길을 개척해 나감으로써 중국적 특색이 있는 사회주의(中國特色社會主義)를 건설하자"고 주장했다. 이 대회는 사회주의 현대화건설의 새로운 시대를 열기 위한 강령을 확정했다. 제

12기 1중전회에서 덩샤오핑은 정치국 상무위원과 중앙군사위 주석에 당선되었다. 그는 또 새로 구성된 중앙고문위원회의 주임을 맡았다.

8) "20세기 말까지 소강(小康)사회 이루자"

제11기 3중전회 이후 덩샤오핑은 '무엇이 사회주의이며, 어떻게 사회주의를 건설하느냐' 하는 주제를 놓고 비교적 체계적으로 1차적인 해답을 제시하였다. 중국은 사회주의 초급 단계에 처해 있으므로 그의 이 같은 제안은 실제 상황을 고려한 과학적 판단이었다. 중국은 기초가 튼튼하지 못하며, 인구는 많고 경지(耕地)가 적으므로 국가 건설에 있어 중국의 상황에 맞는 중국식의 현대화(現代化)를 추진해야 한다는 것이다. 현대화를 실현하고 사회주의의 우월성을 진정으로 구현하려면 반드시 생산력(生産力)을 발전시켜야 한다. 덩샤오핑은 사회주의 단계의 가장 근본적인 임무는 생산력을 발전시키는 데 있다고 인식하였다. 사회주의는 빈곤을 퇴치해야 하며, 빈곤과 태만이 있으면 사회주의가 아니라는 것이다.

그는 1979년에 20세기 말까지 생산 총액을 네 배로 늘려 소강(小康)사회를 이룩한다는 웅대한 경제발전전략을 수립하였다. 이후 그는 여러 차례의 담화를 통해 1980년대 초부터 21세기 중엽까지의 3단계 발전구상을 내놓았다. 첫 번째 단계인 1981년부터 1990년까지 1인당 GNP를 두 배로 늘려 인민들의 의식주 문제를 해결하고, 두 번째로 2000년까지 다시 두 배로 늘려 인민생활을 소강(小康) 수준에 도달하게 하며, 세 번째로 21세기 중엽에 이르러 1인당 GNP가 중진국 수준에 달하게 되어 인민들의 생활이 비교적 부유하게 되면 기본적으로 현대화가 실현된 것으로 볼 수 있다는 것이다. 중공 13전대는 이러한 발전전략을 확인하였다.

이전의 체제가 생산력의 발전을 과도하게 속박했던 상황에 참작하여 덩샤오핑은 개혁(改革)이야 말로 중국의 생산력을 발전시키기 위한 유일한 길이라고 강조했다. 그는 개혁이 생산력을 해방시키는 뜻을 담고 있다고 보았으며, "개혁은 중국의 제2차 혁명"이라고 인식하였다. 그는 농촌에서 먼저 시작한 가정단위 책임제를 위주로 한 생산제도의 개혁을 충분히 긍정적으로 보고 이를 지지하였으며, 계속해서 개혁의 중점을 도시로 옮기도록 하였다. 1984년 중공 제12기 3중전회는 경제체제를 개혁하기로 결정하였으며, 경제·정치·과학기술·교육 등에 이르는 모든 영역의 개혁을 전면적으로 전개하였다.

이러한 개혁작업은 지금까지 경험해 본 적이 없고 상황이 매우 복잡한 거대한 실험이었으므로, 덩샤오핑은 '담력은 크게, 실행은 조심스럽게'라는 지도방침을 확립하여 시달하였다. "우리는 개혁을 추진하면서 두 가지 근본 원칙을 시종 견지해야 한다. 하나는 사회주의 공유제(公有制) 경제를 주체로 해야 한다는 것이고, 또 하나는 함께 부유해져야 한다는 것이다." 그는 전통적 관념의 속박을 과감히 벗어 던지고 시장경제(市場經濟)를 사회주의와 연계시켰다. 그는 여러 차례의 담화를 통해 사회주의 역시 시장경제를 채택할 수 있다고 강조했으며, 계획과 시장은 모두 수단으로써 사회주의와 자본주의를 본질적으로 구별하는 것이 아니라고 설명했다. 그의 이러한 담화는 중국공산당이 사회주의 시장경제 체제를 건립하려는 개혁 목표 확정에 이론적 기초를 제공했다.

1980년, 덩샤오핑은 정치국확대회의에서 '당과 국가의 영도 제도 개혁'이라는 연설을 통해 문화대혁명의 경험 교훈을 총결하고 현행 영도 제도에 존재하는 각종 폐단에 대하여 반드시 개혁을 진행해야 할 것을 강조했다. 1986년, 경제 체제의 개혁이 가속화됨에 따라 정치 체제가 개혁되지 않으면 경제 개혁의 발목을 잡아 생산력의 발전을 저해할 우려가 있다고 덩샤오핑은 인식하였다. 그는 정치 체제 개혁의 목표를 다음과 같이 제시하였다. 당과 국가의 활력을 유지하기 위해 지도층 간부의 연령을 낮춘다. 관료주의(官僚主義)의 폐해를 극복하여 사업의 효율성을 높인다. 기층(基層)과 인민대중의 적극성을 고취시킨다. 그는 특별히 사회주의 현대화건설 중에 사회주의 민주(民主)와 사회주의 법제(法制)의 발전에 힘을 쏟아 건전한 사회주의 민주정치를 건설해야 한다고 강조하였다.

9) "개혁(改革)·개방(開放)에 담력 크게 가져야"

덩샤오핑은 대외개방(對外開放)을 중국의 기본 국책으로 삼았는데, 어떤 나라이든 발전을 꾀하고자 한다면 고립하여 문을 걸어 잠그고 지켜서는 불가능하다고 그는 지적했다. 대담하게 인류사회의 모든 문명의 성과를 흡수하고 이를 거울로 삼아야 한다는 것이다. 그는 모든 나라에 대한 전면적인 개방을 주장했으며, 대외무역(對外貿易)을 적극 발전시키고 외국의 자본과 선진 기술 및 관리 경험을 흡수하여 대외 경제합작(經濟合作)을 확대하는 사업을 추진했다. 또 외국의 선진 학문을 배우기 위해 유학생을 대규모로 외국에 파견하였다. 상하이 등 십여 개 해안도시를 개방하여 경제특구(經濟特區)를 설립하는 중대한 정책 결정을 통해 대외개방을 가속화하였다. 덩샤오핑은 1984년과 1992년 두 차례에 걸쳐 특구(特區)를 시찰하면서 특구가 기술의 창구, 관리의 창구, 지식의 창구, 그리고 대외 정책의 창구임을 지적하였다. 특구의 고속 발전은 전국적 대외 개방을 촉진하여 전면 개방의 새로운 국면을 형성하였으며, 개혁과 현대화건설 사업을 유력하게 촉진하였다. 개혁개방과 사회주의 현대화건설은 순조롭게 진행되지 않았으며, 여러 가지 장애에 직면하게 되었다. 덩샤오핑은 개혁과 건설에 있어 안정적인 정치 환경이 꼭 필요하다고 특별히 강조하였다.

그는 사회주의 정신문명(精神文明)의 건설을 매우 중요시하였으며, 고도의 물질문명을 건설함과 동시에 고도의 사회주의 정신문명을 건설해야 한다고 강조하였다. 이 두 가지 건설을 잘해야 비로소 중국특색의 사회주의가 존재하게 될 것이라는 것이다. 덩샤오핑은 중국 인민해방군(人民解放軍)의 통수(統帥)로서 새 시대의 새로운 군대를 건설하기 위한 중요한 사상들을 제기하였다. 군대는 현대화건설을 중심으로 삼아 국가경제건설에 복종하고 이를 지지해야 한다는 것이다. 그의 영도하에 인민해방군은 1백만 명의 병력 감축을 단행하였다.

덩샤오핑은 당과 국가의 전도를 감안하여 노령 간부들의 직무종신제(職務終身制)를 없앨 것을 줄기차게 주장하였으며, 그 자신이 이를 위한 솔선수범에 나섰다. 1987년 11월, 중국공산당 제13차 전국대표대회가 열렸을 때 그는 중앙위원회와 중앙고문위원회에 다시는 참석하지 않았다. 1989년 11월, 중공 제11기 5중전회에서 그는 중앙군사위원회 주석직을 사임함으로써 모든 직위에서 물러나겠다는 의도를 마침내 실현하였다. 그를 핵심으로 하는 제2대 영도집단은 장쩌민(江

澤民)을 핵심으로 하는 제3세대에게 원만하게 권력을 이양하였다.

덩샤오핑은 1992년 초 우창(武昌)·선전(深圳)·주하이(珠海)·상하이(上海) 등을 방문하고 중요 담화를 발표하여 제11기 3중전회 이후 실행된 개혁·개방의 경험을 총결하고 그에 따른 사상적 혼선과 인식 문제에 대하여 명확한 회답을 제시하였다. "사회주의의 본질은 생산력을 해방시키고 발전시키며, 착취와 양극화를 없애 최종적으로 모두 함께 부유하게 되는 것이다." 그는 이 같은 이른바 '남순강화(南巡講話)'를 통하여 개혁·개방에 있어 담력을 크게 가져야 하며, 때와 기회를 붙잡아 자신을 발전시켜야 하고, 그 주요 관건은 경제를 발전시키는 것임을 강조하였다. 당의 기본 노선은 1백 년 동안 유지될 것이므로 동요되어서는 안 될 것이라고 그는 지적하였다. 그의 이러한 담화는 1992년 10월 제14전대에서의 이론적 준비에 큰 도움을 주었다.

1993년 덩샤오핑은 89세의 고령에도 불구하고 손수 '덩샤오핑 문선(文選)' 제3권의 편찬을 직접 주재하여 마무리 지었다. 그는 93세의 나이로 1997년 2월 19일 사망했다.

10) "주도면밀하며 전체 대국(大局)을 본다"

덩샤오핑은 마오쩌둥에 비해 10년 늦게 태어났으나, 아주 어릴 적부터 혁명에 참가해 마오쩌둥의 전우(戰友)가 되었으며, 중국공산당과 인민군대 및 중화인민공화국의 창건과 발전을 위해 어깨를 나란히 하여 투쟁하였다. 덩샤오핑은 제1대 중앙 영도집단의 주요 구성원으로 많은 공을 세웠으며, 마오쩌둥은 그에 대해 아주 깊이 이해하고 있었고 여러 차례 그에 대하여 평가하였다.

마오쩌둥은 8전대가 열리기 전 마지막 중전회에서 덩샤오핑을 새롭게 신설되는 당 총서기에 추천하였다. 마오쩌둥은 덩샤오핑을 평하여 "비교적 합리적이고 일하는 능력이 있다. 주도면밀하며 전체 대국을 볼 줄 안다."고 칭찬하였다.

마오쩌둥이 덩샤오핑의 정치사상이 강하다고 평가한 것은 객관적으로 공정하였으며, 당내의 많은 간부들도 그렇게 평가하고 있었다. 류보청(劉伯承) 원수는 일찍이 자신의 주변 사람들에게 이렇게 이야기하였다. "내가 전쟁을 지도하는 솜씨는 그리 나쁘지 않다. 그러나 정치 선전이나 당내 조직 공작은 덩샤오핑 정치위원이 훨씬 낫다."

덩샤오핑은 '세 번 넘어지고 세 번 일어서는' 개인적인 굴곡을 겪으면서도 용감하게 중국 사회주의 발전의 새로운 길을 모색하는 데 앞장섰다. 잘못된 처분을 받고 역경에 처해 있을 때에도 그는 의기소침하지 않고 침착하게 난국을 돌파하는 낙관주의를 견지하여 결국에는 재기에 성공했을 뿐만 아니라 남들이 보지 못한 중국적 특색이 있는 사회주의의 길을 독자적으로 창안하여 불국의 업적을 쌓을 수 있었던 것이다.

덩샤오핑은 사회주의 현대화의 추진과 당의 안정성을 높이기 위해 법리(法理) 원칙의 완비를 매우 중요시하였다. 서방의 분석가들은 마오쩌둥의 임의적 행위에 관해 중국의 봉건 의식과 법치 전통의 결핍 등에 주의력을 모으고 있다. 중국공산당 역시 자체적인 일련의 준칙을 갖고 있었지만 여러 가지 원인으로 말미암아 당내 민주주의와 국가 정치·사회생활의 민주주의를 제도화·법률화 하지 못하였고, 혹은 법률을 제정하였다 하여도 그 응당한 위상을 갖추게 하지 못했다. 이러한 상황을 타개하기 위해 개인에게 과도하게 의지하던 관습을 바꾸어 제도(制度)와 프로그램에 따를 것을 덩샤오핑은 극구 주장했다. 이에 관한 중대한 조치들로 1978년의 실천기준 문제에 관한 대토론, 마오쩌둥과 그의 역사적 지위에 대한 재평가, 과도기의 후계자 확정 문제, 1982년 새 당장(党章)과 새 헌법의 수립 및 영도체제의 개혁과 완성에 관한 것 등이 있다.

11) 실천은 진리를 검증하는 유일한 표준

"실천(實踐)은 진리(眞理)를 검증(檢證)하는 유일한 표준(標準)이다"라는 대토론을 진행한 것이 마오쩌둥 사후 덩샤오핑의 첫 번째 행보로서 사상적으로 마오쩌둥에 대한 개인숭배를 타파하는 데 심리적·이론적으로 중대한 계기를 마련하였다. 실천 표준에 관한 대토론은 대중 심리의 변화를 일으키는 데도 커다란 역할을 하였다. 초인(超人)으로서의 매력을 갖춘 정치 지도자에 대한 숭배는 일반 대중의 일종 심리적 수요라고도 볼 수 있는 바, 국가 위기 때나 과도기에 처했을 때 그 수요가 더욱 절박하다. 숭배와 초인적(超人的) 매력은 정치 지도자의 창조성에서 구현될 뿐만 아니라 일반 대중의 마음속에도 잠재해 있다. 숭배와 초인적 매력은 더욱 깊은 차원의 근원이 있는 바, 여기에서 동·서양 사회가 표현 형식상 완전일치하지 않지만 양자는 성질상 본질적인 구별이 없다. 수령(首領)의 초인적 매력을 제거하기는 쉽지만 일반 대중의 지도자의 초인적 매력에 대한 숭배를 막는 것은 어려운 일이다. 중국처럼 유구한 인치(人治) 전통과 도덕 문화의 배경을 가진 나라에서 이러한 근원을 신속히 치유할 수는 없지만 실천 표준 문제에 관한 대토론은 심리적 및 역사적 이행 과정의 시작이라고 할 수 있는 것이다.

덩샤오핑의 영도 스타일은 본질적으로는 현대 법리형(法理型)으로 평가할 수 있지만 초인적 매력의 성질과 색채가 남아 있었던 것 역시 부인할 수 없다. 서방 분석가들은 이에 관해 덩샤오핑이 자신의 영향력을 행사하여 후야오방(胡耀邦)으로 화궈펑(華國鋒)을 대체한 점을 주목하고 있다. 덩샤오핑이 자신의 영향력을 이용하여 후야오방으로 화궈펑을 대체한 것은 모택동이 자신의 영향력을 이용해 화궈펑에게 권력을 물려준 것과 마찬가지로 그들은 모두 정치 지도자로서의 자신의 초인적 매력에 바탕을 두고 있다. 그러나 이 문제에서 덩샤오핑은 역시 마오쩌둥과 다른 스타일을 보여주고 있는데, 덩샤오핑이 초인적 매력을 이용한 것은 일종의 '도움 빌리기(借助)'로 그 목적은 이것을 계기로 초인적 매력의 권위를 현대 법리형 권위로 이전하도록 추진하는 것이다. 이런 '도움 빌리기'는 초인적 매력의 권위를 최종 목적으로 하는 것이 아니라 반대로 인위적인 숭배와 초인적 매력을 무력화하는 데 초점을 맞추고 있었다.

1980년 8월 18일, 덩샤오핑은 당 중앙 정치국확대회의에서 당과 국가 영도 제도 개혁에 관한 발언에서 초인적 매력의 영도 권위를 현대 법리형 영도 권위로 변신시킬 것에 관한 결정을 선포하였다. 이 발언에서 덩샤오핑은 다음과 같이 지적하였다.

"조직(組織) 제도와 공작(工作) 제도 방면의 문제가 더욱 중요한 바 이 방면의 문제가 잘 풀리면 나쁜 자들이 득실거릴 수 없고, 반대로 잘 풀리지 않을 경우 좋은 사람이 마음 놓고 일을 할 수 없거니와 오히려 나쁘게 변할 수도 있다. 마오쩌둥 동지처럼 위대한 분도 일부 그릇된 제도의 엄중한 영향으로 말미암아 당과 국가 나아가서는 자기 자신한테도 막대한 불행을 끼치었다. 오늘날 우리가 만약 사회주의제도를 건전하게 마련하지 못할 경우 사람들은 '자본주의제도에서는 해결할 수 있는 일부 문제를 사회주의제도에서는 왜 해결 못하는가' 하는 의문을 제기할 것이다. 스탈린이 사회주의법치제도를 무자비하게 짓밟던 당시 마오쩌둥 동지는 '영국·프랑스·미국 등 서방 나라에서는 불가능한 일'이라고 언급한 바 있다. 그는 이런 문제점들을 인식하고 있었지만 영도 제도 문제를 제대로 해결하지 못하는 등 일부 문제로 하여 끝내 '문화대혁명'이란 10년 암흑기를 맞게 되었으며, 그 대가는 너무나도 컸다. 개인적인 책임 문제도 확연하지만 근본적으로 영도 제도와 조직 제도의 문제가 얼마나 심각했는가를 보여주는 부분이다."

위의 발언은 초인적 매력의 권위가 법리형 권위로 넘어감을 선언한 것으로 덩샤오핑 정치 재산의 일부분이라 할 수 있다. 중국 영도 체제의 초인적 매력의 권위에서 현대 법리형 권위로의 이전은 이 발언으로부터 시작되어 국가 영도 제도에 전반적으로 작동되기 시작하였다.

12) 파벌 조성 않고 조직화 · 제도화에 주력

일본 학자 쿠니부 요시나리(国分良成)는 덩샤오핑이 1978년 이후 점차적으로 새로운 현대화정치생활 체계를 구축해 왔다고 보고 있다.

페이정칭(費正清)의 말을 빌리면 이것은 "윤리 정치에서 법리정치로의 이전"이다. 덩샤오핑 시대의 정치 영도는 과도 시기의 특징을 지니고 있었는 바 이 시기의 정치적 행위를 새로운 현대화정치사회 체계를 배출하는 과도 시기로 볼 수 있다.

쿠니부 요시나리는 건국 이후 마오쩌둥과 덩샤오핑의 영도방식을 비교하면서 "마오쩌둥을 초인적 매력을 지닌 지도자라고 말할 수 있다면, 덩샤오핑은 조직의 기초가 훨씬 강한 인물"이라고 분석했다. "마오쩌둥은 조직을 초월한 영도자로 어떤 의미에서 볼 때 당의 최고 위치에 서 있으면서도 자신을 당 안의 존재로 여기지 않았다. 농업합작사나 대약진 시기 그리고 문화대혁명 시기, 그가 당 중앙위에 군림하여 부단히 지시를 내렸다기 보다는 그 자신의 초인적 매력을 충분히 이용하여 대중 속에서 정치 운동을 발동하고 영도하였다고 해야 할 것이다. 그러나 덩샤오핑은 마오쩌둥과 같은 초인적 매력을 갖추지 못했다. 그는 주로 공산당의 조직에 의존하였으며, 따라서 그는 항상 조직의 정돈과 당원 소질을 높이는 데 주력하였는바 그가 반복적으로 강조한 '당의 영도'의 의미가 여기에 있다고 말할 수 있다."

미국 학자 데이비드 장(張戴維)도 "덩샤오핑은 조직 처리에 능하고 제도에 따라 일을 하는 지도자이고 당과 정부 및 군대 내에서 파벌 조성을 절대 하지 않는다."고 인정하였는데 이 점은 당내 영도집단이 모두 공인하는 바이다. 덩샤오핑은 저우언라이(周恩来)와 마찬가지로 각급 정부의 관원들을 매우 존중하였는데, 그에게 충실한 벗과 하급들이 어디에나 많았으나 이것은 그 무슨 파벌이나 그룹이 아니었다. 마오쩌둥 사망 후, 그는 복직과 관련한 투쟁에서 거의 모든 방면의 지지를 얻어냈는데, 이러한 지지는 그의 당내에서의 영향력과 능력, 그리고 정확한 주장에서 기인한 것이다.

중국 문제를 연구하는 해외의 전문가들 다수는 덩샤오핑의 정치 재능과 그의 영도 예술이 뛰어난 조직화와 제도화라는 선명한 특징을 띠고 있다는 데 주목하고 있다. 그것은 바로 조직(組織)과 제도(制度)로 나라와 당과 군대를 다스린다는 것이다. 덩샤오핑에게는 장기적으로 조직 사업에 종사한 경력과 경험이 있다. 데이비드 장은 덩샤오핑의 조직 처리에 능숙한 특징이 항일(抗日)전쟁 시기부터 형성되었다고 보고 있다. 당무(黨務) 공작자인 덩샤오핑은 늘 팔로군(八路軍)의 각 부문에서 당의 영도 공작을 대리하였으며 그 후 인민해방군에서도 그랬다. 이러한 위치에서 덩샤오핑은 상급 당 조직을 대표하면서도 동급 군사 지휘관의 지지를 얻을 수 있는 결정을 내려야만 했다. 중급 기관 내의 복잡하고 다양한 사업 경험은 그로 하여금 정책 결정을 제도화하는 데 습관이 되게 하였다.

덩샤오핑은 실무 분야의 조직자에서 점차적으로 당과 국가 영도 체제의 설계자와 개혁자로 부상하였는데, 해외의 학자들은 덩샤오핑이 중국의 사회 조직과 제도 면에 미친 창조성과 공헌을 높이 평가하고 있다. 덩샤오핑은 제도화(制度化) 사상의 입지에서 1960년대에는 공장장과 경리 책임 제도를 확장할 것을 창안하였고, 이어 대약진 시기의 위기를 극복했으며, '문화대혁명' 시기의 혼란 상태를 수습하였고, 1980년대에는 당과 국가 영도 체제의 개혁안을 제출하였다.

13) '사회주의 시장경제(市場經濟)'를 창조하다

구(舊) 소련의 실패는 바로 덩샤오핑처럼 국면을 되돌릴 수 있는 막강한 힘을 가진 정치 영도자가 없었기 때문이었다. 덩샤오핑의 시국에 대한 통제는 '혁명의 격정'이 쇠퇴하거나 식어가는 것을 효과적으로 방지하였거나, 혹은 이런 격정에 새로운 방향과 새로운 현실적 영역을 가리켜 주었다고 할 수 있다. 여기에는 '시기' 또는 '역사적 기회'를 파악하는 정치적 민감성의 문제도 있고, 새로운 방향 또는 새로운 영역을 개척하는 기백과 능력 문제도 있는데, 덩샤오핑은 바로 이때 자신만의 고유한 역사적 창조성을 과시하였던 것이다.

덩샤오핑은 '계급 투쟁'을 강령으로 하는 방침을 결연히 중지시키고 '생산력 발전'을 과감하게 중심으로 내세웠다. "과거를 마감하고 미래를 맞이하자"는 덩샤오핑의 말은 자신의 창조력을 충분히 표현하는 것이었다. 이와 동시에 고금(古今)과 중외(中外)의 모든 합리적인 것을 비판적으로 계승하고 거울로 삼아 흡수하는 역사적 진전을 시작하였다.

덩샤오핑은 여러 가지 현실적 모순과 충돌을 창조적으로 전화(轉化)시켰다. 사회주의와 시장경제는 오랫동안 대립된 양극으로 인식되어 왔었는데 바로 덩샤오핑이 양자의 결합을 성공시켰다. '사회주의(社會主義) 시장경제(市場經濟)'는 이론 면에서나 실천 면에서 볼 때 모두 창조성 전화인 것이다. '시장경제' 앞의 '사회주의'라는 네 글자가 꼭 필요한 것으로 보지 않는 사람도 있다. 하지만 '사회주의'란 이 네 글자는 중국의 현실을 고려할 때 꼭 필요한 것으로 용(龍)에 눈을 달아주는 격이다. 덩샤오핑의 영도 이론과 실천은 양자를 창조적으로 통일시켰는바 용감하고 능란하게, 또한 성공적으로 서로 대립되는 이 두 개의 개념을 통일하는 위대한 창조 정치를 구사하였던 것이다.

"양손으로 잡되 양손에 다 힘을 주어야 한다."는 덩샤오핑의 논술에서도 이러한 창조성을 엿볼 수 있다. 덩샤오핑은 '반좌방우(反左防右, 좌경을 반대하고 우경을 방지한다)'를 반복해서 강조했는데, 즉 개혁개방과 부패 퇴치를 동시에 틀어쥐고, 경제건설과 사회치안을 동시에 틀어쥐며, 물질문명과 정신문명을 동시에 틀어쥐어야 한다는 것이다.

'특구이론(特區理論)'과 '한 나라 두 제도(一國兩制)'의 출범은 세계적으로 사회주의가 저조기에 처했을 때 사회주의 대국 정치 지도자의 창조 정치를 남김없이 과시하고 있다. '일국양제(一國兩制)'는 자본주의의 일관된 실력 정치의 전통을 변화시켰고, 전통 정치학의 국내(國內)와 국외(國外)의 개념을 바꾸어 놓았다. 그리고 냉전 시대 뒤의 국제 경제와 정치의 새로운 구도를 구축하는 데도 창조적으로 기여하였다.

덩샤오핑의 창조적인 영도 이론과 실천은 그가 제출한 '한 개 중심, 두 개의 기본 점(一個中心, 兩個基本點)'의 통일에서 집중적으로 구현된다. 개혁개방 초기 덩샤오핑은 다음과 같이 지적하였다. "중국의 사회주의현대화는 두 개의 기본점이 있는데 하나는 '개혁개방(改革開放)'을 견지하는 것이고, 다른 하나는 '네 가지 기본원칙(四項基本原則)'을 견지하는 것이다. 이 두 개의 기본점은 시종 '경제 건설(經濟建設)'이라는 한 개의 중심을 위주로 해야 하고, 또 거기에 복종하고 복무해야 한다."

14) '인민(人民)의 태양(太陽)'이 아닌 '인민의 아들'

1980년대 후반, 덩샤오핑은 자신의 개혁개방 사업에 대한 자평(自評)을 한 바 있다. "해외에서 어떤 분들이 내가 개혁개방을 주장하였다 하여 '개혁파'라고 하는데 이것은 맞는 말이다. 그런데 내가 네 가지 기본원칙을 주장하고 견지한다고 하여 또한 '보수파'라고도 하는데 이것 역시 맞는 것 같다. 정확하게 말해서 나는 '실사구시(實事求是)파'인 것이다." 덩샤오핑의 영도 이론과 실천은 '변증법(辨證法)에 따라 일을 하는' 정신을 충분히 구현한 것이다. 그러나 진정한 의미에서의 창조적인 변증법은 모두 실사구시의 기초에 입각한 변증법인 것이다. 덩샤오핑의 영도 스타일을 한마디로 개괄하면 바로 '실사구시'이다.

덩샤오핑은 그의 개혁개방 정책과 또 그 정책이 이룩한 놀라운 성과로 세상에 이름을 날리게 되었다. 그는 1978년과 1985년 두 차례에 걸쳐 미국 시사주간지 〈타임〉에 의해 세계의 인물로 선정되었다. 덩샤오핑은 자신이 〈타임〉에 의해 세계의 인물로 선정된 것을 알고 난 후 "나는 인민의 아들일 뿐"이라고 했을 뿐 다른 반응이 없었다. 덩샤오핑 역시 모택동의 만년(晩年)에서와 마찬가지로 개인숭배를 만들 수 있었다. 어떤 규모나 형식으로 하던 간에 덩샤오핑은 그럴 만한 개인 자본을 이미 축적하였고, 또 실제로 충분한 대중적지지 기반도 갖추고 있었던 게 사실이다. 하지만 덩샤오핑은 개인숭배를 허용하지 않았으며, 오히려 개인숭배를 폐지하였고, 영도 직무 종신제(終身制)도 역시 폐지해 버렸다. 그는 '노인 정치'를 하지 않았으며, '노인 정치'를 일종의 과도 수단으로 여겼다. 그는 자신이 그 무슨

'인민의 태양'이나 '인민의 어버이'로 존대 받는 것을 결코 원하지 않았으며, 항상 자신이 '인민의 아들'이라고 스스로 자리매김하였다. 창조적 정치가로서의 덩샤오핑은 위대했다. 그러나 덩샤오핑은 자신의 위대함으로 위대함을 마감시켰고, 또 자신의 위대함으로 새로운 국면을 개척했으며, 나아가서는 자신의 위대함으로 평범한 국면을 열어 놓음으로써 그 위대함을 더욱 돋보이게 하였다.

10 천윈(陳雲)은 이재치국(理財治國)의 재능

"나라에 난리가 나면 훌륭한 장수(將帥)를 생각하게 되고, 집안이 가난하면 슬기로운 아내를 그리워하게 된다." 경제가 위급한 지경에 이를 때마다 마오쩌둥은 가장 먼저 천윈(陳雲)을 떠올리고, 그에게 조정 정책을 펴게 하여 국면을 변화시켰다. 마오쩌둥이 사망한 후, 그는 중앙 핵심인물의 한 사람이 되어 문혁(文革)의 잘못을 바로잡고 현대화건설의 새 국면을 열어 가는 데 탁월한 공을 세웠다.

옌안(延安)에 있을 때, 천윈(陳雲) 동지에게 이재치국(理財治國)의 재능이 있음을 미처 발견하지 못했다. 이따금 진리(眞理)는 한 사람의 손안에 있을 수 있다.

 - 毛澤東, 1950년대 초 薄一波와의 담화. 黃麗鏞, 『毛澤東讀古書實錄』(上海人民出版社, 1994), p. 266.

천윈(陳雲) 동지는 비교적 공정(公正)하고 재능(才能)을 갖춘 데다 타당성(妥當性)이 있으며, 문제를 보는 관찰력(觀察力)이 날카롭고 요점(要點)을 잡을 줄 안다.

- 毛澤東, 黨 第7期 7中全會에서의 講話, "陳雲同志偉大光輝的一生."〈人民日報〉1995년 4월 17일.

천윈(陳雲, 1905-1995)은 중국 사회주의건설의 기초를 닦은 정치가이며 혁명가이다. 1905년 6월 13일, 장쑤성(江蘇省) 칭푸현(靑浦縣) 롄탕진(練塘鎭)에서 가난한 농민의 아들로 태어났다. 두 살 때 아버지를 여의고, 네 살 때 어머니마저 잃어 재봉사 일을 하던 외삼촌에 의해 양육되었다. 1919년 5·4 운동의 영향이 그의 고향에까지 미치게 되어 수업 거부와 선전 활동에 참가하였다. 이 해 겨울, 고등소학교를 졸업하였으나 가난 때문에 진학을 못하였고, 집을 떠나 상하이로 가서 상무인서관(商務印書館)의 사환이 되었으며, 나중에 점원이 되어 독립적인 생계를 모색하였다. 이후 그는 혁명적인 민주사상과 공산주의사상을 접촉하여 받아들이게 되었다.

1) 홍군 장정(長征) 서방(西方)세계에 선전

천윈(陳雲)은 1925년 8월, 상무인서관발행소 직공회 위원장을 맡아 총파업을 지도하여 승리를 거두었으며, 곧이어 중국공산당에 가입하였다. 1926년 10월부터 1927년 3월까지 국민혁명군의 북벌에 호응하여 벌인 세 차례의 상하이노동자 무장봉기에 참가하였다. 1927년 대혁명 실패 후, 천원은 중공 칭푸현위원회 위원과 쑹푸(淞浦)특위 조직부장 등의 직책을 역임하며 현지 농민의 무장봉기를 지도하여 국민당정부의 지명수배를 받았다.

1929년 봄부터 1931년 봄까지 천원은 중공 장쑤성 후닝(滬寧)순시원, 성위원회 군사위원, 성위원회 상무위원 겸 농민위 서기, 중공 상하이 자베이(閘北)구위원회 서기, 파난(法南)구 위원회 서기, 장쑤성위원회 조직부장, 성위원회 서기 등을 역임하면서 장쑤 및 상하이의 농민운동과 노동 운동을 지도하였다. 1930년 9월, 중공 제6기 3중전회에서 중앙후보위원으로 뽑혔으며, 1931년 1월 4중전회에서 중앙위원으로 선출되었고, 5월에는 중앙 특과(特科, 당 중앙기관의 안전을 보위하는 특수조직)의 서기로 임명되었다. 9월에 중공임시중앙의 성원이 되었으며, 1932년 3월 중공임시중앙의 상무위원 및 전국노동조합 당서기로 임명되었다.

1933년 1월 천원은 상하이를 떠나 중앙혁명근거지 루이진(瑞金)에 진입하였으며, 계속하여 당 중앙 및 전국노동조합의 지도 공작에 참가하였다. 소비에트 지역 노동자들의 경제 투쟁을 지도하면서 그는 실제 상황에 깊이 들어가 군중에 의지함으로써 당시 발생했던 약간의 좌경적 경향의 잘못을 바로잡았다. 1934년 1월, 중공 제6기 5중전회에서 중앙정치국위원 및 상무위원으로 선출되었으며, 백구(白區) 공작부장을 겸임하였고, 2월에 중화소비에트공화국 제2기 중앙집행위원회 주석단의 일원으로 선출되었다. 1934년 여름에는 중앙혁명근거지 군수(軍需) 생산의 지도책임을 맡았다. 이 해 10월 중순부터 시작된 장정 중에 그는 후위군단인 5군단의 당 대표를 맡았으며, 이후 군사위 종대 정치위원이 되었다. 10월 20일, 그는 5군단 13사단을 이끌고 마지막으로 위두허(于都河)를 건너 후난성 서부로 진군하였다.

1935년 1월 홍군이 구이저우성 쭌이(遵義)를 점령하였을 때, 천원은 쭌이경비사령부 정치위원을 맡았다. 쭌이회의에서 그는 마오쩌둥의 주장을 적극 지지하였으며, 회의 후 '쭌이정치국확대회의 전달요강'을 편찬하여 모든 부대에 회의 내용을 전달하였다. 이 요강은 중국혁명에 있어 실패로부터 승리로 전환하는 시점에 남겨진 매우 소중한 역사적 문헌이다. 홍군이 츠수이(赤水)를 네 번 건너 윈난(雲南)으로 진입한 후, 천원은 도하(渡河)사령부 정치위원이 되었으며, 류보청 사령관과 함께 일사불란하게 부대를 지휘하여 진사강(金沙江)을 무사히 건너 북상하게 된다.

1935년 6월, 중앙의 결정에 따라 천원은 쓰촨성 톈취안현(天全縣) 링관디엔(靈關殿)을 출발하여 야안(雅安)과 충칭을 걸쳐 상하이에 도착하여 당의 비밀공작을 수행하였다. 9월, 당의 명령에 따라 상해에서 모스크바로 가 중공중앙 및 홍군의 서북 이동 전략과 쭌이회의 상황을 코민테른에 보고하였으며, 아울러 중공대표단의 일원으로 코민테른 공작에 참여하였다. 그는 이름을 롄천(廉臣)으로 바꾸고 '서행견문록(隨軍西行見聞錄)'을 편찬하였으며, 1936년 3월부터 이를 프랑스·소련 및 중국에서 출판하여 맨 처음으로 세계를 향해 홍군의 장정(長征)을 선전하였다. 그 후 레닌학교에서 학습하였으며, 동방대학에서 교편을 잡았다. 천원은 1937년 4월, 우루무치로 귀국하여 중공중앙 신장(新疆) 대표를 맡았다. 5월에 천원은 텅다이위안(滕代遠)과 함께 신장과 간쑤(甘肅)의 경계인 싱싱샤(星星峽) 지구로 가서 리셴녠(李先念)[21]이 이끄는 서로군(西路軍) 잔여 부대 4백여 명을

---

21) 리셴녠(李先念, 1909-1992)은 후베이성(湖北省) 홍안현(紅安縣) 출신으

맞아들여 우루무치로 인도하였으며, 간부들과 병사들에 대한 문화 및 군사 교육을 실시하였고, 아울러 중국공산당이 영도하는 항공대 (航空隊)를 창설하였다.

2) 동북(東北) 지역 해방구(解放區) 확대 주력

1937년 11월에서 1944년 3월까지 천윈(陳雲)은 옌안에서 중공중앙 조직부장을 맡아 일했다. 이 기간 동안 그는 정력적으로 당 건설 사 업에 몰두하였는데, 조직 건설은 물론 간부와 당원의 교육 및 군중 공작과 비밀공작에 이르기까지 폭넓게 활동했다. 그는 또 '간부 정

로 1926년 홍군(紅軍)의 일원으로 반군벌(反軍閥)투쟁에 참전, 공산당 에 입당하였다. 루이진(瑞金)의 소비에트구(區)에 들어가 장정(長征)에 참가한 후 옌안(延安)의 항일 군정대학(軍政大學)에서 공부하고 홍군 제4방면군 정치위원으로 활약하였다. 1938년 말 허난성(河南省) 등에서 항일유격전을 전개하여 근거지를 건설하였다. 1941년 신4군 제5사단장 겸 정치위원, 1945년, 당 제7기 전국대표대회에서 당 중앙위원 후보로 선출되었다. 국공내전(國共內戰) 중 중위안(中原)군구 사령관, 중국 공 산당 정권 수립 후 1949년, 후베이성 인민정부 주석, 중국공산당 후베 이성 위원회 서기, 후베이군구(軍區) 사령관, 1952년 우한(武漢)시장, 정무원(政務院) 재정경제위원회 부주임, 재정부(財政部) 부장 등을 역 임하였다. 1954년 부총리 겸 재정부장이 되었고 1956년 당 정치국원에 선출되었다. 문화대혁명 기간에는 '자본주의적 경향'으로 일시 비판받기 도 하였으나 저우언라이(周恩來)의 적극적인 비호와 군부의 지지에 힘 입어 자리가 보전되었다. 1973년 정치국원에 재선되고, 1977년 당 정치 국 상무위원으로 승진, 1982년 재선되었다. 1983년 6월 국가주석에 선 출되었으며, 1985년 9월 재선되었다. 그 후 1987년에는 모든 당직에서 물러났고 1988년 4월 주석직을 떠나, 중국인민정치협상회의 전국위원회 주석에 취임하였다. 10대 원수(元帥)의 한 사람이다.

책', '왜 류리궁(劉力功)의 당적(黨籍)을 제명해야 하는가', '군중 공작을 강화하자', '학습은 공산당원의 의무', '학습지도방법' 등 중요한 저작을 발표하여 당 건설을 위한 이론과 실제 모두에 있어 중대한 공헌을 하였다. 1938년 5월, 천원은 중앙청년공작위원회 서기를 겸임하였다. 옌안 정풍(整風) 기간에 그는 마오쩌둥을 주임으로 하는 중앙총학습위원회 성원의 한 사람으로 활동했다.

1944년 3월 천원은 중공중앙 서북국(西北局) 위원과 서북재경사무처 부주임 겸 정치부주임에 임명되어 섬감녕(陝甘寧)변구의 재정 경제 공작을 주관하였으며, 어려운 상황 아래서도 경제 발전과 보급에 탁월한 실적을 보였다. 1945년 6월, 중공 제7기 1중전회에서 정치국 위원으로 다시 선출되었으며, 8월에는 중앙서기처 후보서기에 임명되었다.

항일전쟁 승리 후 1945년 9월, 천원은 선양(瀋陽)으로 가 중공중앙 동북국(東北局) 위원이 되었으며, 동북 근거지 건설투쟁의 지도에 참여하였다. 11월 초 중공중앙 북만(北滿)분국 서기에 임명되었으며, 뒤에 북만군구 정치위원을 겸임하였다. 11월 말 천원은 동북국을 경유하여 중공중앙으로 보낸 전문을 통해 당면한 만주(滿洲) 공작의 기본 방침을 제기하였는데, 무장역량을 분산시켜 중소도시와 철도 지선 주변의 전략지구를 장악하고, 선양·창춘(長春)·하얼빈(哈爾濱) 시의 외곽과 창춘철도 간선 양쪽에 확고한 근거지를 건설할 것을 주장하였다. 이러한 주장은 당 중앙의 긍정적인 반응을 얻었으며, 12월 마오쩌둥은 동북근거지 건설방침을 명확하게 지시하였다. 1946년 6월 천원은 동북국 부서기 겸 동북민주연합군 부정치위원에 임명되었다. 7월에 '동북의 형세와 임무'를 기초하여 동북국 확대회의에서 만장일치로 통과됨과 아울러 중앙의 비준을 얻었다. 이 결의안은 중앙의 동북근거지 확립의 사상에 근거하였으며, 농촌으로 깊이 침투하여 농민을 동원하는 것이 성패의 관건이라는 공작 방침을 명확하게 제시하였다. 도시 또는 요충지를 빼앗고 잃는 것을 중요시하는 것이 아니라, 적과 아군의 역량 대비를 변화시키는 것에 중점을 둠으로써 근거지 건설 공작에 일대 진보를 이루었다. 10월에 국민당이 만주 남부에 대한 공세를 강화함에 따라 천원은 중공중앙 남만(南滿)분국 서기 겸 요동(遼東)군구 정치위원을 맡아 이에 대응하는 전략을 수립하였다. 그는 요동군구 사령관 샤오진광(蕭勁光)과 함께 남만부대를 지휘하여 일차 승리를 거둠으로써 동북민주연합군이 공세로 전환하는 데 유리한 조건을 조성하였다. 천원은 1947년 국민당의 하계(夏季) 공세에 맞서 싸우면서 요동 지구의 토지 개혁을 지도함으로써 남만해방구를 확대하는 데 기여했다.

1948년 1월 천원은 하얼빈으로 돌아가 동북국의 영도 공작에 계속 참여함과 동시에 동북군구 부정치위원을 겸임하였으며, 뒤에 다시 동북재정경제위원회의 주임을 겸임하여 동북 해방구의 경제 공작을 주관하였고, 랴오선전투의 조직과 지휘에 참여하였다. 11월 선양(瀋陽)이 해방된 후, 그는 선양특별시 군사관제위원회 주임을 겸임하였으며, 그 후 한달이 채 안 되는 기간 내에 선양이라는 대도시를 접수하는 임무를 일사불란하게 완성하였다. 당 중앙은 선양을 접수한 일련의 과정이 성공적 경험이라고 인식하고 이를 확대 시행키로 했다. 1948년 8월, 하얼빈(哈爾濱)에서 거행된 제6차 전국노동대회에서 천원은 '중국 노동 운동의 당면 임무'를 보고하였으며, 10월에 전국노동조합 주석으로 당선되었다. 1949년 5월, 베이징을 가서 중앙재정경제위원회의 조직과 공작을 주관하였다.

3) 물가(物價) 폭등과 통화(通貨)팽창을 막다

중화인민공화국 성립 이후, 천윈(陳雲)은 중앙인민정부 위원, 정무원 부총리 겸 재정경제위원회 주임, 그리고 중공업부장에 임명되었다. 1950년 10월, 중공중앙 서기처 서기로 임명되었으며, 1954년 9월, 제1차 전국인민대표대회에서 국무원 부총리로 임명되었다. 그는 오랜 기간 전국의 재정 경제 공작을 주관하면서 중국의 실제 상황으로부터 출발하여 정확한 공작 방침과 적절한 조치들을 취함으로써 탁월한 공적을 쌓았다. 마오쩌둥은 천윈의 재정 경제 공작 의 재능을 아주 높게 평가하였다.

건국 초기에 시장 물가의 폭등을 안정시키고 국민당 정권이 남겨 놓은 악성 통화팽창(通貨膨脹)을 종결하는 것이 재정 경제의 곤란을 해결하고 인민의 생활을 안정시키기 위한 최우선 과제였다. 천윈은 조사연구를 걸쳐 투기 자본가들이 시장 물가를 폭등시키는 것을 방지하는 투쟁을 우선적으로 전개하였으며, 빠른 기간 내에 시장 물가를 잡는 데 성공하였다. 그 후 천윈의 건의에 따라 1950년 3월 당 중앙과 정무원은 '국가 재정 경제 공작의 통일에 관한 결정'을 채택하였다. 이 결정이 실제로 집행됨에 따라 4-5개월 만에 전국의 재정 경제 공작이 통일되었고, 재정 수지가 균형을 이루었으며, 금융과 물가가 빠르게 안정됨으로써 국가 재정 경제 상황이 기본적으로 호전되었다. 곧이어 한국전쟁이 발발하여 형세가 악화됨에 따라 천윈은 새로운 재정 경제 공작방침을 제안하였는데 첫째 국방, 둘째 시장 안정, 셋째 경제 및 문화 지출을 규정함으로써 국민 경제의 신속한 회복을 도모하였다.

1953년 10월, 천원은 당시의 실제 상황에 근거하여 식량(食糧)과 면화(棉花) 등 주요 농산품을 통일적으로 수매하고 통일적으로 공급하는 방안을 제시하였다. 이 정책의 실시로 식량·면화·식용유 등의 수요와 가격이 안정됨으로써 도시 인민의 생활과 공업 생산이 활력을 되찾게 되어 제1차 5개년계획의 순조로운 진행을 보장하게 되었다. 그는 1954년 2월, 제1차 5개년계획의 초안 작성을 위한 소조의 책임을 맡았다. 천원은 계획의 수립과 이후 실시 과정에서 일관되게 실제 상황을 중시하고 실사구시(實事求是)의 원칙을 견지하였으며, 현실 조건을 도외시한 모험적 발상과 조급하게 목표를 달성하려는 무모함에 적극 반대하였다. 그는 건설 규모가 반드시 국력(國力)과 조화를 이루어야 하며, 인민의 생활과 국가 건설을 동시에 고려해야 한다고 주장했다. 또 경제 계획을 수립함에 있어 재정 수지와 은행의 예금 및 대출, 물자의 수요와 공급, 외환수지 등이 종합적으로 균형을 이루도록 하여야 국민 경제가 건강하게 발전할 수 있다고 주장하였다.

천원은 1956년 9월 중공 8전대에서 '사회주의 개조가 기본적으로 완성된 이후의 새로운 문제'라는 발제를 통해 경제체제를 개혁함에 있어 3개의 '주체'와 3개의 '보충'에 관한 구상을 밝혔다. 즉 국가 경영과 집체 경영은 상공업의 주체이고, 일정한 숫자의 개체 경영은 그들을 보충하는 것이며, 계획 생산은 공농업 생산의 주체이고, 시장의 변화에 따라 국가 계획의 허가 범위 내에서 이루어지는 자유생산

은 그 보충이며, 사회주의 통일시장 안에서 국가 시장은 주체이며,
일정한 범위 내에서 국가가 지도하는 자유 시장은 그 보충이라는 것
이다. 이것은 1950년대 중반에 천원이 당시 중국의 상황에 적합한
사회주의 경제 건설을 모색하는 과정에서 나온 비교적 체계적이고
창조적 의견이 풍부하게 담긴 구상이라고 할 수 있다.

4) "관찰력이 날카롭고 요점을 잡을 줄 안다"

중공 8전대 직전에 열린 제7기 7중전회에서 마오쩌둥은 천원(陳
雲)을 아주 높이 평가하였다. "천원 동지는 비교적 공정하고 재능을
갖춘 데다 타당성이 있으며, 문제를 보는 관찰력이 날카롭고 요점을
잡을 줄 안다." 중공 제8기 1중전회에서 천원은 중앙 부주석에 선출
되었으며, 1956년 11월 상업부장을 겸임하였다. 그는 1957년 1월, 중
앙경제공작 5인소조의 조장이 되었다(1958년 6월 財經小組로 개칭).
1957년 11월, 마오쩌둥의 건의에 따라 천원은 공업·상업·재정 관
리 체제를 개혁하기 위한 세 가지 결정을 기초하여 국무원에 넘겼다.
그는 현재 중앙집권이 너무 많고 분권(分權)이 너무 적다고 지적했
다. 중국은 인구가 아주 많고, 땅이 넓으며, 각지의 사정이 서로 다르
므로 집권이 지나치면 안 된다는 것이다. 그러나 권한을 분산시킨
이후에도 각 지방에서 전체 국면을 고려하지 않는 경향이 발생하
는 것에 주의를 기울일 필요가 있다고 그는 지적했다. 이것은 과도
한 중앙집권의 계획 경제 체제를 개혁하기 위한 당과 정부의 최초
의 시험적 조치였다. 1958년 9월, 천원은 국가기본건설위원회 주임

을 겸임하였다.

1958년부터 당의 경제 공작 지도 방침에 좌경(左傾)의 오류가 발생하기 시작하였으며, 곧이어 중국의 국민 경제 발전은 엄중한 좌절을 겪게 되었고, 도시와 농촌의 인민 생활은 아주 큰 곤란에 직면하게 되었다. 천원은 비교적 빨리 대약진과 인민공사 운동이 가져다 준 문제점을 발견하였다. 그는 1958년 12월 건의를 통하여 제8기 6중전회에서 확정한 철강·석탄·곡물·면화 등 1959년 4대 생산목표를 공포하지 말 것을 주장하였으며, 그 목표는 달성되기 어렵다고 지적하였다. 그의 이러한 정확한 의견은 당시에 주목받지 못했다. 1959년 4월 천원은 식량의 증산·절약, 도시의 식료품 공급 조직화, 일용 필수품 생산의 전문적인 배려, 시장 물자를 공급하기 위한 운수(運輸) 체계의 배려 등으로 물류 수급의 긴장 상태를 완화하는 조치를 취할 것을 건의하였다. 또 그는 5월에 마오쩌둥의 위탁을 받아 당시 경제 전반에 영향을 미쳤던 과도한 철강 생산의 목표를 조정하는 작업을 진행하였다. 이후 천원은 병(病)으로 인해 휴양에 들어갔으며, 그 기간 동안 광시·지린(吉林)·허베이·산둥·허난·안후이·저장·장쑤 등지를 방문하여 농업·철강·광산·화학 비료 등의 생산 문제와 인민들의 생활 문제를 직접 고찰하는 기회를 가졌다. 그는 상하이 칭푸현의 샤오정(小蒸)공사를 조사한 후, "양돈(養豚)사업을 신속하게 회복하고 발전시키기 위해서는 어미돼지의 대부분을 농민들에게 나누어 주어 기르게 해야 하고, 동시에 농민들의 자류지(自留地)를 넉넉히 확보해 주어야 한다."고 지적했다.

1961년 봄, 천원은 식량을 수입하되 몇 가지 상품에는 높은 값을 매김으로써 통화를 회수할 것과, 도시 인구를 농촌으로 내려 보내는 등 경제 전반에 관계되는 중요한 정책을 건의하였다. 1962년 1월, 개최된 확대중앙공작회의의 소조회의에서 그는 '우리의 인식을 보다 더 정확하게 하는 법'의 발언을 통해 당시 주관적(主觀的) 의지만을 강조하는 편향된 경향을 겨냥해 "어떤 문제를 볼 때 반드시 서로 의견을 '교환'할 것", "여러 방면으로 '비교'할 것", 그리고 "실천 경험에 근거하여 고려를 '반복'할 것"을 주장하였다. 그리 하면 자신의 인식이 비교적 전체를 고려하게 되고, 비교적 실제에 부합하게 되어 비로소 지도공작이 대체로 정확하게 된다고 하였다. 2월 중앙정치국 상무회의 및 국무원 관계자회의에서 천원은 '당면한 재정 경제 상황과 위기 극복의 방법'에 대해 보고하였다. 이 보고는 전당의 사상 통일과 국민 경제 조정 및 재정 경제 상황의 호전에 중요한 지도 작용을 하였다. 농민들의 적극적인 생산성을 독려하여 농업 발전이 봉착한 엄중한 곤란을 해결하기 위해 그는 '농가책임생산제(包産到戶)'를 실시할 것을 제안하였다. 1962년 4월, 천원은 다시 중앙재경소조 조장에 임명되었으며, 류사오치·저우언라이·덩샤오핑과 함께 대약진과 인민공사 운동이 남긴 부정적 결과들을 극복하기 위한 일련의 정책과 과감한 조치들을 취함으로써 3년이 채 안 되어 국민 경제가 회복세에 들게 하였다.

5) 자력갱생(自力更生)과 자본(資本) 이용은 별개

문화대혁명 기간에 천원은 린뱌오·장칭 반혁명집단과 결연히 투쟁을 벌였다. 그는 당시 잘못된 비판을 받았으며, 당내 중앙위원의 명의만 겨우 보전하였다. 1969년 장시 난창의 어느 공장으로 하방(下放)되어 3년간이나 고역을 겪었다. 이 기간에 그는 대량의 마르크스주의 저작을 읽었으며, 특히 레닌이 10월혁명 이후 저술한 신경제정책(新經濟政策)과 관련된 저작들을 읽고 중국의 실제와 연계하여 사회주의건설의 문제를 연구하였다. 천윈은 1973년부터 1974년까지 저우언라이의 위탁을 받아 대외무역 문제에 관한 조사 연구를 진행하였으며, 자본주의(資本主義) 국가와의 교류 추세는 이미 돌이킬 수 없으므로 현대 자본주의를 잘 연구하여야 할 것이라고 지적하였다. 그는 자본주의를 연구하지 않으면 세계 시장에서 중국이 마땅히 점유해야 할 자리를 잃게 되어 불리하게 될 것이 분명하다고 주장했다. 또 자력갱생(自力更生)의 방침 실행을 자본주의 자본을 이용하는 것과 대립시켜서는 안 되며, 은행은 외자(外資)를 이용하는 임무를 당당하고 떳떳하게 담당해야 할 것이라고 지적했다. 이러한 관점은 당시는 물론, 그 이후에도 중요한 지도 지침이 되었다.

1975년 1월, 천윈은 제4기 전인대 상무위원회 부위원장에 선출되었다. 그는 1976년 사인방 분쇄투쟁에 적극 참여하였다. 그는 예젠잉에게 "이 투쟁을 피할 수 없는 것"이라고 말했다. 사인방 분쇄 이후, 1977년 3월 개최된 중앙공작회의에서 천윈은 덩샤오핑이 다시 당 중앙의 영도 공작에 참가해 줄 것을 정중하게 요청하였으며, 1976년 4월 5일의 톈안먼사건을 정확하게 인식하고 새롭게 평가할 것을 주장하였다. 그는 '두 개의 무릇(兩個凡是)'이 잘못된 방침이라는 '범시론(凡是論)' 비판을 지지하였고, "실천은 진리의 유일한 표준"이라는 주장에 찬성하였다. 1978년 3월, 제5기 전인대 제1차 회의에서 천윈은 상무위원회 부위원장에 계속 당선되었다. 같은 해 11월부터 12월

사이에 열린 중앙공작회의에서 보이보(薄一波) 등 61인의 이른바 반
역사건을 바로잡았으며, 펑더화이(彭德懷)의 당에 대한 중대한 공헌
을 인정하고 그의 억울한 죄를 씻어주었다. 이와 동시에 캉성(康生)
이 문화대혁명 중 중대한 잘못을 저질렀다고 지적하고 중앙이 이에
대한 심사를 진행할 것을 건의하였다. 그는 이 회의에서 4개 현대화
의 실현을 위한 대진군 중에 반드시 적극적이면서도 또한 신중해야
한다고 밝혔다. 천원은 먼저 농촌을 안정시키는 것이 중요하며, 공
업은 순서에 따라 천천히 발전시켜야 한다고 주장하고, 이에 따른
적극적 조치를 취할 것을 요구하였다. 두 가지 모두를 한꺼번에 발
전시킬 수 없기 때문에 각 지방의 재원 배분에 적정을 기해야 한
다는 것이다.

　1978년 12월, 역사적인 의미가 깊은 제11기 3중전회가 열려 천원은
중앙정치국 상무위원에 다시 선출되었으며, 중앙위원회 부주석 및 중
앙기율검사위원회 제1서기에 임명되었다. 이 회의 이후 그는 덩샤오
핑을 핵심으로 하는 제2대 중앙집체영도의 중요한 성원이 되어 정치
노선과 조직 노선의 그릇된 점을 바로잡았고, 경제 건설을 중심 과제
로 삼아 네 가지 사항을 견지하는 기본 원칙과 개혁개방의 기본 노선
을 꾸준히 실천함으로써 중국의 사회주의건설에 중대한 공헌을 하였
다. 그는 덩샤오핑이 "마오쩌둥의 지위를 과학적으로 확립하고 이를
발전시켜 나가자"고 주장하자 이를 적극 지지하였다. 그는 또 "마오
쩌둥의 공적이 첫째이며, 잘못은 둘째라고 반복적으로 주장하였다. 천
원은 1979년 1월 열린 중앙기율검사위원회 전체회의에서 당의 기율검
찰기관의 기본 임무는 당규를 준수하고 당풍을 정돈하는 것이라고 강
조하였다. 2월에 류사오치에 대한 재평가가 이루어져 당11기 5중전회

에서 그에 대한 억울한 죄명을 바로잡는 결의안이 통과되었다.

6) 계획경제(計劃經濟)의 제도적 결점 지적

천윈은 1979년 3월부터 1980년 3월까지 국무원 재정경제위원회 주임을 겸임하였으며, 1979년 7월 국무원 부총리에 임명되었다. 그는 1979년 3월 발표한 '계획과 시장의 문제'에서 다음과 같이 지적하였다. "1960년대 이후, 소련은 물론 중국에서도 계획 경제의 주요한 제도적 결점이 드러나게 되었다. 그것은 이 제도가 오로지 계획에 따라 비례적으로 집행하는 기능만 갖추었을 뿐, 사회주의제도 아래서도 꼭 필요한 시장 조절의 기능을 갖추지 못했다는 것이다. 계획은 거시적인 관리의 주요 기준인데 이에는 지령성 계획과 지도성 계획이 있으며, 이 두 가지 계획은 그 방법이 서로 다르지만 모두 각종 경제 조절의 수단으로 운용되어야 한다." 그의 이러한 관점은 1970년대 말과 1980년대 초에 중국의 사상 해방과 실사구시를 촉진하였고, 과도하게 집중된 계획 경제 체제를 변혁시키는 데 큰 영향을 미쳤다. 그와 예젠잉은 연명으로 당 중앙에 서신을 보내 국민 경제를 2-3년간 조정하여 새롭게 발전시키자고 건의하였다. 당 중앙은 이 건의를 바탕으로 국민 경제에 대한 '조정(調整)·개혁(改革)·정돈(整頓)·제고(提高)'의 방침을 실행할 것을 확정하였으며, 이에 따라 국민 경제의 어려운 상황이 개선되기 시작함과 아울러 농촌 경제의 개혁을 촉진하였다.

천윈은 1980년 12월, 중앙공작회의에서 발표한 '경제형세와 경험교훈'에서 건국 이래 경제 건설 방면의 주요 착오는 '좌경(左傾)'에서 비롯되었다고 지적했다. "1957년 이전의 일반적 상황은 비교적 순조로웠으나 1958년 이후 좌경의 착오가 엄중하게 야기되었다. 이것은 주체(主體) 방면의 착오로 그 대가는 중대하였으며, 착오의 주요 원인은 좌경 지도 사상이었다." 그는 중국의 경제 체제 개혁이 거둔 성과로 인해 경제가 발전하고, 인민 생활이 개선되었으며, 시장이 활력을 찾았다고 긍정적으로 평가하였다. 그는 경제 규칙에 따라 움직이는 것이 좋은 현상이지만, 동시에 국가의 관여도 필요하다고 특별히 지적했다. 중국과 같은 나라에서 중앙 집권이 없으면 안 되며, 거시적 관리가 잘 될 때에만 미시적인 경제의 활성화에 유리한 영향을 미치게 되고 혼란을 방지할 수 있다는 것이다. 그는 국민 수입의 배분에서 자본 축적과 소비의 비례가 적당해야 한다고 일관되게 주장했는데, 즉 축적의 비중이 과도하면 건설이 생활을 압박하게 된다는 것이다. 그는 또한 소비의 성장이 생산의 성장을 초과하는 것에도 반대하였다. 그는 1980년 말 다음과 같이 지적하였다. "첫째 밥을 먹어야 하고, 둘째 건설을 해야 한다. 먹기만 하고 쓰기만 해서는 국가에 희망이 없다. 이것이 경제 공작의 대방침이다." 그는 전체적인 이익을 위하여 중앙은 마땅히 필요한 재력을 집중해야 한다고 주장했다. 그는 또 농업 문제와 식량 생산 문제를 매우 중시하였으며, "식량이 없으면 난리가 난다"는 역사 경험을 모든 사람이 반드시 기억해야 한다고 경고하였다.

중공 13전대 이후 천원은 당 중앙의 영도 공작에서 물러나 중앙고문위원회 주임이 되었다. 덩샤오핑을 핵심으로 하는 제2세대가 장쩌민(江澤民)을 핵심으로 하는 제3세대 영도 집단에게 순조롭게 권력을 이양하는 과정에서 천원은 아주 중요한 작용을 발휘하였다. 14전대 이후, 그는 완전히 은퇴하여 휴식에 들어갔다. 1997년 춘절을 앞두고 천원은 상하이에서 중요 담화를 발표하고 다음과 같이 지적하였다. "1978년 제11기 3중전회 이후 경제 발전이 아주 빠르게 진행되고 인민의 생활수준이 크게 제고된 것은 주지의 사실이다. 당연히 아직도 우리 앞에는 적지 않은 애로와 문제점이 있다. 이러한 문제점들을 해결하기 위해서는 가장 먼저 장쩌민 동지를 핵심으로 하는 중앙의 권위를 수호해야 한다. 만약 중앙의 권위가 없어지면 대사(大事)를 이룰 수 없으며, 사회 또한 안정될 수 없다." 그는 모두 일치단결하여 노력한다면 중국의 경제는 희망적이며, 사회주의 중국의 전도는 밝다고 강조하였다.

천원은 향년 90세로 1995년 4월 10일 70여년의 혁명 생애를 마무리했다.

7) "집안이 가난하면 슬기로운 아내가 그립다"

마오쩌둥은 천원(陳雲)에 대해 여러 차례 높이 평가하면서 그가 재정(財政)을 통해 나라를 다스리는 재능을 가지고 있다고 칭찬했다. 1950년대 초, 마오쩌둥은 보이보(薄一波)에게 다음과 같이 말했다. "나는 옌안(延安)에 있을 때 천원(陳雲) 동지에게 이재치국(理財治國)의 재능이 있음을 미처 발견하지 못했다." 또 상하이 회의에서 마오쩌둥은 "이따금 진리(眞理)는 한 사람의 손 안에 있을 수 있다."고 말했다. 이 말의 뜻은 대약진 이래 사람들의 정신 상태가 대체로 흥분된 상태에서 천원이 비교적 냉정함을 유지한 것을 표현한 것이다.

1959년 7월 11일 밤, 마오쩌둥은 숙소에서 저우샤오저우(周小舟)·
저우후이(周惠)·리루이(李銳) 등과 환담하며 다음과 같이 말했다.
"1958년의 여러 가지 일들은 나에게 책임이 있다. 과감하게 생각하
고 과감하게 행동할 것을 제창하여 이러한 분위기는 8전대 2차회의
이후 최고조에 달했다. 그중에는 터무니없는 생각들이 적지 않았으
며 이는 유심(唯心)주의로 보아야 할 것이다. 따라서 하부의 각 기
관들에게 전부 책임을 전가할 수 없다." 이 때 마오쩌둥의 표정은
매우 진지하였다. 이 때 좌중의 모든 사람들은 천원을 기용하여 경
제를 주관하게 하라고 건의하였다. 이에 마오쩌둥은 천원을 칭찬하
였으며, 아울러 조조(曹操)가 적벽대전에서 패하고 곽가(郭嘉)를 그
리워 한 고사를 이야기하였다. "이 세상에 선지자(先知者)는 없으며,
앞의 5백 년과 뒤의 5백 년을 안다는 유백온(劉伯溫) 같은 이도 없
다. 단지 깊이 생각하고 훌륭한 결단을 내릴 뿐이며, 변화의 여지를
남겨두어야 한다. 삼국지(三國志)의 곽가전(郭嘉傳)은 한번 읽어 볼
가치가 있다. 곽가는 풍부한 지혜와 깊은 생각을 갖추었으나 처음에
원소(袁紹) 휘하에서 그 뜻을 펴지 못했다. 그는 원소가 생각은 많
으나 결단력이 부족한 것을 알고 곧 조조에게로 달려갔다. 조조는
그의 계책이 훌륭하고 적을 맞아 변화가 자유로운 것을 보고 천하평
정에 큰 공을 세울 것이라 칭찬하였다. 그러나 곽가는 중년에 요절
하고 말았으며 조조는 크게 통곡하였다." 마오쩌둥은 여기서 담배연
기를 크게 한 번 내뿜었다. "나라에 난리가 나면 훌륭한 장수(將帥)
를 생각하게 되고, 집안이 가난하면 슬기로운 아내를 그리워하게 된
다." 마오쩌둥은 천원을 다시 기용하여 경제 공작을 주관하게 하려
는 생각을 이같이 간접적으로 표현하였던 것이다.

마오쩌둥은 신중국 성립 후 천원이 여러 직책을 두루 맡으면서 오랜 기간 전국의 재정공작을 훌륭하게 주관한 것을 뚜렷이 기억하고 있었다. 건국 초기에 그는 전국 재정 경제의 통일을 실현하고, 금융과 물가를 신속하게 안정시켜 국민당이 남겨놓은 악성 통화팽창을 끝냈으며, 국민 경제의 회복과 인민 생활의 안정을 위해 크게 공헌하였다. 또 식량과 면화 등 주요 농산품의 일괄 수매 및 일괄 공급 방식을 통하여 기초 경제를 안정화하였고, 생산수단 사유제를 사회주의로 개조하는 작업에 있어서도 실제 상황을 깊이 고려하여 무리하지 않게 효율적으로 처리하는 재능을 보여주었다. 1950년대 말과 1960년대 초, 중국경제가 매우 곤란한 지경에 처해 있을 때 천원은 다시 중앙재경소조 조장을 맡아 류사오치·저우언라이·덩샤오핑과 함께 대약진과 인민공사 운동이 낳은 부정적 결과들의 수습에 나섰으며, 3년이 안 되는 기간 내에 국민 경제를 정상화하는 데 기여하였다.

천원의 사상과 관점은 그의 세 권의 문선(文選)에서 찾아볼 수 있다.

11 왕훙원(王洪文)의 정치사상(政治思想)은 허약

왕훙원(王洪文)은 문화대혁명(文化大革命) 중의 특수한 인물로 그의 정치 생명과 문혁(文革)은 그 시작과 끝을 함께한다. 그는 한 공장의 보위(保衛)과장을 걸쳐 조반(造反)사령이 되며, 다시 상하이(上海)시 책임자 중의 한 사람이 된 후, 당 중앙 부주석에 오른다. 마오쩌둥은 한 때 그에게 큰 기대를 걸고 혁명사업의 후계자로 삼기 위해 그를 양성하였다. 뒷날 마오쩌둥은 그의 정치사상(政治思想)이 강하지 않다는 것을 발견하였으며, 비판을 받아도 여전히 바뀌지 않자 그에 대해 점점 실망하게 되었다.

그대의 정치사상(政治思想)은 강하지 않으며, 당신들 몇몇의 직책도 너무 높다.
   - 毛澤東, 1974년 10월 18일 오전 長沙에서 王洪文과의 談話, 『張耀祠回憶毛澤東』(中共中央黨校出版社, 1996), p. 147.

그대가 지난번에 왔을 때 내가 어떻게 비판했던가? 내가 그대에게 장칭(江青)과 함께 휘젓고 다니지 말라고 여러 차례 일렀건만 그대는 듣지 않았소. 그대들 몇이서 붕당(朋黨)을 결성하는 것은 잘못된 일이니 깊이 반성하여 다시는 그리하면 안 되오. 그대는 이곳에서 이삼일 머물며 자신의 잘못에 대해 충분히 자아비판(自我批判) 하시오.

- 毛澤東, 1974년 12월 23일 長沙에서 王洪文과의 談話, 『張耀祠回憶毛澤東』(中共中央黨校出版社, 1996), p. 150.

왕흥원(王洪文, 1935-1992)은 문화대혁명(文化大革命) 기간에 린뱌오(林彪)·장칭(江青) 반혁명집단의 주요 멤버로 활동했다. 그는 1935년 지린성(吉林省) 창춘(長春) 교외의 보통 농가에서 태어났다. 일본의 괴뢰국인 '만주국(滿洲國)' 시대에 그의 부모는 '일관도(一貫道)'를 믿는 신자였으며, 왕흥원이 열 살이 넘었을 때 아버지가 병사(病死)하였다. 어머니는 홀몸으로 네 아이를 돌보며 온갖 고초 속에 가난한 나날을 보냈다. 신중국이 성립된 이후 1951년 4월, 열여섯 살의 왕흥원은 인민해방군에 자원입대하였다. 그는 인민지원군의 병사로 한국전쟁에 참전하여 처음에는 경호원으로, 나중에는 통신원으로 복무했다.

한국전쟁 때, 왕흥원은 죽음을 두려워하며 나태하고 산만하여 간부들로부터 비판을 받았다. 당시 같은 부대에 있던 한 병사의 회고에 따르면, 한 번은 지휘관이 그를 통신대로 보내 명령을 타전(打電)하라고 했는데, 그는 도중에 적을 만날까 두려워 가지 않았다고 한다. 또 한 번은 부대 지휘부가 산골짝에서 적의 포격을 받게 되었는데, 그는 포성(砲聲)에 겁을 먹고 지휘부의 안전을 돌보지 않은 채 어디론가 도망을 쳤다는 것이다. 5차 전투 후 미국은 열세를 만회하기 위해 세균전(細菌戰)을 펼쳤는데, 한번은 지휘부 근처에 세균물질이 투하되어 모든 간부와 병사들이 이를 제거하러 나섰으나, 그는 오염이 될까 두려워 어디론가 사라졌다가 나중에 제거 작업이 끝나자 태연히 현장으로 돌아왔다고 한다.

한국전쟁에서 돌아온 후, 왕홍원은 '평화의 병사(和平兵)'라는 멋진 경력으로 중국공산당에 입당하였다. 이것은 그의 병영생활에서 얻은 최대의 수확이었으며, 후일 정치무대로 진출하기 위한 중요한 밑천이 되었다.

1) 정비공 때부터 정치(政治)의 꿈 키워

1956년 왕홍원은 난징(南京)의 부대에서 상하이(上海) 국영방직 제17공장으로 배치되어 정비공으로 임명되었다. 복잡하고 기름투성이인 방직기계들을 눈앞에 마주하자 그의 마음은 심드렁해져 한없이 탄식만 뱉어 내었다. 그는 기술자들에게 투덜거렸다. "난 기술 밥 안 먹을래! 나는 정치 밥을 먹고 싶단 말이야!"

1960년 중국이 3년간 곤란에 처했을 때, 왕홍원은 공장에서 충밍도(崇明島)로 파견되어 간척(干拓)노동에 참가하였다. 1964년 다시 공장으로 돌아와 보위부(保衛部) 보위원이 됨으로써 마침내 그의 '정치 밥'을 먹고자 하는 소망이 실현되었다. 그러나 좀도둑질을 하다 사람들에게 적발되는 바람에 과장(科長)으로 승진하지 못했으며, 자칫하면 과원 자리도 보전하지 못할 정도였다. 왕홍원은 민간탁아소 보육원으로 근무하던 추이건디(崔根娣)와 결혼함으로써 독신자숙소

를 벗어나게 되었으며, 딩하이루(定海路) 194호 10평방미터의 작은
집에 입주함으로써 마침내 상하이에 안전한 보금자리를 마련하였다.
결혼 후 두 사람의 매달 수입은 90원에 못 미쳤으며, 양쪽 어른들을
부양해야 했기 때문에 상당히 오랜 기간 그들의 생활은 곤란하였다.
왕훙원의 마음속에는 많은 불만들이 쌓여갔다.

문화대혁명이 시작될 때, 왕훙원은 이미 공장 보위과의 책임자가
되어 있었으며, 문혁이 본격화되자 기회를 노려 파벌을 조성하고 권
력탈취에 나서 승승장구하였다. 그는 상하이 국영방직 제17공장 혁
명위원회 주임, 상하이시 혁명위원회 부주임, 중공 상하이시위원회
서기, 상하이 경비구(警備區) 정치위원, 상하이시 노동조합 주임, 중
공중앙 부주석 등을 차례로 역임하였다. 그는 또 중공 제9기 중앙위
원, 제10기 중앙정치국 상무위원을 지냈다. 이 기간에 장칭(江靑)·
장춘차오(張春橋)22)·야오원위안(姚文元)23)과 사인방(四人幇)을 결

22) 장춘차오(張春橋, 1917-2005)는 산둥성(山東省) 출신으로 1932-1937년
   지난(濟南) 및 상하이(上海)에서 문예활동에 종사하였다. 1938년 옌안
   (延安)에서 중국공산당에 가입하였고, 1954년 상하이 해방일보(解放日
   報) 사장이 되었다. 1963년 중국공산당 상하이위원회 서기처 후보서기
   겸 선전부장, 1966년 당 중앙문화혁명소조 부조장, 1967년 상하이시 혁
   명위원회 주임 겸 난징(南京) 군구 제1정치위원 및 상하이 경비구 제1
   정치위원을 지냈고, 1969년 당 제9기 중앙위원·중앙정치국 위원, 1973년
   당 제10기 중앙위원·중앙정치국 위원·중앙정치국 상임위원, 1975년 제4
   기전국인민대표대회에서 부총리에 선임되었다. 1976년 '4인방(四人幇)'
   의 일원으로 체포되어 1980년 재판에 회부, 1981년 사형선고를 받았으
   나 형집행이 2년간 유예되었고, 1983년 무기형으로 감형되었다. 1998년
   신병치료를 위해 교도소를 나와 병원에서 지내다가, 2005년 4월 21일
   암으로 사망했다.

23) 야오원위안(姚文元, 1931-)은 저장성(浙江省) 출신이며 좌익작가 야오
   펑쯔(姚蓬子)의 아들로 지식계급이다. 1948년 중국공산당에 가입, 상하
   이에서 잡지 〈맹아(萌芽)〉의 편집위원 및 〈해방일보(해방일보)〉의 주

성하여 당과 국가의 최고 권력을 찬탈하기 위한 활동을 전개하였다.

1976년 10월 4일, 중앙정치국은 사인방에 대한 격리심사를 진행할 것을 결정했다. 1977년 7월, 중공 10기 3중전회는 왕홍원의 당적을 영원히 제명하고, 그의 당 내외 모든 직책을 철회할 것을 결정했다. 1980년 11월 20일부터 중국 최고인민법원 특별법정의 공개재판을 받았으며, 1981년 1월 25일 무기징역에 처해졌고 정치적 권리가 평생 박탈되었다. 1986년 이후 간(肝)질환으로 입원하고 있다가 1992년 8월 3일 베이징에서 병사(病死)하니 그때 나이 58세였다.

2) 문혁(文革)으로 급성장, 베이징 진출

10년이나 오래 지속되어 역사에서 그 전례를 찾아볼 수 없는 문화대혁명(文化大革命) 중에 왕홍원(王洪文)은 특수한 역할을 한 인물이다. 그의 정치 생명과 문혁(文革)은 그 시작과 끝을 함께한다. 그는 한 공장의 보위(保衛)과장을 걸쳐 조반(造反)사령이 되며, 다시 상하이(上海)시 책임자 중의 한 사람이 된 후, 당 중앙의 영도자 중 한 사람이 된다. 마오쩌둥은 한때 그에게 큰 기대를 걸고 혁명 사업의 후계자로 삼기 위해 그를 양성하였으나 그는 이러한 기대를 배반

필을 역임하면서 문예비판논문을 발표하였다. 1965년 〈문회보(文匯報)〉에 우한(吳晗)의 역사극 〈해서파관(海瑞罷官)〉 등을 비판하는 글을 게재, 문화대혁명의 불길을 당겼다. 1966년 중앙문혁소조원(中央文革少組員), 1967년 상하이시(市) 혁명위원회 부주임, 1969년 제9기 중앙위원, 중앙정치국 위원, 1973년 제10기 중앙위원, 중앙정치국 위원 등을 역임하였다. 마오쩌둥의 사후인 1976년 10월 '사인방(四人幇)'의 한 사람으로 체포되어 1981년 특별법정에서 징역 20년을 선고 받았다.

하고 장칭(江靑)·장춘차오(張春橋)·야오원위안(姚文元) 등과 사인방(四人幇)을 결성하여 당 중앙의 업무에 간섭하고 권력 찬탈에 나서 마오쩌둥의 준엄한 비판을 받았다. 왕훙원은 최후에 반혁명 죄인이 되어 역사의 심판대에 오르게 되었다.

왕훙원은 어떻게 중난하이(中南海)로 진출할 수 있었는가? 린뱌오(林彪) 탈출 사건 이후의 역사는 그를 위해 천재일우(千載一遇)의 기회를 제공하였다. 9·13사건 이후 마오쩌둥의 백발은 더욱 늘었고, 고민 속에 침묵으로 보내는 시간이 많아졌다. 중난하이 수영장 옆의 탈의실을 개조한 침실 겸 사무실에 앉은 그는 어쩔 수 없이 자신의 후계자 문제를 다시 고려하게 되었다. 린뱌오 반혁명 집단의 멸망이라는 점에서 볼 때 마오쩌둥은 승리자였으나, 린뱌오를 후계자로 양성하여 왔다는 점에서 보면, 마오쩌둥은 또한 실패자였다. 수년간 자신의 '친밀한 전우이며 후계자'라고 선전해 왔던 사람이 갑자기 자신을 살해하려고 음모한 배반자가 되었다는 사실이 그에게는 난감한 일이 아닐 수 없었다. 린뱌오는 '마오쩌둥 사상의 위대한 붉은 깃발'을 높이 든 기수(旗手)로 세상에 이름이 널리 알려졌고, '국제공산주의 운동사상 세 번째의 위대한 조수(助手)'로 선전되었는데 엥겔스는 마르크스의 위대한 조수이며, 스탈린은 레닌의 위대한 조수이고, 린뱌오는 마오쩌둥의 위대한 조수라는 것이다.

소련의 흐루시초프 제1서기가 1956년 2월의 공산당 20전대에서 '개인숭배와 그 결과에 관하여'라는 비밀 보고를 통해 스탈린을 맹렬하게 비난한 이후로 마오쩌둥은 흐루시초프에 대해 강렬한 반감을 가지게 되는 한편, 자신의 후계자 문제를 신중하게 고려하기 시작했다. 마오쩌둥은 1백 년이 지나더라도 중국에서는 흐루시초프와 같은 인물이 결코 나타나지 않도록 고심을 거듭하였으며, 이에 따라 흐루시초프의 수정주의(修正主義)가 중국에서 나타나지 않도록 방지해야 한다고 반복하여 강조하였다. 그러나 마오쩌둥은 문혁의 방식을 이용하여 류사오치(劉少奇)를 타도하는 잘못을 저질렀고, 린뱌오 또한 문혁 중에 반대편으로 돌아서고 만 것이다.

린뱌오 집단이 와해된 후, 9기 중앙정치국 위원 중 저우언라이·주더·캉성·예젠잉·류보청·리셴녠(李先念)·쉬스유(許世友)·천시롄(陳錫聯)·셰푸즈(謝富治) 등의 연령은 모두 마오쩌둥과 거의 차이가 없었으며, 단지 장칭·장춘차오·야오원위안 등이 비교적 나이가 젊은 축에 속했다. 그러나 장칭은 '퍼스트레이디'로서 마오쩌둥은 이미 그녀의 정치국 위원 진출에도 반대를 표시한 바 있으며, 야오원위안은 강직한 문관에 불과해 그 자격과 경력이 보잘것없는 데다 영도 경험과 능력이 결핍되어 후계자가 되기 어려웠다. 따라서 이 중에서 비교하자면 장춘차오를 선택하여 후계자로 삼을 가능성이 가장 컸다. 왜냐하면 장춘차오의 나이는 마오쩌둥보다 24세 아래였고, 그의 재능은 일찍이 1950년대 말 마오쩌둥이 인정한 바 있으며, 특별히 그는 루산(廬山)회의에서 린뱌오 집단의 공격 목표였으므로 린뱌오의 패망은 곧 그의 '빛나는 업적'이었던 것이다.

3) "한사람이 공농병(工農兵) 모두 체험"

마오쩌둥이 중공 10전대의 준비를 지시한 후에 장춘차오는 가끔 중난하이에 가는 기회를 이용해 마오쩌둥에게 접근하려고 모든 노력을 다하였으며, 온갖 꾀를 다 내어 그의 호감을 얻으려 함으로써 후계자 지위를 차지하려고 시도했다. 어느 날 마오쩌둥은 중난하이 숙소에서 장춘차오와 공작에 관한 대담을 마친 후 느닷없이 그에게 물었다. "왕훙원(王洪文)은 문장을 지을 줄 아는가?" 마오쩌둥의 말은 장춘차오로서는 의외였다. 그러나 그는 즉시 마음을 진정시키고 대답했다. "왕훙원 또한 문장을 쓸 줄 압니다. 당연히 야오원위안에 비하면 아직 멀었습니다만."

댜오위타이(釣魚臺)에 돌아온 장춘차오는 마오쩌둥이 왜 왕훙원에 대해 물었을까 곰곰이 생각하였다. 그는 지금 마오쩌둥이 중공 10전대의 인사(人事)를 구상하고 있다는 것을 분명히 알게 되었다. 갑자기 왕훙원에 대해 묻다니, 혹시 그를 마음에 두고 있는 것일까? 이처럼 중요한 인사 기밀을 감히 마오쩌둥에게 물어볼 수 없었으므로, 장춘차오는 오랜 전우인 장칭(江靑)에게 조언을 구하는 수밖에 없었다. 과연 예상한 대로 장칭은 장춘차오에게 중요한 동향을 알려주었다. "요 며칠 전 캉성(康生)이 주석과 담화를 나누었는데, 그는 자신이 과거에 줄곧 노동 운동을 해온 사람이라 문혁 중 떠오른 각지의 노동자 영수들에 큰 관심을 갖고 있다고 했대요. 그는 주석에게 상하이의 노동 운동이 아주 훌륭했으며, 왕훙원을 눈여겨 볼 필요가 있다고 말했다지." 장춘차오는 이 말을 듣자마자 곧 안색이 창백해졌다. 이것은 캉성이 배후에서 장난을 친 것임이 분명했다. 캉성이 마오쩌둥에게 왕훙원을 추천한 것은 첫째, 린뱌오 사후의 공백을 메우려는 것이고, 둘째, 장춘차오 자신의 권력 팽창을 제한하기 위한 방도였던 것이다.

과연 며칠 후 마오쩌둥은 장춘차오에게 왕훙원의 상황을 더욱 상세하게 물었으며, 그 의도는 설명하지 않은 채 왕홍원을 베이징에 오도록 하라고 명확히 지시하였다. 장춘차오의 장거리전화를 받은 왕홍원은 1972년 9월 7일, 비서 랴오쭈캉(廖祖康)을 데리고 베이징에 도착했다. 왕홍원 자신조차도 베이징에 온 것이 무엇을 의미하는지 몰랐다. 처음에 왕홍원은 오로지 학습만 하였다. 중앙판공청은 그에게 '마오쩌둥선집'을 보내왔고, 이어서 마르크스·엥겔스·레닌·스탈린 문집을 보내와 그에게 학습하도록 하였다. 그 뒤에 그는 몇 개의 회의를 방청하였다. 마오쩌둥과의 접견은 왕홍원에게는 의외였다. 마오쩌둥은 여러 차례 그를 불러 대화하면서 그를 이해하고 관찰하였다. 한번은 마오쩌둥이 서재에서 그를 접견하면서 37세의 이 젊은이와 굳게 악수를 나누어 매우 열정적인 모습을 보였다. 마오쩌둥은 그에게 몇 년간 책을 읽었고 군대에는 얼마 동안 복무하였는지를 물었으며, 그가 군대에도 가고 농사일과 노동자 생활도 하여 한 사람이 공농병(工農兵) 모두를 체험하였다고 칭찬하였다. 마오쩌둥은 왕홍원에게 하나씩 문제를 제기하여 그의 관점과 견해를 말하게 하였으며, 마치 시험을 보는 것처럼 자세하게 살피었다. 헤어질 때 마오쩌둥은 왕홍원에게 다시금 당부하였다. "그대는 베이징에서 마르크스·레닌의 책을 많이 읽고, 각종 회의의 의견들을 많이 듣도록 하시오."

4) 마오쩌둥의 후계자(後繼者)로 선택되다

마오쩌둥이 왕홍원을 베이징으로 오게 한 이유를 끝내 설명하지 않았으므로 장춘차오는 불편함을 감출 수 없었다. 비록 댜오위타이

(釣魚臺)라는 고급 주거지에 머물렀을지라도 상하이에서 친구들과 왕래하며 떠들썩하게 지내는 것보다 못했기 때문에 왕홍원은 적막함과 우울함에 시달려 상하이로 돌아갈 생각만 하고 있었다. 이러한 상황에 대해 장춘차오는 즉각 마오쩌둥에게 보고하였다.

"그가 어떻게 상하이로 돌아갈 수 있겠는가?" 마오쩌둥은 웃으면서 말했다. "나는 그에게 부주석을 맡으라고 제의할 터인데! 하지만 이것은 내 개인의 생각이고 아직 정치국의 토론을 거치지 않았으니, 그대는 이 말을 퍼뜨리지 말고 왕홍원에게도 말하지 마시오."

어느 정도의 '견습(見習)'을 마친 후 왕홍원은 마침내 베이징에서 두각을 나타내기 시작하였다. 1973년 5월, 중앙공작회의에서 마오쩌둥의 제안에 따라 왕홍원·화궈펑(華國鋒)·우더(吳德) 세 사람을 정치국회의에 옵저버로 참석시켜 중앙공작에 참가하도록 하는 것이 결정되었다. 그 밖에 왕홍원이 당장(黨章)개정 소조(小組)의 책임을 맡고, 장춘차오와 야오원위안이 중공 10전대 정치 보고를 기초하는 책임을 맡는 것도 결정되었다.

왕홍원은 명령을 받들어 1972년 9월 7일부터 베이징에서 활동하였으며, 마오쩌둥은 그에 대한 8개월 남짓의 관찰과 양성 사업을 진행하였고, 마침내 자기보다 42세가 적은 이 청년간부에 대해 신임표를 던진 것이다. 그리하여 왕홍원은 정식으로 상하이에서 베이징으로 옮겨 와 중앙 고위층의 정책 결정 활동에 참가하기 시작했다.

1973년 8월 20일, 중공 10전대 선거준비위원회가 베이징에서 성립되어 모두 104명의 위원이 결정되었으며, 왕홍원은 영광스럽게도 그 주임을 맡았다. 그리고 저우언라이·캉성·예젠잉·장칭·장춘차오·리더성(李德生)이 부주임이 되었다. 이 명단은 마오쩌둥의 건의에 따른 것이었다.

이같이 되고 보니 저우언라이마저도 왕훙원의 조수가 되었다. 하지만 저우언라이는 대세에 복종하여 개인의 명리(名利)와 지위(地位)를 염두에 두지 않았다. 그는 1973년 8월 23일, 중앙과 지방의 간부들이 모인 회의에서 다음과 같이 밝혔다. "10전대 정치보고에 내 이름이 서명되어 있지만 그 보고서는 내가 쓴 것이 아니오. 이는 장춘차오 동지가 마오 주석의 사상과 노선에 근거하여 기초한 것으로 마오 주석의 심사를 거친 것이며, 마오 주석께서는 나더러 보고하도록 했습니다. 1971년 린뱌오 사건 이후부터 마오 주석은 노동자 출신의 왕훙원 동지를 양성하여 중앙영도공작을 맡기도록 여러 차례에 걸쳐 지시하셨고, 우리는 마땅히 이 정신에 근거하여 청년간부의 선발을 중시해야 할 것입니다. 나는 나이가 많지만 여전히 당을 위해서라면 분골쇄신할 것입니다. 우리는 공(公)을 위해 당을 세운 것이며, 사(私)를 위해 당을 세운 것이 아닙니다."

1973년 8월 24일부터 28일까지 중공 10전대가 베이징에서 열렸다. 정치 보고를 한 것은 저우언라이로 이는 사람들이 예상했던 바다. 그러나 당시 나이 겨우 38세의 왕훙원이 주석 자리에 올라가 당장(黨章) 개정에 관한 보고를 할 때, 국내외의 놀라움은 컸다. 외국 기자들은 민감하게 이에 대한 논평을 발표하였다. "마오쩌둥은 나이가 젊은 상하이의 노동자 수령 왕훙원을 후계자로 삼기로 결정하였다."

5) 본격적 후계자 수업 중 '파벌 조성'

1973년 8월 30일, 중공 10기 1중전회가 선거 결과를 발표하였는데 다섯 명의 부주석 중 왕훙원이 2위를 차지하여 중공의 세 번째 인물이 되었다. 왕훙원을 빨리 양성해 '무산계급 혁명사업의 후계자'로 삼기 위하여 마오쩌둥은 외국 수뇌와 정부 요인을 접견할 때 왕훙원이 배석하도록 하였고, 그가 사진·영화·텔레비전 촬영에 많이 나오도록 하여 그의 위신을 세워줌으로써 그의 성장을 도왔다.

왕훙원을 처음으로 배석시켜 마오쩌둥이 프랑스 총리 퐁피두(Pompidou)를 접견한 것은 1973년 9월 12일로, 10전대 개최 후 보름이 채 안 된 때였다. 미국 작가 로스 테릴(Ross Terill)의 '마오쩌둥의 후(後)반생'에 따르면, 마오쩌둥은 퐁피두와 담화하면서 그에게 왕훙원을 소개하였다. "이 사람을 잘 기억해 두시오. 그는 앞길이 아주 창창합니다." 그 후 왕훙원은 이집트 부통령, 캐나다 총리, 오스트레일리아 총리 등의 마오쩌둥 접견에 연이어 배석하였다. 1973년 9월부터 12월까지 1백 여일 중에서 그와 같은 배석 회견이 모두 일곱 차례나 되었으며, 이는 1974년 상반기에도 계속되어 아홉 차례나 외빈 접견에 배석하였다. 이를 보면 마오쩌둥이 왕훙원을 양성하기 위해 기울인 노력의 적극성을 알 수 있다.

그러나 왕훙원은 마오쩌둥의 이 같은 각별한 배려를 저버리고 아주 빠르게 장칭·장춘차오·야오원위안 등과 어울려 당내 종파(宗派)인 '사인방(四人幇)'을 결성하였으며, 이들과 함께 마오쩌둥의 사업 수행을 방해함으로써 그의 반감을 사고 비판을 받았다. 1974년 7월 17일, 정치국회의에서 마오쩌둥은 "공장을 두 개나 차릴 것 없다"

며 장칭을 비판하는 한편, 다른 한편으로는 왕홍원에 대하여 "그대들이 사인방의 종파 행동을 해서는 안 된다."고 비판하였다.

1974년 10월 4기, 전인대 준비과정에서 인사(人事)조정안을 마련할 때 왕홍원은 또다시 잘못을 저질렀다. 장야오츠(張耀祠)의 저술에 따르면 다음과 같은 상황이다. 10월 18일 오전, 왕홍원은 저우언라이와 중앙정치국의 다른 위원들을 배반하고 경호 부서에도 알리지 않은 채 공군 전용기를 타고 비밀리에 창사(長沙)로 날아갔다. 마오쩌둥을 만난 그는 먼저 주석의 건강 상태를 물은 다음 본론을 꺼냈다. "주석, 제가 이번에 후난으로 온 것을 총리와 다른 정치국위원들은 모릅니다. 장춘차오 · 장칭 · 야오원위안과 저는 하룻밤 동안 회의를 열었으며, 마지막으로 그 내용을 제가 주석께 보고하기로 결정하였습니다. 저는 위험을 무릅쓰고 온 것입니다." 마오쩌둥은 조용히 듣고만 있었다. "총리는 현재 병이 깊어 병원에 입원해 있으면서도 사람들과 대담하느라 깊은 밤까지 바쁩니다. 거의 매일 사람들이 문병을 가는데, 항상 그곳에 가는 사람은 덩샤오핑 · 예젠잉 · 리셴넨 동지입니다. 그들이 이처럼 빈번하게 왕래하는 것은 4기 전인대의 인사 조정과 관련이 있습니다. 주석! 현재 베이징에는 다분히 루산(廬山)회의의 분위기가 감돌고 있습니다." 그런 후에 장춘차오 · 야오원위안 · 장칭에 대하여 한바탕 자랑을 늘어놓았다.

마오쩌둥은 얼굴을 정색하고 의미심장하게 왕홍원에게 말했다. "그대는 돌아가서 총리와 예젠잉 동지를 자주 만나 이야기를 나누시오. 장칭과 함께 어울리지 말고, 그녀를 주의하시오. 그대의 정치사상(政治思想)은 강하지 않으며, 당신들 몇몇의 직책도 너무 높소."

마오쩌둥의 비판을 받은 왕홍원은 심기가 저하되어 그날 오후 곧 베이징으로 돌아갔다. 그러나 그는 장칭의 부추김을 받아 1974년 12월 23일 다시 창사로 가서 마오쩌둥에게 자신의 의견을 밝혔다. 같은 이야기를 하고 또 하자 마침내 마오쩌둥은 화를 내었다. "그대가 지난번에 왔을 때 내가 어떻게 비판했던가? 내가 그대에게 장칭(江靑)과 함께 휘젓고 다니지 말라고 여러 차례 일렀건만 그대는 듣지 않았소. 그대들 몇이서 붕당(朋黨)을 결성하는 것은 잘못된 일이니 깊이 반성하여 다시는 그리하면 안 되오. 그대는 이곳에서 이삼일 머물며 자신의 잘못에 대해 충분히 자아비판(自我批判) 하시오."

왕훙원은 마오쩌둥에게 자신의 잘못을 인정하고 자아비판을 다짐했다. 그는 숙소로 돌아와 자아비판을 작성하는 데 꼬박 삼일을 보낸 후 원고를 완성하였으나 이를 마오쩌둥에게 제출하지는 않았다. 1976년 10월 6일 왕훙원이 체포된 후, 그의 서랍 속에서 이 원고가 비로소 발견되었다.

"이 며칠간 나는 내가 저지른 잘못을 진지하게 회고하였다. 주석께서는 여러 차례 '몇이서 붕당을 결성하지 말라, 상하이방(上海幫)이 설쳐서는 안 된다'고 지적하셨다. 나는 주석의 지시를 잘 받들어 일을 처리하지 못했다. 공작 중 문제에 부딪쳤을 때, 정치국의 많은 동지들과 상의하지 않고 몇몇 소수의 동지들과만 의논하였다. 덩샤오핑 동지 또한 훌륭하였으나, 나는 큰 잘못을 저지르고 말았다. 그는 총리의 건강이 좋지 않으므로 나에게 공작을 주재하라고 하였는데 나는 여러 가지 다른 의견을 모두 듣지 않고 소수 동지의 의견만 들었으며, 제대로 분석도 하지 않은 채 주석에게 보고하였다. 이는 주석을 혼란시킨 것으로 나의 잘못은 엄중한 것이다."

6) 덩샤오핑 복귀로 후계자의 꿈 무산

1975년 1월 상순, 중공 10기 2중전회가 열려 마오쩌둥과 저우언라이의 의견에 따라 덩샤오핑을 정치국위원으로 정식 추인하였으며, 그를 정치국 상무위원 및 중앙 부주석으로 선출하였다. 1월 중순, 4기 전인대가 성공적으로 개최되어 저우언라이 총리가 유임되었으며, 덩샤오핑이 제1부총리로 되었고, 장춘차오는 제2부총리의 자리에 그대로 머무름에 만족해야 했다. 한편 21명의 많은 부위원장 명단 중에 왕홍원의 이름은 없었다. 사인방(四人幇)의 노력은 실패했던 것이다.

1975년 5월 3일, 마오쩌둥은 베이징에서 정치국회의를 소집했다. 회의에서 그는 사인방에 대한 엄중한 경고를 내렸으며, 마르크스레닌주의를 실천하고 수정주의(修正主義)를 배격해야 한다고 강조했다. 또 분열이 아닌 단결을, 음모가 아닌 광명정대를 추구해야 한다고 지적하였다. 그는 사인방 문제의 해결과 관련하여 상반기에 해결할 수 없으면 하반기에, 올해 안 되면 내년에, 내년에 안 되면 그 후년에 반드시 끝을 내야 한다고 강조했다. 회의에서는 이후의 중앙 일상 공작에서 왕홍원 대신 덩샤오핑이 모든 일을 주관하도록 결정했다.

정치상의 실의(失意)는 정신상의 고민을 가져다주었다. 왕홍원은 한동안 상하이로 돌아가 향락을 추구하는 세월을 보내면서 불만을 터뜨리는 동시에 권토중래의 기회를 노렸다. 1976년 1월, 저우총리가 사망하자 사인방은 마음속으로 기뻐하였다. 그러나 마오쩌둥은 뜻밖에도 화궈펑(華國鋒)을 국무원 총리로 임명하여 중앙 일상 공작을 주재하도록 제의하였다. 화궈펑의 임명은 마오쩌둥이 장춘차오의 총리임명 가능성에 부정적임을 의미하였으며, 또한 이미 탈락한 왕훙원에게도 관심이 없음을 의미하였다.

텐안먼사건 후, 4월 7일 소집된 정치국회의에서 덩샤오핑에 대한 당내외 모든 직책의 철회가 결정되었으나, 마오쩌둥의 제의에 따라 화궈펑을 중앙 제1부주석과 국무원 총리로 임명하였다. 이것은 분명히 당규에 따라 화궈펑의 후계자 지위를 확정함과 아울러 왕훙원을 배제한 것이다.

사인방은 이러한 실패에 앙심을 품고 끊임없이 문제를 제기하며 투쟁의 긴장된 분위기를 조성하였다. 또 민병(民兵) 건설에 주력하여 제2무장으로 발전시킴으로써 무력으로 권력을 탈취하기 위해 준비하였다. 그러나 역사는 왕훙원 등의 희망과 관계없이 발전하였으며, 마오쩌둥 사망 후 당 중앙은 사인방의 정치 생명을 종결시켰다.

12 장제스(蔣介石)는 우리들의 반면교사(反面教師)

마오쩌둥과 장제스는 정치적·군사적으로 호적수(好敵手)이다. 장제스는 마오쩌둥보다 여섯 살 위이고 1년 먼저 세상을 떴으나 그들은 마치 동년배와 같았다. 두 차례의 짧은 국공합작(國共合作) 기간을 제외하고 두 사람은 일생의 대부분을 서로 대립하고 투쟁하며 보냈다. 투쟁의 결과는 모두가 잘 아는 바이다. 그렇다면 마오쩌둥은 자신의 필생의 적수에 대해 어떻게 평가하고 있는가?

중국인민은 지금도 똑똑히 기억하고 있어야 한다. 그 어느 날 새벽 장제스(蔣介石)가 이른바 '반역(叛逆)'을 토벌하라고 명령을 내린 그 죄상(罪狀)은 민국(民國)을 배반한 것이며, 또한 항전(抗戰)을 파괴한 것이라는 것을. 그는 화중(華中)의 신4군(新四軍)과 산시(山西)의 결사대를

'반역'으로 몰아 이에 대한 토벌을 감행하였다. 중국인민은 결코 잊어서는 안 된다. 장제스가 말로는 내전(內戰)을 하지 않겠다고 하면서 이미 77만5천 명의 군대를 파견하여 팔로군(八路軍)과 신4군(新四軍) 및 화남(華南)의 인민유격대를 포위하고 공격한 사실을.

  - 毛澤東, 1944년 10월 11일 "評蔣介石在雙十節的演說" 『毛澤東選集 · 第3卷』(人民出版社, 1991), pp. 1009-1010.

중국에서 '인민의 공적(公敵)'을 지목하라고 한다면 그것이 누구를 가리키는 말인지 모두가 알고 있다. 이 사람은 쑨원(孫文)의 삼민주의(三民主義)와 1927년의 대혁명(大革命) 정신을 훼손하였으며, 중국인민을 10년 내전의 피바다로 몰고 갔고, 그로 인해 일본제국주의의 침략을 초래하였다. 그 후에 그는 혼비백산하여 헤이룽장(黑龍江)으로부터 구이저우(貴州)까지 퇴각하였으며, 팔짱을 끼고 앉아 승리를 기다렸다. 과연 승리가 찾아오자 그는 인민군대에는 현 위치에서 명령을 기다리라고 하였고, 일본군 앞잡이에게는 치안을 유지하라고 시키고는 거들먹거리며 서둘러 난징으로 돌아갔다. 이러한 일을 한 사람이 장제스(蔣介石)라는 것을 중국 인민들은 모두 잘 알고 있다.

  - 毛澤東, 1945년 8월 16일 "評蔣介石發言人談話" 『毛澤東選集 · 第4卷』(人民出版社, 1991), p. 1149.

항전 승리의 과실(果實)은 누구에게 귀속되어야 하는가? 이것은 아주 명백한 것이다. 만일 복숭아나무에 복숭아가 열렸다면 이 복숭아는 곧 승리의 과실이다. 복숭아는 누가 따야 하는가? 이것을 판단하려면 복숭아나무를 누가 심었으며, 누가 그 나무에 물을 주어 가꾸었는가 알아볼 필요가 있다. 장제스(蔣介石)는 산 위에서 춤추느라 한 통의 물도 주지 않다가 지금 와서는 손을 아주 멀리까지 뻗쳐 복숭아를 따려 하고 있다. 그는 '이 복숭아의 소유권은 나 장제스에게 있고, 나는 지주(地主)이며 너희들은 농노(農奴)이므로 나는 너희들이 따는 것을 허락하지 않겠다.'고 말한다. 우리는 이에 반박하였다. 당신은 한 통의 물도 기르지 않았으므로 복숭아를 딸 권리가 없다. 우리 해방구(解放區)의 인민들은 매일 물을 길렀으므로 당연히 복숭아를 딸 권리는 우리 것이라고. 동지들, 항전 승리는 인민의 피를 흘려 얻어 낸 것이므로 항전의 승리는 당연히 인민의 승리이고, 항전의 과실은 당연히 인민에게 돌아가야 한다. 장제스로 말하면, 그는 소극적으로 항전(抗戰)하고 적극적으로 반공(反共)하여 인민항전의 걸림돌로 작용했다. 현재 그 걸림돌이 다시 불거져 나와 승리의 과실을 마음대로 다루고 있고, 항전 승리 후의 중국을 여전히 항전 전의 옛 모습으로 돌이키려 하여 조금도 변화하지 않는 모습을 보이고 있다. 이로 인하여 곧 투쟁이 발생한 것이다. 동지들, 이것은 아주 엄중한 투쟁입니다!

- 毛澤東, 1945년 8월 13일 "抗日戰爭勝利後的時局和我們的方針," 『毛澤東選集·第4卷』 (人民出版社, 1991), pp. 1128-1129.

장제스(蔣介石)의 현재 내전(內戰) 정책은 우연한 것이 아니라 그와 반동 집단들이 반(反)인민 정책을 일관해 옴에 따른 필연적 결과이다. 일찍이 1927년, 장제스는 은혜와 의리를 저버리고 국공(國共) 양 당의 합작을 배반하였으며, 쑨원(孫文)의 삼민주의와 3대 정책을 배신하였고, 이로부터 독재 체제를 확립하여 제국주의에 투항하였으며, 10년 내전을 치름으로써 일제의 침략을 초래하게 하였다. 1936년, 시안(西安)사건이 일어나자 중국 공산당은 원수(怨讐)에게 은덕(恩德)을 베풀어 장쉐량(張學良)·양후청(楊虎城) 장군과 협조하여 장제스를 석방케 하였으며, 그가 회개하고 새로워져 함께 일본에 대항하기를 희망하였다. 그러나 장제스는 다시 한번 은혜와 의리를 저버렸으니 일본군에 대하여는 소극적으로 응전하고, 인민에 대하여는 적극적으로 진압하여 공산당을 철천지원수로 보았다. 1945년, 일본이 항복하자 중국인민은 또 한번 장제스를 관대하게 용서하여 이미 시작한 내전을 중지하고, 민주 정치를 실행하며, 각 당파와 단결하여 평화스럽게 건국할 것을 그에게 요구하였다. 그러나 조금도 신의가 없는 장제스는 정전 협정에 서명하여 정치협상회의의 결의를 통과한 후, 곧 이를 전부 뒤집어엎었다. 인민들의 입장에서는 재삼 인내하여 원만한 해결을 원하

였으나, 장제스는 미국의 원조 아래 국가와 민족의 사활을 내팽개치고
인민들을 향해 유례가 없는 전면적 공격을 감행하였다.

- 毛澤東, 1947년 10월 "中國人民解放軍宣言,"『毛澤東選集·第4卷』(人民出版社, 1991), p.
  1236.

　중국의 대지주 및 자산계급의 정치 대표인 장제스(蔣介石)는 모든 사람
이 알고 있듯이 매우 잔인하고 아주 음험한 작자이다.

- 毛澤東, 1945년 8월 13일 "抗日戰爭勝利後的時局和我們的方針,"『毛澤東選集·第4卷』
  (人民出版社, 1991), pp. 1124.

　이 사람은 원래부터 은혜를 모르는 사람이다. 장제스(蔣介石)가 어떻게
정권을 잡았는가? 그가 북벌전쟁과 제1차 국공합작의 기회를 이용하여
세력을 확장할 때 사람들은 아직 그의 속내를 잘 몰랐지만 그를 지지하
였다. 그는 정권을 잡자 인민들에게 감사하지 않았을 뿐만 아니라 오히려
인민의 뜻을 외면하고 10년 내전의 피바다로 인민을 내몰았다. 이러한
역사는 동지들 모두 잘 아는 것이다. 이번 항일전쟁에서 중국인민은 다시
그를 옹호하였다. 현재 항일전쟁에 승리하여 일본이 투항하려 하지만 그
는 결코 인민에게 감사하지 않으며, 거꾸로 1927년의 상황으로 돌아가
예전 그대로의 방식을 반복하려 하고 있다.

- 毛澤東, 1945년 8월 13일 "抗日戰爭勝利後的時局和我們的方針,"『毛澤東選集·第4卷』
  (人民出版社, 1991), pp. 1125.

　장제스(蔣介石) 등을 우두머리로 한 중국 반동파들이 1927년 4월 12일
반혁명 정변을 일으킨 후 지금까지 20여 년의 오랜 세월이 흘렀는데, 설
마 아직도 그들이 온몸에 피를 묻히고 살인을 서슴지 않는 망나니라는
게 증명되지 않았단 말인가? 설마 아직도 그들이 직업적인 제국주의의

주구(走狗)이며 매국노라는 게 증명되지 않았단 말인가? 1936년 12월의 시안(西安)사건 이래, 또한 1945년 10월의 충칭(重慶)담판 및 1946년 1월의 정치협상회의 이래, 중국인민들은 이 도적무리들에게 최대한의 인의(仁義)를 베풀어 그들과 함께 국내평화를 수립하기를 희망하였다. 그러나 이러한 모든 선의(善意)의 바람이 그들의 계급 본성을 눈곱만큼이라도 변화시켰는가?

- 毛澤東, 1948년 12월 30일 "혁명을 끝까지 진행하자(將革命進行到底)," 『毛澤東選集·第4卷』(人民出版社, 1991), pp. 1375-1376.

독재(獨裁)·내전(內戰)·매국(賣國)의 삼위일체(三位一體)는 시종 일관된 장제스(蔣介石) 방침의 기본점을 이루고 있다.

- 毛澤東, 1945년 8월 13일 "抗日戰爭勝利後的時局和我們的方針," 『毛澤東選集·第4卷』(人民出版社, 1991), pp. 1132.

전국 각지의 내전(內戰)과 기아(飢餓)와 미국의 침략에 반대하는 정의로운 인민 운동에 대하여, 또한 노동자·농민·학생·시민들의 생존을 다투는 투쟁에 대하여 장제스(蔣介石)는 진압과 체포, 그리고 도살(屠殺)의 방침으로 대응하고 있다. 국내 소수민족(少數民族)에 대한 장제스의 방침은 대한족(大漢族)주의의 실행으로 잔학한 진압을 그치지 않는다.

- 毛澤東, 1947년 10월 "中國人民解放軍宣言," 『毛澤東選集·第4卷』(人民出版社, 1991), pp. 1236-1237.

쑨원(孫文)의 정책을 저버리고, 제국주의(帝國主義) 반혁명의 편에 서서 자국(自國) 인민에 반대하는 것이 국민당의 장제스(蔣介石) 일파이다.

- 毛澤東, 1948년 11월 "全世界革命力量團結起來, 反對帝國主義的侵略," 『毛澤東選集·第4卷』(人民出版社, 1991), p. 1359.

　장제스(蔣介石)의 20년 통치는 곧 매국·독재·반인민의 통치이다. 오늘에 이르러 전국의 절대다수 인민은 장제스의 하늘까지 닿은 죄악을 모두 잘 알고 있으며, 우리 인민해방군이 신속히 반격하여 장제스를 타도하고 전 중국을 해방시키기를 간절히 바라고 있다.

　　- 毛澤東, 1947년 10월 "中國人民解放軍宣言," 『毛澤東選集·第4卷』(人民出版社, 1991), p. 1237.

　쑨원(孫文)이 사망하자 장제스(蔣介石)가 일어섰다. 20년의 세월이 흐르는 동안 장제스는 중국을 절망적인 상태에 빠뜨렸다.

　　- 毛澤東, 1949년 6월 30일 "論人民民主專政," 『毛澤東選集·第4卷』(人民出版社, 1991), p. 1471.

　장제스(蔣介石)와 그를 지지하는 미국은 모두 종이호랑이이다. 이러한 반동파들은 언젠가 패배하게 되어 있고, 우리는 언젠가 승리하게 되어 있다. 그 원인은 별다른 게 아니라 반동파는 반동(反動)을 대표하지만 우리는 진보(進步)를 대표하기 때문이다.

　　- 毛澤東, 1946년 8월 美國 記者 안나 루이스 스트롱과의 談話, 『毛澤東選集·第4卷』(人民出版社, 1991), p. 1195.

　장제스(蔣介石)의 태도가 더욱더 이상하게 변하여 인민들의 정치개혁에 대한 요구를 결단코 반대하고, 중국공산당을 극도로 적대시하는 것은 그가 반공내전의 구실을 준비하고 있음을 암시한다. 그러나 장제스의 이러한 모든 기도(企圖)는 성공할 수 없는 것이다. 만약 그가 자신의 태도를 변화하기를 거부한다면, 제 스스로 자기 발등을 돌로 찍는 어리석은 결과가 될 것이다.

　　- 毛澤東, 1944년 10월 11일 "評蔣介石在雙十節的演說," 『毛澤東選集·第3卷』(人民出版社, 1991), p. 1010.

장제스(蔣介石)는 중국 최고의 교사(敎師)로 전국인민을 교육시켰고, 우리 공산당원들을 교육시켰다. 그는 기관총을 교재로 이용하여 수업을 진행하였다.

- 毛澤東, 1956년 9월 유고슬라비아 共産主義聯盟 代表團을 接見할 때의 談話, 『毛澤東外交文選』(世界知識出版社, 1994), p. 253.

장제스(蔣介石, 1887-1975)의 본명은 중정(中正), 제스(介石)는 자(字)이며, 어릴 때 이름은 즈칭(志淸)이다. 1887년 10월 31일 저장성(浙江省) 평화현(奉化縣)에서 태어났다. 그의 아버지 장자오충(蔣肇聰)은 가업을 계승하여 소금 판매업을 경영하다가 1895년 사망하였으며, 어머니 왕차이위(王采玉)가 그를 양육하였다. 어린 시절 서당에 다니며 경사(經史)를 읽었고 1903년 평루(鳳麓)학당에 입학하여 2년간 배운 후, 닝보(寧波) 젠진(箭金)학당으로 옮겨 학습하였다. 1906년 초 룽진(龍津)중학당을 수료하고 4월 일본으로 건너가 도쿄 청화(淸華)학교에 입학하였으며, 천치메이(陳其美) 등과 연결되어 반청(反淸) 사상의 영향을 받게 되었다. 이 해 말 귀국하여 바오딩(保定)육군학당에 입학하였으며, 포병(砲兵)을 전공하였다. 1908년 일본으로 가 도쿄 진무(振武)학교에 입학하였고, 그 사이 천치메이의 권유로 동맹회에 가입하여 반청(反淸) 혁명 활동에 참여하였다. 1910년 진무학교를 졸업한 후, 일본 육군 제13사단 제19연대에서 사관후보생으로 복무하였다.

1) 혁명에 투신하여 쑨원(孫文)의 신임 얻어

신해혁명(辛亥革命)이 발발한 후 장제스(蔣介石)는 상하이로 돌아왔으며, 천치메이의 지시를 받고 1백여 명의 선봉대를 이끌고 항저우(杭州)로 가 저장(浙江) 광복을 위한 전투에 참여하였다. 그 후 상하이 군(軍) 도독 천치메이에 의해 제5연대 연대장으로 임명되었으며, 천치메이·황푸(黃郛)와 셋이서 결의형제를 맺었다.

장제스는 1912년 1월 천치메이의 지시에 따라 광복회 영수 타오청장(陶成章) 암살사건에 관여하였으며, 사건이 벌어진 후 일본으로 피신하여 〈군성(軍聲)〉이라는 잡지를 발간하였다. 1913년 여름, 2차혁명이 일어나자 상하이 강남제조국(江南制造局)을 공격하였으나 실패하여 상하이에서 숨어 지냈으며, 10월에 결성을 준비 중이던 중화혁명당(中華革命黨)에 가입하였고, 11월에 다시 일본으로 건너갔다. 1914년 7월, 쑨원(孫文)은 도쿄에서 중화혁명당의 성립을 정식으로 선포하였으며, 장제스는 상하이·하얼빈(哈爾濱) 등으로 파견되어 천치메이를 도와 위안스카이(袁世凱)에 반대하는 혁명 활동에 종사하였다. 1916년 5월 천치메이가 암살된 후, 장제스는 쑨원의 명령을 받고 산둥(山東) 웨이현(濰縣)으로 가 중화혁명군 동북군(東北軍) 참모장을 맡았다. 위안스카이가 사망한 지 얼마 안 돼 중화혁명군이 해산됨에 따라 장제스는 상하이로 돌아왔으며, 청방(青幇)[24] 두목 황진룽(黃金榮)·두위에성(杜月笙) 등과 교류하였다. 1917년 7월, 쑨원

---

24) 중국 청나라와 중화민국 때, 동부 양쯔강(揚子江) 유역에서 세력을 떨친 비밀 결사이다. 강남(江南)의 쌀을 베이징(北京)으로 나르는 운송인들의 자위(自衛) 조직에서 비롯되었다.

이 남하하여 '호법(護法)'의 명분 아래 중화민국 군정부(軍政府)를 건립하였으며, 1918년 3월 장제스는 광둥군(廣東軍)총사령부 작전과 주임에 임명되었고, 반년 후 광둥군 제2지대 사령관으로 임명되어 푸젠(福建)에 주둔하였다. 광둥군 장교들이 장제스를 배척함에 따라 그는 부대를 떠나 상하이에 체재하는 경우가 많았으며, 장징장(張靜江)·천궈푸(陳果夫)·다이지타오(戴季陶) 등과 어울려 교역소(交易所)에서 투기(投機)를 업으로 삼아 세월을 보냈다. 1922년 6월, 광둥군 총사령관 천중밍(陳炯明)이 반란을 일으키자 쑨원은 융펑함(永豊艦)으로 피난하였으며, 장제스는 광저우로 가 이 배에 올라 40여 일간 쑨원을 보호하며 시중을 들어 쑨원의 각별한 신임을 얻었다. 이 해 10월 장제스는 쑨원에 의해 동로(東路)토벌군 제2군 참모장으로 임명되었으며, 1923년 2월 대원수부(大元帥府) 대본영 참모장에 임명되었다. 8월에 '쑨이셴박사대표단(孫逸仙博士代表團)'을 이끌고 소련으로 가 군사(軍事)·정치(政治)·당무(黨務) 등을 조사하고 학습하였다.

2) 권력 장악 후 국공합작(國共合作) 파괴

1924년 1월 열린 국민당 제1차 전국대표대회는 육군군관학교를 건립하여 혁명군대를 훈련시키기로 결정하였으며, 쑨원은 장제스(蔣介石)를 군관학교 교장 겸 광둥군 총사령부 참모장으로 임명했다. 장제스는 쑨원의 '러시아와의 연합(聯俄), 공산당과의 연합(聯共), 농공부조(農工扶助)' 등 '3대정책'에 불만을 가지고 있었으나, 당시의 형세가 여의치 않았으므로 이에 대한 지지를 표시하고 어느 정도 정책을 집행하였다. 장제스는 군관학교에 자신의 측근들을 많이 불러들여 개인 세력을 쌓아 나갔으며, 반공(反共)을 지지하는 구성원들을 모아 '쑨원주의학회(孫文主義學會)'를 만들어 '청년군인연합회'를 억누르고 공격하였다. 그는 황푸군관학교 교관과 생도들을 지휘하여 1924년 10월, 광저우 상인(商人) 반란을 진압하였고, 1925년 2월 천중밍 반란의 동정(東征) 토벌에 나섰으며, 6월 양시민(楊希閔)·류전환(劉震寰)의 반란을 진압하는 등 탁월한 전과를 올렸다. 이로써 그의 이름이 널리 알려져 광저우 위수(衛戍)사령관을 겸임하게 되었다.

1925년 8월 황푸군관학교의 2개 교도단(敎導團)이 국민혁명군 제1군으로 편성되었으며, 장제스가 군장(軍長)에 임명되었다. 랴오중카이(廖仲凱)가 제2혁명 후 일본으로 망명하자 그는 왕징웨이(汪精衛)[25]

---

25) 왕징웨이(汪精衛, 1883-1944)의 본명은 왕자오밍(汪兆銘)으로 일본에 유학 가서 서양사상을 공부하다가 쑨원(孫文)이 새로 만든 동맹회에 가입하여 그 단체의 주요 이론가가 되었다. 1910년 섭정왕 짜이펑(載灃, 溥儀의 아버지)을 암살하기로 했으나 음모가 발각되어 무기 징역으로 투옥되었다. 1911년 신해혁명 후, 영웅이 되어 감옥에서 풀려난 그는 군벌 정권에 불만을 품고 새로이 혁명 정당을 조직하려는 쑨원과 1917년 다시 합류하여 그 후 7년간 그를 도와 국민당을 육성하였다. 1925년 쑨원이 죽자 국민정부의 새로운 주석이 되었으나 북벌이 성공적으로 진척되어 감에 따라 국민당 우파는 장제스를 더 지지하게 되었다. 마침내 이들 우파는 난징(南京)에 독자적인 정권을 세웠으며, 국민당 좌파는 공산당과 연합하여 우한(武漢)에 왕징웨이를 당수로 하는 국민정부를 따로 세웠다. 그러나 그는 공산당과의 합작이 점점 어렵게 되자 1927년 7월 공산당원을 숙청했으며, 군사력을 장악하고 있던 장제스와 다시 합류했다. 1932년 2월 국민당 주석이 되었고, 장제스는 계속 군을 장악했다. 1937년 중일전쟁이 일어나자, 왕징웨이는 1938년 말 하노이로 도망가서 중국정부가 일본과 평화협정을 맺어야 한다는 성명을 발표했다. 1940년 3월 일본이 난징에 세운 괴뢰정권의 주석이 되었으

를 지지하여 후한민(胡漢民)을 국외로 내쫓았고, 얼마 뒤 광둥군 총
사령관 쉬충즈(許崇智)도 광저우에서 내쫓은 뒤, 광둥군의 사단과 여
단을 개편함으로써 장제스는 국민당내에서 군사적 실력을 장악한 주
요 인물로 떠올랐다. 1925년 10월, 장제스는 군대를 이끌고 2차 동정
(東征)에 나서 천중밍 반란군을 완전히 진압하였다. 1926년 1월, 국민
당 제2기 전국대표대회에서 중앙집행위원 및 중앙상무위원으로 선출
되었으며, 2월에 국민혁명군 총감(總監)을 겸임하였다. 쑨원이 사망한
후 장제스의 '3대정책'에 대한 회의(懷疑)는 더욱 깊어져 국민당 좌파
및 공산당원과의 합작을 기피하고, 소련 고문(顧問)에 대해서도 의구
심을 품게 되었다. 그는 1926년 3월 20일 '중산함(中山艦)사건'26)을
일으켜 반공(反共)적 태도를 표면화시켰으며, 5월에 들어서는 '당무정
리안(黨務整理案)'을 제출하여 제1군 및 국민당중앙당에 복무 중이던
공산당원들에게 타격과 배척을 가하였다. 장제스는 권력의 공백기를
틈타 군사위원회 주석, 국민당 중앙 조직부장 · 군인부장, 국민혁명군
총사령관 및 국민당중앙상무위원회 주석 등의 요직을 차지하였다.

며, 1944년 일본 나고야(名古屋)에서 지병을 치료하다가 죽었다.

26) 1926년 3월 20일 국공합작하의 중국에서 국민당의 장제스(蔣介石)가 공
산당에 공격을 가한 사건으로 그 날짜를 기념하여 3 · 20사건이라고도 한
다. 1924년에 발족한 제1차 국공합작은 국민당 우파의 반공 세력에 의한
모순을 내포하고 있었는데, 공산당 지도부에 있던 천두슈(陳獨秀) 등은
우익 기회주의 입장에 서서 단호한 투쟁을 하지 않았다. 우파 세력을 은
근히 등에 업고 있던 장제스는 공산당원인 중산함의 함장 리즈룽(李之
龍)에게 광저우(廣州)에서 황푸(黃埔)로 회항할 것을 명령해 놓고 무단
으로 군함을 움직였다고 날조하여 함장 이하 공산당원들을 체포하는 한
편, 광저우에서 반공 쿠데타를 일으켰다. 이것은 최초의 반공 사건이었는
데, 결국 국민정부 주석 왕자오밍(汪兆銘)이 장제스에게 항의하고 외유
를 떠나는 형식으로 마무리를 지었을 뿐 적절한 해결을 보지 못하였다.

　1926년 7월 북벌(北伐)전쟁이 시작되자 장제스는 총사령부를 이끌고 전선으로 이동하여 작전을 지휘했다. 국민혁명군은 노동자·농민의 지원 아래 북양(北洋)군벌 우페이푸(吳佩孚)[27]와 쑨촨팡(孫傳芳)[28]을 쳐부수고 후난·후베이·장시·푸젠 4개 성(省)을 장악하였으며, 계속해서 허난·안후이·장쑤·저장으로 진군하였다. 장제스는 자신

---

27) 우페이푸(吳佩孚, 1873-1939)는 산둥성(山東省) 출신으로 후베이성(湖北省)을 기반으로 하는 즈리파(直隷派) 군벌의 총수이다. 젊었을 때 군대에 들어갔으며, 바오딩무비학당(保定武備學堂)을 졸업하고, 위안스카이(袁世凱)의 부하 차오쿤(曹錕) 휘하로 들어갔다. 중국정부 성립 후에 벌어졌던 군벌들의 혼전 중에 즈리파로서 세력을 확장해 나갔다. 1920년 일본의 후원을 받은 안후이파(安徽派)의 돤치루이(段棋瑞)에게 승리하고(안후이즈리전쟁), 1922년 역시 일본의 영향하에 있었던 펑톈파(奉天派) 장쭤린(張作霖)에게 승리하였다(제1차 펑톈즈리전쟁). 그는 뇌물선거로써 차오쿤을 대총통에 당선시키고, 영미계 군벌인 즈리파의 최고 거두가 되어 베이징(北京) 정계를 지배하였다. 1923년, 징한선(京漢線) 철도 노동자들이 파업을 일으키자 이를 무력으로 진압하였고(2·7사건), 중국공산당원 린샹첸(林祥謙)을 불태워 죽였다. 1924년, 다시 펑톈파와 싸웠으나 펑위샹(馮玉祥)의 배반으로 장쭤린에게 패배하고(제2차 펑톈즈리전쟁), 허난(河南)·후베이로 후퇴하였다. 1926년, 북벌군에 패하여 쓰촨성(四川省)으로 퇴각한 뒤 오랫동안 정계를 떠나 있었으며, 전쟁 중에 병사하였다.

28) 쑨촨팡(孫傳芳, 1885-1935)은 즈리파(直隷派)의 군벌로 산둥성(山東省) 출신이다. 일본육군사관학교를 졸업하고 1914년 후베이독군(湖北督軍)인 왕잔위안(王占元)의 부하가 되었다. 1921년, 우페이푸(吳佩孚)에게로 옮겨 가 후난(湖南)과 푸젠(福建)을 공략하고 1923년 푸젠군무독리(福建軍務督理)가 되었으며, 1924년에는 항저우(杭州)로 들어갔다. 1925년에는 장쑤 독판(江蘇督辦)인 양소우팅(楊守霆)을 내몰고, 이어 난징(南京)으로 들어가 펑톈파(奉天派)를 중국 남동부에서 일소한 뒤, 우페이푸로부터 자립화를 꾀하였다. 1926년에는 상하이(上海)를 수중에 넣어 남동 5성의 자치를 표방하고 혁명 운동을 탄압하였다. 그러나 그 해 가을 북벌군에게 패하여 장쭤린(張作霖)의 안국군(安國軍)에 참가하였고, 이 듬해 난징에 육박하였으나 재차 패하여 1928년 다롄(大連)으로 피신, 은거하다가 1935년 톈진(天津)에서 암살되었다.

이 장악하고 있는 무력을 바탕으로 독재 통치를 시행하고자 하는 야심
이 날로 커져갔다. 1926년 12월 국민당 중앙당과 국민정부는 광저우로
부터 우한(武漢)으로 옮겨 왔으나, 장제스는 난창(南昌)으로 천도(遷
都)할 것을 고집하여 직접적인 통제를 기도하였다. 1927년 3월, 국민당
2기 3중전회에서 '당의 영도기관 통일결의안' 등 일련의 당권을 제고하
고 개인 독재 및 군사전제(軍事專制)를 방지하는 결의안들이 통과되었
으며, 장제스의 중앙상무위원회 주석 및 군인부장의 직책이 취소되었
다. 그리하여 장제스는 '3대정책'을 파괴하기로 작정하고 폭도(暴徒)들
을 동원하여 장시·안후이 등지에서 일련의 반공 사건을 일으켰고, 장
쑤·저장 재벌들의 지지 속에 상하이에서 4·12정변을 일으켰다. 그는
공산당원 및 혁명군중을 잔혹하게 탄압하였고, 광둥 및 동남 각 성에
서 '청당(淸黨)작업'을 벌여 마침내 제1차 국공합작을 파괴하였다.

3) 독재 통치로 대내(對內) 진압, 대외(對外) 타협

　1927년 4월 18일 장제스(蔣介石)는 난징(南京)에 국민정부를 따로
세우고 우한의 국민정부와 대치하였다. 장제스는 6월 쉬저우(徐州)
에서 펑위샹(馮玉祥)과 회담을 갖고 반공(反共)합작의 협력을 얻어
냈다. 그러나 장제스는 국민당내부의 왕징웨이(汪精衛)·리쭝런(李
宗仁)[29]과의 모순과 투쟁에서 고립무원의 처지에 빠짐에 따라 8월

---

29) 리쭝런(李宗仁, 1890-1969)은 광시성(廣西省) 구이린(桂林) 출신의 군
　　인이자 정치가이다. 구이린군관학교를 졸업한 뒤, 광시군벌 루룽팅(陸
　　榮廷)의 부하가 되어 중국 국민당에 들어가 두각을 나타냄으로써 국민
　　혁명군 제7군 군장(軍長)이 되고, 광시파(廣西派)의 중심인물이 되었

에 하야(下野)하였으며, 10월에 일본을 방문하여 지지를 구하고자 하였다. 귀국 후, 장제스는 처첩(妻妾)들을 모두 버리고 쑹메이링(宋美齡)과 12월 1일 결혼함으로써 쑹쯔원(宋子文)30) · 쿵샹시(孔祥熙)31)의 인척이 되어 미국과의 연계를 강화하였다. 1928년 1월 다시

다. 국공분열(國共分裂) 뒤에는 장제스(蔣介石)와 대항하여 광둥파(廣東派)와 협력해서 대광시주의(大廣西主義)를 제창하였으나 실패하였다. 중일전쟁 때 제5전구(第五戰區) 총사령관으로 타이얼좡(台兒莊) 전투에서 크게 이겨 이름을 떨쳤다. 전쟁 뒤 장제스의 내전정책(內戰政策)에 협력하였고, 1949년 장제스를 대신하여 총통 대리에 취임, 중국공산당과의 화평교섭을 지연시키면서 패세를 만회하려 했으나 실패하고 미국으로 망명했다가 1965년 중국 본토로 갔다.

30) 쑹쯔원(宋子文, 1891-1971)은 저장(浙江)재벌로 상하이(上海)에서 출생했다. 쑨원(孫文)의 부인 쑹칭링(宋慶齡)의 동생이며, 장제스(蔣介石)의 부인 쑹메이링(宋美齡)의 오빠이다. 그는 쑹씨 집안의 중심인물인 동시에 중국 4대 재벌의 한 사람이며, 국민당 · 국민정부의 중심인물로서 재정적 기둥이었다. 상하이 성요한대학(聖約翰大學)에서 배우고, 미국 하버드 · 컬럼비아대학을 졸업하였다. 1925년, 광둥 국민정부 재정부장이 되어 장제스의 북벌(北伐) 비용을 조달하였으며, 국제회의에도 많이 참석하였다. 1928~1931년 행정원 부원장 겸 재무부장, 1930~1933년 중앙은행 총재, 1942~1945년 외교부장, 1945년 행정원 원장 등을 역임하였다. 1947년 3월 행정원 원장을 사임하고, 9월 광둥성 정부 주석이 되었다. 1949년 주석을 사임하고 중국에 대한 원조를 촉진하기 위하여 국민정부의 사절로 프랑스에 갔고, 1950년부터 미국에 머물다가 1971년 죽었다.

31) 쿵샹시(孔祥熙, 1881-1976)는 산시성(山西省) 출신으로 공자의 후예로 알려져 있으며, 쿵씨 집안은 쑹(宋) · 장(蔣) · 천(陳)씨와 함께 중국의 4대 명문으로 유명하다. 쿵샹시의 부인인 쑹아이링(宋靄齡)은 쑹칭링(宋慶齡) · 쑹메이링(宋美齡) · 쑹쯔원(宋子文)의 언니이고 누나이다. 미국에 유학하여 오벌린대학 및 예일대학을 졸업하고, 귀국 후 교육 활동에 종사하는 한편 쑨원(孫文)의 혁명 운동에도 협력하였다. 1928년, 난징정부 공상부장(工商部長), 1930년 실업부장, 1931년, 중앙은행 총재 등을 지냈다. 제2차 세계대전 중 행정원 부원장 겸 재정부장(1939- 1945) 외에 중국은행 총재(1944)도 겸하였다. 1945년, 연합국 통화재정회의의 중국 수석대표가 되었다. 그는 쑹쯔원과 함께 장제스(蔣介石) 정권의 지주

총사령관 직을 맡았으며, 2월 국민당 2기 4중전회를 주재하여 쑨원의 혁명정책을 전면적으로 수정하였고, 회의에서 중앙정치위원회 주석 및 군사위원회 주석으로 선출되었다. 4월 펑위샹(馮玉祥)·옌시산(閻錫山)·리쭝런(李宗仁)과 협력하여 4개 집단군을 구성하고 북진(北進)을 개시하여 봉계(奉系)군벌 장쭤린(張作林)을 격파하고 북양(北洋)군벌의 통치를 종결시켰다. 1928년 10월, 국민정부 주석 겸 육해공군 총사령관을 맡아 국민정부를 개조하여 '당이 국가를 다스리는(以黨治國)' 체제로 바꾸었다.

장제스는 개인 독재 통치 체제를 확립하기 위해 군대 재편성이라는 구실을 내세워 펑위샹·옌시산·리쭝런의 군대를 통제 또는 약화시키려 시도했으나 이들의 강력한 반발로 실력파들 간의 병란(兵亂)이 이어지게 되었다. 장제스는 제국주의 세력 및 장쑤·저장 재벌들의 지원을 받아 이들 세력을 하나씩 격파하여 군사력을 통일하였다. 또 왕징웨이·후한민·쑨커(孫科) 등 국민당내부의 도전을 물리치고 자신의 독재 체제를 공고히 하였다.

1930년 12월부터 1931년 9월까지 장제스는 수많은 군대를 동원하여 장시·후난·후베이·허난·안후이 등지에 있는 홍군의 혁명근거지에 대해 세 차례에 걸친 '포위 섬멸전'을 감행하였으나 모두 실패로 끝났다. 그는 '9·18 사건'[32] 발생 후 일본의 침략에 대해 저항을

적 역할을 한 전형적인 관료 자본가였다. 1948년, 중국공산당이 승리하자 미국으로 건너가 살다가 1965년 10월 쑨원 탄생 100주년 기념식에 참석하기 위하여 타이완(臺灣)에 잠시 체류한 적이 있다. 쑨원·장제스와는 동서간이다.

32) 만주사변을 말한다. 1931년 9월 18일 류탸오거우(柳條溝)사건으로 비롯된 일본 관동군(關東軍)의 만주에 대한 침략전쟁이다. 만주에는 러일전쟁의 결과로 일본이 획득한 특수권익이 있었으나, 중국의 국권회복 운

포기하는 정책을 채택하여 군대와 인민들의 항일투쟁을 제지함으로
써 동북 3성을 일본에 넘겨주는 결과를 초래했다. 일본 침략자들은
다시 1932년 초 상하이에서 '1·28 사건'[33]을 일으켰으며, 19로군이
영웅적으로 이에 맞서 싸웠으나 장제스는 일본의 압력에 굴복하여
정전협정을 맺고 만다. 그는 애국군민의 항일투쟁을 저지하였으며,
펑위샹을 압박하여 차하르 민중항일동맹군을 해체하도록 하였다. 장
제스는 '외국에 양보하고 내부 진압 우선'의 정책을 고집스레 추진하
여 1932년 6월, 공농홍군에 대한 제4차 포위섬멸전을 시도하였다. 이
작전이 실패하자 다시 1933년 10월, 제5차 섬멸전이 시도되었으며, 1
년간의 교전 끝에 전략상 착오를 범한 홍군을 장정(長征)으로 내모
는 데 성공하게 된다. 장제스는 수십만의 군대를 동원하여 이들을

동이 거세게 일고, 소련이 1928년부터 추진한 제1차 5개년계획의 진척
등이 관동군을 자극하였다. 이들은 침략의 구실을 만들기 위해 봉천(奉
天, 지금의 瀋陽) 외곽 류탸오거우에서 스스로 만철(滿鐵) 선로를 폭파
하고 이를 중국측 소행이라고 트집 잡아 만철 연선(沿線)에서 북만주
로 일거에 군사행동을 개시하였다. 일본군은 1932년 초까지 만주 전역
을 점령하고, 같은 해 3월 1일 일본의 괴뢰국가인 만주국의 성립을 선
포하여 만주를 일본 침략전쟁의 병참기지로 만들었다. 이러한 침략 행
위는 1937년의 중일전쟁과 1941년의 태평양전쟁으로 확대되었다.

33) 1932년 1월 28일 벌어진 제1차 상하이사변을 말한다. 1931년 9월 만주
사변이 일어나자 중국대륙에 항일 운동이 확대되었으며, 특히 상하이의
정세는 급속도로 악화되었다. 1932년 1월 28일, 조계(租界)를 경비하던
일본 해군육전대(海軍陸戰隊)와 중국 제19로군(路軍) 사이에 전투가
벌어지자, 일본은 2월 중순에 3개 사단의 육군을 파병하여, 3월 중순 중
국군을 상하이 부근에서 퇴각시켰다. 그동안 당사국과 상하이에 이해관
계를 가진 영국·미국·프랑스·이탈리아 대표들이 정전 협의를 추진
하였으나 조인 예정일인 4월 29일, 한국의 윤봉길 의사 폭탄사건이 일
어나 일본 파견군 사령관이 사망함으로써 협상은 난항을 거듭한 끝에 5
월 5일 정전 협정이 성립되었다. 이 사건은 일본이 내외(內外)의 주의
를 만주국 건국공작에서 벗어나게 하려고 일부러 도발한 책략이었다.

추격하는 한편 홍군의 혁명근거지를 소탕하였다.

장제스는 독재정치를 더욱 강화하여 CC 계열 및 황푸 계열을 골간으로 하는 중통(中統)과 군통(軍統)의 양대 특무세력을 건립하고, 이들로 하여금 공산당과 혁명조직의 활동을 파괴하고 민주인사를 살해하도록 하여 반장(反蔣) 운동을 억압하였다. 그는 또 '문화(文化) 섬멸전'을 감행하여 진보서적의 발행을 금지하고 좌익 작가 및 문화 종사자들을 박해하였다. 장제스는 전국적으로 '신생활 운동'을 전개하여 인민들의 사상 통제를 한층 강화하였다. 그는 정치 특권을 동원하여 쑹쯔원・쿵샹시・천궈푸 등과 손잡고 국가자본주의경제를 건설하여 점차로 관료 자본을 형성하였다. 그들은 중앙은행과 농민은행을 개설하였으며, 중국은행과 교통은행을 함께 주무르며 전국의 금융체계를 마음대로 조작하였다.

1935년 11월, 일본이 '화북자치(華北自治)'를 획책하며 중국에 대한 침략을 확대하였다. 중국공산당은 내전을 중지하고 일치하여 항일(抗日)에 나설 것을 호소하며 장제스를 압박하였다. 1936년 12월 12일 '시안(西安)사건'이 발생하였으며, 이에 따라 제2차 국공합작의 길이 열리게 되었다.

4) 2차 국공합작 실행으로 8년의 항전

시안사건 후 장제스(蔣介石)는 10년의 내전을 종결하고 공산당과의 제2차 합작을 실행하였다. 1937년 항일민족통일전선이 형성되자 장제스는 중국군대를 지휘하여 화북 지역과 화동 지역에서 일본침략군에 대항하였다. 장제스는 정치 민주화 방면에서도 일련의 조치를 취하여 정치범을 석방하고 반동(反動)조례를 개정하였으며, 국민참정회를 소집하는 등 새로운 분위기가 형성되었다.

우한(武漢) 방어전 이후 항일전쟁은 전략적 방어 단계에서 전략적 대치 단계로 진입하였다. 장제스는 계속 항전의 결심을 밝혔으나 왕징웨이 등은 전쟁의 전망이 어둡다고 보고 완전히 실망하여 일본에 투항하고 말았다. 1939년 1월 장제스는 국방최고위원회 위원장이 되었다. 그는 중국공산당과 인민 무장 역량이 항전 중 신속하게 발전하는 것에 대해 우려를 금치 못하였으며, 이에 따라 다시금 부분적인 반공 정책을 시도하기에 이르렀다.

1941년 12월 태평양전쟁이 발발한 후, 장제스는 적극적인 외교 활동을 전개하여 미국·영국과 동맹을 맺고 중국 전구(戰區)의 최고 통수를 맡았으며, 미국의 물자 및 재정 원조를 받게 되었다. 그는 중국 원정군을 버마로 파견하여 영미 연합군과 연합하여 작전을 벌였으며, 중국-인도의 도로를 개통시켰다. 미국과 영국은 중국과 연합하여 공동으로 일본에 대항하기 위해 이전의 불평등조약이 규정하고 있던 중국에서의 특권을 포기하는 데 합의하였다. 1943년 11월 장제스는 카이로회담에 참석하여 미국의 루스벨트 대통령, 영국의 처칠 총리와 회담을 갖고 대일 연합 작전의 전략과 전후 평화 조건에 대해 논의하였다. 1945년 6월, 쑹쯔원 등을 소련으로 보내 8월 양국 외무부 장관이 '중소우호동맹조약' 및 관련 협정을 체결하였다.

5) 내전에 패배, 대륙(大陸) 통치 막 내리다

항일전쟁 승리 후 장제스(蔣介石)는 미국의 지원 아래 군대를 각지로 보내 승리의 과실을 챙기면서 일본군의 지휘를 받던 괴뢰군을 전부 흡수·통합하였다. 또 중국공산당 마오쩌둥 주석과 충칭(重慶)에서 회담을 벌여 '회담기요(會談紀要)'에 서명하였다. 그러나 장제스는 곧이어 80만 군대를 해방구(解放區)로 진격시켰으며, 1946년 1월 정치협상회의에서 이루어진 각종 결의 사항의 이행을 거부하였고, 군정(軍政)통일의 독재 체제를 유지하였다. 그는 1946년 6월 전면적인 내전을 개시하였으며, 3개월에서 6개월 이내에 공산당과 인민 무장 역량을 완전히 소멸하려고 시도하였다. 그러나 인민해방군의 저항과 강력한 반격에 직면하여 공격이 여의치 못하자 1947년 3월, 전략을 변경하여 섬북(陝北)과 산둥(山東)해방구를 중점적으로 공격하였다. 이후 장제스는 전략적 공격을 전략적 방위로 바꾸고, 다시 방어선을 축소하여 중점 방어 전략을 실행하였다.

1946년 12월, 장제스는 난징에서 '국민대회'를 개최하여 헌법(憲法)을 제정하고 헌정 실시와 정부 개편을 선언하였으나 실제로는 여전히 그를 위시한 국민당 통치 집단의 독재정치를 계속하였다. 그는 1948년 헌법 시행에 따른 선거에서 총통으로 선출되었으며, 헌법을 제한을 가할 수 있는 긴급조치의 권한을 부여받아 그의 독재정치는 합법이라는 겉옷을 걸치게 되었다. 학생들과 노동자·농민들의 내전(內戰) 반대 운동에 대하여 장제스는 특무부대를 보내 잔혹하게 진압하였다. 1948년 8월, 장제스는 '재정 경제 긴급 처분령'을 반포하여 화폐를 개혁하고 태환(兌換)화폐를 거두어들였으며, 물가를 강제로 통제하여 악성 통화팽창과 물가 급등을 막으려 했으나, 오히려 재정 경제의 전면적 붕괴를 가속화하여 사회 불안이 조성되고 민원(民怨)이 하늘을 찌르게 되었다.

1948년 가을과 겨울 랴오선(遼瀋)・화이하이(淮海)・핑진(平津) 등 3대 전투에서 패배함으로써 장제스의 주력부대는 기본적으로 소멸되었다. 1949년 1월 장제스는 새해 성명을 발표하고 평화 회담을 제안하였으나, 헌법과 법통(法統) 및 군대를 보존한다는 조건을 제시함으로써 중국공산당의 비판을 받게 되었다. 1월 21일, 장제스는 은퇴를 선언하고 고향인 평화현으로 돌아갔으나, 여전히 막후에서 당정군의 대권을 조종하여 평화 회담을 방해하였다. 4월 20일, 국민당은 '국내평화협정'의 서명을 거부하였으며, 이에 인민해방군은 장강(長江)을 건너 전국적인 진격을 개시하였다. 1949년 10월 1일, 중화인민공화국의 성립이 선포되자 장제스의 중국대륙 통치는 이로써 종말을 고하였다.

1949년 12월, 장제스는 잔여부대를 이끌고 타이완으로 옮겨갔다. 1950년 3월, 그는 총통직에 복귀하여 이후 네 번을 연임하였으며 국민당 총재에 연속 당선되었다. 그는 "삼민주의(三民主義)로 대만을 건설하고, 대륙으로의 반공(反攻)을 도모하자."고 호소하며 대만에서의 통치를 유지하였으며, 미국과 '공동방위조약'을 체결하였다. 그러나 그는 '대만 독립'과 '두개의 중국'에 대해서는 반대하였으며, 하나의 중국이라는 민족적 입장을 고수하였다.

장제스는 1975년 4월 5일, 타이베이에서 병사(病死)하였는데 향년 88세였다. 저서에 '장중정전집(蔣中正全集)'(상・하권), '장총통언론휘편(蔣總統言論彙編)'(24권) 등이 있다.

6) 마오쩌둥과 일생 동안 대립 · 투쟁

마오쩌둥과 장제스(蔣介石)는 정치적·군사적으로 호적수(好敵手)이다. 장제스는 마오쩌둥 보다 여섯 살 위이고 1년 먼저 세상을 떴으나 그들은 마치 동년배와 같았다. 두 차례의 짧은 국공합작(國共合作) 기간을 제외하고 두 사람은 일생의 대부분을 서로 대립하고 투쟁하며 보냈다. 그런 까닭에 마오쩌둥의 장제스에 대한 평론은 비교적 많은 편이며 공격과 비판이 주류를 이루고 있는 것은 이해하기 어렵지 않다.

1920년대 초, 장제스는 쑨원에 몸을 의탁하여 혁명의 열정을 표출함으로써 쑨원의 신임을 얻었다. 그러나 쑨원이 사망한 지 얼마 안 돼 장제스는 쑨원의 '3대정책'을 팽개쳤고, 1927년 4·12정변을 일으켜 공산당원들을 도살하고 국공합작을 파괴하였다. 장제스의 폭압에 대항하기 위하여 저우언라이(周恩來)는 난창(南昌)봉기를 영도하였고, 마오쩌둥은 추수(秋收)봉기를 이끌었으며, 징강산(井岡山)에 홍기를 올리고 22년의 무장투쟁을 벌인 끝에 마침내 일본을 물리치고 장제스의 독재 통치를 뒤집어 중국역사를 다시 쓰게 하였다. 마오쩌둥이 장제스를 이긴 것이다.

1943년 3월, 장제스는 '중국의 명운(命運)'이라는 책을 발표했다. 이 책은 한때 일본의 앞잡이였던 타오시성(陶希聖)에 의해 집필된 것이다. 마오쩌둥은 이 책에 대하여 비판하였다. '중국의 운명'은 모두 여덟 장(章)으로 나뉘는데, 제1장, 중화민족의 역사 변천과 발전, 제2장, 국치(國恥)의 유래와 혁명의 역사, 제3장, 불평등조약의 영향, 제4장, 북벌에서 항전에 이르는 역사, 제5장, 호혜평등의 신조약과 앞

으로 국민들이 갈 방향, 제6장, 혁명 건국의 근본 문제, 제7장, 중국
혁명 건국의 동맥(動脈)과 명운을 결정하는 관건 문제, 제8장, 중국
의 명운과 세계의 전도(前途) 관계 등으로 구성되었다. 이 책의 핵심
내용은 세 가지이다. 첫째, 중국의 역사에 대한 회고를 통하여 봉건
전통의 도덕적 윤리 관념을 찬양하고, 이를 토대로 하여 봉건적 전제
정치를 계속 추진하는 이론적 근거로 삼는 것이다. 저자는 중국인에
게 자유가 없는 것이 아니라 자유가 너무 많아 모래와 같이 흩어지
며, 중국에 민주주의가 없는 것이 아니라 오히려 법의 한계를 벗어나
고 있다고 인식하고 있다. 둘째, 중국의 최근 1백 년을 회고하며 국민
당의 통치를 찬양하고, 인민들이 중국의 명운을 국민당에 맡겨야 한
다고 하였다. 셋째, 공개적으로 공산당을 공격하여 공산당이 없어져
야 한다는 것을 암시하고 있다. 공산당의 용병이 무력으로 할거하는
군벌(軍閥)과 다름없으며, 평화 방식이 효과를 볼 수 없다고 비난하
고 있다.

 '중국의 명운'이라는 책은 장제스의 정치사상을 체계적으로 완성하
였음을 표방하고 있으며, 출판되자마자 국민당에서는 이를 '사상의
등불'이나 '앞으로의 지침'으로 대거 선전하였다. 또 충칭의 많은 간
행물들이 다투어 사설을 발표하여 중국공산당의 해산을 요구하였다.
이처럼 장제스가 '중국의 명운'을 출판한 것은 사실상 제3차 반공(反
共) 운동의 시작을 알리는 것이었다.

 마오쩌둥은 이 책의 위해성(危害性)을 아주 빨리 간파하고 이에 대
한 반격을 준비하였다. 그는 천보다(陳伯達)에게 '중국의 명운을 평
함'을 편찬하게 하고 자신이 직접 이를 고치고 보완하여 〈해방일보
(解放日報)〉에 이를 발표하게 하였으며, 두 번이나 라디오방송을 하

였고, 이를 소책자로 만들어 널리 보급하였다. 또 충칭의 남방국(南方局)이 이를 영문(英文)으로 번역하여 외국 인사들에게 전파하도록 조치했다. 마오쩌둥은 또한 자신이 직접 〈해방일보〉에 '국민당에 질문함' 등의 논평을 발표하여 국민당의 반공 선전에 반박을 가하였다.

중국의 명운에 관한 논란은 두 가지 사회 제도의 대립에 집중되며, 전후 중국의 발전 방향에도 관계가 되는 절박한 현실적 문제였다. 이에 따라 1945년 4월, 중국공산당 7전대에서 마오쩌둥은 정치 보고를 통해 중국에는 두 가지 명운이 있다고 밝혔는데, 하나는 장제스가 이미 책에 쓴 것이며, 다른 하나는 중국공산당이 개척해야 하는 것으로 이를 책으로 펴내야 한다고 말했다. "중국인민들의 앞에는 두 갈래 길이 나뉘어져 있는데, 즉 그것은 광명의 길과 암흑의 길이다. 우리 당 앞에도 두 갈래 길이 있다." 마오쩌둥은 이에 따라 신민주주의 국가를 건립하는 일반 강령과 구체적 강령, 중국공산당이 중국인민의 영도 핵심이라는 문제 등을 명확하게 천명하였다.

7) "장제스와 미국은 모두 종이호랑이"

항일전쟁 승리 후, 장제스(蔣介石)는 공산당을 소멸시키고 독재 통치를 실행하려고 기도하였다. 그는 먼저 충칭(重慶)담판을 시작하여 사람들의 눈을 속이려 하였으나 마오쩌둥이 적극적으로 회담에 임하여 대의명분으로 압박을 가하자 장제스는 곤란한 지경에 빠지고 말았다. 이에 장제스는 모든 합의를 내팽개치고 다시 내전을 시작하였다. 그러나 뜻하지 않게 겨우 3년의 기간 동안 공산당이 그의 8백만 군대를 격멸하고 말았으니, 장제스는 타이완으로 쫓겨 가 회한의 여생을 그곳에서 보내게 되었다.

1946년 8월 6일, 마오쩌둥은 미국 기자 스트롱과의 담화 중 명확하게 지적하였다. "장제스(蔣介石)와 그를 지지하는 미국은 모두 종이호랑이다. 우리는 좁쌀, 식량과 소총에 의지하여 싸우지만 이것이 장제스의 비행기와 탱크보다 더 강하다는 것을 역사는 최종적으로 증명할 것이다. 중국인민들의 앞에는 아직도 많은 곤란함이 존재하지만 반동파들은 언젠가 패배하게 되어 있고, 우리는 언젠가 승리하게 되어 있다. 그 원인은 별다른 게 아니라 반동파는 반동(反動)을 대표하지만 우리는 진보(進步)를 대표하기 때문이다."

마오쩌둥이 일생 중 장제스를 칭찬한 적이 있었는가? 또는 장제스의 적극적 작용을 긍정적으로 본 적이 있는가? 있다. 그것은 곧 장제스의 '반면교사(反面敎師)'로서의 작용이다. 1956년 9월, 마오쩌둥은 유고슬라비아 대표단을 접견하면서 다음과 같이 지적하였다. "장제스(蔣介石)는 중국 최고의 교사(敎師)로 전국 인민을 교육시켰고, 우리 공산당원들을 교육시켰다. 그는 기관총을 교재로 이용하여 수업을 진행하였다." 1958년 10월 2일, 마오쩌둥은 불가리아·알바니아 등 6개국 대표단을 접견했을 때 다시 지적하였다. "장제스가 존재하고 있는 것은 비교적 좋은 일이다. 그가 없었다면 중국인민들은 진보하지 못하고, 단결해 일어서지 못하며, 무장하여 일어설 수 없었다. 우리는 마르크스주의 교사를 제외하고 또 한 사람의 교사를 청하였으니 이는 곧 장제스이다."

만년의 장제스

13 쑹칭링(宋慶齡)은 중국 여성의 전형적 대표

    그녀는 젊은 시절부터 쑨원을 따라 혁명 활동에 종사하였고, 쑨원의 친밀한 전우이며 유능한 조수가 되었다. 쑨원이 사망한 후에는 여동생의 남편이 되는 장제스(蔣介石)가 이끄는 국민당과 단호히 결별하고 시종일관 중국공산당을 지지하였다.

    칭링(慶齡) 선생님,
    우한(武漢)에서 헤어진 지 10년이 가까워 옵니다. 신문이나 동지들의 입을 통해 선생의 혁명구국적 언론 활동을 전해 듣고 무한한 경애(敬愛)를 금치 못합니다. 1927년 이후, 진정으로 쑨중산(孫中山)선생의 혁명구국 정신을 이어나갈 수 있는 것은 선생과 우리 동지들뿐입니다. 현재 내전을 중지하고 연합하여 항일에 나서라는 호소가 이미 전국으로 펴지고 있으나, 대병(大兵)을 통솔하고 있는 장제스와 국민당중앙은 아직도 마음을 돌이키지 못하고 있습니다. 이것은 쑨중산 선생의 삼민주의(三民主義) 와 3대 정책을 위반하는 행위이므로 국민당의 대다수 당원들이 이러한 잘못을 바로잡기 위해 나서야 할 것입니다. 이에 따라 나는 국민당의 핵심적 지도자들에게 잘못된 정책을 신속하게 변화시킬 것을 환기시킬 필요가 있다고 생각하며, 선생의 국민당중앙위원의 자격을 이용하여 구체적이고 실제적인 활동을 전개해 줄 것을 기대합니다. 이에 판한녠(潘漢年) 동지를 보내 구체적으로 통일전선을 조직하는 문제를 말씀드리고, 아울러 선생의 공개적 활동 방법에 관하여 상의코자 하오니 많은 지도와 편달 바랍니다.

9·18(만주사변) 5주년 기념일, 마오쩌둥 올림.

- 毛澤東, 1936년 9월 18일 宋慶齡에게 보낸 書信, 『毛澤東書信選集』(人民出版社, 1983), pp. 61-62.

쑹칭링(宋慶齡)은 걸출한 인물로 중국 여성의 전형적 대표이며, 중국과 세계 모두에 이름이 널리 알려졌다. 그녀는 일찍부터 쑨중산(孫中山)과 혁명 생애를 함께하였으며, 뒷날 쑨중산을 배반한 장제스와 결별하여 중국공산당과 합작하였다.

- 毛澤東, 1949년 7월 側近들과의 談話, 盧之超 『毛澤東與民主人士』(華文出版社, 1993), p. 89.

쑹칭링(宋慶齡, 1893-1981)은 중국의 정치가로 쑨원(孫文)의 부인이다. 언니는 쿵샹시(孔祥熙)의 부인인 쑹아이링(宋靄齡), 여동생은 장제스(蔣介石)의 부인인 쑹메이링(宋美齡), 남동생은 재벌인 쑹쯔원(宋子文)이다. 1893년 1월 27일, 상하이(上海)에서 태어났는데 아버지 쑹자수(宋嘉樹)는 전도사였으며 실업가 및 혁명당 요원으로 활동하였다. 그녀는 일곱 살 때 상하이 중시여숙(中西女塾)에 들어가 공부하였으며 1908년 7월 졸업하였다. 이 해 여름 미국으로 유학하였고, 처음에는 뉴저지주의 사립학교에서 외국어를 학습하다가 뒤에 조지아주 웨슬리 여자대학 문학반에서 공부하여 1913년 졸업하고 문학 학사 학위를 취득하였다.

쑹칭린은 젊을 때부터 쑨원을 따라 민주혁명 사업에 힘을 쏟았다. 1914년, 난징(南京) 임시정부 대총통(大總統) 쑨원의 비서가 되었으며, 그 해 중화혁명당에 가입하였다. 1915년, 일본 도쿄에서 쑨원과 결혼하였으며, 이때부터 쑨원의 친밀한 전우 및 유력한 조수가 되었다. 위안스카이에 반대하는 호법(護法) 운동 중에 쑹칭링은 쑨원을 따라 상하이와 광저우를 왕래하며 사오관(韶關)·구이린(桂林)·우저우(梧州) 등지를 돌며 쑨원의 새로운 투쟁에 협조하였다. 1921년 광저우 부녀 조직 '출정군인 위로회'와 적십자회 회원들을 이끌고 전선으로 가 군인들을 위로하였다. 1922년, 군벌 천중밍이 반란을 일으켜 총통부에 포격을 가하자 위급한 상황에서도 홀로 남아 적을 유인해 쑨원이 위험한 지경을 벗어날 수 있도록 하여 탁월한 혁명 의지와 담력을 보였다. 이후 그녀는 쑨원이 중국공산당 대표 리다자오(李大釗)·린쭈한(林祖涵)과 만날 때, 그리고 레닌이 파견한 마링(Maring)·요페 등과 상의할 때도 각각 참여하였으며, 국민당 개조 작업에서도 많은 일을 담당하였다. 1924년, 국민당 제1차 전국대표대회에서 쑨원의 삼민주의(三民主義)와 '러시아와의 연합, 공산당과의 연합, 농공(農工)부조(扶助)' 등 '3대 정책'을 적극 지지하고, 제국주의와 봉건주의에 반대하였다. 1925년 3월 12일 쑨원이 사망하자, 그녀는 고인의 유촉(遺囑)을 내외에 알리며 못 다 이룬 사업을 위해 헌신할 것을 다짐했다.

1) 국민당 우파와 투쟁, 공산당 주장을 지지

1926년 1월, 국민당 2전대에서 쑹칭링은 쑨원의 3대 정책을 적극 지지하여 국민당 우파와 결연한 투쟁을 전개하였으며, 중앙집행위원에 당선되었다. 1927년 초, 그녀는 한커우(漢口)에서 부녀정치훈련반을 발족시켜 여성 간부를 배양하였고, 허샹닝(何香凝)과 함께 적십자사(赤十字社)를 조직하였으며, 부상병 위문 운동과 전시구호활동을 기획하였다. 4·12정변이 발생하자, 쑹칭링은 국민당 좌파 인사 및 중국공산당 마오쩌둥 등과 함께 연명으로 장제스에 대한 비난 성명을 발표하였다. 그녀는 그 후 한커우에서 쑨원의 혁명 원칙과 정책을 위반하는 데 대한 항의 성명을 발표하고 국민당 우파와의 결렬을 선포하였다. 1927년 8월 1일, 쑹칭링은 덩옌다(鄧演達)·마오쩌둥 등 22인과 국민당중앙위원 명의로 선언을 발표하여 장제스와 왕징웨이의 배반 행위를 폭로하였다. 쑹칭링은 8월말 소련으로 출국하였으며, 이후 독일·프랑스 등을 방문하는 동안 일련의 국제적 반(反)제국주의 활동에 참가하였다. 1927년 12월, 벨기에와 1929년 8월, 독일에서 각각 개최된 두 차례의 국제 반(反)제국주의 동맹대회에서 명예주석으로 당선되었으며, 그 후 세계 반(反)제국주의 전쟁위원회의 주요 지도자의 한 사람이 되었다.

1931년 7월 귀국한 후, 쑹칭링은 국민당중앙위원회 및 정부의 어떤 직책도 맡기를 거부하였으며, 중국공산당의 주장을 지지하였다. 만주사변(滿洲事變) 후, 그녀는 일본제국주의의 침략 및 장제스의 무저항 정책에 항의하는 '쑹칭링의 선언'을 발표하여 장제스 정권의 본질 및 투항(投降) 활동을 공격하였다. "군중을 기초로 한, 군중을 위한 혁명이 있을 때에만 비로소 군벌과 정객들의 권력을 분쇄할 수 있으며, 제국주의의 족쇄로부터 벗어날 수 있고, 진정한 사회주의를 실행할 수 있다." 국민당의 공포정치에 대항하여 그녀는 1932년 12월, 상하이에서 루쉰(魯迅)·차이위안페이(蔡元培)·양싱포(楊杏佛) 등과 함께 중국민권보장동맹을 조직하였으며, 전국 집행위원회 주석을 맡아 많은 공산당원과 애국민주 인사들을 박해로부터 구제하려고 노력했다. 또 그녀는 중국공산당의 항일민족통일전선 건립에 관한 호소에 호응하였고, 이를 촉진하기 위해 많은 노력을 기울였다.

　1937년 항일전쟁이 시작된 후, 쑹칭링은 통일전선 깃발 아래 모인 각 당파 및 단체, 그리고 군부대의 항일애국 행동을 적극 지지하고 성원하였다. 또 1938년 6월, 홍콩에서 '중국보위동맹'을 결성하여 전시 의약(醫藥) 구호 및 전쟁고아(戰爭孤兒) 복지 사업을 전개하였다. 이 조직은 중국인민의 투쟁 실상을 전 세계에 알렸으며, 모집한 기금과 의약품들을 중국공산당의 혁명근거지로 보냄으로써 이들의 항일투쟁을 유력하게 지원하였다. 쑹칭링은 1945년 12월, 상하이에서 '중국보위동맹'을 '중국복리기금회'로 바꾸어 조직하고 모자(母子) 위생·문화 교육 및 사회 구호 사업에 힘을 쏟았다.

　1948년 1월, 쑹칭링은 중국국민당 혁명위원회 명예주석이 되었다. 1949년 중국인민정치협상회의의 준비 활동에 참가하였다. 중화인민공화국 성립 후, 중앙인민정부 부주석, 국가 부주석, 전국인민대표대회 상무위원회 부위원장, 중화부녀연합회 명예주석 등을 역임하였다. 1950년 스탈린평화상을 받았고, 1952년 이후 소련·인도·미얀마·파키스탄·인도네시아 등을 친선방문하였다. 1981년 5월 15일, 쑹칭링은 중국공산당 당원으로 영입되었으며, 5월 16일, 중화인민공화국 명예주석에 추대되었다. 5월 29일, 베이징에서 병사(病死)하였을 때 향년 90세였다. 저작으로는 '신중국을 위한 분투(奮鬪)', '쑹칭링선집 (宋慶齡選集)', '영원히 당과 함께' 등이 있다.

2) 쑨원(孫文)의 유지(遺志) 달성 위해 온갖 노력

1957년 11월, 쑹칭링은 마오쩌둥이 이끄는 중국대표단의 일원으로 소련 모스크바에 도착하여 사회주의국가 공산당 및 노동당 대표회의 와 '10월 혁명' 40주년 기념 활동에 참가하였다. 회의와 활동이 끝난 후, 마오쩌둥과 쑹칭링은 같은 비행기로 귀국하였다. 비행기에서 마 오쩌둥은 쑹칭링에게 1등석을 양보하고 자신은 2등석에 앉았다.

쑹 칭 링: 당신은 주석이시니 1등석에 앉으세요.
마오쩌둥: 여사께서는 국모(國母)이시니 당연히 1등석에 앉으셔야 합 니다.

마오쩌둥이 쑹칭링을 국모라 칭한 것은 마오쩌둥이 쑹칭링에 대해 언제나 특별한 존중의 마음을 가지고 있었다는 것을 설명하는 한편, 다른 한편으로 그녀의 빛나는 혁명 생애에 대한 높은 평가를 반영하 고 있다.

쑹칭링은 청(淸)조 말기에 태어나 옛 중국이 국권을 상실하고 백성 들이 도탄에 빠지는 참상을 직접 눈으로 보고 자랐다. 그녀는 중국을 구하기 위해 평생을 분투하여 탁월한 공적을 이루었다. 그녀는 젊었을 때 이미 원대한 혁명 이상을 수립하였으며, 중국의 면모를 바꾼다는 뜻을 세우고 이를 실천하기 위한 굳은 신념을 품었다. 미국에 유학하는 동안 어느 수업 시간의 토론에서 한 미국학생이 "중국은 역사에서 도태되었으며, 인류의 희망은 유럽과 아메리카에 있다"고 주장하자 쑹칭링은 다음과 같이 반박하였다. "5천 년의 문명 역사를 지니고 있고, 세계 인구의 4분의 1을 점하고 있는 중국은 결코 도태되지 않는다. 깊은 잠에 빠진 사자(獅子) 중국은 결코 영원히 잠자지 않을 것이다. 어느 날 동아시아에서 잠에서 깬 사자의 울부짖는 소리가 전 세계를 진동시킬 것이다." 그녀는 신해혁명이 성공했다는 소식을 접하자 즉각 학교 간행물에 문장을 발표하였다. "이것은 20세기의 가장 위대한 사건이다. 4억 인민이 군주제의 노예 상태에서 해방된 것을 환영한다."

쑹칭링은 유학을 마치고 귀국한 후 곧바로 쑨원이 영도하는 혁명운동에 몸을 던졌다. 그녀는 집안에서 주선한 혼인을 거절하고 쑨원과 결합하여 그의 친밀한 전우이자 유능한 조수가 되었다. 쑨원이 불행히 병사(病死)하자 쑹칭링은 비통함을 누르고 그의 유지(遺志)를 달성하기 위하여 온갖 노력을 다하였다.

1927년, 장제스와 왕징웨이가 정변을 일으켜 공산당원과 혁명군중을 도살(屠殺)함으로써 전국은 백색 테러의 천지로 변했고 혁명이 퇴조하였다. 어떤 이들은 비관하고 실망하였으며, 또 어떤 이들은 탈당(脫黨)하거나 변절(變節)하였다. 이러한 엄준한 역사적 고비에서 쑹칭링은 이 시기에 발생한 많은 중대한 사건들이 미래를 건설하는 과정에서 반드시 작용을 일으킬 것이라고 인식하였다. 그녀는 노동자·농민들의 위대한 역량을 보았으며, 그들이야말로 자유로운 신중국을 건설하는 새 주춧돌이라고 인식하였다. 또한 그녀는 중국공산당이 중국 내부의 혁명 역량 중 가장 큰 동력이라는 점도 인식하였다.

일본이 중국에 대한 침략전쟁을 개시한 후, 중화민족은 존망의 갈림길에 서게 되었다. 쑹칭링은 시대의 맨 앞줄에 서서 기치를 선명히 세우고 1932년부터 시작하여 꾸준한 언론 활동을 전개하여 "중국은 정복되지 않는다. 최후의 승리는 반드시 우리에게 있다."고 주장하였다. 이러한 그녀의 믿음과 용기는 모든 사람의 항전 의식을 고취하는 데 큰 격려가 되었다.

3) 정치 신념 유지하기 위해 가족과도 결별

자신의 정치 신념과 혁명 정신을 유지하기 위해 쑹칭링은 국가 명운과 가족관계 사이에서 괴롭지만 정확한 선택을 하지 않을 수 없었다. 장제스가 정변을 일으킨 후, 그녀의 다섯 형제자매는 각각 그 정도는 다르지만 장제스와 협력하고 있었다. 그들은 쑹칭링에게 집안 식구들에 합류할 것을 권하였으며, 혼자 외롭게 고집을 부릴 필요가 없다고 설득하였다. 그러나 쑹칭링은 그들 가족과 과감히 결별하였다. 그녀는 쑹(宋)씨 집안은 중국을 위해야 하며, 중국이 쑹씨 집안을 위한 것이 아니라고 보았고, 자신의 선택이 정확한 것임을 믿어 의심치 않았다.

쑹칭링의 일생은 여러 단계를 거쳤는데 옛 민주주의 혁명, 신민주주의 혁명, 사회주의 혁명 및 사회주의 건설의 단계를 차례로 경험하였다. 그녀는 시대의 변화에 따라 꾸준히 전진하였으며, 애국주의와 민주주의의 전사로 출발하여 국제주의와 공산주의의 전사로 그 변화를 완성하였다. 쑹칭링이 혁명에 참가할 때는 한 사람의 반청(反淸)·구국(救國)의 애국주의자였다. 그녀는 유학에서 돌아와 1914년, 쑨원의 비서가 되었다. 쑨원의 민주주의를 마음에 새기면서 그녀의 애국주의는 민주주의로 변모하였다. 5·4 운동 전의 중국혁명은 자산계급이 영도한 옛 민주주의 혁명에 속한다. 쑹칭링은 그 중에서 위안스카이(袁世凱) 반대 운동과 호법(護法) 운동에 참여하였다. 5·4 운동을 계기로 하여 중국 혁명은 무산계급의 영도에 의한 신민주주의 혁명의 단계로 접어들게 된다. 이러한 역사적 전환점의 고비에서 쑨원은 옛 민주주의 혁명의 경험 교훈을 총결하였으며, 역사의 조류에 적응하여 삼민주의(三民主義)를 다시 해석하였고, 러시아 및 공산당과 연합하고 노동자·농민을 돕는 '3대 정책'을 제정하였다. 쑹칭링은 쑨원의 이러한 중대한 사상적 변화를 지지하고 촉진하였으며, 쑨원이 사망한 후에는 새로운 삼민주의를 지키고 발전하기 위해 노력하였고, 그 과정에서 그녀 자신이 일반 민주주의자로부터 혁명민주주의자로 성장하였다.

쑹칭링은 신(新)삼민주의의 길을 따라 꿋꿋이 나아갔으며, 먼저 국민당 우파집단인 시산(西山)회의파와 결별하였고, 연이어 장제스·왕징웨이 집단과도 공개적으로 결별하였다. 그 후 중국혁명의 승리를 위한 방도를 강구하기 위해 그녀는 소련과 유럽의 방문길에 올랐다. 1931년 8월 귀국 후, 쑹칭링은 중국공산당의 정치적 주장을 적극 지지하였으며, 국민당중앙위원회 및 정부의 어떤 직책도 맡기를 거부하였다. 그녀는 1930년대 초에 '국민당은 이미 정치 역량이 아니다', '중국민권보장동맹의 임무', '중국의 자유와 반전(反戰)투쟁' 등 중요 성명 및 연설을 계속 발표하였다. 이러한 역사적 문헌에서 쑹칭링은 국

민당 신군벌의 반동적 본질을 낱낱이 폭로하였고, 공산당이 노동자·
농민의 폭력 혁명을 통하여 국민당 난징정권을 전복시키는 것을 지
지하였으며, 소비에트 제도를 찬양하고 자산계급 민주주의를 비판하
였다. 그녀는 오로지 무산계급과 중국공산당의 영도 아래서만 중국혁
명이 승리를 얻을 수 있다고 믿었다. 이것은 그녀가 이미 혁명민주주
의로부터 공산주의사상의 경지로 승화하였음을 보여준다.

신중국 성립 후, 쑹칭링은 사회주의혁명과 건설에 적극 투신하여 인민
의 사랑을 받는 국가 영도자가 되었다. 그녀는 당의 11기 3중전회 이래
일련의 정책과 방침을 적극 지지하였으며, 현대화건설에 만년의 정력을
모두 바쳤다. 그녀는 일찍이 공산당원들에 의해 '당 밖의 볼셰비키'라고
불렸는데, 사망하기 얼마 전 마침내 중국공산당의 정식 당원이 되었다.

1951년 9월18일 쑹칭링은 '국제평화증진의 해'를 기념한
스탈린상을 받았으며, 상금 10만 루블을 모두 아동 및 부
녀복지사업에 기증하였다. 왼쪽은 훈장을 달아주고 있는
궈모뤄.

제3장

군사가(軍事家)

중국공산당이 이끈 홍군(紅軍)은 항일(抗日)전쟁과 해방(解放)전쟁을 모두 승리로 이끌고 중국을 통일하여 인민해방군(人民解放軍)으로 변모하였다. 첩첩산중의 작은 유격대(遊擊隊)로부터 출발하여 전 중국을 석권한 수백만 대군으로 성장한 비결은 무엇인가? 옷과 신발은 물론, 식량과 무기도 변변히 갖추지 못한 '홍비(紅匪)'가 현대식 무기로 완비된 일본군과 국민당 군대에 그토록 끈질기게 대항할 수 있었던 저력은 무엇인가?

　　소위 중국의 '10대 원수(元帥)' 중에서 여섯 명의 장군에 대한 마오쩌둥의 인물평을 이 장에서 살펴본다. 강철과 같은 의지로 홍군 총사령관의 직책을 처음부터 끝까지 이어나간 주더(朱德), 용기와 지모를 겸비한 펑더화이(彭德懷), 큰일을 지혜롭게 처리한 예젠잉(葉劍英), 제2방면군을 창설하고 지도한 허룽(賀龍), 도하(渡河)작전의 용장 류보청(劉伯承), 동북(東北)해방의 명장 린뱌오(林彪) 등이 그들이다.

　　장궈타오(張國燾)는 한때 그의 군사력이 막강한 위세를 자랑하자 장정(長征) 중 당 중앙을 별도로 설립하였으나, 그 후 중국혁명의 반역자로 낙인찍혀 결국 도망자 신세가 되고 만다. 린뱌오는 해방전쟁에서 큰 공을 세워 1969년 마오쩌둥의 후계자로 선정되었으나, 조급하게 권력 승계를 추진하다가 패망의 길을 걷게 되었다.

14 주더(朱德)의 의지는 강철과 같이 굳다

장궈타오(張國燾)의 끈질긴 회유에 대해 주더(朱德)는 결코 굽히지 않았으며, 큰소리로 외쳤다. "이 주더(朱德)는 마오쩌둥(毛澤東)과 함께 할 것이오. 당신이 내 몸을 둘로 쪼갤 수는 있겠지만, 나와 마오쩌둥의 관계를 갈라놓을 수는 없소!" 주더는 장궈타오가 별도의 당 중앙을 세우는 것에 결연히 반대하였으며, 마오 주석에 결코 반대하지 않았다. 이것이 곧 주더 총사령의 절조(節操)이다. 문혁(文革) 중 일부 세력들이 주더를 타도하려 하자 마오쩌둥 또한 말했다. "주더는 홍군 총사령이다. 그와 나는 갈라질 수 없다!"

주더(朱德) 동지의 60세 탄신일은 인민의 영광입니다.

- 毛澤東, 1946년 12월 1일 朱德의 60회 生日을 축하하는 글, 〈人民日報〉 1978년 12월 1일.

큰 절개로 임하여 욕되지 않았다. 그 도량(度量)이 바다와 같이 크고, 그 의지는 강철과 같이 굳다.

- 毛澤東, 홍군(紅軍)이 장정(長征)의 승리로 부대를 합친 후 朱德에 대한 評價. 聶榮臻 "忠誠革命貫平生, 留得豊功萬古存 - 紀念敬愛的朱德同志一百周年誕辰."〈紅旗〉1986年 第23期.

주더(朱德, 1886-1976)는 중국인민해방군(人民解放軍)을 창건하고 영도한 주요 인사이며, 중국공산당과 중화인민공화국을 이끈 핵심적 지도자 중의 한 사람이다. 1886년 12월 1일, 쓰촨성(四川省) 이룽현(儀隴縣)의 소작농 집안에서 태어났다. 원래 이름은 주다이전(朱代珍)이며, 뒤에 주젠더(朱建德)으로 개명(改名)했고, 자는 위제(玉階)이다.

그는 소년 시절을 고향에서 보냈는데, 그곳은 험한 길이 교차하는 산지(山地)로 현(縣)의 소재지조차 높은 산꼭대기에 자리 잡고 있었다. 산골 농민들은 뼈 빠지게 노동하며 힘든 생활을 보냈으나 검소하고 완강한 성품에 견인불발(堅忍不拔)의 정신을 지니고 있었다. 어릴 때 서당에 들어가 농사일을 거들면서 공부를 하였다. 열아홉 살 때인 1905년, 청두(成都)고등사범학교 체육과에 들어가 공부하였으며, 1907년, 쓰촨(四川)고등학당 부설 체육학당에서 학습했고, 1908년, 이룽현(儀隴縣) 고등소학당에서 체육교사 겸 서무를 맡았다. 1909년, 쿤밍(昆明)에 있는 윈난육군강무당(雲南陸軍講武堂)에 입학하여 학습하였으며, 같은 해, 쑨원(孫文)이 영도한 중국동맹회에 참가했다. 1911년 강무당을 졸업한 후, 윈난의 신편(新編) 육군에 배치되어 부분대장과 경리담당을 맡았다. 이 기간에 사병들에게 동맹회의 강령을 비밀리에 선전하였고, 각지에서 청(淸)조에 반대하여 조직적으로 봉기하는 상황을 알려주었다. 같은 해 10월 윈난에서 신해혁명(辛亥革命)에 참가하였으며, 중대장(中隊長)을 맡아 총독아문을 공격하는 전투에 참가하였다. 신해혁명 후 쓰촨(四川)의 봉기군을 지원하는 군대에 참가하였다. 1912년 쿤밍으로 돌아와 강무당 군사교관이 되었다. 1913-1915년 윈난군의 대대장(大隊長)·부연대장·연대장(聯隊長)을 맡았으며, 작전을 통하여 유격전술을 운용하는 경험을 다소 축적하게 되었다. 1915년부터 위안스카이(袁世凱)의 황제 등극에 반대하는 호국(護國)전쟁에 참가하였으며, 1916년 쓰촨 남부의 나시(納溪)전투에서 적은 병력으로 많은 수의 적을 물리쳐 그의 군사적 재능을 보여 주었다. 1917년, 여단장(旅團長)으로 승진하였고, 쓰촨에서 북양군벌 돤치루이(段祺瑞)에 반대하는 호법(護法)전쟁에 참가하였다.

1) 유럽 유학(留學) 중 중국공산당 가입

러시아 10월혁명과 국내 5·4 운동의 영향 아래 그는 점차 마르크스주의를 받아들이게 되었다. 그는 혁명의 진리를 깊이 탐구하기 위해 높은 직위와 대우를 의연히 포기하고 1922년 상하이와 베이징의 중국공산당을 찾아갔다. 상하이에서는 쑨원(孫文)과 천두슈(陳獨秀)를 차례로 접견하였다. 주더는 같은 해 9월 독일로 유학을 떠났으며, 11월, 중국공산당 유럽 책임자인 장선푸(張申府)와 저우언라이(周恩來)의 소개로 중국공산당에 가입하였다. 1925년, 베를린에서 혁명 활동에 종사했기 때문에 두 차례 독일 당국에 체포되었으며, 7월 강제로 출국되자 소련(蘇聯)으로 가서 군사(軍事) 공부를 하였다. 그는 이 학습기간에 유격전술에 대한 그의 이론을 더욱 공고히 하였는데, 승리가 가능하면 싸우되 그렇지 않으면 곧 퇴각하며, 필요할 때는 병력을 이끌고 산 위로 올라가는 전법(戰法)을 중국에 돌아가 장차 실행하려 하였다. 주더가 1926년 여름 중국으로 돌아오자 중국공산당은 그를 쓰촨군(四川軍)으로 파견하여 국민혁명군의 북벌(北伐)에 양썬부(楊森部)의 협력을 얻어내도록 하였다. 1927년 초, 장시(江西)로 가서 국민혁명군 제3군 군관교육단을 창설해 군간부들을 교육하였다. 같은 해 4월 난창(南昌)시 공안국장을 겸임하였다.

1927년 8월, 난창봉기를 이끌었으며, 봉기군 제9군의 부사령관과 사령관을 맡았다. 봉기군은 광둥(廣東)으로 남하(南下)하다가 차오산(潮汕)에서 실패하였는데, 이때가 1927년 10월이다. 부대는 고립무원(孤立無援)의 상태에 빠졌으며, 강력한 적이 바짝 추격하고 있었고, 추위와 배고픔이 병사들에게 고통을 더하고 있었다. 사기(士氣)가 크게 떨어진 가운데 주변 상황이 극도로 불리하였음에도 주더는 태연자약(泰然自若)하였다. 그는 부대원들에게 말했다. "현재 중국 혁명은 실패하였소. 그러나 암흑이 광명을 그리 오랫동안 가리지는 못할 것이오. 실력을 잘 보존하고 있으면 곧 혁명의 방법이 있을 것이며, 혁명은 능히 성공할 것이오." 그는 러시아 혁명이 성공하게 된 우여곡절의 사례를 비유(比喩)로 들었다. "1905년의 러시아 혁명은 실패하였으나 그때의 남은 여력이 곧 1917년 10월혁명의 골간(骨幹)이 되었소. 이번 우리의 거사는 1905년의 러시아 혁명과 같은 것이니, 우리가 한 사람이라도 살아남는다면 장래의 혁명에서 아주 중요한 작용을 할 수 있을 것이오. 과거의 전쟁 방식은 좋지 않았소. 이제 우리 시원하게 한번 싸워봅시다."

1927년 10월 하순 신툰청(信屯城)에서 서쪽으로 20여리 떨어진 작은 산간 평지에서 주더는 전체 부대원들을 소집하여 중요한 회의를 개최하였다. 주더는 회의 첫 머리에 앞으로 부대를 자신과 천이(陳毅) 동지가 함께 이끌 것이라고 선포했다. 그는 대범하고 위엄 있게 말했다. "계속 혁명하기를 원하는 사람은 나를 따라 오고, 그렇지 않은 사람은 집으로 돌아가도 좋소. 절대 강요하지 않소. 나 혼자만 남게 되더라도 끝까지 혁명을 해야 하오." 그의 결연하고 낙관적인 모습은 모든 사람을 감동시켰다. 마침내 난관을 넘어섬으로써 북벌전쟁과 난창봉기의 우수한 전통을 가진 이 혁명 무장 부대는 그 전투력을 보존하여 미래의 발전을 기약할 수 있게 되었다.

주더는 1928년 1월, 후난(湖南) 남부에서 봉기를 일으켜 10여개 현(縣)을 석권하고 소비에트정권을 수립하였다. 이를 전후하여 제1·3·7·4 사단을 창설하였다. 같은 해, 4월 천이와 함께 봉기부대와 농민군을 이끌고 징강산(井岡山)으로 올라가 마오쩌둥(毛澤東)이 영도하는 추수봉기부대와 합쳐 공농혁명군(工農革命軍, 곧 紅軍으로 개칭됨) 제4군을 이루었으며, 그 사령관을 맡았다. 1929년, 마오쩌둥과 함께 부대를 이끌고 장시(江西) 남부와 푸젠(福建) 서부로 진군하여 중앙 혁명근거지의 기초를 확실히 건설하였다. 1930년 8월, 중국 공농홍군 제1방면군 총사령관이 되었으며, 뒤이어 공농홍군 총사령관이 되었다. 1931년, 중화소비에트공화국 임시중앙정부가 성립되자 중앙혁명군사위원회 주석이 되었다. 그는 마오쩌둥·저우언라이와 함께 홍1방면군을 지휘하여 국민당 군대의 네 차례에 걸친 섬멸전에 맞서 승리를 거두었다. 주더는 1934년 1월, 중국공산당 제6기 5중전회에서 중앙정치국위원으로 당선되었다. 2월, 홍군(紅軍) 정치공작회의에서 그와 저우언라이·왕자샹(王稼祥) 등은 모두 정치공작이 홍군의 생명선이라는 점을 강조했다. 1934년 장정에 참가했으며, 1935년 1월, 쭌이(遵義)회의에서 마오쩌둥의 주장을 지지하여 그를 대표로 하는 새로운 중앙지도부의 탄생에 힘을 보탰다. 회의 후, 주더는 중앙혁명군사위원회 주석과 공농홍군 총사령관을 계속 맡게 되었다.

2) 장정(長征) 도중 장궈타오 분열 활동 저지

이만오천리장정(長征) 도중에 그는 장궈타오(張國燾)의 당과 홍군 분열 활동에 대하여 결연한 투쟁을 전개하였다. 주더가 이끈 제1방면군과 장궈타오의 제4방면군은 쓰촨 마오궁(懋功)에서 합류하였으며, 주더는 당의 지시에 따라 장궈타오와 함께 좌로군(左路軍)의 북상(北上)을 지휘하였다. 그 도중에 장궈타오는 당의 북상 방침에 반대하고 당과 홍군을 분열시켰으며, 주더는 이에 대해 결연하게 맞서 싸웠다. 장궈타오가 위협과 회유를 가해 오자 주더는 다음과 같이 말했다. "천하의 홍군(紅軍)은 모두 하나이며, 당 중앙이 영도하는 하나의 총체입니다. 주더와 마오쩌둥이 오랫동안 함께 한 것을 중국과 세계가 모두 알고 있는데, 나더러 마오쩌둥에 반대하라고 하니 절대 그럴 수는 없소." "당신이 내 몸을 둘로 쪼갤 수는 있겠지만, 나와 마오쩌둥의 관계를 갈라놓을 수는 없소!" "북상하자는 결의안에 나는 손을 들어 찬성했소. 나는 그 결의에 반대할 수 없소." 주더는 장궈타오가 별도의 당 중앙을 세우는 것을 불법적인 행동이라고 비판하였다. 주더는 장궈타오와의 투쟁에서 원칙을 견지하여 일보도 양보하지 않으면서도 그 방식에 주의하여 단결을 강조했다. 주더는 장궈타오의 분열 활동을 막아내고 홍군의 단결을 유지하여 결국 3개 방면군의 군대가 섬북(陝北)에서 성공적으로 합류할 수 있도록 하였다. 마오쩌둥은 뒷날 주더를 칭찬하여 "큰 절개로 임해 욕되지 않았다. 그 도량(度量)이 바다와 같이 크고, 그 의지는 강철과 같이 굳다."고 하였다.

1937년, 항일(抗日)전쟁이 시작되자 공농홍군은 국민혁명군 제8로군으로 개편되었으며, 주더가 그 총지휘를 맡아 광범위한 유격전을 전개한 끝에 적 후방에 많은 항일투쟁 근거지를 건설하였다. 1937년 10월, 펑더화이(彭德懷)·런비스(任弼時) 등과 함께 당 중앙에 건의하여 팔로군 개편 때 없어진 정치위원(政治委員)제도를 다시 복원시켰으며, 군대 내의 정치 공작을 한층 강화하였다. 1938년, '항일유격전쟁론(論抗日遊擊戰爭)'을 발표하여 항일유격전쟁의 중요한 의의(意義)와 각종 전법(戰法)을 체계적으로 논술함으로써 적 후방의 항일유격전쟁을 지도하고 추진하는 데 중요한 작용을 하도록 하였다.

주더는 1940년 5월, 전선에서 옌안(延安)으로 돌아와 당과 중앙군사위원회의 영도 공작에 직접 참여함으로써 마오쩌둥의 전국적인 항일전쟁 지휘를 옆에서 도왔다. 이 해 겨울, 주더는 '난니완(南泥灣)정책'을 제창하여 각 부대가 작전에 지장을 받지 않는 한 황무지(荒蕪地)를 개간해 식량 생산운동을 벌일 것을 지시함으로써 국민당의 경제 봉쇄를 타파하는 데 중대한 공헌을 하였다. 1941년 10월, 옌안에서 '동방(東方)민족 반(反)파시스트연맹'의 구성을 발기하는 데 참여하였으며, 연맹 집행위원에 선출되어 동방 각 민족의 반(反)파시스트 통일전선 사업에 종사하였다. 1945년 4월, 중국공산당 제7차 전국대표대회에서 '해방구전장론(論解放區戰場)'이라는 군사 보고를 통해 중국공산당의 혁명무장투쟁 영도, 특히 팔로군(八路軍)과 신4군(新四軍)의 일본군에 대한 작전의 경험을 총결(總結)하였으며, 중국인민 항전의 군사 노선과 인민군대의 건군 원칙 및 양병(養兵)·훈련(訓練)·용병(用兵)의 방법을 상세히 논술하였다. 1945년 6월, 당 제7기 1중전회에서 중앙정치국 위원 및 중앙서기처 서기로 당선되었다. 소련이 일본에 선전포고를 한 후 주더는 마오쩌둥과 함께 팔로군과 신4군을 지휘하여 일본군에 대한 전면적인 공격을 벌여 화북(華北)과 화중(華中) 등 광대한 지역을 해방시켰다.

3) 인민해방군(人民解放軍) 현대화에 주력

해방전쟁 시기에 주더는 중국인민해방군 총사령관 및 중국공산당중앙군사위 부주석이 되었으며, 마오쩌둥을 도와 전국적인 해방전쟁을 지휘하였다. 1947년 3월, 국민당 군대의 해방구에 대한 총공격 감행으로 중공(中共)중앙과 인민해방군 지휘부가 주동적으로 옌안에서 철수한 후, 주더는 류사오치(劉少奇)·둥비우(董必武) 등과 함께 중앙공작위원회를 구성하여 화북에서 중앙이 위탁한 공작을 진행하였다. 주더는 스자좡(石家庄) 해방전투를 직접 현지에서 지휘하였으며, 전략적으로 결정적 단계에 해당하는 랴오선(遼瀋)·화이하이(淮海)·핑진(平津)의 3대 전투를 조직하고 지휘하였다. 1949년 4월, 주더는 마오쩌둥과 함께 전국적인 진군(進軍)의 명령을 하달하였으며, 인민해방군의 도강(渡江)전투 및 남하(南下)작전의 지휘에 참가하였고, 서남(西南)과 서북(西北)을 해방시킨 여러 큰 전투를 효과적으로 지도함으로써 국민당 군대의 대륙통치에 막을 내리게 하였다.

중화인민공화국이 건국된 후, 주더는 중앙인민정부의 부주석 및 인민혁명군사위원회 부주석이 되었으며, 계속해서 인민해방군 총사령관을 맡았다. 1949년 11월, 중공중앙기율검사위원회(中央紀律檢查委員會) 서기를 겸하였다. 1954년 9월, 국가 부주석 및 국방위원회 부주석이 되었다. 1955년 원수(元帥) 계급을 수여받았으며, 1급 팔일(八一)훈장·1급 독립자유훈장·1급 해방훈장 등을 받았다.[34] 그는 중공 제8기 정치국 상무위원 및 중공중앙 부주석을 맡았으며, 제9기 중앙정치국 위원, 제10기 중앙정치국 상무위원을 맡았다. 1959년부터 연속하여 제2·3·4기 전국인민대표대회 상무위원회 위원장으로 선출되었다.

주더는 마오쩌둥과 저우언라이 등과 함께 인민해방군을 개편하여 여러 병과(兵科)가 합성된 군대로 만들었으며, 공군(空軍)과 해군(海軍)을 창설하는 데 힘을 쏟았다. 또 병참(兵站)과 군사공업(軍事工業)의 발전에도 관심을 가져 현대화된 무기와 장비를 하루빨리 생산해낼 것을 독려 했다. 그는 부대의 훈련을 매우 중시하여 현대화·정규화된 통일훈련계획을 실시할 것과 각종 군사교육기관의 운영에 만

---

34) 1955년 9월 27일, 중화인민공화국 10대 원수(元帥)에 대한 계급 수여식이 중남해(中南海)에서 열렸다. 이날 마오쩌둥(毛澤東) 주석으로부터 인민해방군 원수계급을 수여받은 사람은 주더(朱德)·펑더화이(彭德懷)·린뱌오(林彪)·류보청(劉伯承)·허룽(賀龍)·천이(陳毅)·뤄룽환(羅榮桓)·쉬샹첸(徐向前)·녜룽전(聶榮臻)·예젠잉(葉劍英) 등 10명이다. 이날 국무원 총리 저우언라이(周恩來)는 따로 계급 수여식을 갖고 10명의 대장(大將), 55명의 상장(上將), 175명의 중장(中將) 및 1,359명의 소장(少將)에 대해 계급장을 수여했다. 10대 대장(大將)은 쑤위(粟裕)·쉬하이둥(徐海東)·황커청(黃克誠)·천겅(陳庚)·탄정(譚政)·샤오진광(肖勁光)·장윈이(張云逸)·뤄루이칭(羅瑞卿)·왕수성(王樹聲)·쉬광다(許光達) 등이다. 이 가운데 뤄룽환 원수와 쉬하이둥·쉬광다 대장 등은 자신의 계급을 낮추어 줄 것을 상부에 요구했다고 한다.

전을 기할 것을 강조하였다. 또 일선 부대와 초소 등을 불시에 방문하여 부대의 훈련 상황과 병사들의 생활 실태를 세밀히 파악하였다.

1959년, 루산(盧山)회의 후에 주더는 잘못이 있다는 비판을 받았다. 문화대혁명(文化大革命) 기간에는 린뱌오(林彪)와 장칭(江靑)의 비판을 받아 한때 격하되었지만, 린뱌오(林彪) 실각 후, 1973년의 10전대회(十全大會)와 1975년의 제4기 전국인민대표대회에서 복권되어 상임위원장을 지냈다. 그는 자신의 영욕(榮辱)은 제쳐두고 오히려 당과 국가의 명운과 전도를 크게 우려하였다. 1975년 3월 6일, 89세의 고령이었던 주더는 붓을 잡고 '끝까지 혁명을(革命到底)'이라는 네 글자를 크게 써내려갔다. 이는 자신을 격려하는 말임과 동시에 후세 사람들을 교육하기 위한 것이었다.

주더는 1976년 7월 6일 베이징에서 숨졌으며, 향년 90세였다. 저서에 '중국공산당의 유격전술'(1945) 등이 있으며, 그의 주요 저작은 주더선집(朱德選集)에 수록되어 있다. 아그네스 스메들리(Agnes Smedley)가 주더의 전기 '위대한 길'(The Great Road)을 썼다(홍수원 역, 두레).

4) 군중(群衆)과 밀접하게 지내며 동고동락

주더는 마오쩌둥과 비교적 일찍부터 협력하였으며, 서로를 깊이 이해하고 지지하였고, 일생을 함께 하였다. 마오쩌둥의 군사 사상의 보고(寶庫) 중에는 주더의 중요한 공헌도 포함되어 있다. 징강산(井岡山)에 있을 때 주더는 적군의 공격과 포위에 효과적으로 대처하기 위해 '유격전쟁 16자(字) 전법(戰法)'을 홍군의 작전 원칙으로 정하고 마오쩌둥의 승인을 거쳐 이를 성공적으로 운용하였다. 이 '16자 전법'은 "적이 진격하면 아군이 후퇴하고(敵進我退), 적이 주둔하면 아군이 괴롭히고(敵駐我擾), 적이 피로하면 아군이 공격하고(敵疲我打), 적이 후퇴하면 아군이 추격한다(敵退我追)는 것이다." 이 전법의 기본 정신은 적이 강대(强大)하고 아군이 약소(弱小)한 실제 상황에서 출발하여, 농촌 지역의 정치·경제 및 지리적 유리한 조건을 이용하고, 민첩한 기동(機動)으로 자기 보존과 발전을 추구하며, 점차적으로 적과 아군의 역량 비율을 변화시켜, 적을 섬멸하고 최후의 승리를 차지한다는 것이다. 마오쩌둥은 뒷날 '중국혁명전쟁의 전략문제(中國革命戰爭的戰略問題)'라는 글에서 '16자 전법'이 소박한 성질의 유격전쟁 기본 원칙이라고 칭찬해 마지않았다.

주더의 특이한 점은 항상 그가 시골 농민의 모습으로 보이는 것이다. 그는 평생 보통 노동자의 태도를 유지하였으며, 군중과 밀접하게 지내며 동고동락하였다. 전쟁 시기에 행군(行軍)을 하면서도 그는 항상 자신의 말을 부상병이나 여자 병사들이 타게 하고 행군 대열에 합류하여 남의 배낭을 메어 주거나 들것을 들고 다니기 일쑤였다. 어떤 병사들은 그가 총사령관인 줄도 모르고 '아저씨' 또는 '형님'으로 불렀고, 주더는 친절하게 웃으며 응대하여 금세 한 식구처럼 되었다. 초원(草原)을 통과할 때는 먹을 수 있는 야채(野菜)를 찾기 위해 그가 직접 조사에 나섰으며, 사람들을 데리고 직접 식물을 채취하여 자신이 먼저 맛본 후에 부대원들이 먹도록 하였다. 부대가 숙영(宿營)할 때 그는 큰 저택에 자리 잡지 않았으며, 보통의 민가에 머물면서 이웃의 가난한 집을 방문해 생활 형편을 물었고 군중들과 친구로 사귀었다.

건국 후에도 주더는 여전히 전쟁 시기의 소박한 모습을 유지해 항상 근검절약하는 생활을 하였다. 그는 자녀들에 대해서도 엄격한 요구를 하였다. 주더는 슬하에 1남 1녀를 두었는데 아들은 노동자이고 딸은 교사였으며, 자신의 지위와 사회관계를 이용하여 자식들에게 어떠한 특수한 보살핌도 베풀지 않았다. 그는 일부 젊은 사람들이 오로지 개인의 이익만을 추구하는 것은 국가의 명운과 전도에 관계되는 아주 위험한 현상이라고 인식하고 있었다. 해방 초기에 주더는 기율검사위원회 서기를 겸하고 있었다. 그는 공산당이 집권한 후, 우수한 사회 기풍을 유지하기 위하여 당원과 간부들에게 교만하지 말 것과 부패를 방지할 것을 줄기차게 강조하고 교육하였다. "검소(儉素)함이 사치(奢侈)로 바뀌기는 쉬우나, 사치가 검소함으로 바뀌기는 어렵다. 근검(勤儉)으로 국가를 세워야 한다는 것은 영원한 진리이다."

1946년 12월 1일은 주더가 환갑을 맞는 날로 옌안에서 생일 축하 행사가 벌어졌다. 〈해방일보(解放日報)〉는 11월 27일 중공중앙의 생일을 기념하는 축사를 실었으며, 11월 29일부터 3일간 옌안 일원에는 축하 깃발이 내걸렸다. 마오쩌둥, 류사오치(劉少奇), 저우언라이(周恩來), 펑더화이(彭德懷), 린보취(林伯渠) 등 당 지도자들이 모두 주더의 생일을 축하하는 문장과 전보를 보내 기쁨을 함께하였다. 마오쩌둥의 축하문에는 "주더(朱德) 동지의 60세 탄신일은 인민의 영광"이라고 쓰여 있었다. 저우언라이의 축사는 다음과 같았다. "온 세상 사람들이 인정하는 바와 같이 당신은 중화민족의 구원의 별이요, 노동자들의 선구자이며, 인민군대의 창설자 및 영도자입니다. 그대는 마오쩌둥 동지와 협력하여 중국인민의 군대를 창설하였고, 인민혁명의 근거지를 건설하였습니다. 당신의 혁명 역사는 이미 20세기 중국혁명의 이정표가 되었습니다."

마오쩌둥과 주더

15 장궈타오(張國燾)는 중국혁명의 반역자

张国焘

　그는 일찍이 5·4 운동의 적극분자였으며, 중공 1전대 대표이자 당의 초기 영도자이고, 홍4방면군의 지도자였다. 그러나 언젠가부터 그는 대오를 이탈하여 수렁 속으로 빠져들어 갔다. 마오쩌둥은 그와 합작도 하였고, 깜짝 놀랄만한 투쟁을 벌이기도 하였다.

　　어떤 청년은 입으로만 삼민주의(三民主義)를 신봉한다거나 마르크스주의를 따른다고 하나 이것으로 그만이 아니다. 히틀러 또한 사회주의를 신봉한다고 말하지 않았던가? 무솔리니 또한 20년 전에는 사회주의자였다. 그들의 사회주의는 도대체 어떤 것인가? 원래는 바로 파시즘[35]인 것이다. 천두슈(陳獨秀) 또한 마르크스주의를 신봉하지 않았던가? 그는 훗날 무슨 일을 저질렀나? 그는 반혁명(反革命)의 길로 달아나 버렸다. 장궈타오(張國燾) 역시 마르크스주의를 신봉하지 않았던가? 그는 현재 어디에 가 있는가? 그는 대오를 이탈하여 수렁 속으로 빠져들어 갔다.

---

35) 파시즘(facsism)은 1919년 이탈리아의 B. 무솔리니가 주장하고 조직한 국수주의적이고 권위주의적이며 반공적인 정치적 주의의 운동이다.

- 毛澤東, 1939년 5월 4일 延安에서 열린 5·4運動 20周年 紀念會 講演, "靑年運動의 方向," 『毛澤東選集·第2卷』(人民出版社, 1991), pp. 566-567.

천하의 보수파(保守派)들은 오늘도 보수적이지만, 내일과 모레도 보수적일 것이다. 그러나 영원히 보수적일 수는 없으며, 먼 훗날 그들 또한 변할 것이다. 가령 왕징웨이(汪精衛)는 많은 경우에 보수적이었지만 일본으로 그만 달아나 버렸다. 장궈타오(張國燾)의 예를 보면 그 역시 보수적인 경우가 많아 우리는 여러 차례의 투쟁을 벌였으며, 그 역시 민첩하였다. 보수파들은 고집스럽지만 끈질기지 못하여 나중에 변하게 되어 있고, 인간 축에도 끼지 못하는 개똥같은 놈으로 변하게 된다.

- 毛澤東, 1940년 2월 20일 延安 憲政促進會 成立大會에서의 演說, "新民主主義的憲政" 『毛澤東選集·第2卷』(人民出版社, 1991), p. 737.

장궈타오(張國燾, 1897-1979)의 다른 이름은 터리(特立)로 장시성(江西省) 핑샹(萍鄕)의 관료이자 지주인 집안에서 태어났다. 1916년 베이징(北京)대학에 입학하여 공부했고, 1919년 5·4 운동에 참가하여 베이징학생연합회 강연(講演)부장에 추대되었다. 1920년 가을, 베이징 공산주의소조에 가입하였고, 1921년 7월, 이 소조를 대표하여 중공(中共) 제1차 전국대표대회에 참석하였으며, 중앙위원 및 조직주임으로 선출되었다. 회의 후, 중국노동조합 서기부 주임 겸 〈노동주보〉 편집인에 임명되어 노동 운동을 지도하였다. 1922년 7월, 중공 2전대에서 중앙위원에 계속 당선되었다. 1923년 6월, 중공 3전대에서 국공합작에 회의(懷疑)를 갖는 좌경(左傾)의 착오를 견지하였으며, 공산당원의 국민당 가입으로 혁명통일전선을 건립하는 방침에 반대하였으므로 당 영도자의 직책이 취소되었다.

1924년 1월 국민당 제1차 전국대표대회에 출석하여 후보중앙집행위원에 당선되었으며, 2월에 전국철도노동조합 총간사로 임명되어 북방으로 가 철도노동자 운동에 종사하였다. 1925년 1월 중공 4기 1중전회에서 중앙국 위원으로 당선됨과 아울러 중앙 공농부 주임에 임명되었다.

1926년 장제스를 위시한 국민당 우파가 분열 활동의 음모를 진행하여 공산당을 배척하고 국공합작을 파괴할 때, 장궈타오는 천두슈의 타협과 양보 정책을 일관되게 집행하여 장제스가 국민당 및 국민혁명군의 영도권을 찬탈하는 데 유리한 조건을 조성해 주었다. 북벌군이 우창(武昌)을 점령한 후, 장궈타오는 중공 후베이(湖北)구위원회 서기로 임명되었다. 대혁명 실패 후, 그는 혁명에 대한 동요가 일어나 난창(南昌)으로 가서 난창봉기를 저지하였다.

1) 장정에서 이탈, 별도의 '당중앙' 설립

1928년 장궈타오는 소련으로 가 중공 6전대에 참가하였으며, 6기 1중전회에서 중앙정치국 위원으로 당선되었고, 회의 후 코민테른 주재 중공 대표로 모스크바에 남았다. 1931년 초 귀국하여 후베이·허난·안후이 소비에트구 중앙분국 서기 겸 군사위원회 주석에 임명되었으며, 11월 중화소비에트공화국 임시중앙정부 부주석에 당선되었다. 장궈타오는 후베이·허난·안후이에서 왕밍(王明)의 좌경 모험주의를 적극 추진함으로써 홍군 제4방면군은 국민당의 제4차 포위섬멸전을 견디지 못하고 1932년 10월 소비에트를 버려둔 채 철수하게 되었다. 이 해 12월, 장궈타오는 홍4방면군을 이끌고 쓰촨(四川) 북부로 진입하여 쓰촨·산시(陝西) 근거지를 창설하고 서북혁명군사위원회 주석을 맡았다. 그는 1935년 4월, 쓰촨·산시 근거지를 포기하고 장정(長征)을 개시할 것을 결정했다. 6월에 홍4방면군과 홍1방면군이 쓰촨 마오궁(懋功)지구에서 만난 뒤, 장궈타오는 홍군정치위원이 되었다. 이 때 그는 형세에 대한 우경(右傾)의 그릇된 계산으로 당 중앙의 홍군 북상(北上) 및 쓰촨·산시·간쑤 근거지 건설의 결정에 반대하여 비정상적으로 당과 홍군의 분열 활동을 벌였다. 1935년 10월 그는 일부 홍군을 이끌고 남하하여 줘무댜오(卓木碉)에서 별도의 당 중앙 설립을 선포하였으나 중앙의 반대에 부딪쳤고, 일부 홍4방면군 지휘관들 또한 이에 결연히 반대하였다. 1936년 6월, 자기 마음대로 설립한 당 중앙은 취소되었으며, 장궈타오는 7월에 중공중앙 서북국 서기로 임명되었다. 그 후 홍2방면군과 홍4방면군이 함께 북상하여 12월 섬북에 도달하였다. 장궈타오의 분열 활동과 퇴각 및 도피주의의 착오로 인하여 홍4방면군은 큰 손실을 입었다.

1937년 3월, 당 중앙은 옌안에서 정치국확대회의를 개최하고 장궈타오의 분열주의와 군벌주의의 잘못을 비판하였다. 교육을 통한 구제를 위하여 그는 이 해 9월 섬감녕(陝甘寧)변구 정부 부주석으로 임명되어 주석직을 대행하였다. 그러나 장궈타오는 근본적으로 자신의 잘못을 깨닫지 못하고 있었으며, 오히려 당의 비판과 교육에 대해 고집스럽게 대항하는 태도를 보였다. 1938년 4월 초, 장궈타오는 황제(黃帝)의 능에 제사(祭祀) 지내러 가는 기회를 이용하여 섬북을 벗어났으며, 시안(西安)을 거쳐 우한(武漢)에 도착하여 국민당에 투항하였다. 그는 중국공산당 창건자 중의 한 사람에서 중국혁명의 배반자가 되고 말았던 것이다. 4월 18일, 중공중앙은 그의 당적 제명을 결정하였다. 얼마 후, 장궈타오는 국민당 군사위원회 조사통계국 특무(特務) 조직에 들어가 '특종(特種) 정치문제연구실'과 '특종정치공작요원훈련반'을 주관하여 반공(反共) 특무 활동에 종사하였다. 1941년부터 시작하여 국민 참정회 제2·3·4기 참정원(參政員)으로 임명되었다. 1948년 6월 장궈타오는 상하이에서 주간지 〈창진(創進)〉을 창간하여 반공 선전을 계속 진행하였다. 1948년 말, 화이하이(淮海)·핑진(平津) 전투에서 국민당 백만 대군이 격파되어 장제스 왕조의 대세가 이미 기울고 중국 공산당의 승리가 확실해지자 장궈타오는 불안에 떨며 11월 중순, 일가 권속을 거느리고 타이완으로 황급히 도피하였다.

1949년 겨울, 장궈타오는 다시 가족들을 데리고 홍콩으로 옮겼으며, 이름을 카이인(凱音)으로 바꾸고 구멍위(顧孟余) 등의 제3세력 운동에 참가하였으며, '민주전투동맹'을 창립하여 그 영도자의 한 사람이 되었다. 또 잡지 〈중국의 소리(中國之聲)〉를 창간하여 그 사장을 맡았다. 1961년 봄, 장궈타오는 미국 캔자스대학의 요청에 따라 회고록 집필을 시작하였으며, 그 학교로부터 매달 2,000홍콩달러를 지급받아 생활비로 사용하였다. 그가 쓴 '나의 회고'가 완성된 후, 약간의 원고료를 받아 이로써 생활을 유지하였다. 1968년 가족과 함께 캐나다 토론토로 이주하였으며, 1979년 12월 3일 새벽 어느 복지병원에서 병사(病死)하여 토론토 공원묘지에 매장되었다. 향년 82세.

2) "노동자·농민과 결합 안 하면 반(反)혁명적"

1939년 5월 4일은 '5·4 운동' 20주년 기념일로 옌안의 모든 청년들이 모여 성대한 기념대회를 거행하였다. 마오쩌둥은 당시 중국청년 운동에 존재하는 몇 가지 문제점을 겨냥하여 '청년 운동의 방향'이라는 제목으로 기념강연을 하였다. 이 강연에서 그는 당시 중국혁명이 당면하고 있는 정세와 임무, 그리고 현재 처해 있는 역사적 단계 등을 정확하게 분석한 후, 청년들을 향해 더 높고 더 새로운 요구를 제기하였다. "현재의 항일전쟁은 중국혁명의 하나의 새로운 단계일 뿐만 아니라 가장 위대하고 가장 생동적인 단계이다. 청년들은 이 단계에서 중대한 책임을 지고 있다. 중국의 수십 년 간의 혁명 운동은 많은 투쟁 단계를 거쳤지만 현재의 항일전쟁과 같이 이처럼 광대한 투쟁은 겪어 보지 못했다. 현재의 중국혁명은 과거와는 다른 특징을 가지고 있는데, 혁명이 실패에서 승리로 변환될 것이라는 것은 바로 중국의 광대한 인민들과 청년들의 진보가 이를 증명하고 있다."

마오쩌둥은 50년래의 중국혁명 경험을 잘 연구하도록 청년들에게 간절히 당부하였으며, 정확한 점은 취하고 그릇된 점은 제거하는 것이 모든 청년들이 져야 할 책임이라고 지적했다. 그는 청년투쟁의 방향을 보다 견고하게 설정하기 위해 청년의 혁명성을 가늠하는 표준을 제시하였다. "한 사람의 청년이 혁명적인가 아닌가를 볼 때 무엇을 표준으로 삼아야 하는가? 무엇으로 그를 변별(辨別)할 수 있을 것인가? 오로지 하나의 표준이 있는데 이것은 곧 그가 광대한 노동자·농민과 한 덩어리로 결합하기를 바라며 이를 실행하는가의 여부이다. 노동자·농민과 결합하기를 원하고 이를 실행한다면 이는 혁명적인 것이고, 그렇지 않으면 비(非)혁명적 또는 반(反)혁명적인 것이다."

마오쩌둥의 이러한 간곡한 가르침은 청년 운동의 정확한 방향을 가리켜 주고 있다. 보다 더 설득력 있게 청년들을 교육시키기 위해 마오쩌둥은 배반자의 전형적 인물인 장궈타오(張國燾)의 사례를 들어 청년들에게 경고하고 있다. "우리가 사람을 볼 때 그가 가짜 삼민주의(三民主義) 신봉자인지 아니면 진짜 삼민주의 신봉자인지를 알려면 그와 노동자·농민의 관계가 어떤가를 보면 곧 명확하게 알 수 있다. 오로지 이 한 개의 변별(辨別)을 위한 표준이 있으며, 두 번째 표준은 없다."

마오쩌둥이 장궈타오라는, 정면에서 반대쪽으로 간 인물을 다시금 언급한 것은 1940년 2월 20일의 연설에서이다. 이날, 옌안 각계의 헌정촉진회(憲政促進會) 성립대회에서 마오쩌둥은 '신민주주의적 헌정'이라는 제목으로 연설하였다. 당시 중국공산당내 일부 사람들은 장제스의 이른바 '민주헌정 실행'의 기만 선전에 미혹되어 국민당이 진정으로 헌정을 실행하고 민주주의를 실천하는가에 관심을 보내고 있었다. 마오쩌둥의 이 연설은 장제스의 이러한 기만 선전을 폭로하고, 헌정 촉진을 인민들의 각오 계발로 변화시켜 장제스에게 민주자유를 요구하는 유력한 무기로 이용하였다. 마오쩌둥은 "진정한 헌정은 결코 쉽게 손에 넣을 수 있는 것이 아니며, 고난의 투쟁을 걸쳐야만 비로소 얻을 수 있는 것"이라고 지적하였다. 헌정의 시행이 곤란한 것은 보수파들의 훼방 때문이며, 장궈타오(張國燾)의 예를 보면 그 역시 보수적인 경우가 많았다고 지적하고 있다. 마지막으로 마오쩌둥은 다음과 같이 강조하였다. "종래의 보수파가 얻은 결과는 언제나 그들의 바람과는 상반되는 것이었다. 그들은 언제나 다른 사람을 희생시키는 것으로 시작하여 자신을 해치는 것으로 종말을 고한다."

16 펑더화이(彭德懷)는 용기와 지모를 겸비

펑더화이(彭德懷)는 마오쩌둥 휘하의 대장군(大將軍)으로 적의 간 담을 서늘하게 하였다. 그는 일찍이 마오쩌둥의 침실에 쳐들어가 낮 잠 자는 그를 깨웠으며, 마오쩌둥에게 글을 보내 대약진(大躍進)의 과오를 지적하기도 하였다.

펑더화이(彭德懷), 그대는 용기(勇氣)와 지모(智謀)를 아울러 갖춘 장군 으로 혁명이 위험한 고비에 처할 때마다 언제나 정확한 노선을 취하였으 니, 이는 내 개인에 대한 지지(支持)일 뿐만 아니라 혁명의 성공을 도운 것이오.

- 毛澤東, 抗日戰爭 時期 延安에서 彭德懷와의 談話, 賈思南, 『毛澤東人際交往實錄 (1915-1976)』(江蘇文藝出版社, 1989), p. 169.

그대가 말한 세 가지 보증(保証) 중에 뒤의 두 가지는 아직도 기억하고 있소. 아마도 진리가 그대 편에 있는지 모르겠소. 역사가 이에 대한 결론을 내리도록 합시다!

- 毛澤東, 1965년 9월 23일 彭德懷와의 談話, 賈思楠, 『毛澤東人際交往實錄(1915-1976)』(江蘇文藝出版社, 1989), p. 177.

펑더화이(彭德懷, 1898-1974)는 중국인민해방군(人民解放軍)을 창건한 지도자 중 한 사람으로 대표적인 군사혁명가이다. 1898년 10월 24일, 후난성(湖南省) 샹탄현(湘潭縣) 출신으로 원명은 더화(得華), 호는 스촨(石穿)이다. 어릴 때 서당에 2년간 다녔으나 집이 가난하여 중단하였으며, 조그만 탄광(炭鑛)으로 가 어린 광부가 되었다. 1913년 굶주린 백성들이 부잣집을 터는 데 가담하여 관부에 의해 지명 수배되자 둥팅호(洞庭湖)로 도망쳐 제방(堤防)공사 일꾼이 되었다. 1916년, 샹군(湘軍)에 입대하여 중대(中隊) 내에 구빈회(救貧會)를 비밀리에 조직하고 봉건통치에 반항하였다. 1922년 가을, 펑더화이로 개명(改名)하여 후난(湖南) 육군강무당에 입학했고, 1년 뒤 졸업하여 샹군(湘軍)으로 돌아가 소대장·중대장·대대장을 역임하였다.

펑더화이는 1926년 소속 부대가 국민혁명군 제8군으로 개편됨에 따라 북벌(北伐)전쟁에 참가하였으며, 공산당원 돤더창(段德昌)의 영향을 받아 1928년 4월, 중국공산당에 입당하였다. 이 해 7월 22일 텅다이위안(滕代遠)·황공뤼에(黃公略) 등과 핑장(平江)봉기를 지휘하였고, 중국공농홍군 제5군을 조직하여 그 사령관을 맡았으며, 후난·장시·안후이 접경 지역의 근거지를 개척하였다. 1928년 12월에 제5군 주력을 이끌고 징강산(井岡山)으로 가 마오쩌둥(毛澤東)·주더(朱德)의 제4군과 합류하였다. 1930년 6월, 제3군단의 사령관을 맡아 중앙혁명근거지에 대한 1차에서 4차까지의 국민당 섬멸전에 맞서 혁혁한 전공을 세웠다. 1931년, 11월 중화소비에트공화국 중앙혁명군사위원회 부주석에 임명되었으며, 1934년 1월 중공 제6기 5중전회에서 중앙위원 후보로 선출되었고, 이 해 10월, 부대를 이끌고 장정(長征)에 참가하였다.

1) 항일전(抗日戰) 승리 후 한국전쟁 참전

펑더화이는 1935년 1월, 쭌이(遵義)에서 열린 정치국확대회의에서 마오쩌둥의 주장을 지지하였다. 이 해 6월 제1방면군과 제4방면군이 회합한 뒤 북상(北上)방침을 꾸준히 옹호하여 장궈타오(張國燾)의 분열 활동에 반대하였다. 9월에 제1군단과 제3군단이 통합된 후 섬감(陝甘) 지역 사령관을 맡았으며, 섬북(陝北)에 도착한 후 1935년 11월, 제1방면군 사령관이 되어 즈뤄전(直羅鎭) 전투의 지휘에 참여하였다. 1936년 1월 정치국위원으로 선출되었으며, 2월에 중국인민홍군 항일(抗日)선봉군 사령관, 서북(西北)야전군 사령관 및 정치위원에 임명되어 동서(東西)방향으로의 진격을 아울러 지휘하였다.

펑더화이는 제2차 국공합작 이후 항일전쟁 시기에 팔로군(八路軍, 제18 집단군) 부사령관을 맡아 주더 사령관과 함께 화북(華北)지역의 적 후방에서 유격전을 전개하여 항일근거지를 건립하였으며, 1940년 바이퇀(百團)대전을 총지휘하였다. 1942년 8월 중공중앙 북방국(北方局) 서기 대리로 화북지역 항일전쟁의 가장 어려운 시기에 군민(軍民)을 통일적으로 지휘하였고, 1943년 9월 옌안(延安)으로 돌아가 정풍(整風) 운동에 참가하였다. 1945년 6월 중공 7전대에서 중앙위원 및 정치위원으로 선출되었으며, 중앙군사위 부주석 겸 총참모장에 임명되었다.

해방(解放)전쟁 시기에 서북야전군(뒤의 제1야전군) 사령관 겸 정치위원, 중국인민해방군 부사령관에 임명되어 섬북에서 마오쩌둥과 함께 머물며 자기편보다 10배 월등한 적과의 전투를 지휘하였다. 펑더화이는 칭화비엔(靑化砭)·양마허(羊馬河)·판룽(蟠龍)·사자디엔(沙家店) 등의 전투에서 국민당의 섬북 진격을 패퇴시켰다. 1948년에는 부대를 이끌고 이촨(宜川)·와쯔제(瓦子街) 등의 전투를 지휘하여 옌안을 수복하였으며, 1949년에는 서북 5개 성(省)을 해방시켜 중공중앙 서북국(西北局) 제1서기, 서북군정위원회 주석 및 서북군구 사령관이 되었다.

중화인민공화국 성립 후, 펑더화이는 정치국위원, 인민혁명군사위원회 부주석, 인민지원군 사령관 겸 정치위원, 국무원 부총리 겸 국방부장, 국방위원회 부주석 등의 직책을 역임하였다. 그는 한국전쟁에서 북한을 지원하여 다섯 차례의 대규모 전투를 지휘함으로써 미국 측이 정전(停戰)에 동의하게 압박하였다. 1952년 4월 이후 군사위원회의 일상적인 공작을 7년 동안 주관하였으며, 군대 정규화를 위한 일련의 개혁 작업을 추진하여 단일 병종(兵種)의 인민해방군을 여러 병종의 합성군대로 변모시키는 데 크게 공헌하였다. 1955년 원수(元帥) 계급을 수여받았으며, 1급 8·1훈장, 1급 독립자유훈장·1급 해방훈장도 함께 받았다. 1959년 7월, 중공중앙 정치국확대회의(廬山회의)에서 펑더화이는 용감하게 직언을 하여 마오쩌둥에게 편지를 보내 대약진(大躍進)과 인민공사(人民公社) 운동 중의 잘못을 비판하였으며, 이로 인해 그 자신이 비판에 직면하게 되어 중공 제8기 8중전회에서 우경(右傾)기회주의 반당 집단의 수괴로 몰려 당정군(黨政軍)의 모든 직위를 박탈당하였다. 1965년 9월 쓰촨(四川)으로 파견되어 중공중앙 서남국(西南局) 삼선(三線)건설위원회 제3부주임에 임명되었다. 문화대혁명 중에 다시 가혹한 박해를 받게 되었으나, 그는 정연한 논리를 세워 투쟁하였으며, 끝내 자신의 잘못을 인정하지 않았다. 펑더화이는 오랜 신체적 박해와 학대로 인해 1974년 11월 29일 베이징에서 한을 품은 채 숨을 거두었는데, 향년 76세였다. 1978년 12월, 중공 제11기 3중전회는 그의 명예를 회복시켰다. 1981년 '펑더화이 자술(自述)'이 출판되었다.

2) 직언(直言)을 서슴지 않아 마오쩌둥과 충돌

마오쩌둥과 펑더화이는 고향이 같으며 다섯 살 차이 난다. 그 두 사람은 천하를 함께 차지하고 신중국(新中國) 함께 건설하면서 비교적 오랜 기간 밀접하게 협력하고 서로 존중하였으며, 전투 중에 저절로 동지애가 생기게 되었다. 그러나 1950년대 후반에 접어들어 서로 의견이 엇갈리고 오해가 생겨 펑더화이는 잘못된 비판과 처분을 받게 되었다.

마오쩌둥은 펑더화이를 여러 차례에 걸쳐 찬양하였다. 1935년 10월 홍군(紅軍)의 주력이 섬북의 우치전(吳起鎭)에 도달했을 때 닝샤(寧夏)의 마훙쿠이(馬弘逵)·마훙빈(馬弘賓) 기마 부대가 추격해 오고 있었다. 마오쩌둥과 펑더화이는 추격 부대에 타격을 가하기로 하고 최대한 자신들의 근거지에 접근하도록 하여 추격병들을 크게 물리쳤다. 마오쩌둥은 이를 기념하기 위해 시(詩) 한 수를 썼는데 맨 끝에 '오로지 우리의 펑(彭) 대장군'이라는 구절이 있었다. '펑더화이 자술(自述)' 206쪽과 207쪽에 따르면 펑더화이는 이 구절을 '오로지 우리의 영용(英勇)한 홍군(紅軍)'으로 고친 후, 이를 다시 마오쩌둥에게 보냈다. 이것을 보면 펑더화이가 전공(戰功)을 믿고 오만하게 행동하지 않는 겸손한 성품을 갖추었음을 짐작할 수 있다.

펑더화이는 마음에 거리낌이 없고 성격이 솔직하였으며, 직언(直言)을 서슴지 않아 자신의 생각을 숨기지 않았다. 항일전쟁 기간 옌안의 어떤 회의에서 일부 사람들이 펑더화이의 바이퇀(百團)대전에 대해 불공정한 비판을 제기하자 그는 화가 치솟아 마오쩌둥과 의견을 교환하기로 결심하였으며, 저우언라이에게는 중재인이 되어달라고 요구하였다. 세 사람이 함께 자리하자 마오쩌둥이 먼저 침착하게 말을 꺼냈다. "우리 신사협정(紳士協定)을 맺읍시다. 첫째, 이야기를 끝까지 완전하게 하고, 둘째, 상대방을 욕할 수 있으며, 셋째, 각자 반성함으로써 상대와 원수지간이 되어 전체 사업에 영향을 끼치는 일이 없도록 합시다." "내가 먼저 그 원인을 분석해 보겠소. 이 같은 결과를 초래하게 된 것은 전부 내 책임이오. 사전에 당신에게 미리 알리지 못했고, 사후에 당신에게 설명을 하지 않았소. 바이퇀(百團)대전은 비난할 근거가 없소. 조직의 절차상 말한다면 당신이 전투 전에 군사위원회에 보고하였고, 당시 군사위원회와 나 개인 또한 이에 동의하였소. 만약 당신에게 결점이 있다면, 그것은 곧 군사위원회의 회신이 오기 전에 당신이 작전을 감행한 것인데, 그것 또한 이해할 수 있는 일이오. 오류가 있었다면 가장 먼저 내게 있는데 나는 동의하였을 뿐만 아니라 전보를 보냈으며, 그 같은 대전투를 여러 차례 더 해야 한다고 제안하기도 했소."

평더화이가 들어보니 마음속에 쌓여있던 궁금증과 원망이 사라졌다. "동지간의 이해와 신뢰는 무엇보다 소중하지요. 오늘 밤 주석의 이야기를 듣고 나니 지금 죽어라 해도 아무 여한 없이 죽겠습니다. 주석께서 나를 이해하고 있는데, 나는 오히려 주석을 오해하고 심지어 원망까지 하였으니 다시 한번 용서를 빕니다. 나는 무식한 놈이에요!" "그렇지 않소!" 마오쩌둥이 말했다. "그대는 용기와 지모(智謀)를 함께 갖춘 장군으로 혁명사업 중 온갖 위난에 처하였어도 언제나 정확한 노선을 밟아 왔소. 이는 내 개인에 대한 지지였을 뿐만 아니라 혁명에 크나큰 힘이 되었소. 좋소! 이제 당신의 의견을 이야기해 주시오." 이 때 저우언라이가 웃으며 말했다. "신사협정의 제1조는 이야기를 끝까지 완전하게 하는 것이니, 이 기회를 놓치면 안될 거요." 이에 평더화이는 말을 이었다. "좋습니다. 주석에게 의견 하나만 말씀드리지요. 회의 전에 반드시 내게 알려 사상적 준비를 하도록 해 주십시오." 마지막으로 평더화이는 의미심장한 말을 하였다. "당신 마오쩌둥과 나 평더화이, 그리고 여기 이 사람 저우언라이 등 세 사람은 당내에서 모두 당의 감독과 제약을 받아들여야 하며, 어떤 일을 하더라도 모두 당과 인민의 이익에서 출발해야 합니다. 우리 중 누구라도 냉정하지 못하고 발끈하여 독단적인 전횡(專橫)을 일삼거나, 자신의 욕심대로 일을 처리해서는 안 됩니다. 만약 이를 어긴다면 당과 인민에게 만회할 수 없는 손실을 끼치게 될 겁니다."

마오쩌둥은 이 같은 가슴속에서부터 우러나온 이야기를 듣고 감동한 나머지 펑더화이의 손을 덥석 붙잡았다. "정말 좋으신 말씀이오. 당신의 이러한 생각을 우리 당장(黨章) 속에 포함시키면 좋겠소. 언라이 동지, 당신 반대 않겠지?" 저우언라이는 즉각 대답했다. "저는 쌍수(雙手)를 들어 찬성합니다."

이전의 오해는 한 차례 대담으로 완전히 풀렸다. 그러나 1959년 루산(廬山) 회의에서 펑더화이는 마오쩌둥에게 편지를 보내 당시의 대약진 운동에 대한 의견을 제시함과 아울러 마오쩌둥 개인에 대해서도 회의에서 의견을 제시함으로써 오히려 마오쩌둥의 오해를 불러일으켰다. 이로 말미암아 펑더화이는 우경(右傾)기회주의라는 비판을 받게 되었으며, 결국에는 당정군(黨政軍)의 모든 직책을 박탈당하게 되었다.

3) 홍위병(紅衛兵)에 붙잡혀 130회 심문 받아

몇 년 후, 마오쩌둥은 다시 냉정하게 펑더화이와의 논쟁을 돌아보게 되었으며, 자괴감을 감출 수 없었다. 그는 펑더화이를 다시 불러내기로 결정하고 '대삼선(大三線) 건설'의 부책임자로 임명하였다. 1965년 9월 23일, 마오쩌둥은 중난하이(中南海)의 저택으로 펑더화이를 초청하여 점심을 함께 하면서 다섯 시간이 넘도록 이야기를 나누었다. 마오쩌둥은 펑더화이를 만나자마자 반갑게 말했다. "일찍부터 기다리느라 잠도 못 잤소. 어제 오후 당신 편지를 받고 기뻐서 잠이 안 오더만. 이 사람 고집이 세어서 몇 년 동안 편지 한 장 없더니, 이번엔 8만 자나 되는 편지를 써 보낸단 말인가. 오늘 류사오치 · 덩샤오핑·펑전(彭眞) 동지도 불렀으니 조금 있으면 모두 올 걸세. 저우(周) 총리는 시아누크 왕을 맞으러 나가 올 수 없으니 우리끼리 함께 이야기 나누세!"

펑더화이를 삼선(三線)으로 파견하는 것과 관련하여 마오쩌둥은 말했다. "현재 크고 작은 삼선을 건설하여 전쟁에 대비해야 하오. 서남(西南) 지역에 대한 투자가 다른 곳에 비해 가장 많은 것은 전략적 후방이 특별히 중요하기 때문이고, 당신이 서남으로 가는 것이 적합하오. 앞으로 병력을 이끌고 적을 무찌르게 되면 곧 명예를 회복할 수 있을 거요."

펑더화이의 명예는 루산회의에서 비판을 받아 우경기회주의로 판정되는 바람에 실추된 것이다. 그에 관한 결의가 통과될 때 마오쩌둥은 펑더화이에게 그 소회를 물었다. 그는 세 가지 보증을 이야기하였다. "첫째, 어떠한 상황에 처하더라도 반(反)혁명은 하지 않으며, 둘째, 어떠한 상황에서도 자살(自殺)하지 않을 것이며, 셋째, 앞으로 당 사업을 하는 것은 적절하지 않으며, 스스로 노동하여 먹고살 것이다." 6년이 지난 지금 펑더화이를 만난 마오쩌둥은 이렇게 말했다. "그대가 말한 세 가지 보증 중에 뒤의 두 가지는 아직도 기억하고 있소. 아마도 진리가 그대 편에 있는지 모르겠소. 역사가 이에 대한 결론을 내리도록 합시다!"

무슨 예견이라도 있었던지 마오쩌둥은 주위의 지도자들에게 이야기했다. "펑더화이 동지가 서남(西南)으로 가는 것은 당의 결정이오. 과거에 나는 펑더화이 동지가 적극적이라는 데 반대하였지만, 현재는 그가 성심성의를 다한다는 것을 알겠소. 류사오치 동지와 덩샤오핑 동지는 서남지역의 동지들과 회의를 열어 이 문제를 분명히 이야기하고 만약 동의하지 않는 사람이 있으면 내게 보내 함께 의논하도록 합시다."

마오쩌둥의 이해와 지지 속에 펑더화이는 새로운 직무를 수행하게 되었다. 그러나 얼마 후 곧 문화대혁명이 일어나 펑더화이는 다시 수난을 당하게 되었다. 그는 1966년 말, 홍위병(紅衛兵)들에 붙잡혀 쓰촨에서 베이징으로 끌려와 비판을 받게 되었다. 여러 차례의 심문을 받는 동안 주먹으로 얻어맞고 발로 차여 허파가 찢어지고 늑골이 부러졌으며, 군중들 앞에서 거리에 끌려 다녔다. 이 때, 펑더화이의 나이는 이미 68세였으며, 이후 76세로 세상을 하직할 때까지 그는 모두 130여 차례나 심문을 받았다. 마지막으로 직장암(直腸癌)을 앓게 되어 고통 속에 사망할 때, 그의 옆에는 가족 한 사람도 남아있지 않았다. 감옥에 갇힌 기간에 펑더화이는 자서전을 썼는데, 그 첫머리에 그의 어릴 때 추억이 기록되어 있다.

"나는 1898년 하층 농민의 집에서 태어나 여섯 살 때부터 서당에서 2년간 공부했다. 여덟 살 때 어머니가 돌아가시고 아버지는 병이 깊었으므로 집안에 일하는 사람이 없어 씻은 듯 가난하였다. 몇 마지기의 농토와 초가지붕 집 한 채는 차례로 저당을 잡혔고 일곱 식구(큰할아버지, 아버지, 할머니, 우리 형제 넷, 그 중 가장 어린 동생은 어머니가 숨진 뒤 곧 굶어죽었다.)는 살아갈 길이 막연하였다. 아홉 살이 된 후 집안의 허름한 것들도 모두 팔아치웠으며, 설날이 되어 다른 집에서는 잔치 분위기였지만, 우리 집은 쌀 한 톨 없어 두 동생을 데리고 동냥을 하러 나서는 수밖에 없었다. 황혼이 가까워 비로소 집에 돌아오니 한 끼 배를 채우려고 받은 수모는 얼마인가. 이튿날 눈보라가 몹시 치기에 나는 동냥 안 가겠다고 버티었는데,

일흔 가까운 할머니가 성을 내며 말했다. '안 간다고? 안 가면 뭘 먹을 건데? 멀쩡하니 굶어죽을래! 어제는 나를 못 가게 하더니, 오늘은 너도 안 간다고?' 할머니는 동생 둘을 데리고 눈보라 속에 길을 나섰다. 나는 문턱 위에 멍청히 서있었는데 이토록 난감한 일을 어떻게 말로 형용할 수 있으리오." 그는 땔나무를 팔아 자신의 힘으로 식량 문제를 해결하기로 작정했다. 조그만 발에 풀신을 신고 나무하는 칼을 어깨에 멘 아홉 살짜리 어린이가 높디높은 우스산(烏石山)에 오르니, 처량한 눈보라 속에 외로운 소년의 모습은 곧 그 자취를 감추었다.

　이 같은 어린 시절의 고난은 그를 강인한 성격으로 단련시켰으며, 그의 노동인민에 대한 애틋한 감정을 배양하였고, 그의 혁명 이상을 발전시켰다. 전쟁 시기에 그는 항상 사람들에게 말하곤 하였다. "나란 사람은 아무것도 없어. 다만 한 가지 장점이 있다면 그것은 곧 근본을 잊지 않는다는 것이지." 이는 사실이 또한 그러하였던 것이다.

17 예젠잉(葉劍英)은 지혜롭게 큰일을 처리

"叶剑英是 '呂端大事不糊塗'"

　　당과 혁명이 생사존망의 위급한 지경에 이르렀을 때마다 그는 용
감하게 앞장서 지혜롭고 민활한 투쟁을 전개하여 큰 공을 세웠다.
그는 군사 이론에 매우 풍부한 지식을 갖고 있었을 뿐만 아니라 고
문(古文)에도 해박함을 갖추어 '선비 사령관(儒帥)'이라는 명칭을 가
지고 있기도 하다.

　　예젠잉(葉劍英) 그대에게 한마디 하노니　"제갈공명은 일생동안 근신
하였으며, 여단(呂端)은 큰일을 처리함에 조금도 어리석지 않았다."
　　큰일을 처리함에 있어 어리석지 않음은 예젠잉(葉劍英) 또한 마찬가지
이노라!

　　- 毛澤東, 1959년 中央會議에서의 講話, 〈求是〉雜誌 1997년 第8期, 泛碩文 "矢志共産宏圖
業, 爲花欣作落泥紅-爲紀念葉劍英百年誕辰而作".

　장궈타오(張國燾)는 마오얼가이(毛兒盖)에 도착하자마자 곧 반기를 들었으며, 그곳에서 대규모 독군(督軍)회의를 열고 병권(兵權)을 이용하여 당 중앙노선을 심사하였다. 예젠잉(葉劍英)은 비밀 명령을 몰래 우리에게 보여주었으며, 우리는 부득불 단독으로 북상(北上)하였다. 왜냐하면 그 전보(電報)에는 "남하(南下)하여 철저하게 당내투쟁을 전개하라."고 쓰여 있었기 때문이다. 당시 조금이라도 신중하지 못했더라면 싸움이 시작되었을 것이다.

　　- 毛澤東, 1937년 3월 21일 延安 政治局擴大會議에서의 講話, 〈求是〉雜誌 1997년 第8期 泛碩文

　예젠잉(葉劍英) 동지는 절대절명의 시기에 큰 공을 세웠다. 만약 그가 없었더라면 내 머리통은 날아갔을 것이다. 그는 당(黨)을 구했으며, 홍군(紅軍)을 구했고, 우리들 모두를 구했다.

　　- 毛澤東, 1967년 여름 長江 南北을 視察할 때 楊成武와의 談話, 〈求是〉雜誌 1997년 第8期 泛碩文

　장궈타오(張國燾)가 분열을 도모할 때 그 전보를 천장하오(陳昌浩)와 쉬샹첸(徐向前)에게 보냈는데, 거기에는 '남쪽으로 내려가든지 아니면 철저하게 해결을 지으라'고 쓰여 있었다. 당시 예젠잉(葉劍英)은 참모장을 맡고 있었는데 이 전보를 내게 먼저 보여 주었으며, 천장하오(陳昌浩)와 쉬샹첸(徐向前)에게는 보여주지 않았으므로 우리는 바로 도망칠 수 있었다. 그렇지 않았더라면 우리는 곧 포로가 되었을 것이다. 예젠잉(葉劍英)은 이러한 절대절명의 시기에 큰 공을 세웠다.

　　- 毛澤東, 1971년 8월 28일 長沙에서 高級幹部와의 談話, 〈求是〉雜誌 1997년 第8期 泛碩文

예젠잉(葉劍英, 1897-1986)은 1897년 4월 28일, 광둥성(廣東省) 메이현(梅縣)에서 태어나 어린 시절 고향에서 공부하였으며, 신해혁명(辛亥革命)의 영향을 받아 나라를 구해야겠다는 뜻을 품게 되었다. 1916년 아버지를 따라 남양(南洋)으로 갔으며, 이듬해 귀국하여 윈난(雲南)강무당에 들어가 학습하였다. 졸업 후, 쑨원(孫文) 선생을 따라 민주혁명에 투신하였다.

1920년 여름 예젠잉은 쑨원 선생이 조직한 계계(桂系)군벌 축출작전에 참가하였다. 1921년 10월 대총통 쑨원을 따라 광시(廣西) 지역을 순시하였다. 1922년 6월, 천중밍(陳炯明)이 반란을 일으키자 해군(海軍) 육전대(陸戰隊) 대대장을 맡은 예젠잉은 부대를 이끌고 쑨원을 위험으로부터 구하기 위해 영웅적인 전투를 벌였다. 이후, 푸젠(福建)으로 가서 동허(東河)토벌군 제8여단 참모장으로 임명되어 부대와 함께 광동으로 가 천중밍을 토벌하게 된다.

1924년 초, 예젠잉은 광둥군 제2사단 참모장으로 임명된다. 이후 그는 랴오중카이(廖仲凱)선생의 요청을 받아들여 황푸(黃埔)육군군관학교 창설에 참가하게 되며 교수부 부주임을 맡게 된다. 이때 그는 마르크스레닌주의를 받아들이고 중국공산당에 가입하라는 권유를 받게 된다. 1925년, 예젠잉은 두 차례에 걸친 천중밍 동정(東征)토벌에 참가하여 용감한 전투와 과단성 있는 지휘로 출중한 군사적 재능을 나타냈다. 1926년 7월, 북벌전쟁에 참가한 예젠잉은 초기에 국민혁명군 제1군 총예비대 지휘부 참모장을 맡았으며, 난창(南昌)을 함락시킨 후에는 국민혁명군 신편 제2사단 사단장에 임명되었다.

1) 장궈타오(張國燾) 음모에서 당 중앙 보호

1927년 4월 12일 장제스(蔣介石)가 정변을 일으키자 예젠잉은 즉시 우한(武漢)으로 달려가 국민혁명군 제4군 참모장을 맡았다. 7월 백색테러가 활개 치는 상황에서 그는 중국공산당에 비밀리에 입당하게 된다. 난창봉기 직전, 예젠잉은 왕징웨이(汪精衛)가 예팅(葉挺)과 허룽(賀龍)을 해치려는 음모를 꾸미는 것을 알아채고 위험 속에서도 즉시 그들과 만나 대책을 의논하였다. 논의 결과 예팅과 허룽이 지휘하는 부대는 즉시 신속하게 난창으로 진격하여 적의 음모가 효력을 발휘하지 못하였으며, 결과적으로 난창봉기가 성공적으로 이루어지게 되었다. 봉기군이 난창을 출발한 후, 예젠잉은 장파쿠이(張發奎)의 추격군이 따라붙지 못하도록 극력 저지하였다. 8월 상순 예젠잉은 제4군 군관교도단 단장을 겸임하게 되었으며, 이 혁명무장세력을 광저우봉기의 주력으로 만들었다. 그는 경위단(警衛團)을 구성하여 공산당원 량빙수(梁秉樞)를 단장으로 추천하였고, 이 경위단을 광저우봉기의 무장역량으로 만들었다.

1927년 12월 11일, 예젠잉은 장타이레이(張太雷)·예팅(葉挺) 등과 함께 광저우봉기(廣州起義)를 일으켜 공농홍군 부사령관으로 지휘에 참여했다. 이 봉기는 난창(南昌)봉기 및 추수(秋收)봉기와 서로 맞물려 연계됨으로써 제2차 국내혁명전쟁의 시작과 중국공농홍군 출범의 계기가 되었다. 1928년 겨울, 예젠잉은 소련으로 가 공산주의노동대학 특별반에서 학습하였으며, 1930년 하반기에 귀국하였다. 1931년 초, 중앙소비에트에 도착하여 중앙혁명군사위원회 위원 겸 참모부 부장(총참모장), 홍1방면군 참모장, 푸젠(福建)군구 사령관 등의 직책을 역임하였으며, 국민당의 제2·3·4차 섬멸전에 맞서는 전투를 성공적으로 지휘하였다. 또 이 기간에 홍군학교 교장 및 정치위원을 역임하여 많은 군정간부들을 양성하였다.

1934년 10월, 홍군이 장정에 나섰을 때 예젠잉은 군사위 제1종대 사령관을 맡았다. 그의 부대가 광시(廣西) 산악 지역에 진입했을 때, 적기의 공습으로 예젠잉은 부상을 입었으나 행군과 작전을 멈추지 않았다. 1935년 1월 쭌이(遵義)에서 당 중앙의 정치국확대회의가 열렸다. 이 중대한 전환점에서 예젠잉은 마오쩌둥을 확고히 지지함으로써 당의 영도권을 확고히 수립하는 데 기여했다. 3월 예젠잉은 3군단 참모장을 맡았으며, 7월에는 홍군 총지휘부 참모장에 임명되었다. 8월 정치국회의가 마오얼가이(毛兒盖)에서 열려 부대를 좌우(左右) 양로군(兩路軍)으로 나누기로 하고, 대초원을 횡단하여 간쑤성(甘肅省) 남쪽을 향해 북상하기로 결정했다. 이때 좌로군을 이끌고 있던 장궈타오(張國燾)는 당과 홍군을 분열시키는 활동을 진행하여 당 중앙의 북상(北上)방침을 거절하였으며, 당 중앙을 와해시키려 은밀히 기도하였다. 예젠잉은 장궈타오의 이러한 음모를 간파하고 즉시 마오쩌둥에게 이 사실을 보고하였다. 당 중앙은 바시(巴西)에서 긴급회의를 소집하고 홍1방면군의 주력을 신속하게 북상시키기로 결정하여 마침내 위급한 지경에서 벗어나도록 하였다. 예젠잉은 이러한 절대절명의 위급한 시기에 당 중앙을 보호하였다. 마오쩌둥은 예젠잉이 이때 당과 혁명을 위해 큰 공을 세웠다고 뒷날 여러 차례 칭찬을 아끼지 않았다.

1935년 9월 중순, 예젠잉은 제1·3군단을 개편한 홍군 섬감(陝甘) 지대의 참모장에 임명되었으며, 중앙 홍군이 섬북(陝北)에 도착한 후에는 홍1방면군 및 군사위원회의 참모장에 임명되었다. 1936년 항일

(抗日)선봉군이 동쪽으로 진군하여 황하(黃河)를 건널 때, 예젠잉은 중로군(中路軍)을 지휘하여 적의 주력부대를 제압하고 좌우 양로군을 효과적으로 지원하여 작전을 성공으로 이끌었다. 7월에는 당 중앙의 명령으로 안싸이(安塞)에 파견되어 동북군(東北軍) 병력과 연합하여 항일전쟁을 지휘하였다. 9월에는 다시 시안(西安)으로 파견되어 각계 각층의 항일 무장능력을 연합하는 공작을 전개하였다. 12월 12일, 장쉐량(張學良)·양후청(楊虎城) 장군이 시안(西安)사건을 일으키자 예젠잉은 저우언라이(周恩來)와 함께 장쉐량 등과 긴밀히 협조하여 사태의 평화적 해결 및 국공합작의 성사를 위해 진력하였다.

2) 항일(抗日)·해방(解放)전쟁에서 큰 공적

1937년 7월, 항일전쟁이 시작되자 예젠잉은 저우언라이·주더(朱德)와 함께 난징(南京)으로 가서 장제스가 소집한 국방회의에 참석하였다. 홍군은 국민혁명군 제팔로군(第八路軍)으로 개편되었으며, 예젠잉은 그 참모장에 임명되었다. 10월에는 팔로군 난징대표를 맡았으며, 이때부터 국민당 통치 지역에서 적극적인 항일민족통일전선 공작을 전개하였다. 또 저우언라이를 도와 국민당에 의해 감금되어 있던 많은 혁명동지들을 구출하는 데 힘을 쏟았으며, 이때 석방된 많은 사람들이 나중에 혁명지도자의 반열에 오르게 하였다.

1937년부터 1941년까지 예젠잉은 중공중앙 장강국(長江局) 위원, 남방국(南方局) 상무위원 등을 역임하면서 국민당 상층 인사들과 광범위하게 교류하였고, 여러 차례의 국공담판에도 참여하였다. 그는

1939년 2월, 국민당 남악(南岳)유격간부훈련반을 창설하는 데 참여하여 부교육장을 맡았으며, 항일유격전 전략과 전술을 강의하였고, 지구전(持久戰)사상을 선전하여 큰 영향을 미쳤다. 1940년 3월, 예젠잉은 장제스가 충칭(重慶)에서 개최한 전국참모장회의에 참석하여 '작전과 마찰 문제'라는 장문의 보고서를 발표하고 국민당 우파의 팔로군에 대한 적대행위 등을 구체적으로 적시함으로써 참석자들의 폭넓은 지지를 이끌어내었다. 이 해 '예젠잉항전언론집(葉劍英抗戰言論集)'이 출판되었다.

1941년 2월, 예젠잉은 옌안(延安)으로 돌아가 중앙군사위 참모장 겸 제18집단군 참모장에 임명되었다. 그는 마오쩌둥과 주더를 도와 항일전쟁을 지휘하면서 참모공작의 제도를 체계화하는 데 힘을 쏟았다. 11월 중앙교육위원회 위원과 군사학원 부원장을 겸임하였다. 1943년 6월과 7월 국민당 우파가 또 다시 제3차 반공(反共) 움직임을 보이자 예젠잉은 대규모 선전전을 전개하여 이러한 움직임을 제압하는 데 중요한 작용을 하였다. 1944년 6월과 7월, 옌안에서 내외 종군기자단 및 미군(美軍) 관찰단을 상대로 항일전쟁의 상황과 적 후방 근거지의 활동 상황을 설명하여 큰 호응을 얻었다. 1945년 여름 예젠잉은 중국공산당 제7차 전국대표대회에서 중앙위원에 당선되었으며, 항일전쟁 승리 후, 여러 차례의 국공담판에 참가하였다. 12월, 그는 저우언라이를 단장으로 한 대표단의 일원으로 충칭에 가서 정전회담을 진행하였으며, 정치협상회의에 출석하였다. 1946년 1월 예젠잉은 베이징(北京)으로 가서 군사조정처 집행부의 중공대표를 맡아 국민당 대표 및 미국 대표와 함께 국공(國共)간 군사 충돌을 조정하고 쌍방의 정전협의사항 집행을 감독하였다.

1947년 2월, 옌안으로 돌아간 예젠잉은 3월에 산시(山西) 서북으로
가 중공중앙 후방위원회 서기를 맡았다. 7월부터 9월까지 전국토지
회의에 출석하여 군사 문제에 대한 보고를 하였다. 12월 미즈현(米
脂縣)에서 열린 중앙공작회의에서 런비스(任弼時)와 함께 토지 문제
에 관한 토론을 주재하였다. 후방위원회에서 일한 모든 기간에 걸쳐
예젠잉은 중앙의 토지 개혁정책을 정확하게 관철하였으며, 중앙의
전국 범위에 걸친 해방전쟁에 적극 협조하였다. 1948년 5월, 예젠잉
은 화북(華北)군정대학 교장 겸 정치위원에 임명되었으며, 정확한
교육 방침과 체계적인 교과과정을 수립함으로써 인재 양성에 힘을
쏟았다.

1949년 초 베이징시 군사관제위원회 주임 겸 시장에 임명된 예젠
잉은 녜룽전(聶榮臻)36) · 펑전(彭眞) 등과 함께 베이징시의 평화적
인 해방을 추진하였으며, 새로운 시정부의 구성과 새 수도 건설을
위한 기초를 닦는 데 헌신했다. 4월에 저우언라이를 단장으로 하는
중공대표단에 참가하여 장즈중(張治中)을 단장으로 하는 국민당정부
대표단과 평화회담을 갖고 '국내평화협정'을 도출해내었으나 난징정
부가 이를 거절하였다. 예젠잉은 8월에 중공중앙 화남(華南)분국 제1

---

36) 녜룽전(聶榮臻, 1899-1992)은 중국 10대 원수(元帥)로 쓰촨성(四川省)
장진현(江津縣) 출신이다. 1920년 프랑스 파리대학에 유학하여 자연과학
을 전공하고 1924년 모스크바 동방노동대학(東方勞動大學)에서 수학한
후 1925년 귀국하여 황푸(黃埔)군관학교 정치부비서를 지냈으며, 1927년
상하이[上海]에서 노동자조직을 결성하였다. 같은 해 난창(南昌)봉기에
참가하였다가 홍콩으로 피신하였다. 1931년, 장시(江西) 소비에트구로
들어갔으며, 장정 후, 제1군 정치위원이 되어 산시(山西)지구의 항일전
(抗日戰)에서 활약하였다. 제2차 세계대전 후, 화베이(華北)인민정부위
원을 거쳐 1949년 건국 후 중국인민혁명군사위원회 대리총참모장을 지
냈으며, 베이징(北京) 시장과 국무원부총리를 역임하였다.

서기 겸 광둥(廣東)군구 사령관 및 정치위원에 임명되었다.

중화인민공화국 성립 후 1949년 10월 초 예젠잉은 천겅(陳賡)과 광둥전투를 지휘하여 14일 광저우(廣州)를 해방시켰다. 이후 광둥성 인민정부 주석 겸 광저우시장, 중남(中南)군정위원회 부주석, 화남군구 사령관, 중남군구 사령관 대행, 중공중앙 중남국(中南局) 서기 대행 등의 직무를 역임하였다. 1949년 말에서 1953년까지 화남 지구의 국민당 잔당에 대한 소탕을 영도하였으며 광둥 지역의 경제 건설과 민주개혁을 적극 추진하여 많은 성과를 거두었다. 1950년 2월, 하이난다오(海南島) 해방을 위한 전략 수립을 지도하여 5월 1일 해방작전을 완료했다. 1950년 봄부터 시작된 광둥성(廣東省)의 토지 개혁에서 예젠잉은 화교(華僑)들과 민족상공인들의 이익을 적극 보호하는 정책을 펼쳐 부작용을 최소화하는 데 성공하였다.

1954년 10월, 예젠잉은 베이징으로 돌아와 중앙인민정부의 혁명군사위원회 부주석과 중화인민공화국 국방위원회 부주석, 인민해방군 감찰부장 등의 직책을 역임하였다. 1955년 4월, 훈련총감부장을 맡아 전군의 군사 훈련을 총괄하였으며, 9월에 원수(元帥) 계급을 수여받았다. 1956년 6월, 전국 군사교육기관 회의를 주재하여 부대 현대화에 있어서 교육의 중요한 의의를 강조하였다. 9월, 8전대에 출석하여 중앙위원에 다시 당선되었다. 1958년 3월, 예젠잉은 군사과학원의 설립을 건의하였고, 당의 인준을 받아 원장 겸 정치위원으로 임명되었으며, 같은 해 고등군사과학원 원장을 겸임하였다. 그는 중국의 걸출한 전략가이자 군사교육가로서 현대 군사과학의 연구 분야를 개척하였다. 1959년 9월, 예젠잉은 중앙군사위 상무위원으로 임명되었다. 1960년, 군사위 군사 훈련 및 군사학술연구위원회 주임으로 임명되

었다. 1963년 12월, 전군에 '궈싱푸(郭興福) 교학법(敎學法)'을 확대
보급할 것을 건의하여 마오쩌둥과 군사위원회의 찬동을 얻었다. 이
후 군중성(群衆性) 훈련의 열기가 전군으로 신속하게 확대되어 현저
한 성과를 거두었다. 1965년, 제4기 정치협상전국위원회 부주석에 임
명되었다. 1966년 1월, 예젠잉은 중앙군사위원회 부주석에 임명되었
으며, 5월에는 중공중앙 서기처 서기 및 중앙군사위 비서장에 임명
되어 군의 일상적인 공작을 주재하였다. 8월, 제8기 11중전회에서 정
치국위원으로 당선되었다.

3) "군대(軍隊) 안정이 당과 국가의 근본 이익"

문화대혁명(文化大革命) 10년의 내란 중에 예젠잉은 린뱌오(林
彪)·장칭(江靑) 등 두 개의 반혁명집단과 여러 형태의 투쟁을 꾸준
히 전개하였다. 문혁 초기에 당의 영도를 견지하고 군(軍)을 안정시
키며, 노간부들을 보호하기 위해 예젠잉은 자신의 직무 범위 내에서
일련의 조치들을 취하였다. 1966년 10월, 중앙공작회의에서 여러 차
례의 발언을 통해 군대를 혼란시키는 것에 대한 반대 입장을 분명히
하였다. 11월 13일, 베이징노동자체육관에서 열린 군사교육기관 및
문화체육단체 10만인대회의 강화를 통해 예젠잉은 당시의 잘못된 행
태를 비판하였다. 예젠잉은 11월 29일, 린뱌오·장칭 등이 류사오
치·덩샤오핑 타도를 선동하는 것에 맞서 군사박물관에 명확하게 지
시하여 두 사람의 사진을 보존토록 조치하였다. 1967년 1월, 중앙정
치국회의에서 예젠잉은 군대 안정화에 관하여 발언하였다. 그는 전국

군구(軍區) 이상의 군사 단위에서 발생한 소요 사태의 통계를 작성하고 장칭 등을 비판하였으며, "내우(內憂)는 필연적으로 외환(外患)을 초래하므로 군대를 안정시키는 것이 당과 국가의 근본 이익"이라고 지적하였다. 1월 20일 군사위원회 회의에서 예젠잉은 장칭·캉성(康生)·천보다(陳伯達) 등의 노간부 타도와 반당 행위를 격렬하게 비난하였으며, 이 과정에서 책상을 손으로 내리치다 부딪쳐 오른손에 골절상을 입었다. 치열한 투쟁 끝에 예젠잉은 중앙군사위의 '여덟 가지 명령'의 제정을 주재하였으며, 마오쩌둥의 비준을 얻어 이를 집행하게 됨으로써 당시의 정세를 안정화하는 데 중요한 작용을 하였다. 1967년 2월 14일, 정치국회의에서 예젠잉은 분노에 가득 찬 목소리로 캉성·천보다·장춘차오(張春橋) 등에게 질문을 던졌다. "그대들은 당과 정부를 혼란시키고 공장과 농촌을 어지럽혔다. 그것도 부족해서 이제 군대까지 뒤흔들려고 하니 도대체 무슨 짓을 하려는 거요?" 린뱌오·장칭 등은 예젠잉과 노간부들이 문혁(文革)에 저항하고 나서자 '2월 역류(逆流)'로 이들을 모함에 빠뜨렸다. 예젠잉은 박해를 받게 되었으며, 사실상 당과 군의 모든 직책을 빼앗기게 되었다.

1969년 4월, 당의 제9기 2중전회에서 마오쩌둥과 저우언라이의 제안으로 예젠잉은 중앙정치국위원으로 선출되었다. 6월부터 10월까지 예젠잉·천이(陳毅)·쉬샹첸(徐向前)·녜룽전(聶榮臻) 등은 마오쩌둥과 저우언라이의 위탁에 따라 복잡하게 얽힌 국제 정세를 세밀하게 분석하는 작업에 들어갔으며, 대외 공작의 새로운 국면을 개척하기 위해 전략적인 의견과 건의를 제출하였다. 1969년 10월, 린뱌오가 이른바 '전쟁 준비를 위한 소산(疏散)'으로 이름 붙인 계획에 따라 예젠잉은 베이징에서 쫓겨났으며, 병마(病魔)에 시달리는 가운데 후난(湖南)과 광둥(廣東) 지역을 전전하면서 박해를 받았다.

1970년 8월과 9월, 예젠잉은 루산(廬山)에서 열린 당의 제9기 2중전회에 참가하여 린뱌오·천보다 등의 정권탈취 음모를 저지하기 위해 끈질긴 투쟁을 벌였다. 회의 후, 예젠잉은 마오쩌둥과 저우언라이의 지시를 받아 조사단을 이끌고 푸젠·광둥·광시·후난·후베이 등지에서 조사활동을 벌여 천보다의 반동 행위와 정치적 기만 행위를 폭로하였다. 1971년 린뱌오 탈출사건 후, 예젠잉은 군사위원회 부주석의 직책에 복귀하여 군사위의 일상적인 공작을 주재함으로써 전국의 상황과 군대의 안정화에 중요한 작용을 하였다. 1971년 7월, 예젠잉은 비밀리에 중국을 방문한 미국 대통령 안보보좌관 키신저의 접대를 주관하였다. 1972년에는 닉슨 미국 대통령과 타나카 일본 총리의 중국 방문 때 그 접대 행사를 주관하였다. 다시 1973년에 두 번째로 중국을 찾은 키신저를 접대하였다. 이로써 예젠잉은 중미 및 중일간의 외교 관계 수립에 중요한 공헌을 하였다. 1973년 8월, 당의 제10기 1중전회에서 당 중앙 부주석에 당선되었다. 1974년 1월, 덩샤오핑(鄧小平)과 함께 시사(西沙)군도 탈환 작전을 지휘하여 베트남(월남)에 빼앗겼던 도서(島嶼)를 다시 되찾았다.

1975년 1월 제4기 전인대 제1차회의에서 예젠잉은 국방부장에 임명되었다. 6월과 7월에 걸쳐 예젠잉은 덩샤오핑과 함께 역사적으로 큰 의미를 가진 군사확대회의를 주재하였다. 그는 국제 형세를 전망하고, 군대 예산을 긴축하였으며, 군대 편제를 조정하여 간부들의 숫자가 과잉으로 넘치는 문제를 해결하기 위한 조치들을 취하였다. 그는 회의를 전후하여 많은 고위 간부들과 대화를 갖고 마오쩌둥이 '사인방(四人帮)'을 비판한 내용을 전달하였으며, 장칭 등이 중앙을

배반하고 군대를 조정하기 위한 음모 활동을 벌이는 것을 경계하도
록 하였다. 예젠잉의 주재 아래 전군 20여개 대단위 영도 집단에 대
한 조정 작업을 진행함으로써 뒷날 장칭 반혁명 집단을 분쇄하기 위
한 중요한 조건을 조성하였다. 1976년 예젠잉은 이른바 '우경(右傾)
소탕작업'에 의해 또다시 직책을 빼앗기는 신세가 되었다.

4) 사인방(四人幇) 분쇄에 핵심적 역할

1976년 저우언라이, 주더, 마오쩌둥이 잇따라 사망하게 되자 장칭
(江青) 집단은 당과 국가의 최고 영도권 찬탈을 위한 음모 활동을 가
속화하였다. 10월에 당과 국가가 위험한 지경에 처해 있을 때, 예젠잉
은 중앙정치국의 다른 지도자들과 힘을 합쳐 장칭 집단을 분쇄하고
위난에 빠진 당을 구해 내었다. 이 과정에서 예젠잉은 핵심적인 인물
로서의 역할을 다하였다. 그는 덩샤오핑(鄧小平)과 천윈(陳雲) 등 오
랜 경험을 갖고 있는 혁명 동지들을 적극 추천하여 당과 국가의 영도
권을 잡도록 하였으며, '톈안먼(天安門)사건'을 긍정적인 혁명 운동으
로 인정하고 기타 여러 억울한 사건들을 바로잡는 데 힘썼다.

1977년 3월, 예젠잉은 다시 군사위원회의 일상적인 공작을 주재하
기 시작하여 군 내부에 남아 있던 린뱌오·장칭집단의 잔재 요소와
영향력을 제거하는 작업을 벌였다. 7월 31일, 중공중앙과 국무원, 중
앙군사위가 개최한 건군 50주년 기념대회에서 예젠잉은 인민해방군
50년의 역사를 회고하고, 마오쩌둥의 군사 사상을 체계적으로 논술
하였으며, 앞으로 군이 수행해야 할 새로운 역사적 임무를 제안하였

다. 8월, 당 제11기 1중전회에서 당 중앙 부주석으로 당선되었다.

1978년 3월 5일, 제5기 전인대 제1차회의에서 전인대 상무위원회 위원장에 당선되었다. 이 회의의 해방군 대표단 소조회의에서 예젠잉은 군 간부들이 마르크스레닌주의와 프롤레타리아 독재를 견지하고 사회주의의 길을 견지해야 하며, 군대는 반드시 당의 절대 영도 아래 있어야 한다고 강조했다. 전인대 상무위원장을 맡고 있는 동안 예젠잉은 수많은 외국 원수들과 대표단을 접견하고 세계 각국과의 우호 관계를 발전시키는 데 기여했다. 1978년 12월, 당 제11기 3중전회에서 덩샤오핑 등 중앙의 영도자들과 함께 당의 마르크스주의 사상노선과 정치조직노선을 새롭게 확립하고 이전의 그릇된 혼란 행위를 바로 잡는 조치를 취하였다.

1979년 7월 예젠잉은 전인대 상무위원회에서 '타이완(臺灣) 동포에게 고함'이라는 문서를 채택하여 "중국의 통일을 실현하는 것은 모든 사람이 원하는 것"이라고 지적하고, "양안(兩岸)간의 무역을 발전시키고 경제 교류를 활발히 할 것과 통항(通航) 등을 조속히 실행할 것"을 제안하였다. 1979년 9월 30일, 예젠잉은 중공중앙을 대표하여 중화인민공화국 건국 30주년 기념대회에서 강화를 발표하여 건국 30년의 성취와 잘못을 논술하였으며, 문화대혁명의 교훈을 총결하였고, 고도 물질문명을 건설함과 동시에 고도의 사회주의 정신문명을 건설하기 위해 전국인민들이 일치단결하여 4개 현대화의 목표 실현을 위해 힘차게 전진하자고 호소했다.

1980년 9월, 예젠잉은 헌법개정위원회 주임을 맡아 제5기 전인대 제5차회의에서 '중화인민공화국 헌법'을 통과시켰으며, '형법'·'형사소송법'·'민사소송법' 등 22개 법률의 제정을 주재함으로써 중국의 법치 제도 확립의 초석을 놓는 작업에 진력했다. 1981년 9월 30일, 예젠잉은 '대만의 조국 회귀와 평화 통일 실현 방침에 관한 정책'의 담화를 발표하여 통일을 위한 9개 항의 구체적인 정책을 제안하였고, 국공(國共) 양당의 대등한 담판을 통하여 제3차 국공합작(國共合作)을 이룩하자고 호소했다. 그는 항상 관광 및 친척 방문을 위해 중국을 방문한 홍콩·마카오 및 해외 화교들을 만나 통일 방안을 설명하였으며, 이들을 격려하였다.

1982년 9월, 당의 12전대에서 예젠잉은 중요 강화를 발표하여 사회주의현대화건설의 새로운 국면을 맞아 반드시 연부역강(年富力强)한 새로운 지도자들이 지도자 반열에 참가해야 한다고 강조하고, 중앙위원회는 민주 집중제의 지도 원칙을 견지해야 한다고 지적했다. 그는 제12기 1중전회에서 중앙정치국 상무위원으로 선출되었다.

1983년 2월 25일, 제5기 전국인민대표대회의 임기가 막 만료될 무렵, 예젠잉은 전인대 상무위원회에 서신을 보내 다시는 자신의 이름을 제6기 전인대 대표에 포함시키지 말 것을 요구하여 정계에서 은퇴하겠다는 뜻을 분명히 했다. 3월 5일, 전인대 상무위원회는 그의 이러한 의견에 동의한다는 회신을 보냈으며, 50년이 넘는 오랜 기간 그가 당과 국가에 바친 공헌에 대하여 찬양의 뜻을 표명했다. 6월, 제6기 전인대 제1차회의에서 그는 중화인민공화국 중앙군사위원회 부주석에 임명되었다.

1985년 9월, 예젠잉은 다른 63명의 노간부들과 함께 당의 제12기 4중전회에 서신을 보내 자신들이 다시는 중앙위원에 임명되지 않도록 청구하였으며, 보다 젊고 유능한 동지들이 중앙위원회에 들어가 일을 처리해 줄 것을 요청하였다. 중전회는 이들의 청구에 동의하였다.

1986년 10월 22일, 예젠잉은 숙환으로 인해 베이징에서 사망하였는데 향년 90세였다.

5) 송(宋)의 여단(呂端)과 같이 큰일 잘 처리

예젠잉은 마오쩌둥보다 세 살 적었으나 거의 같은 연배와 같았다. 어릴 때부터 혁명에 참가하여 대륙을 횡단하며 큰 공을 세웠다. 건국 후, 오랜 기간 당과 국가, 군대의 중요한 영도 직무를 맡았으며, 마오쩌둥의 영도 아래 여러 가지 중요한 공작을 훌륭하게 수행하여 마오쩌둥의 깊은 이해를 얻었다. "제갈공명은 일생동안 근신하였으며, 여단(呂端)은 큰일을 처리함에 조금도 어리석지 않았다. 큰일을 처리함에 있어 어리석지 않음은 예젠잉(葉劍英) 또한 마찬가지이노라!" 마오쩌둥이 생전에 예젠잉에게 남긴 이 말은 높은 평가의 뜻을 담고 있다.

"여단(呂端)이 큰일에 어리석지 않았다(呂端大事不糊塗)."는 말은 송사(宋史)에 나온다. 송 태종(太宗)이 대신(大臣) 여단을 칭찬하여 말하기를 "여단은 작은 일에 어리석고, 큰일에는 어리석지 않다"고 했던 것이다. 어찌하여 작은 일에 어리석었다고 했는가? 그것은 곧 개인의 이해득실 방면에 있어 계교가 없고 뜻을 품지 않았다는 것을 의미한다. 여단은 이러쿵저러쿵 낭설을 퍼뜨리는 말장난을 싫어하였으며, 곧바로 말하고 실행하는 태도를 중시하였다. 이것이 곧 작은 일에 어리석지 않았다는 것이다. 어찌하여 큰일에 어리석지 않았다는 것인가? 그것은 곧 국가의 흥망과 인민의 안전에 관계되는 일에

282

는 마음을 맑게 하고 눈을 밝게 하였으며, 원칙을 견지해 공정하게 일을 처리하였고, 시비를 분명히 가렸다는 뜻이다. 어떤 사람이 반역을 일으킨 이계천(李繼遷) 장군의 어머니를 불러 죽이려고 하였을 때, 여단이 이를 전해 듣고 중요한 일이라 판단하여 성상(聖上)에게 즉시 보고하고 이계천의 어머니를 안전하게 보호하여 좋게 대우할 것을 건의하였다. 이로써 이계천이 즉시 항복을 하지는 않겠지만, 그의 마음을 붙들어 맬 수는 있을 것이라고 보았던 것이다. 송 태종은 여단의 의견을 받아들여 무고한 살인을 피했을 뿐만 아니라 나중에 이계천의 후손들이 감동하여 마침내 귀순하게 했던 것이다. 송 태종은 감격하여 여단에게 말했다. "만약 그대가 없었다면 대사를 그르칠 뻔 했구나!"

마오쩌둥의 예젠잉에 대한 높은 평가는 어떤 역사적 배경에서 나온 것인가? 여기에 대해 보이보(薄一波)가 아주 상세하게 설명하고 있다. 보이보는 1994년 7월 5일, 그를 찾아 온 판쉬(范碩, 예젠잉의 비서)와 황터웨이(黃特偉, 광둥예젠잉연구회원)에게 다음과 같이 말했다. "예젠잉 원수의 당에 대한 가장 큰 공헌은 두 가지이다. 첫째는 장정(長征) 도중 장궈타오가 천창하오(陳昌浩)에게 우로군을 이끌고 남하하라는 명령을 내린 비밀 전보를 즉시 마오 주석에게 보고하여 중앙 홍군이 원래 방향대로 북상하게 함으로써 당과 홍군을 구한 것이다. 1959년 중앙회의는 베이다이허(北戴河)에서 베이징으로 옮겨와 계속되었는데, 이 자리에서 마오 주석은 돌연히 감흥이 일어나 말했다. '예젠잉(葉劍英) 그대에게 이르노니 제갈공명은 일생동안 오로지 근신하였으나, 여단(呂端)은 큰일을 처리함에 조금도 어리석지 않았다. 큰일을 처리함에 있어 어리석지 않음은 예젠잉(葉劍英) 또한 마찬가지이노라!' 나는 이 말을 듣고 마오 주석의 말이 너무나 절절히 가슴에 새겨졌으며, 자리를 같이 한 동지들도 같은 심정이었다. 예젠잉 원수의 당에 대한 두 번째 공헌은 '사인방(四人幇)'을 분쇄한 것이다. 이 투쟁에서 그는 핵심적인 인물로 큰일을 처리하였다."

예젠잉이 장궈타오의 비밀 전보를 낚아챈 구체적인 경위는 다음과 같다. 홍군의 장정 도중 중앙정치국은 1935년 8월 마오얼가이 회의에서 홍1방면군과 홍4방면군을 좌우 양로로 나누어 초원 지대를 통과해 북상하여 간쑤 남쪽에 도달하기로 결정했다. 그러나 좌로군을 이끌던 장궈타오는 중앙의 북상방침을 거부하고 9월 9일 천창하오에게 비밀 전보를 보내어 우로군을 이끌고 남하하여 철저한 당내 투쟁을 전개할 것을 명령함으로써 당 중앙을 분열시키려 시도했다. 당시 우로군 참모장을 맡고 있던 예젠잉은 장궈타오의 비밀 전보를 손에 넣은 후 즉각 중공중앙이 주재하던 곳으로 비밀리에 잠입하여 마오 주석에게 이 사실을 보고하였다. 마오 주석과 중앙 지도자들은 즉시 긴급회의를 소집하고 홍1방면군의 주력을 먼저 북상시키도록 하여 신속하게 위험한 곳을 벗어나도록 하였다. 마오쩌둥은 뒷날 여러 차례 예젠잉이 절대절명의 시기에 큰 공을 세웠음을 찬양하였다. 그 밖의 중앙 지도자들, 저우언라이·주더·펑더화이·덩샤오핑·천이·녜룽전·장원롄(張聞天)·친방셴(秦邦憲)·왕자샹(王稼祥)·양상쿤(楊尚昆)·덩잉차오(鄧穎超) 등도 예젠잉의 이 같은 공적을 찬양해 마지않았다.

6) "시간 짜내 학습하고, 시간 훔쳐 휴식하라"

마오쩌둥이 예젠잉에 대해 큰일을 잘 처리한다고 칭찬한 것은 장정 이전의 국가 위기에서도 여러 차례 그 사례를 볼 수 있다. 1922년 6월, 천중밍(陳炯明)이 반란을 일으켜 총통부를 포격함으로써 쑨원(孫文)이 광저우에서 위난에 처했을 때, 예젠잉은 의연히 천중밍과 결별하였으며, 병력을 이끌고 대총통을 결사 보위하였다. 또 1927년 4월 장제스가 정변을 일으켰을 때, 당시 장제스에 의해 신편(新編) 제2사단 사단장 대리로 임명되어 있던 예젠잉은 그와 의연히 결별하고 공산당에 합류하였다. 또 1927년 7월, 중공중앙이 비밀리에 난창(南昌)봉기를 계획하고 있던 관건의 시기에 당시 국민혁명군 제4군 참모장을 맡고 있던 예젠잉은 왕징웨이(汪精衛)와 장파쿠이(張發奎)가 허룽과 예팅을 루산으로 유인하여 체포하고 봉기를 차단하려는 음모를 꾸미는 것을 알자 즉시 산에서 내려와 이를 알렸으며, 대책을 수립하여 난창봉기를 예정대로 진행시켰다. 이후 난창봉기가 실패로 돌아가자, 왕징웨이는 장파쿠이 등을 보내 남하하는 봉기군의 추격에 나섰는데, 예젠잉은 장파쿠이의 추격을 만류하여 봉기군이 광둥으로 가서 광저우봉기를 일으킬 수 있도록 도왔다. 이 밖에도 시안(西安)사건 때는 장쉐량의 공관에 숨어있으면서 여러 차례 밀담을 통하여 사건의 평화적 해결과 국공합작의 성사를 위해 노력하였다. 이후, 옌안이 적의 대병력에 의해 포위되었을 때는 '공성계(空城計)'를 써 위난에서 벗어나는 기지를 보였다. 베이징 군사조절담판에서는 400일간을 투쟁하여 사명을 완수하였다. 그는 역사적 전환점에 처할 때마다 방향을 정확하게 판단하고, 지혜와 용기로써 난국을 돌파함으로써 큰일을 처리함에 어리석지 않았다.

예젠잉은 지식이 깊고 넓었으며 일생 동안 학습을 게을리 하지 않았다. 그의 사무실 책상 위에는 하나의 좌우명(座右銘)이 있는데, "시간을 아껴 일을 하며, 시간을 짜내 학습하고, 시간을 훔쳐 휴식하라."고 적혀 있었다.

문화대혁명 기간 중 그는 조반파(造反派)의 박해를 받았다. 1969년 겨울, 칠순이 넘은 예젠잉은 '하방(下放)'되어 후난(湖南) 창사(長沙)·위에양(岳陽)·샹탄(湘潭) 등지를 돌며 린뱌오 집단으로부터 냉대와 박해를 받았다. 이 시기에 그는 비록 역경에 처하여 나이 들고 병들었으며 자식들과 헤어지게 되었어도(일부는 감옥에 갇히고, 일부는 장애인이 되었다), 시종 태연하게 학습의 투지를 꺾지 않았다. 그는 매일 마르크스레닌주의 서적과 마오쩌둥 저작, 그리고 고전문학을 읽었으며, 영어 공부와 신체 단련도 게을리하지 않았다.

예젠잉은 만년에 종신제(終身制) 폐지를 실제 행동으로 보였으며, 이를 당의 공식 기구와 동지들에게 공개적으로 천명함으로써 당의 조직을 젊게 하는 데 기여하였다. 이것이 그의 당과 국가에 대한 마지막 봉사였다고 할 수 있다.

18 허룽(賀龍)은 제2방면군의 깃발

10대 개국원수(開國元帥)의 한 사람으로 특이한 경력을 가진 무산계급 혁명가 허룽은 혁명전쟁 중은 물론 평화건설 시기에도 여러 가지 공적을 쌓았다. 마오쩌둥은 허룽을 깊이 신뢰하였으며 높이 평가하였다. 허룽의 만년의 불행에 대하여 마오쩌둥은 "내 자신에게도 책임이 있다."고 인정하였으며, 그 억울함을 풀어주기 위해 직접 나서기도 했다.

허룽(賀龍)은 제2방면군의 깃발이다.

- 李智舜, 『毛澤東與開國上將』(中央黨校出版社, 1995), p. 168.

허룽(賀龍, 1896-1969)은 본명이 원창(文常), 자는 윈칭(雲卿)으로 1896년 3월 22일, 후난성(湖南省) 쌍즈현(桑植縣)에서 군인의 아들로 태어났다. 학교 교육을 거의 받지 않았고, 16세 때 봉기군을 모으기 위해 산에 들어간 특이한 경력의 소유자다. 21세 때, 1만8천 명의 부하를 거느리고 8개 현을 지배했으며 농민군이라 자칭했다고 한다.

1922년 쑨원(孫文)에 의해 제9혼성여단 여단장에 임명되었다. 1926년 북벌전쟁에 참가하여 국민혁명군 제8군 제6사단장 겸 장시(江西) 방어사령관, 제9군 제1사단장, 제20군 군사령관 등을 역임하였다. 1927년, 중국공산당에 입당하였고, 저우언라이 · 주더 등과 함께 난창(南昌) 봉기를 지도하였다. 그 뒤 저우이췬(周逸群) · 돤더창(段德昌) 등과 함께 후난 · 후베이 서부 지역에 혁명근거지를 건설하였다. 홍군 제2군 사령관 겸 제2군단 총지휘를 맡았으며, 중공 후난 · 후베이 서부 분국(分局) 위원을 역임했다. 1934년, 구이저우(貴州) 동부에서 런비스(任弼時)가 영도하는 홍6군단과 회합한 후, 후난 · 후베이 · 쓰촨(四川) · 구이저우 혁명근거지를 개척하였다. 홍2 · 6군단 총지휘 겸 후베이 · 쓰촨(四川) · 구이저우 군구(軍區) 사령관을 역임하였으며 이 지역 군사위 분회(分會)의 주석과 홍2방면군의 총지휘를 맡았다.

항일전쟁 시기에 팔로군 제120사단장, 산시(山西) · 내몽고 군구사령관, 섬감녕 및 산시(山西) · 내몽골 5개성 연합방위군 사령관 등을 역임하며 산시(山西) · 내몽골에 항일근거지를 건설하였다. 해방전쟁 시기에는 서북군구 사령관, 중공중앙 서북국(西北局) 제2서기를 역임하였다. 건국 후, 중앙인민정부 위원, 서남군정위원회 부주석, 서남군구 사령관, 중공중앙 서남국 제3서기, 국방위원회 부주석, 국무원 부총리 겸 국가체육 운동위원회 주임을 역임하였다. 1955년 중화인민공화국 원수 계급을 수여받았다. 중국공산당 제7·8전대에서 중앙위원에 당선되었으며, 제8기 1중전회에서 중앙정치국위원과 중공중앙 군사위원회 부주석에 당선되었다. 문화대혁명 중 무고한 죄명을 뒤집어쓰고 박해를 받아 1969년 6월 9일 사망하였는데, 향년 73세였다.

1) 무장투쟁과 토지(土地)혁명 함께 결합

1967년 여름, 인민해방군 총참모장 대행을 맡은 양청우(楊成武)는 마오쩌둥을 수행하여 장강(長江) 남북을 시찰하였다. 8월 1일, 건군절(建軍節)을 앞두고 마오쩌둥은 양청우를 숙소로 불러 행사 준비를 지시하였다. "올해 건군절 초대회는 규모를 좀 크게 하여 많은 원수(元帥)들이 참가할 수 있도록 하시오." 그 뒤 양청우로부터 베이징이 지금 혼란하여 옛 원수들이 많은 타격을 받고 있다는 보고를 받은 마오쩌둥은 옛 원수들을 일일이 평가하면서 허룽(賀龍)에 대하여는 "2방면군의 깃발"이라고 말했다. 마오쩌둥은 문화대혁명의 혼란 중에서도 허룽이 2방면군의 깃발이었음을 잊지 않고 있었으며, 허룽의 역사적 지위를 인정하고 있었다. 허룽이 2방면군의 깃발이 된 것은 중국혁명의 역사 중 자연적으로 형성된 것이다.

토지혁명 시기에 중국공농홍군은 거의 동시에 제1·제4·제2 방면군을 건설하였다. 그중 제2방면군의 창설과 발전은 허룽의 이름과 시종 함께 연계되어 있었다. 난창봉기가 실패한 후, 허룽은 당의 지시를 받고 먼저 후베이성(湖北省) 홍후(洪湖)지구로 가서 흩어진 병력을 끌어 모았으며, 이들을 이끌고 후난(湖南) 서부로 가서 무장역량을 재조직하였다. 그는 징강산 근거지를 모방하여 군중을 동원하고 집안사람들과 친지들을 군대에 참여시켰으며, 자금을 모아 무기를 사들이기 시작했다. 그는 군중들을 이끌고 토호(土豪)들을 타도하고 지방의 도적들을 소탕하였으며, 토지혁명과 유격전쟁을 병행하였다. 그는 부대를 건설함에 있어 당의 각급 조직과 정치공작제도를 도입하여 관병(官兵) 일치와 군민(軍民) 일치를 실행하여 무장투쟁과 군중 투쟁, 그리고 토지 혁명을 함께 결합시켰다. 허룽은 홍군을 창건하는 과정에서 세 번이나 엄중한 좌절을 경험하였으나, 완강한 정신력으로 이를 극복하고 다시 일어서 마침내 후난·후베이 서부 지역에 확고한 혁명근거지를 건설하는 데 성공하였다.

1930년 상반기에 허룽은 세 번째로 홍4군을 이끌고 동쪽으로 진군하여 7월초, 궁안(公安)에서 홍6군과 성공적으로 회합하였으며, 당의 지시에 따라 양군은 홍2군단으로 개편되었고, 허룽은 총지휘 겸 제2군 군사령관과 당의 군단전위(軍團前委)위원에 임명되었다. 홍2군과 홍6군의 합류로 후난 지역에서의 홍군의 세력은 막강한 형세를 유지하게 되었다.

1934년 10월, 허룽이 이끄는 부대는 장시 지역에서 포위망을 뚫고 나온 런비스·샤오커(肖克)·왕전(王震)의 홍6군단을 구이저우와 쓰촨의 경계 지역에서 성공적으로 만나 이로부터 두 군단은 함께 행동하기 시작했다. 이후 당 중앙은 이 지역에 군사상의 집체 영도 체제를 수립하기로 결정하고 혁명군사위원회 후난·후베이·쓰촨·구이저우 분회를 설립하여 허룽을 주석으로 임명했다. 1936년 7월, 허룽과 런비스 등은 부대를 이끌고 설산(雪山)을 넘어 간쑤에 도달하여 홍4방면군과 회합하게 된다. 7월 5일, 당 중앙은 명령을 하달하여 제2·6군단과 제32군으로 중국공농홍군 제2방면군을 조성하고 허룽을 총지휘관에 임명했다. 1937년 항일전쟁이 시작된 후, 홍군은 국민혁명군 제팔로군(第八路軍)으로 개편되었고, 제2방면군은 제120사단으로 개편되었으며, 허룽은 그 사단장에 임명되었다. 이후 항일전쟁의 승리와 해방전쟁의 승리에 있어 허룽의 걸출한 공헌은 역사에 잘 남아있다. 이상에서 살펴본 바와 같이 허룽은 백전노장(百戰老將)으로 탁월한 군사적 재능을 갖추었으며, 충성심도 뛰어난 훌륭한 군인이었다. 그리하여 그는 1955년, 마오쩌둥 주석으로부터 원수 계급을 수여받았으며, 1급 8·1훈장과 1급 독립자유훈장, 그리고 1급 해방훈장을 수여받았다.

2) 국방공업(國防工業) 신기술 개발에 주력

허룽(賀龍)의 영웅적인 노력은 전쟁 시기를 지나 평화건설 시기에도 유감없이 발휘되었다. 1959년, 중앙의 명령에 따라 국방 공업을 관장하게 된 허룽은 군사 기업의 경영에 깊이 관여하여 품질 개선과 신기술 개발을 독려함으로써 현저한 성과를 거두었다. 그는 1964년 군사위원회의 일상 공작을 주재하면서 야전군(野戰軍)과 지방군(地方軍), 그리고 민병(民兵)을 3자 결합하는 무력 체제를 구축하였고, 전군에 걸쳐 군중성의 훈련 열기를 고조시켰다. 허룽은 국가체육 운동위원회 주임을 맡는 동안, 사회주의 체육 사업을 개척하여 아주 짧은 시간 내에 옛 중국의 운동 기록들을 경신하였고, 상당한 정도의 항목에서 세계 기록의 경신과 함께 세계 챔피언에 오르는 성과를 거두기도 했다.

허룽은 당에 대한 충성심이 뛰어나 여러 차례의 전환점에서도 조금도 변절하지 않고 꿋꿋이 당을 보위하는 태도를 견지하였다. 1927년 7월 10일께 왕징웨이가 공개적으로 반란을 도모하였을 때, 허룽은 중대장 이상의 지휘관을 소집하여 시국을 분석하면서 우리 앞에 세 가지 선택의 길이 있다고 지적하였다. 첫째는 부대를 해체하고 집으로 돌아가는 것, 둘째는 장제스와 왕징웨이를 따라 반혁명으로 가 형제들을 도살하는 일, 셋째는 공산당을 따라 끝까지 가는 것이었다. 그는 힘찬 목소리로 말했다. "첫째 길은 자살의 길이요, 둘째 길은 반혁명의 길로 절대 갈 수 없으니, 공산당을 따라 혁명의 길을 끝까지 가자!"

난창봉기 직전에 허룽은 중앙정치국 임시상무위원과 함께 당의 전적(前敵)위원회 서기 저우언라이를 만났다. 저우언라이는 허룽에게 당 중앙이 이미 무장봉기를 일으키기로 결정하였음을 알리고 그의 의견을 구하였다. 허룽은 이에 동의를 표시하였으며, 아울러 "나는 공산당의 지시를 완전히 따른다. 어떻게 하라고 일러 주면 나는 그대로 실행할 것이다"라고 말했다. 저우언라이는 전적위원회를 대표하여 허룽을 봉기군의 총지휘로 임명하였다. 이 해 9월 초, 허룽은 중국공산당에 입당하여 오랜 그의 숙원을 달성했다. 루이진(瑞金)의 한 소학교에서 그는 장엄하게 입당 수속을 밟았는데 입당 소개인은 저우이췬(周逸群)과 탄핑산(譚平山)이었다. 저우언라이 등이 입당의식에 출석하여 좋은 이야기를 하였다. 입당 후 허룽의 충성심은 더욱 견고해졌으며, 이때부터 "내가 지휘하는 군대는 당의 것이고, 나의 머리 또한 당의 것이니, 당은 곧 나의 생명"이라고 강조하기에 이르렀다.

허룽은 이 같이 굳은 충성심으로 인하여 적의 달콤한 회유에 조금도 흔들리지 않았다. 일찍이 북벌에 나섰을 때, 허룽이 명령에 따라 우한(武漢)으로 병력을 돌렸는데, 장제스가 허룽의 부대를 격멸하려고 시도했으나 허룽의 방비책 때문에 실패하고 말았다. 장제스는 이에 그의 참모장 주사오량(朱紹良)을 한커우(漢口)로 잠입시켜 허룽과 연결을 시도하였으며, 자신을 옹호하기만 한다면 즉각 허룽을 장시성(江西省) 주석으로 임명하겠다고 제의하였다. 허룽은 단연코 이 제의를 거절하였으며, 기회를 보아 세객(說客)을 체포하려 계획하였는데, 주사오량은 형세가 여의치 못함을 알고 난징으로 도망쳤다.

또 1933년 허룽이 부대를 이끌고 훙후를 빠져나와 후난과 쓰촨의 변경지역을 떠돌고 있을 때 장제스는 시기가 도래하였다고 판단하고 슝궁칭(熊貢卿)을 보내 허룽을 자기편으로 끌어들이려 시도했다. 허룽은 매우 화가 치밀었으나, 이를 즉각 당의 후난·후베이 서부 중앙분국에 보고하였으며, 이에 중앙분국은 다음과 같은 결정을 내렸다. "장제스의 중앙소비에트 및 홍4방면군에 대한 파괴 공작에 대한 소식을 얻기 위해 슝궁칭이 오는 것을 허락한다." 허룽은 장제스의 홍군 파괴 작전의 대강을 파악한 뒤 슝궁칭을 처결하겠다고 요구하였으며, 중앙분국은 이에 동의하였다. 그리하여 허룽은 이 반동 정객을 룽산현(龍山縣) 츠옌탕(茨岩塘)의 길가에서 총살하였던 것이다.

3) 박해 속에서도 당성과 정절 굽히지 않아

허룽(賀龍)의 당에 대한 충성심은 1936년 7월 홍2·6군단이 제4방면군과 간쯔(甘孜)에서 만났을 때 다시 한번 뚜렷이 표출되었다. 당시 장궈타오(張國燾)는 병력과 무기 면에서 월등한 세력을 가지고 있었으므로 당과 홍군을 분열시키는 음모 활동에 여념이 없었다. 그는 2·6군단을 속여서 자기편으로 끌어들여 당 중앙에 맞서게 하려고 계획하였다. 그러나 그의 희망과는 달리 허룽의 부대는 오랜 기간 중앙과 떨어져 단독으로 일개 지역에서 활동을 벌였음에도 불구하고 유달리 강한 당성을 지니고 있었다. 허룽은 당 중앙과 완전히 같은 생각을 가지고 있었으며 그의 각 근거지는 신체의 일부분과 같이 일사불란하게 당 중앙을 보호하기 위해 나섰던 것이다. 쭌이회의 이후 허룽은 당 중앙의 영도가 정확하다는 것을 깊이 깨닫고 있었으므로 중앙에 대한 어떠한 공격과 모함도 받아들이지 않았다. 장궈타오는 마오쩌둥 등을 지명하여 공격하는 소책자를 2·6군단에 살포하였으나, 허룽은 이를 발견하는 즉시 회수하여 정치부내에 보관토록 하였다. 장궈타오는 2·6군단에 사람을 파견하여 초원지대를 통과한 경험을 전달한다는 구실로 당 중앙에 대한 반대를 선동하려 했으나 허룽 등 영도자들은 이를 미리 방비하였다. 즉 그는 "당중앙이라는 말을 절대 꺼내서는 안 된다, 제1·4방면군의 문제도 말해서는 안 된다."고 명확하게 규정했던 것이다. 장궈타오는 제1·4방면군의 문제를 당에서 토의하자고 제안하며 제2·6군단의 동의를 얻어내려 협박하였으나, 허룽과 런비스 등은 "다수가 소수에게 압력을 행사해서는 안 된다."고 반대하며 깃발도 선명하게 당 중앙의 입장을 옹호하고 장궈타오의 음모에 저항하였다. 장궈타오는 조급하게 분열 활동을 진행하였으나 허룽 등의 협조를 얻지 못해 결국 실패하게 된다.

　허룽의 당에 대한 충성심은 문화대혁명의 와중에서도 선명히 표출되었다. 그는 린뱌오와 장칭 등의 음모를 일찍이 간파하고 이에 대한 저항과 투쟁을 진행하였다. 1966년 8월, 허룽은 왕상룽(王尙榮)이 반혁명의 무고한 누명을 썼다는 소식을 듣고 분노하여 말했다. "이

제 보니 문제가 복잡하다. 그들은 뒤에서 배후조종을 하고 있다." 얼마 뒤 린뱌오는 허룽을 무고하면서 음험하게 허룽을 협박했다. "당신의 문제는 크다면 크고, 작다면 작소. 앞으로 주의해야 할 하나의 문제는 누구를 지지하고 누구를 반대할 것이냐 하는 것이오." 이는 허룽이 자신에게 대적할 수 없음을 암시한 말이었다. 허룽은 이 같은 말에 상대도 하지 않고 명확하고 확실하게 답하였다. "그 누가 마오 주석에게 반대한다면, 나는 그를 반대할 것이오."

린뱌오와 장칭 두 집단의 반혁명 음모와 무고로 인해 허룽은 정신과 육체 모두 크나큰 박해를 받았으나, 그는 끝까지 자신의 당성과 정절을 굽히지 않았다. 마침내 박해로 인해 1969년 6월 9일 숨을 거두니, 그때 나이 73세였다. 린뱌오 탈출의 9·13사건 이후 마오쩌둥은 이전의 여러 사건들에 대한 재평가에 착수하였다. 1973년 12월 21일, 중앙군사위원회에 참가한 동지들과의 담화에서 마오쩌둥은 "허룽 동지에 대한 처분은 잘못되었다고 본다."고 말했다. 허룽의 죽음은 마오쩌둥의 마음에 상처를 남겼으며, 어느 회의에서 허룽의 이야기가 나오자 "다시 바로 잡을 것!"을 연속하여 세 번이나 외쳤다. 1974년, 당 중앙은 문건을 발표하여 허룽의 명예를 회복시켰다. 1975년, 허룽의 사망 6주기를 맞아 중공중앙은 '허룽동지 유해안장식'을 거행하였다.

1947년 9월 山西 군사령부에서 부인 薛明과 함께 선 賀龍

19 류보청(劉伯承)은 강물이 못 막아내는 용(龍)

그는 개국원훈(開國元勳)으로 청년 시대에 이미 쓰촨(四川)의 명장(名將)이 되었다. 장정(長征) 중에는 선봉에 서서 길을 뚫었으며, 수많은 험산을 넘고 깊은 강을 건넜다. 항일전쟁 시기에 129사단 사단장으로 그 이름을 내외에 드날렸으며, 해방전쟁 시기에는 부대를 이끌고 최전선에서 공격에 참가하여 다비에산(大別山)으로의 천리(千里) 약진을 지휘하였고, 화이하이(淮海)전투와 도강(渡江)전투를 성공으로 이끌었으며, 서남(西南) 지역 해방을 진두지휘하였다. 그는 유명한 군사 이론가로 '군사학의 아버지'라 불리었다. 마오쩌둥은 그의 탁월한 공적과 군사적 재능을 항상 높이 평가하였다.

며칠 전 여러 동지들이 우리가 도강(渡江)을 하지 못할까 걱정을 하였으며, 궁지에 몰려 길이 끊어질 것을 두려워하였지. 당시 나는 저우언라이와 주더에게 다음과 같이 말했소. 염려 없네. 쓰촨(四川) 사람들은 류보청(劉伯承)을 속세에 내려온 용(龍)이라고 한다는데, 강물이 어떻게 용을 막아낸단 말인가? 그는 우리를 데리고 무사히 강을 건널 걸세.

殷理由, 『毛澤東交往百人叢書·軍事人物篇』(山西人民出版社, 1993), p. 108.

류보청(劉伯承, 1892-1986)은 쓰촨성(四川省) 카이현(開縣) 자오자창(趙家場)의 한 가난한 집안에서 태어났다. 어릴 때 이름은 샤오성(孝生)이고 다시 류밍자오(劉明昭)로 이름을 지었으며, 보청(伯承)은 자이다. 류보청은 어린 시절 서당에 들어가 공부하였으며, 뒤에 우수한 성적으로 카이현고등소학교에 입학했으며, 쿠이푸(夔府)중학에서 1년을 공부했을 때 아버지가 사망하여 학업을 중단하였다. 이후 태평천국에 참가했다가 실패하여 쓰촨에 남게 된 런셴수(任賢書)의 계몽과 영향을 받게 되어 우국우민(憂國憂民)의 뜻을 품게 되었다. 1911년, 신해혁명이 폭발하자 류보청은 의연히 변발을 깎아 버리고 완현(萬縣)으로 가 혁명학생군에 참가하였다. 류보청은 1912년 충칭(重慶)군정부 육군장교학당에 입학함으로써 장장 74년에 달하는 그의 군대생활을 시작하였다. 졸업 후 동맹회원 슝커우(熊克武)가 사단장을 맡고 있던 쓰촨군 제5사단에서 근무하였다.

1) 전투 중 한쪽 눈 잃어 '독안룡(獨眼龍)'

류보청(劉伯承)은 1914년 쑨원(孫文)이 영도하는 중화혁명당에 가입하였다. 호국(護國)전쟁과 호법(護法)전쟁을 거치는 동안 중대장과 여단 참모장, 연대장 등을 역임하며 쓰촨의 명장으로 이름을 날리게 되었다. 1916년 3월, 류보청은 호국군을 이끌고 펑두(豊都)를 공격하여 위안스카이(袁世凱) 군대와 작전을 벌이던 중, 병사들보다 앞장 서 용감하게 공격하다가 중상을 입고 오른쪽 눈을 실명(失明)하였다. 이때 얻은 별명이 독안룡(獨眼龍)이다. 1923년 말, 청두(成都)에서 공산당원 우위장(吳玉章)과 양옌궁(楊闇公)을 알게 되었으며, 이들의 영향 아래 2년 동안의 학습과 심사숙고를 걸쳐 1926년 5월 중국공산당에 입당하여 새로운 인생을 시작하게 되었다.

1926년 12월, 류보청은 주더와 함께 후순(瀘順)봉기를 영도하여 쓰촨 지역의 총지휘를 맡았다. 후순봉기는 중국혁명의 새로운 모델을 창시하면서 167일간 지속되었지만, 결국 1927년 5월, 강대한 적의 세력에 밀려 실패로 끝나게 되었다. 류보청은 비밀리에 쓰촨을 탈출하여 우한(武漢)에 당도하였으며, 우한 국민정부에 의해 잠정 편성된 제15군 군사령관으로 임명되었다. 얼마 뒤 류보청은 조용히 우한을 떠나 우위장 등과 함께 장시 난창(南昌)으로 가 저우언라이와 주더를 도와 무장봉기를 계획하였으며, 참모단 참모장을 맡아 작전 지휘에 참여하였다. 난창봉기 실패 후 류보청은 부대를 따라 남하하였으며, 광둥에 도착한 후 당조직의 안배에 따라 홍콩을 걸쳐 상하이로 갔다. 1927년 말 류보청과 우위장 등은 비밀리에 소련으로 가 러시아의 프룬제군사대학에서 학습했다.

1930년 초여름, 류보청은 소련 유학을 마치고 비밀리에 만주를 거쳐 상하이로 돌아와 저우언라이를 만났다. 류보청은 중공중앙 군사위원과 장강국(長江局) 군사위 서기에 임명되었으며, 저우언라이를 도와 중앙군사위의 일상 공작을 처리하는 한편, 군사 문서의 번역에 종사하였다. 얼마 뒤, 류보청은 중앙소비에트로 빨리 가서 마오쩌둥과 함께 전투에 참여하고 싶다고 저우언라이에게 건의하였다. 1931년 11월 초, 류보청은 당 중앙과 중앙군사위원회의 위임을 받고 장시(江西) 중앙혁명근거지로 파견되었으며, 마오쩌둥은 그를 중앙홍군학교 교장 겸 정치위원으로 임명하여 미래의 홍군을 건설하는 중요한 임무를 맡겼다. 1932년 10월 닝두(寧都) 회의 후 얼마 되지 않아 중앙군사위는 총참모부를 창설하기로 결정하였고, 저우언라이와 주더의 제안에 따라 류보청은 참모부 총참모장에 임명되었다.

류보청과 저우언라이, 주더 등은 국민당의 네 차례 섬멸전에 맞서면서 좌경모험주의의 간섭을 배제하고 정확한 전략과 전술을 견지하여 반(反) 섬멸전에서 승리를 거두었다. 류보청은 또한 많은 군사 서적을 저술하였으며, 마오쩌둥에게 유격전과 유동전을 주요 작전 형식으로 할 것을 제안하였다. 또 주력부대와 지방 부대, 정규군과 유격대를 서로 결합시키고, 무장 세력과 비무장 군중을 서로 결합시키는 군사 사상을 제기함으로써 전략상의 발전에 크게 기여하였다.

제5차 섬멸전에 맞서는 작전이 막 개시될 무렵, 코민테른 대표 리더(李德)가 소비에트구에 도착함으로써 일부 인사들의 좌경모험주의는 극에 달하게 되었다. 류보청과 마오쩌둥은 리더의 잘못된 전략과 전술에 대하여 결연하게 투쟁을 전개하였으나 결과적으로 그들의 의견은 받아들여지지 않았으며, 류보청 또한 총참모장의 직책을 빼앗기고 5군단 참모장으로 좌천되었다.

2) 타이항산(太行山)에 항일근거지 건설

장정(長征)이 개시되자 류보청(劉伯承)은 5군단의 후미를 따라가
며 대부대의 전진을 엄호하였다. 1934년 12월 리핑(黎平)회의에서 류
보청은 군사위원회로 복귀되어 군사위 총참모장 및 군사위 종대(縱
隊)사령관에 임명되었다. 그 후로는 후미에서 선봉으로 자리를 바꾸
어 험난한 진로를 개척하는 어려운 직책을 수행하였다. 1934년 말에
서 1935년 초까지 류보청의 지휘 아래 홍군의 선봉 부대는 우강(烏
江)의 험곡을 뛰어넘었으며, 지혜롭게 쭌이성(遵義城)을 탈취하였다.
1935년 1월, 쭌이에서 열린 중공중앙 정치국확대회의에서 류보청은
마오쩌둥의 정확한 주장을 견결히 옹호하였다.

1935년 5월, 류보청은 간부단 일부를 지휘하여 자오핑두(皎平渡)를
점령함으로써 전군이 무사히 진사강(金沙江)을 건너 북상할 수 있도
록 하였다. 그 후 류보청은 녜룽전과 함께 선발대를 이끌고 전진로
를 개척하였으며, 이족(彝族) 주거지를 통과할 때는 그 곳 수령 샤
오예단(小葉丹)과 혈맹(血盟)의 의식을 치름으로써 무사히 전부대가
통과할 수 있도록 했다. 5월 25일에는 홍1사단을 이끌고 안순창(安
順場)에서 대도하 작전을 감행했다. 홍1·4 방면군이 합류한 후에
류보청은 당 중앙의 북상(北上) 항일방침을 견실하게 집행하였으며,
장궈타오의 분열 활동에 대해 투쟁을 전개하였다.

항일전쟁이 시작된 후, 류보청은 팔로군 제129사단장에 임명되어
산시(山西) 동남쪽의 항일전선으로 이동하여 타이항산(太行山) 항일
근거지를 건설하는 새로운 과업에 착수했다. 류보청의 부대는 유격
전쟁을 대규모로 전개하여 양밍바오(陽明堡)에 야습을 감행하는 한

편, 치간춘(七旦村)에서 매복전을 펼치는 등 일본군에 막대한 타격을 주었다. 일련의 전투에서 모두 큰 승리를 거둠으로써 화북 지역의 항일 분위기는 고조되었으며, 류보청의 이름도 내외에 널리 알려지게 되었다. 그 후 류보청의 부대는 산시 동남쪽에서의 적의 '아홉 갈래 포위 공격'과 허베이 남쪽에서의 '열한 갈래 소탕 작전'에서 승리를 거두었으며, 산시·허베이·허난지역 항일근거지를 창건하였다. 1940년 129사단은 바이퇀(百團)전투에 참전하여 크고 작은 529회의 전투를 치렀으며, 일본군과 그 괴뢰군 7,500여 명을 살상하고 많은 군용 물자를 획득하는 등 찬란한 전과를 거두었다. 바이퇀전투 후 류보청은 정규군과 유격대, 그리고 민병대로 구성된 수많은 무장 집단을 조직하여 "적이 진격하면 우리도 진격한다(敵進我進)"는 전법을 구사함으로써, 적이 점령하고 있는 도시 거점이나 교통 요충을 공격하여 적의 '잠식(蠶食)' 또는 '소탕(掃蕩)' 작전을 무력화시켰으며, 항일근거지를 더욱 공고히 하고 확대하였다.

해방전쟁 시기에 류보청은 산시·허베이·허난지역 군구(軍區)와 중원(中原)군구, 그리고 제2야전군 등의 사령관을 역임하였다. 1945년 8월, 마오쩌둥이 충칭에서 국공담판을 하는 동안 류보청과 덩샤오핑은 산시·허베이·허난 지역 부대를 지휘하여 산시 상당(上黨)지구에 쳐들어온 옌시산(閻錫山) 부대 3만 5천명을 격멸함으로써 국민당 군대의 해방구 진입을 저지하였으며, 충칭담판에서의 중공의 지위를 강화하였고, 결과적으로 쌍십(雙十)협정을 체결하는 중요한 계기를 마련하였다. 10월 하순에 류보청은 핑한(平漢)전투를 지휘하여 2만 3천의 적을 격멸하였고, 이와 동시에 국민당 제11전구 부사령관 겸 신8군 사령관 가오수쉰(高樹勛)이 전장에서 1만 명을 이끌고 봉기를 일으키게 함으로써 전국적으로 큰 반향을 일으키게 하였다. 1946년 8월, 류보청의 주력부대는 아홉 군데에서 대규모 공격을 감행하여 적을 격멸하고 광활한 토지를 해방시켰으며, 국민당 군대의 전면 진공을 저지하였다.

3) 적(敵) 심장 다비에산(大別山)으로 천리 약진

1947년 6월 말, 류보청(劉伯承)은 덩샤오핑과 함께 12만 대군을 이끌고 황하 방어선을 돌파하여 산둥(山東) 서남 지역으로 진격함으로써 전략적 공격의 서막을 열었다. 이어서 다비에산(大別山)으로의 천리 약진과, 사허(沙河)·루허(汝河)·화이허(淮河) 도강 작전이 감행되었으며, 8월 말에 다비에산에 성공적으로 들어감으로써 적의 심장 깊숙이 병력을 투입하게 되었다. 이후 3개월간의 험난한 전투를 걸쳐 다비에산에서의 전략적 전개를 대략 마치게 되었다.

류보청은 1947년 9월부터 허난(河南)·안후이(安徽)·장쑤(江蘇)로 진격해 온 천이(陳毅)·쑤위(粟裕) 등의 야전군과 허난 서부로 진격해 온 천경(陳賡) 등과 밀접하게 협조하여 국민당 군대에 대한 전면적인 공격을 감행함으로써 전세를 능동적으로 전환시켰으며, 전국적인 정세를 변화시키는 큰 성과를 거두었다. 1948년 11월 화동(華東)과 중원(中原)의 야전군은 류보청·덩샤오핑·천이·쑤위·탄전린(譚震林)으로 구성된 총전위(總前委)의 통일된 지휘를 받으며 사상 유례가 없는 대규모의 화이하이(淮海)전투에 돌입했다. 이 전투에서 홍군은 국민당 군대 55만 5천 명을 격멸하여 국민당 군대의 남쪽 정예 부대를 거의 분쇄함으로써 전략적으로 큰 우위를 점하게 되었고, 이는 사실상 해방전쟁의 가장 큰 분수령이 되었다. 1949년 4월 류보청은 도강(渡江)작전의 지휘에 참가하였고, 제2야전군을 직접 지휘하여 안후이 남부, 저장 서부, 장시 동북, 푸젠 북부 등 광대한 지구를 해방시켰다. 난징(南京)이 해방된 후, 류보청은 난징시장에 임명되어 해방 이후의 안정화에 착수하였다. 1949년 겨울, 류보청은 서남(西南)지역 전투를 지휘하여 원거리 우회 포위 작전을 감행하여 쓰촨(四川)·윈난(雲南)·구이저우(貴州)·시캉(西康) 등 4개 성(省)을 해방시켰다. 1949년 12월, 류보청은 서남군정위원회 주석으로 임명되었다.

1950년 말, 류보청은 인민해방군 군사대학을 조직하라는 명을 받고 그 학장에 임명되었으며, 전군 고급 간부의 교육과 훈련에 크게 공헌하였다. 1954년 이후, 그는 인민혁명군사위 부주석, 국방위원회 부주석, 군사훈련총감부장 등을 역임하였다. 1957년 9월 고등군사학원 원장 겸 정치위원에 임명되었다. 1959년 이후 전략연구 공작을 책임지고 인민해방군의 현대화와 정규화의 건설을 추진하여 중대한 공헌을 하였다. 1955년 류보청은 중화인민공화국 원수 계급을 수여받았으며, 1급 8·1훈장과 1급 독립자유훈장, 그리고 1급 해방훈장을 받았다. 그는 중공 제7기부터 11기까지 중앙위원회 위원에 선출되었으며, 제8기부터 11기까지 중앙정치국위원에 당선되었다. 1966년부터 중공중앙 군사위 부주석을 맡았다. 그는 또 제2기부터 5기까지 전인대 상무위원회 부위원장을 맡았다.

류보청은 1982년 당정군의 모든 영도 직위를 사직하였다. 1986년 10월 7일 베이징에서 사망하였으며, 향년 94세였다. 그의 주요 군사 저작은 '류보청군사문선(劉伯承軍事文選)'에 수록되어 있다.

4) 소련 유학 마치고 중앙소비에트 합류

마오쩌둥은 쓰촨의 명장 류보청(劉伯承)의 이름을 일찍부터 들어 잘 알고 있었다. 1929년, 당 중앙이 마오쩌둥과 주더를 홍군에서 떠나게 하여 상하이의 당 중앙으로 자리를 옮기려 하였을 때 마오쩌둥은 다음과 같이 말했다. "혁명근거지 및 홍군의 건설은 아주 중요하므로 중앙이 이를 소홀히 해서는 안 됩니다. 만약 나와 주더를 근거지에서 떠나게 하려면 즉시 류보청과 윈다이잉(惲代英)을 불러 홍군을 지휘하게 해야 합니다." 이로써 알 수 있듯이 이 시기에 마오쩌둥은 이미 류보청을 깊이 신임하고 있었다.

이후 류보청은 소련의 프룬제 군사대학으로 유학을 떠나 외국에 머물게 되었지만, 그는 국내의 전쟁 상황에 깊은 관심을 가지고 마오쩌둥의 징강산 근거지 개척을 적극 지지하였다. 언젠가 류보청은 마오쩌둥이 저술한 '중국의 홍색정권은 왜 존재할 수 있는가?(中國的紅色政權爲什么能够存在?)'와 '징강산의 투쟁(井岡山的鬪爭)' 등 두 문장에 대해 다른 사람에게 이야기한 적이 있다. "첫 번째 문장은 나의 시야를 넓혀 주고 믿음을 강화시켜 중국혁명의 전도를 밝게 보이게 하였다. 두 번째 문장을 보면 국내 투쟁이 아직 매우 곤란함을 알 수 있는데, 나는 지금 즉시 귀국하여 징강산에 올라 마오쩌둥·주더 동지와 함께 투쟁하고 싶다."

1931년 11월, 류보청은 중앙소비에트에 도착하였으며, 이로써 마오쩌둥과 함께 전투에 참가하여 혁명근거지를 공고히 하고 발전시키겠다는 그의 소원을 마침내 이루어졌다. 그러나 좌경모험주의자들은 마오쩌둥을 핍박하였으며, 류보청은 이러한 좌경의 착오를 시정하기 위해 마오쩌둥을 지지하고 보구(博古)·리더(李德)에 반대하는 투쟁을 전개했다. 그 결과 류보청은 홍군 총참모장의 직책을 **빼앗기고** 5군단 참모장으로 좌천되기에 이른다.

　장정이 시작된 후, 홍군은 피동적으로 공격을 당할 수밖에 없어 그 손실이 막대하였다. 사람들은 점차 마오쩌둥의 정확성을 인식하게 되었으며, 마침내 그가 제의한 제2·6군단 합류 계획의 포기와 적군의 군사력이 비교적 약한 구이저우(貴州)로 방향을 돌리자는 의견을 받아들였다. 이 건의를 실현하기 위하여 류보청은 다시 중앙군사위 총참모장 겸 군사위 종대사령관에 임명되어 장정의 지휘공작에 참여하였다. 이 시기에 두 사람은 긴밀히 협력하여 위기 탈출을 위해 노력하였으며, 마오쩌둥은 류보청의 조직 능력을 극구 칭찬해 마지않았고, 많은 중요한 전투의 지휘를 그에게 맡기었다.

5) 진사강(金沙江) 도강전투 교묘하고 조직적

　1935년 4월 29일, 중앙군사위는 전군에 명령을 내려 신속하게 진사강(金沙江)을 건너 추격 병력을 철저히 따돌리고, 쓰촨 서부로 가서 홍4방면군과 합류하도록 지시하였다. 류보청(劉伯承)은 필마단기로 선두에 서 군사위 종대와 5군단 및 간부단으로 이루어진 중앙종대를 이끌고 진사강변에 도착했다. 진사강은 쓰촨(四川)과 윈난(雲南)의 경계를 가로질러 흐르는 심산 협곡으로, 수면이 넓고 물살이 급하여 매우 험준한 지형을 이루고 있었다. 만약 이 강을 신속하게 통과하여 북상(北上)하지 못한다면 적의 공격을 받아 몰살될 위험에 처해 있었다. 당시 국민당 군대는 홍군의 종적을 눈치 채고 매일 비행기를 띄워 정찰을 위한 선회 비행을 하고 있었다. 5월 2일, 군사위원회는 홍군을 세 갈래로 나누어 진사강을 향해 진군하도록 명령하고 1군단을 좌종대로 하여 쑹밍(嵩明)과 우딩(武定)을 거쳐 위안머우(元謀)까지 곧바로 서진한 후 급속히 북진하여 룽제두커우(龍街渡口)를 점령하도록 했다. 3군단은 우종대로 하여 쉰뎬(尋甸)을 경유하여 북진한 후 홍먼두커우(洪門渡口)를 점령하도록 했다. 류보청이 이끄는 중로군은 선봉으로 나서 스반허(石板河)와 퇀제(團街)를 경유한 후 자오핑두커우(皎平渡口)를 점령하도록 했다.

류보청은 명령을 접수한 후, 밤과 낮을 가리지 않고 80km를 행군하여 5월 3일 새벽 강변에 도착하였으며, 두 척의 목선을 구하여 살그머니 북쪽 강변으로 건너가는 데 성공하였다. 그곳을 지키고 있던 쓰촨군벌의 수비 병력 1개 중대를 분쇄한 류보청은 자오핑두(皎平渡) 남북을 완전히 장악하였다. 류보청은 직접 물길을 살펴보고 한편으로 가교(架橋)를 세우도록 하면서 또 한편으로는 다른 배를 찾기 위해 노력하였다. 그러나 물살이 너무 세었기 때문에 가교를 세울 방법이 없었으며, 현지 주민들의 도움을 받아 겨우 다섯 척의 목선을 더 찾아낼 수 있었다. 류보청은 극도로 흥분한 상태에서 군사위원회에 전화로 보고하였다. "자오핑두에 일곱 척의 배가 있어 매일 밤 1만 명을 도강시킬 수 있다. 군사위 종대는 모두 5일 만에 도강시킬 수 있다." 군사위는 이 소식을 듣고 난 후 류보청을 도강(渡江)사령관으로 하고 천원을 정치위원으로 하여 진사강변의 동굴 속에 도강사령부를 설치하여 부대의 도강을 지휘하도록 하였다. 이 때 원래 룽제(龍街)에서 도강하기로 결정했던 1군단은 넓은 강의 강한 물살로 인해 가교도 설치하지 못하고 배도 구하지 못해 도강을 하지 못했으며, 홍먼(洪門)의 3군단 또한 비슷한 상황에 처해 있었다. 진사강 전역에 걸쳐 오로지 자오핑두(皎平渡) 한 곳만이 홍군의 생명줄이 된 것이다. 이 같은 상황에 직면하여 군사위는 1·3군단에 긴급 명령을 내려 신속하게 자오핑두로 이동하여 도강하도록 명령했다. 도강사령관 류보청은 한편으로는 침착하게 부대의 도강을 지휘하면서, 다른 한편으로는 부대를 파견하여 30리 인근의 통안전(通安鎭)을 점령해 자오핑두에 대한 적의 위협을 소멸시킴으로써 도강의 안전을 도모하는 치밀함을 보였다.

5월 3일, 마오쩌둥·저우언라이·주더가 먼저 강을 건넜으며, 이들은 류보청의 도강전투가 교묘하고 조직적으로 이루어지는 것에 찬사를 아끼지 않았다. 마오쩌둥은 아주 기쁘게 다음과 같이 말했다. "며칠 전 여러 동지들이 우리가 도강(渡江)을 하지 못할까 걱정을 하였으며, 궁지에 몰려 길이 끊어질 것을 두려워하였지. 당시 나는 저우언라이와 주더에게 다음과 같이 말했소. 염려 없네. 쓰촨(四川) 사람들은 류보청(劉伯承)을 속세에 내려온 용(龍)이라고 한다는데, 강물이 어떻게 용을 막아 낸단 말인가? 그는 우리를 데리고 무사히 강을 건널 걸세."

9일 동안의 밤낮이 지나자 중앙홍군의 모든 인원이 진사강을 건너게 되었다. 류보청 등이 탄 마지막 배가 북안에 다다르자 모든 사람들은 비로소 안도의 한숨을 내쉬었다. 류보청은 즉시 명령을 내렸다. "모든 배를 불태우자, 장제스가 강을 보고 탄식하게끔!" 그 이튿날 적의 대부대가 진사강에 도착했을 때, 배들은 이미 불타 버렸고 물결만 출렁일 뿐이었다. 홍군의 그림자 또한 볼 수 없었다.

6) 군사적 천재의 자질을 갖춘 '전신(戰神)'

중앙홍군은 진사강을 건넌 후 계속 북상하여 류보청(劉伯承)과 녜룽전(聶榮臻)이 이끄는 선발대가 5월 24일 다두하(大渡河) 강변의 안순창(安順場)에 당도하였다. 다두하의 물길은 아주 급하였으며, 거의 정북쪽에서 정남쪽으로 흘렀고, 이후 동쪽으로 꺾여 장강(長江)의 큰 지류인 민강(岷江)으로 흘러들어 갔다. 다두하의 양쪽 벼랑은 절벽으로 이루어져 있으며, 물결은 깊이 소용돌이 쳤으나 수면이 그리 넓지는 않았다. 그렇지만 유속의 변화가 무쌍하고 물속의 소용돌이도 예측하기 힘들어 어느 누구도 그 앞에 서면 발을 떼기가 두려울 정도였다. 태평천국 운동 때, 석달개(石達開)의 부대가 이곳에서 도강을 시도하다 전멸한 역사도 있는 터라 공포를 자아내기에 조금도 손색이 없었다. 홍군이 당면하고 있는 지금의 형국은 석달개의 경우와 조금도 다르지 않았다. 눈앞에 큰 강이 길을 가로막고 있고, 뒤에는 홍군을 추격하는 국민당중앙군이 한 걸음 한 걸음 다가오고 있었으며, 전방에는 아직도 국민당 쓰촨군벌 류원후이(劉文輝)·류샹(劉湘)·양썬(楊森)의 부대가 홍군을 요격하기 위해 대기하고 있었다. 홍군이 만약 다두하를 신속하게 통과하지 못하면 서쪽으로 몰려 더욱 곤란한 지경에 처하게 될 것이고, 최악의 경우에는 석달개의 신세가 될 수도 있었다. 이 같은 상황에서 마오쩌둥은 다시 한번 희망을 류보청에게 걸기로 하고 선발대를 이끌고 안순창을 점령하도록 류보청에게 명령했다. 류보청은 용(龍)의 기세로 분발하여 홍1사단 홍1연대를 인솔하고 안순창을 기습하였으며, 신속하게 도강지점을 확보하였다. 5월 25일 다시 홍1연대 17용사를 지휘하여 일거에 도강에 성공함으로써 한줄기 통로를 개척하는 데 성공하였다. 뒤이어 홍4연대가 루딩교(瀘定橋)를 신속히 점령함으로써 홍군은 또한 차례의 곤경에서 벗어나 북상을 계속하게 되었다.

해방전쟁 시기에 류덩(劉鄧, 류보청과 덩샤오핑)대군은 산시·허베이·허난·산둥을 거쳐 황하와 장강을 건너 안후이·저장·장시·푸젠으로 진격하였으며, 최후로 대서남을 석권하여 쓰촨·윈난·구이저우·시캉의 4개 성을 해방시켰다. 류보청은 대군을 지휘하여 남진하면서 무수히 많은 크고 작은 강들을 건넜는데, 그 중에서도 가장 위급하고 두려웠던 것은 다비에산(大別山)으로의 천리약진 중에 건넌 하천들이었다. 1947년 6월 30일, 류보청과 덩샤오핑은 산시·허베이·허난·산둥의 야전군 12만 대군을 지휘하여 용감하고 신속하게 국민당전선의 중앙인 산둥성 둥아(東阿)와 허난성 푸현(濮縣) 사이의 험준한 황하를 돌파함으로써 지금까지의 방어적 자세를 공세적인 자세로 바꾸었다. 8월 7일 류보청은 10여만 대군을 세 갈래로 나누어 다비에산으로의 천리약진을 감행하였으며, 이 과정에서 도저히 통과할 수 없다는 사허(沙河)·루허(汝河)·화이허(淮河)를 도강하여 적의 추격을 따돌리고 다비에산 진입에 성공하였던 것이다. 1949년 4월 20일 류보청은 백만 대군을 지휘하여 장강 도강 작전을 감행하였는데, 이는 중국혁명전쟁사상 최고의 장관을 이룬 성공적인 작전이었다.

류보청은 어떠한 강물도 가로막지 못하는 용(龍)이었을 뿐만 아니라 군사적으로 천재적 자질을 갖춘 '전신(戰神)'이었다. 1956년 1월, 류보청이 창설한 군사대학의 설립 5주년을 맞아 마오쩌둥은 이곳을 시찰하고 류보청 학장과 관계자들을 면담하여 격려 했다. 마오쩌둥은 모든 사람들에게 유쾌하게 말했다. "당 중앙이 류보청을 파견하여 학장을 맡도록 한 것은 그가 전략·전투·전술에 있어 지극히 풍부한 지식과 경험을 갖추고 있기 때문이오." 이 말은 적확한 것으로, 류보청은 전쟁 중 심모원려(深謀遠慮)하게 전략을 구상하였으며, 지휘가 과단성 있고 민첩하여, 그만의 독특한 군사적 특색을 갖추고 있었다. 류보청의 지휘에 있어 특색은 짧은 시간 내에 전체 국면을 읽고 이를 파악하는 능력이라고 할 수 있다. 그는 중앙의 전략 방침을 깊이 이해하고 이를 정확하게 집행하였으며, 전국(全局)을 두루 살피고 전쟁의 주도권을 장악하였다.

7) 신속하게 이동하며 적 격멸하는 데 중점

해방전쟁이 중반에 돌입하여 전략적 공격을 개시한 후, 류보청(劉伯承)은 후방과의 연계를 무시하고 천리(千里)를 약진하여 다비에산에 도달하였다. 이 작전은 중앙의 작전구상을 실현하느냐 못하느냐 하는 중대한 갈림길이었는데, 그는 10여만의 대군을 이끌고 근거지에서 천리나 떨어진 적 후방 깊숙이 부대를 투입하는 대모험을 감행했던 것이다. 이는 중국전쟁 사상 전무후무한 진격 방식이었으나 결코 경거망동한 작전이 아니었으며, 전쟁의 주도권을 일거에 차지하기 위한 깊은 고려 끝에 나온 작전 발상이었다. 마오쩌둥이 이러한 상황을 분석하였는데, 류보청이 취할 수 있는 것은 세 가지 방법 중 하나였다. 첫째, 대가를 지불하고 장강에 도달한 이후 계속 움직이는 것이고, 둘째는 대가를 지불하고 불안한 상태로 머물며 주변을 전전하는 것이며, 셋째는 대가를 지불하고 그대로 주저앉아 버티는 것이다. 어떤 길을 선택하여도 대가는 지불해야 하며 험난한 환경에 처하게 된다는 결론인 것이다. 이러한 상황에 직면하자 류보청은 전국적(全國的)인 전황(戰況)을 고려하여 마오쩌둥의 첫째 방법이 가장 정확한 전략이라고 보았고, 자신의 부대 또한 공격을 감행하기 위한 준비가 되었다고 판단하였으므로, 전략적 공격의 창끝을 멀리 다비에산으로 겨냥하여 천리약진을 시도하는 영명함을 표출한 것이다.

류보청의 용병(用兵)의 특징은 고도의 기동성과 민첩함으로 신속하게 이동하면서 적을 격멸하는 데 중점을 두고 있었으므로, 어떤 도시나 지역을 얻고 잃는 것을 계산에 넣지 않았다. 그는 홍군의 유격전(遊擊戰)과 유동전(流動戰, 運動戰)을 다음과 같이 간략하게 설명했다. "유격전의 '유(游)'는 곧 '기동(機動)'이며, '격(擊)'은 곧 적을 격멸한다는 뜻이다. 유동전은 크게 유동하여 크게 공격하고, 작게 유동하여 작게 공격하는 것을 뜻하는 것이다." 류보청은 전쟁과 전투의 지휘에 있어 지휘관의 주관적 능동성을 특별히 강조하였는데, 적의 정세와 아군의 정세, 그리고 기후 등의 객관적 조건을 정확히 파악하여 그때마다 능동적으로 대처해야 한다는 것이다. 그는 모든 전투에 앞서 아군의 임무, 적의 정세, 아군의 정세, 지형(地形), 시간(時間) 등 다섯 가지 객관적 실제를 정확하게 파악하여 작전에 임해야 한다고 보았으며, 이 다섯 가지를 전쟁에 이기는 '오행술(五行術)'이라 칭하였다. 그는 어떤 지휘관이라도 이 '오행'을 파악하지 못하고 전투에 임하면 싸움에 진다고 하였다.

류보청은 오랜 혁명전쟁의 생애 속에서도 마르크스주의 군사 학설의 학습에 각고의 노력을 기울였으며, 많은 소련의 군사 저작과 교과과정을 번역하였고, 자신의 군사 논문을 대량으로 편찬하였다. 국민당 11사단장을 지낸 왕위안즈(王元直)는 1948년 자신의 진중 일기에 다음과 같이 기록하고 있다. "류보청의 '합동전술(合同戰術)'을 읽어보니 우리 국민당 군대에서 그를 능가할 인재가 없음을 알았다. 그러니 국민당의 지휘가 어찌 공산군을 이길 수 있겠는가? 공산군은 꼭 필요한 곳만 공격하고, 꼭 필요한 곳만 구원하니 국민당은 항상 피동적으로 되어 적의 꽁무니만 쫓는다. 류보청의 전략 운용은 '손자병법(孫子兵法)'에 꼭 들어맞는다. 만약 류보청이 국민당 군대를 지휘한다면 믿음성이 있어 오류가 없으리라."

국민당 장령(將領)들에게 감동을 준 '합동전술'이라는 책은 류보청이 항일전쟁과 해방전쟁 시기에 번역하고 서문과 주석을 붙인 소련의 군사 저작물이다. 류보청은 자신의 작전경험과 건군(建軍)에 관한 지식들을 총결하여 많은 군사이론 저작을 편찬하였으며, 만년에 이를 정리하여 '류보청군사문선(劉伯承軍事文選)'으로 출판하였다.

류보청(오른쪽)과 덩샤오핑은 13년간 함께 일하며 홍군의
군사적인 성공을 주도했다. 건국초기에 함께 찍은 사진

20 린뱌오(林彪)는 국가주석이 되려고 서둘렀다

일찍이 그는 위세 당당한 전쟁 영웅으로 신중국(新中國) 건립에 혁혁한 공을 세웠다. 그러나 그는 1950년대 후반부터 마오쩌둥의 착오(錯誤)를 이용하여 개인숭배를 조장하고 좌경(左傾)으로 치닫기 시작했다. 문화대혁명(文化大革命) 중에는 더욱 많은 잘못을 범하여 인민들에게 막대한 손실을 주었다. 최후에는 자신의 조국을 배반하고 도주하다 사막(沙漠)으로 떨어져 그의 몸과 이름을 망쳤다.

해방군의 사상정치 공작과 군사 공작은 린뱌오(林彪) 동지의 삼팔작풍(三八作風) 제안 이후 과거에 비해 크게 발전하여 보다 구체화되고 이론화되었으며, 이로 인해 공업 부문에서 이를 채택하고 학습하기가 쉬워졌다.

- 毛澤東, 1963년 12월 16일 "關于工業部門學解放軍的信," 『建國以來毛澤東文稿・第10卷』(中央文獻出版社, 1996), p. 455.

　내가 린뱌오(林彪) 동지와 이야기해 보니 그의 말에 타당하지 않은 점이 있었다. 예를 들어 그는 전 세계에서 수백 년 만에, 중국에서 수천 년 만에 천재 하나가 나타났다고 하는데 이는 사실과 부합되지 않는 것이다. 마르크스와 엥겔스는 같은 시대 사람이고, 레닌과 스탈린 모두 1백 년이 채 되지 않은 사람들인데 어찌하여 수백 년 만에 하나가 나타났다고 하는가? 중국 역사에는 또 진승(陳勝)과 오광(吳廣)이 있고, 홍수전(洪秀全)이 있으며, 쑨원(孫文)이 있지 않은가! 이는 실제와 부합되지 않는다.

　　　- 『汪東興回憶毛澤東與林彪反革命集團的鬪爭』(當代中國出版社, 1997), pp. 96-97.

　이번 루산(廬山)에서의 투쟁은 그 앞의 아홉 차례와는 다르다. 앞의 아홉 차례 모두 결론을 내렸지만, 이번에는 린뱌오(林彪) 부주석을 보호하여 개인적 결론을 내리지 않았다. 그는 당연히 일정한 책임을 져야 할 것이다. 내가 보기에 그 사람들은 린뱌오가 빨리 거꾸러지도록 도와준 것이다. 그들은 또한 나와 연락을 취하지도 않았다.

　　　- 『汪東興回憶毛澤東與林彪反革命集團的鬪爭』(當代中國出版社, 1997), p. 135.

　군대를 창설한 영도자는 지휘를 하면 안 된다고 하니 이는 옳지 못하다. 군대의 창설자와 영도자는 그 숫자가 적지 않으며, 나 마오쩌둥(毛澤東) 혼자도 아니고 그대 린뱌오(林彪) 한 사람도 아니다. 우리 당내의 많은 동지들이 무장봉기를 지도하였고, 군대를 영도하였다.

　　　- 『汪東興回憶毛澤東與林彪反革命集團的鬪爭』(當代中國出版社, 1997), p. 146

　1970년 루산(廬山)회의에서 린뱌오(林彪) 일당은 돌연한 습격과 비밀 활동을 감행했는데, 왜 공개적으로 행동하지 못했는가? 마음속에 다른 속셈이 있었기 때문이다. 그들은 처음에는 진상을 숨기고 있다가 뒤에 돌연한 습격을 감행하여 상무위원 다섯 사람 중 셋을 속였으며, 몇몇 대장(大將)들을 빼고 대다수의 정치국 동지들을 또한 속였다. 그 대장들은 황융성(黃永勝)·우파셴(吳法憲)·예췬(葉群)·리쭤펑(李作鵬)·츄후이쭤(邱會作) 등으로 미리 내통하고 있었다. 린뱌오 일당이 이런 행동을 한 것은 도대체 무슨 목적 때문인가! 나는 그들의 돌연한 습격과 비밀 활동이 계획과 조직, 그리고 강령을 갖추어 실행되었다고 판단한다. 강령이란 바로 국가주석 자리를 신설하여 이른바 '천재'를 그 자리에 앉히는 것이다. 누군가 국가주석이 되고 싶은 나머지 서둘렀으며, 당을 분열시켜 권력을 탈취하려 하였다. 린뱌오 동지의 발언 내용은 나와 상의한 바가 없으며, 나에게 보여 주지도 않았다. 그들은 하고자 하는 이야기를 미리 꺼내지 않았으며, 여러 사람이 대체로 그 내용이 무엇인지 파악하였을 때 곧 성공할 것 같았으나, 그들의 말대로 되지 않자 다시 갈팡질팡하였다. 이번 루산회의에서는 단지 천보다(陳伯達)의 문제만 제기한다. 린뱌오 부주석을 보호하여 개인적 결론을 내리지 않았으나 그는 당연히 일정한 책임을 져야 할 것이다. 이 사람들을 어떻게 해야 하나? 역시 교육시키는 방법밖에 없는데, 즉 실패를 교훈 삼아 경계하여 병폐를 고치고 사람을 구하는(懲前毖後, 治病救人) 방법이다. 린뱌오 역시 보호가 필요하다. 베이징으로 돌아간 후 다시 그를 불러 이야기해 볼 것이다. 그러나 대원칙을 어긴 잘못, 노선과 방향의 착오를 범한 것, 또 그 우두머리가 된 것 등은 바로잡기가 힘들 것으로 보인다.

- 『汪東興回憶毛澤東與林彪反革命集團的鬪爭』(當代中國出版社, 1997), pp. 180-181.

린뱌오(林彪, 1907-1971)는 원래 이름이 린위룽(林育容)으로 1907년 12월 5일, 후베이성(湖北省) 황강현(黃崗縣)에서 태어났다. 1923년 중국사회주의청년단에 가입하였고, 1925년 황푸(黃埔)군관학교에 입학한 후, 중국공산당에 입당하였다. 북벌전쟁에 참가하여 우한(武漢)에 도착한 후, 국민혁명군 제25사단 제73연대의 소대장을 맡았다.

난창봉기와 후난봉기에 참가하였으며, 그 뒤 징강산(井岡山)에 올라가 중국공농홍군 제4군에서 대대장과 연대장을 역임하였다. 1929년 봄, 제4군 주력을 따라 장시(江西) 남부와 푸젠(福建) 서부를 전전하였으며, 제1종대 사령관에 임명되었고, 1930년 6월, 제4군 사령관이 되었다.

1) 동북(東北) 지역 해방구 건설을 영도

린뱌오(林彪)는 1932년 3월, 제1군단 총지휘(뒤에 군단장으로 개칭)로 임명되어 중앙혁명근거지에 대한 국민당 군대의 수차례에 걸친 섬멸전에 대항하였으며, 장정(長征)에 참가하였다. 섬북에 도착한 후 항일(抗日)홍군대학의 교장 겸 정치위원으로 임명되었다. 1937년, 팔로군 제115사단장에 임명되어 녜룽전(聶榮臻)과 함께 핑싱관(平型關)전투를 지휘하였다. 1938년 3월 2일, 산시(山西) 시현(隰縣) 지역을 행군하는 도중 국민당 옌시산(閻錫山)부대의 오인 사격으로 부상을 입고 옌안으로 돌아갔다. 이 해 겨울 소련으로 가서 부상을 치료하였으며, 1942년 1월 귀국하였다.

항일전쟁 승리 후, 동북민주연합군 총사령관, 동북군구 및 동북야전군 사령관, 그리고 중공중앙 동북국(東北局) 서기 등을 역임하였다. 린뱌오는 뤄룽환(羅榮桓)[37] 등과 함께 동북 지구 해방을 위한

---

37) 뤄룽환(羅榮桓, 1902-1963)은 중국 10대 원수(元帥) 중 한 사람으로 후난성(湖南省) 헝산현(衡山縣) 출신이다. 홍군(紅軍) 창설 초기부터 참가하여 주로 군 정치 계통 요직을 역임하였다. 중일전쟁 말기에는 산둥군구(山東軍區) 사령관이었고, 1945년에는 린뱌오(林彪)군의 정치위원

중요한 전투를 지휘하였으며, 동북해방구 건설을 영도하였다. 1948년 겨울, 부대를 이끌고 화북 지방으로 들어와 뤄룽환·녜룽전 등과 함께 핑진(平津)전투를 지휘하였다. 1949년, 소속 부대를 지휘하여 남진하였으며, 제4야전군 및 화중군구 사령관, 중공중앙 화중국(華中局) 제1서기, 중남군정위 주석 등을 역임하였다.

1951년, 중앙인민정부 인민혁명군사위원회 부주석, 1954년, 국무원 부총리 및 국방위원회 부주석에 임명되었으며, 1955년, 원수 계급을 수여받았다. 1959년 9월, 국방부장에 임명되었고, 중공중앙 군사위 부주석으로서 군사위의 일상 공작을 주재하였다. 1945년 6월부터 중공 중앙위원을 지냈으며, 1955년 4월부터 중앙정치국위원으로 계속 선임되었다. 1958년 5월, 중공중앙 정치국 상무위원과 부주석으로 임명되었다.

문화대혁명 중, 천보다(陳伯達)·황용성(黃永勝)·우파셴(吳法憲)·예췬(葉群)·리쭤펑(李作鵬)·츄후이쭤(邱會作) 등과 반혁명 집단을 결성하였으며, 장칭(江靑) 반혁명 집단과 서로 결탁하여 당과 국가의 영도자들을 모함하여 당과 국가의 최고 권력을 탈취하려는 음모를 진행했다. 1971년 9월 8일 무장 정변의 명령을 하달하여 마오쩌둥을 해치고 또 다른 중앙을 설립하려고 시도했다. 음모가 발각되어 실패한 후, 아내 예췬(葉群)과 아들 린리궈(林立果) 등과 함께 9월 13일 비행기로 국외 탈출에 나섰으나, 몽골공화국 원두르칸(溫都爾汗)에서 비행기가 추락하여 최후를 맞았다. 이때 나이 64세. 1973년

으로 활약하였다. 1952년 이후 인민해방군 총정치부 주임으로 있다가 1956년 12월에 퇴직하여 신설된 인민해방군정치학원의 원장이 되었다. 국방위원회 부주석, 전국인민대표대회 상무위원회 부위원장, 중국공산당중앙위원 및 중앙정치국위원 등의 요직을 역임하였다.

8월 20일 중공중앙은 그의 당적을 말소하기로 결정했다. 1981년 1월 25일, 최고인민법원 특별 법정은 린뱌오를 반혁명 집단의 주범으로 확인했다.

2) 48세에 중국 최연소 원수(元帥)로 승진

린뱌오(林彪)는 그의 큰 형 린위난(林育南)을 따라 혁명에 참가했다. 그는 황푸군관학교에 입학하여 군대 생활을 시작한 후 총명함과 재기를 갖춘 데다 여러 차례 훌륭한 전공을 세움에 따라 소대장·중대장·대대장·연대장·종대사령관·군사령관으로 연속 승진을 거듭하며 마오쩌둥·주더 휘하의 이름난 장군이 되었으며, 국민당 장령들이 그 이름을 듣고 두려워할 정도가 되었다. 린뱌오는 오랜 기간 마오쩌둥의 직접 지도를 받으며 공작하였으므로 마오쩌둥이 그의 자질을 잘 파악하고 있어 다른 사람에 비해 승진이 아주 빨랐다. 그러나 이러한 점이 나중에 반혁명을 도모하게 된 간접적인 원인이 되었는지도 모른다.

그는 겨우 24세 때 중국공농홍군 제4군 제1종대사령관이 되었으며, 27세 때 홍1군단 군단장이 되었다. 또 팔로군 115사단장이 되었을 때 불과 31세였다. 린뱌오는 국민당의 섬멸전에 대항하여 싸웠고, 2만 5천리 장정에 참여했으며, 핑싱관(平型關) 전투를 지휘하였을 뿐만 아니라, 랴오선(遼瀋) 전투·핑진(平津) 전투·도강(渡江) 전투의 지휘에 참가하였고, 하이난다오(海南島) 해방전투 등 유명한 전투에서 뛰어난 전공을 수립했다. 1955년 마오쩌둥이 10대 원수(元帥)에게 계급장을 수여할 때 린뱌오의 서열은 세 번째였으며, 나이 48세로 중국의 최연소 원수가 되었다. 1958년 5월 25일 개최된 중공 제8기 5중전회에서 마오쩌둥의 지명으로 린뱌오는 중앙정치국 상무위원 및 중공중앙 부주석에 선임되었으며, 이때 나이 51세였다.

객관적으로 말하자면 린뱌오는 역사상 한 사람의 장군으로서 당과 인민을 위해 많은 유익한 공작을 하였다. 마오쩌둥이 여러 차례 그에 대해 높이 평가하고 격려하였음은 물론이고, 천원(陳雲)·양상쿤(楊尚昆)·황커청(黃克誠) 등 연로한 혁명가들은 린뱌오가 패망한 뒤 몇 년 후에도 여전히 그에 대한 긍정적 평가를 거두지 않았다. 1983년 8월 9일, 천원은 '랴오선(遼瀋)전투 기록 편찬에 따른 의견'에서 다음과 같이 말했다. "전투에 참가한 사람들의 작용, 전투의 조직과 지휘 등은 랴오선전투의 승리에 있어 매우 중요한 요소임은 의심할 바 없다. 린뱌오가 제4야전군의 사령관으로서 당시 정확한 입장을 견지했다는 것을 우리는 부정하지 못한다."

1985년 3월 13일, 양상쿤은 '홍군장정'·'팔로군'·'신4군' 등 사료편찬 공작위원회에서 다음과 같이 강조했다. "역사의 인물에 대하여 우리는 객관적으로 평가해야 한다. 예컨대 우리 군의 원수(元帥) 두 사람의 경우를 들 수 있다. 하나는 펑더화이(彭德懷)로 루산회의 때부터 문화대혁명 기간까지 펑더화이가 말한 것은 하나도 옳은 것이 없다. 그러나 역사상의 펑더화이는 절대 그렇지 않았다. 또 하나는 린뱌오로 그는 최후에는 국가를 배신하는 길을 택했다. 그러나 그가 배신했다고 해서 그에 대한 모든 것을 부정해서는 안 되며, 전면적이고 역사적으로 평가할 필요가 있다. 린뱌오는 중앙소비에트구에서, 장정과 항일전쟁 중에서, 특히 동북해방전쟁에서 역시 큰 공을 세웠다. 우리는 역사인물을 평가함에 있어 그 사람이 범한 착오로 인하여 다른 일체를 부정할 수는 없으며, 그 사람의 한때 정확함에 대하여 지속적으로 일관되게 정확하였다고 기록할 수 없는 것이다."

1985년 봄, 인민해방군 총정치부 백과사전 편집실은 '린뱌오' 항목의 해설을 황커청에게 보내 심사해 줄 것을 요청하였다. 황커청은 이에 장편의 담화를 발표하였다. "린뱌오는 해방군 역사상 유명한 지휘관의 한 사람이다. 그는 뒷날 엄중한 범죄를 저질러 당기(黨紀)와 국법(國法)의 제재를 받았으니, 이는 그 죄에 따른 당연한 처벌이다. 그러나 그의 모든 역사를 평가할 때는 마땅히 두 부분으로 나누어야 한다. 하나는 그가 역사상으로 당과 군대의 발전 및 전투력 제고를 위해 적극적 작용을 일으킨 점이고, 또 하나는 그가 훗날 당과 국가 및 군대를 파괴하여 극히 엄중한 결과를 초래한 점이다. 이처럼 두 부분을 모두 명확하게 기록한다면 비로소 역사적 사실에 부합할 것이다. 내가 이해하는 바에 따르면 마오 주석과 주더 총사령관은 중앙근거지에서 홍군의 작전을 지휘할 때 수하에 아주 유능한 장군들을 거느리고 있었는데, 그들은 곧 펑더화이와 린뱌오, 그리고 황궁뤼에(黃公略)였다. 홍4군은 마오 주석과 주더가 창설한 군대로 홍1군단 설립 후 홍4군은 린뱌오가 지휘하게 되었다. 3개 군 중 홍4군의 전투력이 최강이었으며, 전공을 가장 크게 세운 것도 홍4군이었다. 내가 이해하는 바에 따르면 린뱌오는 확실히 작전을 훌륭하게 지휘하는 능력이 있었다. 그는 천원·뤄룽환·리푸춘(李富春) 동지와 함께 동북(東北)의 해방전쟁을 공동 영도하였으며, 모든 동북 지역을 해방시켰다. 그 후 산해관을 넘어 핑진전투를 지휘하여 화북(華北)을 해방시켰고, 다시 중남(中南)으로 진군하여 곧바로 중남

지구 전부를 해방시켰으며 그 이후 비로소 휴식을 취하였다."

3) 마오쩌둥(毛澤東)의 후계자로 지명되다

1966년 중공 제8기 11중전회에서 마오쩌둥의 지명을 받아 린뱌오는 마오쩌둥의 근무 교대자(接班人), 즉 후계자가 되었다. 마오쩌둥이 자신보다 열네 살 적은 린뱌오를 후계자로 지명하게 된 까닭은 그가 중앙정치국 상무위원 중 가장 최연소(59세)였을 뿐만 아니라, 그가 마오쩌둥의 정치 우선 원칙을 오랜 기간 옹호해 왔으며, 문화대혁명을 전면적으로 발동시키기 위해서는 군대의 지지가 더욱더 필요했기 때문이다.

린뱌오는 1959년 9월, 펑더화이를 대신하여 중앙군사위의 일상 공작을 주재하기 시작한 후, 마오쩌둥의 선전에 노력을 기울였다. 또 마오쩌둥과 중앙의 기타 영도자들 사이에 의견 차이가 발생할 경우 린뱌오는 결연히 마오쩌둥의 편에 섰다. 1959년, 펑더화이 문제에 대한 토론 때와 마찬가지로 1962년 초 많은 사람들의 회의(懷疑) 속에 '3면홍기' 7천인대회가 열렸을 때도 린뱌오는 조금도 주저함 없이 마오쩌둥을 지지하였다. 그는 군대 건설에서도 정치 우선 원칙을 견지함으로써 마오쩌둥의 긍정적인 반응을 얻어냈다. 1963년 12월 16일 마오쩌둥은 '공업 부문이 해방군을 배워야 한다.'는 서신을 통해 다음과 같이 밝혔다. "해방군의 사상정치 공작과 군사 공작은 린뱌오(林彪) 동지의 삼팔작풍(三八作風) 제안 이후 과거에 비해 크게 발전하여 보다 구체화되고 이론화되었으며, 이로 인해 공업 부문에서 이를 채택하고 학습하기가 쉬워졌다." 린뱌오는 마오쩌둥의 눈에 정확한 사람으로 비침으로써 더욱 중시되는 인물이 되었다.

문화대혁명 중 린뱌오는 마오쩌둥의 주지(主旨)를 견지하면서 적극적으로 지지하였다. 그는 중앙의 열람 문건을 처리하는 원칙을 "주석이 동그라미 치면 나도 동그라미 친다", 즉 다시 말해 "주석이 동의하면 나도 동의한다."로 정해 놓았다. 그는 "높이 받들어", "바짝 뒤따른다"는 등 많은 생동적 언어들을 구사하여 마오쩌둥을 추켜세웠다. 린뱌오는 톈안먼에서 열리는 대회에 참가할 때 비서에게 출발시간을 엄격히 지키도록 지시하여 항상 마오쩌둥보다 1-2분 일찍 도착해 1층 엘리베이터 옆에서 마오쩌둥을 영접하였다. 톈안먼 위에 오르면 마오쩌둥의 옆을 바짝 따르며 손에 든 '마오 주석 어록(毛主席語錄)'을 아래위로 크게 흔들었다. 1966년 린뱌오가 마오쩌둥에게 보낸 문건에는 모두 "주석의 열람을 청함", 또는 "주석에게 보내 지시를 받고자 함" 등의 말이 쓰여 있었다. 그러나 1967년부터 시작하여 '청(請)', '송(送)' 등의 표현을 일률적으로 모두 '정(呈, 바침)' 자로 바꾸었다.

언젠가 린뱌오는 자신의 비서에게 말했다. "자네가 보기에 내가 어떻소? 어떤 장점이 있고, 어떤 단점이 있소?" 비서는 감히 평을 할 수 없으므로 대답이 없었다. 린뱌오는 평온한 어조로 다시 말했다. "아무 관계없으니 그대의 관점을 한번 말해 보시오." 이에 비서는 자신의 의견을 밝혔다. "제게 비교적 인상이 깊었던 것은 두 가지입니다. 첫째는 수장(首長)께서 마오 주석을 아주 철저하게 추종한다는 것이고, 둘째 수장께서는 말씀이 비교적 적으면서도 그 내용이 아주 정치(精緻)하다는 점입니다." 이에 린뱌오는 아주 만족스러운 표정으로 말했다. "그대가 말한 두 가지 중 그 첫째가 매우 중요하오. 나는 마오 주석을 철저하게 추종하고 있소. 사실 나는 어떠한 능력도 없으며, 나의 수완은 모두 마오 주석으로부터 배운 것이오. 그대가 나의 비서라면 이 점을 항상 기억해야 할 것이오." 마오쩌둥을 철저히 추종한다는 것, 이것이 곧 린뱌오의 정치 태도였으며, 이것은 또한 그 시대의 특징이었다.

문화대혁명 초기에 린뱌오는 자기 자신을 돌출시키는 행동을 억제하기 위해 매우 주의를 기울였다. 린뱌오는 마오쩌둥이나 중앙문혁소조로 올라가는 문건 중에 자신과 관련된 새로운 내용이 들어 있을 때 반드시 자신에게 먼저 보고하도록 비서들에게 지시하였다. 한번은 군(軍)에서 올라온 문건 중에 린뱌오를 '부통수(副統帥)'라고 칭하는 내용이 발견되어 즉각 린뱌오에게 보고되었다. 린뱌오는 즉각 "삭제하라."고 명령했다. 또 한번은 린뱌오가 1967년 3월 20일, 군 간부들에게 연설할 때의 일이었다. "최근 나는 이른바 '린뱌오동지어록'이 있다는 것을 알았소. 이것은 학생들이 만든 것인데, 하나는 어느 중학교에서 만든 것이고, 다른 하나는 어느 홍위병 조직에서 만든 것으로 나는 두 종류를 모두 회수하였소. 이 밖에도 우리 총정치부에서 과거에 나의 정치 공작에 관한 어록을 만든 적이 있는데 이는 모두 불필요한 것이오. 그대들이 이러한 어록을 발견하면 부디 나를 대신하여 이를 몰수해 주시오. 현재 우리의 임무는 마오 주석의 사상을 활기차게 학습하여 잘 활용하는 것이오. 마오 주석의 사상은 모든 중국 인민의 사상적 자산이며, 전 세계 인민의 소중한 정신적 자산이오. 마오 주석의 말씀 한마디는 우리들의 만 마디 말에 버금가는 것이오. 우리는 마오 주석의 사상으로써 전국을 통수하고, 우리들의 모든 공작을 지도해 나가야 할 것이오."

또 한 번은 린뱌오의 요구에 따라서 중공중앙이 '린뱌오 동지가 총리 및 문혁소조에 보낸 편지'라는 문건을 인쇄하여 발행한 적이 있었다. 린뱌오는 1967년 6월 16일 밤에 쓴 이 편지에서 다음과 같이 밝혔다. "'린뱌오 부주석이 영원히 건강하기를 빈다.'는 구호는 적절하지 못하다. 오로지 우리들의 위대한 영수(領袖) 마오 주석을 높이 받드는 것만이 중국과 전 세계 인민의 요구와 객관적 실제에 부합할 것이다. 이후 어떠한 공연이나 회의, 문건이나 보도, 기타 여러 선전 방식을 통해서도 마오 주석을 높이 받들어 나가야 하며, 나를 마오 주석과 나란히 내세우는 일이 있어서는 안 된다."

4) 장춘차오 등에게 권력 빼앗길까 걱정

문화대혁명 중에 린뱌오(林彪) 집단과 장칭 집단이 서로 결탁하여 류사오치(劉少奇)를 타도한 이후에 두 집단 간의 모순이 날로 첨예화 되었다. 마오쩌둥은 처음에 이들 사이의 투쟁을 조정하려고 시도하였으나 나중에 더욱 투쟁이 격렬하게 전개되었다. 1969년 4월 개최된 당의 9전대에서 린뱌오를 마오쩌둥의 후계자로 삼는다는 내용이 정식으로 새로운 당장(黨章)에 수록되었다. 그러나 이때부터 린뱌오 집단의 야심은 급격히 팽창하여 권력의 쟁취를 더욱 서두르게 되었다. 그리하여 제4기 전인대 개최를 준비하는 기간에 린뱌오는 국가주석의 신설을 주장하며 마오쩌둥에 대항하여 나섰다. 마오쩌둥은 그들을 엄중하게 비판하면서도 그들의 활로를 열어주려 했으나, 린뱌오 집단은 겉으로는 순응하며 속으로는 역심을 품었으며, 마침내는 무장 정변을 일으켜 마오쩌둥을 모해(謀害)하려 시도하였다. 그러나 음모가 발각되어 실패한 후, 린뱌오는 창황하게 해외 도주를 기도하다 최후에는 사막에 떨어져 패망의 길을 걷고 말았다.

마오쩌둥이 문화대혁명을 일으킴에 있어 비록 린뱌오와 그가 영도하는 군대의 힘에 크게 의존하였지만, 마오쩌둥은 린뱌오에 대한 경계를 늦추지 않고 있었다. 특히 1966년 5월 18일 중앙정치국 회의에서 린뱌오가 정변(政變)의 문제를 장황하게 거론하였을 때, 마오쩌둥은 내심 불안과 우려를 금할 수 없었다. 마오쩌둥은 7월 8일 우한(武漢)에서 장칭에게 편지를 보냈다. 이 편지는 당시 후베이성(湖北省) 서기 왕런중(王任重)이 열람한 바 있다. "린뱌오가 정변 문제를 심도 있게 이야기 하였소. 이러한 문제와 관련하여 그가 이런 식으로 이야기한 적이 과거에는 없었소. 그의 문제 제기 방식에 대해 나는 불안함을 감출 수 없소. 내가 쓴 '마오쩌둥선집(毛澤東選集)'이 그렇게 신통력을 지녔다고 나는 믿지 않소. 현재 그가 한 번 외치니, 당과 전국이 모두 함께 외치고 있소. 나는 그들에게 떠밀려 양산(梁山)으로 올라가게 되었소. 지금 보아하니 그들에게 동의하지 않으면 안 되게 되었는데, 중대한 문제에 있어서 마음과 달리 다른 사람에 동의한 것은 내 일생에 있어 처음 있는 일이오."

이 편지를 보면 당시 마오쩌둥의 마음이 평정을 잃고 있음을 알 수 있다. 여러 사정들이 마오쩌둥 혼자서 좌우할 수 없는 지경에 이르게 된 것이다. 1969년 4월 열린 당 9전대에서 장칭(江靑)·캉성(康生) 등의 건의로 린뱌오를 마오쩌둥의 후계자로 삼는다는 내용이 당장(黨章)에 삽입되었다. 9전대 이후 예췬은 남편 린뱌오의 건강이 마오쩌둥보다 오래 못 갈 것을 염려하였으며, 후계자의 지위가 불안정함을 걱정하였다. 또 장칭과 장춘차오 등에게 권력을 빼앗길 것을 걱정하였는데, 특히 마오쩌둥이 린뱌오에게 "그대 나이가 든 이후 누구를 후계자로 할 것인가?"라는 언급이 있었고, 이와 관련해 장춘차오를 거론함으로써, 린뱌오의 의심은 더욱 증폭되어 권력 탈취의 구상이 싹트게 되었다.

1970년 봄, 중공중앙은 제4기 전인대를 개최할 준비를 하고 있었다. 3월 9일, 중앙정치국은 마오쩌둥의 의견을 좇아 헌법 개정 작업을 준비하였다. 3월 17일, 중앙공작회의에서 제4기 전인대 개최 및 헌법개정 문제가 토론되었다. 4월 11일, 린뱌오는 마오쩌둥이 국가주석을 맡아야 한다는 의견을 제시하고 "그렇지 않으면 인민의 심리 상태에 어긋나는 것"이라고 말했다. 중앙정치국 회의에서 마오쩌둥이 국가주석에 취임해야 한다는 의견에 많은 사람들이 동의하였다. 4월 12일, 중앙정치국에서 마오쩌둥은 린뱌오의 건의를 보고받고 다음과 같이 자신의 의견을 밝혔다. "나는 이 일을 다시 거론 않겠소. 이 일은 타당하지 못하오." 4월 하순, 중앙정치국 회의에서 마오쩌둥은 세 번째로 자신이 국가주석을 맡지 않을 것이며, 국가주석을 신설하지 않을 것이라고 밝히고 다음과 같은 고사(故事)를 인용했다. "손권(孫權)이 조조(曹操)에게 황제위에 오를 것을 권하자 조조는 손권이 나를 화롯불 위에 올려놓고 구우려 한다고 말했다. 그대들은 나를 조조로 만들지 말라. 또한 그대들도 손권이 되지 말라." 마오쩌둥은 삼국연의의 고사를 인용하여 자신의 태도를 분명히 밝혔다.

그러나 린뱌오는 자신의 주장을 굽히지 않았다. 그는 5월 중순 우파셴(吳法憲)에게 국가주석을 설치해야 한다는 자신의 의견을 거듭 밝혔다. "국가주석이 없으면 국가의 머리가 없는 것과 같다. 대의명분이 옳게 서지 않으면, 말에도 이치가 맞지 않는다(名不正, 言不順)."
린뱌오는 우파셴과 리쭤펑에게 헌법공작소조 회의에서 '국가주석'의
장을 추가하라고 요구했다. 7월에 예췬은 비공식적으로 우파셴에게
말했다. "만약 국가주석을 신설하지 않으면 린뱌오는 어쩝니까? 어디
로 가야 합니까?" 7월 중순 헌법개정기초위원회 개회기간에 마오쩌둥
은 네 번째로 국가주석 신설에 반대하였다. "국가주석 신설은 형식에
지나지 않는다. 위인설관(爲人設官)을 할 필요가 없다." 그러나 예췬
과 우파셴 등은 끈질기게 국가주석 신설을 주장하였으며, 그 결과 제9
기 2중전회(루산회의)에서 첨예하고 복잡한 투쟁이 전개되었다.

루산회의 개회 기간인 8월 2일 마오쩌둥은 정치국 상무위원회 및
각조 조장회의에서 다시금 엄숙하게 말했다. "국가주석 신설 문제는
다시 거론하지 마시오. 내가 일찍 죽게 되면 그때 나를 국가주석에
앉히시오. 그 누군가 신설을 고집한다면, 그 사람이 맡으면 될 것이
오. 어쨌거나 나는 맡지 않겠소." 마오쩌둥은 다시 린뱌오 쪽을 쳐다
보며 말했다. "나는 그대에게도 국가주석을 맡지 말 것을 권하오. 고
집을 부리는 그 사람이 맡으면 되오."

루산회의에서 마오쩌둥은 '나의 의견'을 서면으로 제출하여 천보다
를 엄중히 비판하였으며, 그의 정치 기만과 음모 행동의 실체를 폭
로함으로써 사실상으로 린뱌오를 간접적으로 비판하였다. 회의 후,
예췬(葉群)·황융성(黃永勝)·우파셴(吳法憲)·리쭤펑(李作鵬)·츄
후이쭤(邱會作) 등은 조사를 받았으며, 린뱌오에 대해서도 '보호 치
료'를 실시한다는 방침이 정해졌다. 1970년 말, 저우언라이는 일부러
리더성(李德生)과 황융성·우파셴·리쭤펑·츄후이쭤 등을 데리고
베이다이허(北戴河)로 린뱌오를 만나러 갔다. 가는 도중 저우언라이

는 리더성에게 말했다. "마오 주석은 곧 열리게 될 천보다 정풍보고 회에 린뱌오 동지가 참가하기를 바라십니다. 그 목적은 그의 퇴로를 열어주기 위한 것이지요."

5) 마오쩌둥 일정 바뀌어 모해(謀害) 실패

정풍 운동이 일단락 된 후, 제4기 전인대 준비작업 중 의사일정 문제가 제기되었다. 1971년 8월 16일, 저우언라이·장춘차오·지덩쿠이(紀登奎)·황융성 등은 마오쩌둥의 지시에 따라 베이다이허로 가서 린뱌오(林彪)에게 공작 보고를 하였다. 저우언라이는 보고를 마치면서 말했다. "마오 주석의 제의에 따라 당 중앙은 10월 1일을 전후하여 제9기 3중전회를 열고, 그 후 제4기 전인대를 개최하기로 하였으며, 현재 모든 준비가 순조롭게 진행되고 있습니다." 린뱌오는 이 말을 듣고 불안해하였는데, 이는 제9기 3중전회에서 자신들의 문제가 제기될 것을 우려한 때문이었다.

이보다 앞선 1971년 8월 14일, 마오쩌둥은 베이징을 떠나 남방 각지를 순시하였으며, 도중에 지방의 여러 당정군(黨政軍) 책임자들과 대담하였다. 이 담화 중에 마오쩌둥은 "마르크스주의를 관철하고 수정주의에 물들지 말 것, 단결하여 분열하지 말 것, 광명정대(光明正大)를 추구하고 음모와 위계를 책동하지 말 것" 등 세 가지 기본 원칙을 제시하였다. 마오쩌둥은 1970년 8월 루산회의의 투쟁을 집중적으로 이야기하면서 린뱌오의 이름을 지명하여 회의에서 돌연히 습격을 감행한 것을 비판했다. "루산 사건은 아직 끝나지 않았으며, 해결되지 않았다. 천보다 배후에는 다른 사람이 있다. 그들은 계획과 조직, 그리고 강령을 갖추고 마음속에 다른 속셈을 품었다. 누군가 국가주석이 되고 싶은 나머지 서둘렀으며, 당을 분열시켜 권력을 탈취하려 하였다. 린뱌오 동지의 발언 내용은 나와 상의한 바가 없으며, 나에게 보여 주지도 않았다. 루산에서의 투쟁과 관련하여 그는 당연히 응당한 책임을 져야 한다. 내가 린뱌오(林彪) 동지와 이야기해 보니 그의 말에 타당하지 않은 점이 있었다. 예를 들어 그는 전 세계에서 수백 년 만에, 중국에서 수천 년 만에 천재 하나가 나타났다고 하는데 이는 사실과 부합되지 않는 것이다. 마르크스와 엥겔스는 같은 시대 사람이고, 레닌과 스탈린 모두 1백 년이 채 되지 않은 사람들인데 어찌하여 수백 년 만에 하나가 나타났다고 하는가?" 마오쩌둥의 담화는 당내 고급 간부들이 맹목적으로 린뱌오를 추종하는 사태를 막는 작용을 일으켰다.

린뱌오 일당은 마오쩌둥의 담화 내용을 파악하고 매우 놀라고 두려워하였으며, 곧 자신들의 활로를 찾기 위해 마오쩌둥을 모해(謀害)하기로 결정하였다. 마오쩌둥은 경계를 늦추지 않았으므로 자신의 여행 일정을 바꿈으로써 그들의 정변 계획이 수포로 돌아가게 했다. 마오쩌둥은 9월 12일 오후 4시 중난하이(中南海)로 무사히 돌아왔으며, 린뱌오 일당은 13일 새벽 허겁지겁 항공편으로 국외 탈출에 나섰으나, 몽골공화국 원두르칸에서 추락하여 몰살되었다.

일찍이 징강산 시기부터 마오쩌둥은 린뱌오를 조심스럽게 재목(材木)으로 양성하였으며, 그 뒤 차근차근 중책(重責)을 맡겼다. 린뱌오가 "홍군은 도대체 언제까지 싸울 수 있을 것인가?"라는 의문에 빠졌을 때, 마오쩌둥은 "한점의 불꽃이 온 들판을 태울 수 있다."는 해답을 주어 그가 믿음을 회복할 수 있도록 도와주었다. 장정 도중 쭌이회의가 열린 후 얼마 지나지 않아 린뱌오가 마오쩌둥의 지휘권을 도로 회수해야 한다는 그릇된 주장을 폈어도 마오쩌둥은 이를 염두에 두지 않았다. 신중국 성립 후 미국이 한반도에서 전선을 펼쳤을 때, 린뱌오는 조선원조전쟁을 반대하였다. 이러한 여러 가지 정황에도 불구하고 마오쩌둥은 1950년대 후반에 군대 공작의 책임을 린뱌오에게 맡겼다. 문화대혁명이 시작된 후 마오쩌둥은 린뱌오를 '친밀한 전우'로 보았으며, 그를 후계자로 육성하였다. 당의 9전대에서 린뱌오를 당주석의 후계자로 한다는 내용을 당장(黨章)에 삽입하는 파격적인 조치가 취해졌던 것이다. 린뱌오의 심각한 문제점이 드러난 이후에도 마오쩌둥은 그를 돕고 그를 구하고자 여러 조치를 취하였다. 그러나 린뱌오의 권력욕은 이미 팽창하여 권력 탈취를 서두른 나머지 결국 자멸의 길을 택하고 말았다.

제4장

외국(外國) 지도자(指導者)

마오쩌둥은 중국공산당 초기 시절부터 소련의 모델이 아닌, 중국식 공산주의를 추구해 왔다고 할 수 있다. 그는 코민테른 또는 소련의 중국공산당에 대한 지도와 압력에 대하여 항상 의구심을 품어 왔으며, 그러한 태도로 인해 그 자신이 많은 정치적 피해를 입기도 했다. 그러나 마오쩌둥은 1935년 중국공산당의 최고지도자로 자리를 굳힌 후에는 표면적으로 소련과의 우호협력 관계를 변함없이 강조하였다.

스탈린과 흐루시초프로 이어지는 소련 지도자들과의 관계에서 마오쩌둥은 중국의 경제 발전을 위해 실질적으로 많은 도움을 받은 데 대해 항상 감사를 잊지 않았으나, 국가 주권에 관한 부문에서는 한 치의 양보도 허용하지 않았다.

마오쩌둥은 미국과의 관계 개선을 위해 과감하게 닉슨 미국 대통령을 중국으로 초청하여 냉전종식의 물꼬를 텄으며, 이는 이후 덩샤오핑 시대에 중미 관계 개선을 통한 개혁개방의 단초를 제공한 역사적 조치였다고 평가할 수 있다.

마오쩌둥은 제3세계의 지도자로서 쿠바의 카스트로와 인도네시아의 수하르토 대통령을 높이 평가하여 그들의 업적을 찬양해 마지않았다.

21 스탈린은 중국인민의 진정한 친구

마오쩌둥이 스탈린에 대해 불만을 가진 것은 스탈린과 소련공산당이 중국혁명에 대해 잘못된 지도와 간섭을 했기 때문이다. 그러나 이것은 부차적인 것으로 잘못보다는 소중한 도움이 더욱 많았으며, 이에 대해 중국공산당과 중국인민은 그에게 감사하고 있다. 스탈린의 생전에 마오쩌둥은 그를 친구로 불렀을 뿐만 아니라, 그의 사후에도 여전히 그에 대한 정확한 평가를 하여 전면적인 부정(否定)에는 반대하였다.

누가 우리의 친구인가?
어떤 종류의 친구는 그들 스스로 중국인민의 친구라고 자처하는데, 중국인들 중 일부는 깊이 생각해 보지도 않고 그들을 친구라고 부르고 있다. 그러나 이 같은 친구는 당(唐)나라 때의 이임보(李林甫)와 같은 부류

336

에 속할 뿐이다. 이임보는 당(唐)의 재상(宰相)인데 '구밀복검(口蜜腹劍)' 38)으로 불리어서 유명한 사람이다. 현재 그러한 친구들은 곧 '구밀복검'의 친구이다. 그들은 누구인가? 바로 입으로만 중국을 동정(同情)하는 제국주의자들이다.

다른 한 종류의 친구는 그렇지 않다. 그들은 진정으로 우리를 동정하며, 자신들의 형제로 우리를 대하고 있다. 그들은 누구인가? 그들은 바로 소련의 인민이며, 스탈린이다.

스탈린은 중국인민 해방 사업의 충실한 친구이다. 중국인민의 스탈린에 대한 경애(敬愛)와 소련에 대한 우의(友誼)는 완전히 진심에서 우러나온 것이며, 중소(中蘇)관계를 해치려는 어떠한 이간질이나 사실을 날조하는 행위도 결국 소용이 없을 것이다.

- 毛澤東, 1939년 12월 20일 "스탈린은 中國人民의 친구," 『毛澤東選集·第2卷』, pp. 657-658.

소련은 지난날 스탈린을 하늘처럼 높이 치켜세우다가, 지금은 갑자기 천길 낭떠러지 아래로 밀쳐내고 있다. 중국의 일부 사람들도 이를 따라 바뀌고 있다. 중공중앙은 스탈린이 3할의 잘못을 범했고, 7할의 공적을 남겨 총체적으로는 위대한 마르크스주의자라고 인식하고 있으며, 이러한 평가에 입각하여 '프롤레타리아독재의 역사 경험에 관하여'라는 문건을 채택했다. 3대 7의 평가는 비교적 적합한 것이다. 스탈린은 중국에 대해 여러 가지 잘못을 저질렀다. 제2차 국내혁명전쟁 후기의 왕밍(王明)의 좌경모험주의, 항일전쟁 초기 왕밍의 우경기회주의 등은 모두 스탈린의

38) 겉으로는 꿀맛 같이 절친한 척하지만 내심으로는 음해할 생각을 하거나 돌아서서 헐뜯는 것을 비유한 말로. '십팔사략(十八史略)'에 있는 고사(故事)이다. 당(唐)나라 현종(玄宗) 때 이임보(李林甫)라는 간신이 있었는데, 환관(宦官)에게 뇌물을 바치고 황후에게 들어붙어 현종의 환심을 사 재상이 된 사람이다. 이임보는 황제의 비위만을 맞추면서 절개가 곧은 신하의 충언이나 백성들의 간언(諫言)이 황제의 귀에 들어가지 못하게 하였다. 그리하여 사람들이 그를 보고 "입에는 꿀이 있고 배에는 칼이 있다(口有蜜腹有劍)"고 말했다.

지시에 따른 것이다. 해방전쟁 시기에 그는 혁명을 허락하지 않았는데, 만약 내전(內戰)을 하게 되면 중화민족이 괴멸될 위험이 있다는 것이다. 전쟁이 시작되자 우리에 대해 반신반의(半信半疑)하였고, 우리가 승리하자 이것이 트로츠키 방식의 세계혁명이 아닌가 다시 의심하였으며, 1949년과 1950년 이태 동안 우리에게 엄청난 압력을 넣었다. 그러나 우리는 역시 그가 3할의 잘못과 7할의 공적을 남겼다고 보고 있으며, 이는 공정한 것이다.

- 毛澤東, 1956년 4월 25일 "論十代關係".

스탈린(Iosif V. Stalin, 1879-1953)은 소련공산당과 소련정부의 지도자로 레닌의 뒤를 이어 소련공산당 서기장과 대원수를 지냈다. 1879년 12월 21일, 러시아 남부 카프카스(Kavkaz, Caucasus) 지역에 위치한 그루지야의 고리(Gori)에서 구두 직공의 아들로 태어나 어려서 아버지를 잃고 어머니 손에서 자랐다. 1894년 고리 교회소학교를 졸업하고, 티플리스 정교(政敎)중학으로 진학하였다. 15세 때 혁명 운동에 참가하여 철도 노동자들에게 마르크스주의를 선전하였고, 1898년, 러시아 사회민주노동당에 가입하였다. 1899년 혁명활동에 가담하였다는 이유로 정교중학에서 제적되었으며, 이때부터 직업 혁명가가 되어 카프카스에서 지하 활동을 하였다. 1901년, 러시아 사회민주노동당 티플리스위원회 위원에 선출되었다. 이 해 11월, 바투미(Batumi)로 파견되어 당 조직 사업에 종사하였고, 1902년 바투미 노동자 시위와 파업투쟁에 참가하였다. 스탈린은 4월에 체포되어 시베리아로 유배되었다.

1903년 3월, 카프카스 사회민주노동당 제1차 대표대회가 열려 스탈린은 궐석 중에 카프카스 연맹위원회 위원으로 선출되었다. 1904년 유배지에서 탈출하여 티플리스로 돌아와 당의 바쿠(Baku) 위원회 위원에 임명되었으며, 이 해 12월 바쿠 석유 노동자 대파업을 지도하였다. 볼셰비키와 멘셰비키 간의 투쟁이 시작된 후 스탈린은 '프롤레타리아와 프롤레타리아 정당', '당내 의견 차이 요약' 등의 문장을 발표하여 볼셰비키의 관점을 지지하였다.

1) 레닌의 뒤를 이은 '강철의 사나이'

1905년 제1차 러시아혁명 시기에 스탈린은 카프카스 지구의 혁명 지도자가 되었다. 12월 카프카스 당조직을 대표하여 볼셰비키 제1차 대표회의에 출석하여 처음으로 레닌을 회견했다. 1906년과 1907년 러시아 사회민주노동당 4·5전대에 참가하였다. 스탈린은 1902년부터 1913년 사이에 체포 7회, 유배 6회, 탈주 5회의 고초를 겪으면서도 차르의 전제 제도에 반대하는 투쟁과 마르크스주의의 선전을 잠시도 멈추지 않았다. 1912년 1월, 프라그에서 열린 당 6차 대표회의에서 궐석 중에 중앙위원에 선출되었으며, 당 중앙으로부터 러시아국(局)의 지도를 위임받았다. 1912년 봄, 〈러시아 뷰로〉 발행에 착수하여 9월에 편집 책임자가 되었다. 1912년 말부터 1913년 초까지 '마르크스주의와 민족 문제'라는 논문을 발표하여 마르크스주의의 민족 문제에 관한 이론과 강령을 천명하여 레닌으로부터 아주 높은 평가를 받았다. 이때 처음으로 스탈린(강철의 사나이)라는 필명을 사용하였다.

스탈린은 1913년 체포되어 북극권에 가까운 시베리아로 유배되었

으며, 1917년 2월혁명 후, 페트로그라드로 돌아와 당 중앙의 러시아
국에 참가하면서 〈러시아 뷰로〉의 공작을 영도하였다. 4월, 레닌이
망명에서 귀환하자 그의 '4월 테제'를 재빨리 지지하였고, 신정권의
민족인민위원이 되어 제(諸)민족 공화국의 공수동맹(攻守同盟)인
'소련방'의 결성에 진력하였다. 1917년 5월, 러시아 사회민주노동당
제7차 전국대표회의에 참가하여 민족문제에 관한 보고를 하였고, 중
앙위원에 당선되었으며, 당 중앙이 정치국을 결성하였을 때, 정치국
위원으로 선출되어 페트로그라드 당위원회의 공작 사업을 총괄하였
다. 6월 '전(全)러시아 노동자·병사 소비에트' 제1차 대표대회에서
중앙집행위원회 상무국 위원으로 당선되었다. 1917년 7월부터 8월까
지 열린 러시아 사회민주노동당 제6차 대표대회에서 중앙위원회의
정치공작 보고 및 정치 형세에 관한 보고를 하였다. 스탈린은 이 대
회의 결의를 관철하기 위해 당의 여러 지도자들과 함께 무장봉기의
추진에 대한 많은 준비 공작을 하였다. 10월 16일, 레닌이 주재한 당
중앙 확대회의에서 무장봉기를 지도할 당의 군사혁명총본부가 구성
되었다. 스탈린은 총본부의 구성원으로써 11월 6·7일의 페트로그라
드 무장봉기를 적극 조직하고 지휘하였다.

　10월혁명 승리 후, 11월 8일 열린 전러시아 소비에트 제2차 대표대
회에서 스탈린은 중앙집행위원회 위원으로 선출되었으며, 민족사무
인민위원(1917-1922)과 국가감찰부 인민위원(1919-1922) 등에 임명
되었다. 1918년 11월 '10월혁명과 민족 문제'를 발표하여 식민지 및
반식민지 민족해방 운동의 역사적 지위를 논술하였다. 1918년-1920년
의 국내전쟁 기간에 전 러시아 중앙집행위원회 노동자·농민 국방위
원회 위원, 소비에트공화국 혁명군사위원회 위원, 서부전선과 남부전

선 및 서남전선의 혁명군사위원회 위원 등의 직책을 역임하면서 페트로그라드 방어전 등을 지도하여 탁월한 정치적·군사적 재능을 발휘하였다. 1919년 11월 '붉은 깃발'훈장을 받았다. 1922년 4월, 러시아 공산당 제11차 대표대회에서 새로 선출된 중앙위원회 제1차 회의에서 레닌의 제의에 따라 총서기로 선출되었다.

1924년 1월 21일, 레닌이 사망하였으며 스탈린은 1월 26일 제2차 소비에트대표대회에서 열린 추도회에서 '레닌을 애도함'이라는 연설을 발표하였다. 4월 '레닌주의의 기초'라는 연설을 통해 레닌의 프롤레타리아 혁명과 프롤레타리아 독재, 당의 건설과 전략·정책 및 민족 문제 등의 기본원리에 대하여 간단하고 알기 쉽게 설명하였다. 1926년 '레닌주의의 몇 가지 문제'를 출판하여 "사회주의는 한 나라에서 먼저 이룩될 수 있다."는 레닌의 학설에 대한 진일보된 논증을 제기하였다.

레닌은 죽기 전 병석에 누워 스탈린이 무한한 권력을 장악하여 이를 남용할 것을 우려하였으며, 그의 유서에서 스탈린이 난폭하고 관용이 없는 성격적 결함을 갖고 있다고 지적하여 당 총서기에서 경질할 것을 시사하였다. 그러나 스탈린은 이미 비밀경찰과 당료 등 자신의 측근들을 전국에 배치하여 세력을 공고히 하였기 때문에 1924년 5월의 소련공산당 제13차 대회에서 총서기로 유임되었다.

2) '일국(一國)사회주의'로 트로츠키 제거

레닌의 사망 후 1930년대 중반까지 소련공산당 당내에서는 '일국

(一國)사회주의'의 가능성 여부와 사회주의공업화 및 농업집체화의 방침과 절차를 둘러싸고 격렬한 논쟁이 벌어졌다. 스탈린은 처음에 트로츠키와 지노비예프[39] 등 좌경 반대파와 투쟁을 벌였다. 좌경 반대파들은 국내외 정세 변화를 무시하고 "한 나라에서만 사회주의를 건설할 수는 없다."는 이론을 견지하며 일련의 좌경 정책들을 제기하였다. 스탈린은 마르크스레닌주의의 원리에 입각하여 '일국사회주의' 문제와 '일국에서의 최후의 승리 획득' 문제를 구분하여 이론상의 답을 구하였다. 그는 트로츠키 등의 세계 혁명을 기다리는 잘못된 이론을 비판하고, 자국내의 역량을 바탕으로 노동자와 농민의 관계를 잘 처리하여 국내 자본주의 세력에 승리한다면 한 나라에서도 완전한 사회주의를 건설할 수 있다고 지적하였다.

  1924년 5월, 러시아공산당 제13차 대표대회는 트로츠키파가 마르크스주의에서 벗어난 일종의 '소(小)부르주아 경향'이라는 결의를 비준했다. 1925년, 제14차 당대표대회는 지노비예프 등을 대표로 하는 신(新)반대파를 비판하였다. 1926년부터 1927년까지 스탈린을 필두로

---

39) 지노비예프(Grigorii E. Zinov'ev, 1983-1936)는 우크라이나 출신으로 1901년 러시아사회민주노동당에 입당, 1902년 스위스로 망명하여 베른대학에서 공부하였다. 당내 발군(拔群)의 이론가로 당 기관지〈프롤레타리아〉등을 주재하였고, 1917년 2월혁명 후 레닌과 함께 귀국하였다. 10월혁명을 준비하는 과정에서 시기상조론을 내세워 무장봉기에 반대하여 레닌과 대립하였으나, 혁명 후 페트로그라드소비에트 의장이 되었다. 1919-1926년 코민테른(제3인터내셔널) 집행위원장을 맡았고, 1924년 레닌 사망 후에는 스탈린·카메네프와 함께 트로이카체제를 형성하여 당의 주류가 되었으며, 반(反)트로츠키 운동을 벌였다. 그러나 1925년 카메네프와 함께 당내 좌파를 이끌고 스탈린파와 대립하며 트로츠키와 제휴하였으나 패배하여 1927년, 당에서 제명되었다. 그 후 복당(復黨)과 제명을 거듭하다가 1934년 키로프암살사건에 연루되어 1936년 처형되었다.

한 소련공산당중앙은 트로츠키 및 지노비예프의 반당(反黨) 연맹과 첨예한 투쟁을 전개하였다. 전당이 참여한 격렬한 논전이 진행된 후, 1927년 12월, 소련공산당 제15차 대표대회에서 트로츠키-지노비예프 연맹의 핵심 인물 75명이 당에서 제명되었다.

1928년부터 1929년까지 사회주의건설을 어떻게 추진할 것인가, 특히 농업집체화의 절차 및 부농(富農)에 대한 정책 등을 놓고 스탈린과 부하린40) 사이에 논쟁이 촉발되었다. 1928년 11월의 중앙회의에서 스탈린은 '우경(右傾)'이 현재 당내의 주요 위험요소라고 지적했다. 1929년 스탈린은 '부하린 집단'과 그 우경 착오를 비판하고 부하린의 정치국위원 및 코민테른 의장 직책을 철회하였다.

사회주의사업의 발전에 따라 스탈린의 개인적 인기가 날로 높아지자 그는 점점 겸허함을 잃어갔으며, 자신에 대한 개인숭배를 은근히 용인하거나 부추겼다. 그리하여 당의 민주집중제와 집체영도(集體領導) 원칙이 소홀하게 되어갔다. 스탈린은 사회주의건설의 절차와 방법 등에 있어 자신과 다른 의견을 모조리 '우경기회주의'로 몰아 비판하였으며, 1930년대 중반에 세 차례에 걸친 대숙청을 감행하여 지노비예프 등 반대파뿐만 아니라 충실한 당원과 군인·관료 등 많은

---

40) 부하린(Bukharin, 1888-1938)은 모스크바 출신으로 1906년 러시아사회민주노동당에 입당한 후 활동 중 체포되어 유배된 후 망명하여 빈대학에서 수학하였다. 1917년의 2월혁명 직후 귀국, 모스크바의 볼셰비키를 지도하였으며, 10월혁명 뒤에는 당 기관지 〈프라우다(Pravda)〉의 편집장이 되었고, 그 후 스탈린과 합세하여 트로츠키를 실각시켰다. 1927년, 지노비예프를 대신하여 코민테른 집행위원회 의장이 되었으나, '우익반대파'로서 주류파와 대립하다가 실각하였으며, 그 후 자기비판을 하여 공직에 복귀하였으나, 대숙청의 소용돌이 속에서 1938년 총살되었다. 이론가로서 유명하며, 저서로 '사적 유물론(史的唯物論)'(1921), '제국주의와 자본 축적'(1925) 등이 있다. 1988년 공식 복권이 이루어졌다.

무고한 사람들을 투옥하고 처형하여 사회주의법제를 엄중하게 파괴하였다. 1936년 스탈린은 전소련 소비에트 제8차 비상대표대회에서 '소련헌법초안'을 보고하여 이른바 '스탈린헌법'을 제정하였는데, 이 헌법은 소련에서의 사회주의의 승리를 법적으로 확인한 것이었다.

3) 적군(赤軍) 이끌고 독일 침공 물리쳐

레닌 사망 후 스탈린은 '제3인터내셔널'의 영도공작에 참가하였으며, 1924년 6월 코민테른 제5차 대표대회에서 집행위원회 위원 및 주석단 성원으로 선출되었다. 1935년 코민테른 제7차 대표대회에서 다시 집행위원회 위원으로 당선되었다. 코민테른 중·후기의 여러 가지 착오는 스탈린의 지도사상과 밀접한 관계가 있다. 스탈린이 각국의 공산당에 대해 도움을 준 것은 사실이지만, 다른 나라 공산당에 대해 불평등한 태도를 취한 것도 사실이다. 그는 중국혁명의 성격과 특징에 대해 치밀하게 논술하였지만, 중국의 상황에 맞지 않는 여러 주장을 제기한 것도 사실이다.

독일 등 국제적 파시즘의 대두로 유럽이 전쟁의 위기에 직면하게 되자 스탈린은 군사 및 외교적으로 일련의 방어 조치를 취하였다. 그는 나치독일과 불가침 조약을 맺어 파시즘의 총구를 일시 서유럽 쪽으로 돌려놓았으며, 1941년 몰로토프를 대신하여 인민위원회 의장(총리)을 겸하여 비로소 정치 정면에 나섰다. 그러나 그로부터 1개월 후인 1941년 6월에 독일의 기습을 받아 독소(獨蘇)전쟁이 일어날 것을 미리 알아차려 준비하지는 못하였다. 전쟁이 시작되자 그는 6월

30일 국방위원회 주석을 맡았으며, 7월 19일 소련국방인민위원이 되었으며, 8월 9일 소련 무장 역량의 최고 통수 자리인 적군(赤軍) 최고 사령관이 되었다. 그는 개전 초에는 패배하였으나 급속히 국내의 임전 체제를 갖추고, 주코프 등 소장(少壯) 장군들을 이끌고 반격 작전을 전개하여 모스크바 전선에서 우세한 적군의 진격을 저지하고 반격의 시간을 마련하였다. 또 테헤란·얄타·포츠담 등의 거두 회담에 참석, 미국·영국·중국 등 연합국과의 공동 전선을 굳혀 독일을 굴복시키는 데 일익을 담당하였다. 엄청난 좌절을 겪었고 많은 대가를 지불하였지만 소련은 마침내 파시스트 독일을 물리쳤으며, 아울러 일본(日本)에 대한 작전에 참가함으로써 세계 반(反)파시스트 전쟁의 완전한 승리에 기여했다. 스탈린은 1943년 소련 원수(元帥) 계급을 받았으며, 1945년 대원수(大元帥) 계급을 받아 그 명성은 레닌을 능가하였다.

제2차 세계대전이 끝난 후, 스탈린은 소련인민을 영도하여 국민경제를 회복시키고 발전시켰으며, 각국 인민들의 제국주의 및 식민주의에 반대 투쟁과 국제 공산주의 운동의 단결을 위해 노력했다. 한편으로는 동유럽(東歐)제국에 대해 헤게모니를 잡고 미국과 대항함으로써 냉전의 중심인물이 되었으며, 국내적으로는 반대자에 대한 탄압을 계속하였다. 스탈린은 1950년 '마르크스주의와 언어학(言語學) 문제'를 발표하였다. 1952년 '소련 사회주의경제의 문제'를 발표하여 경제 법칙의 객관성을 논술하였으며, 사회주의를 지나 공산주의에 도달하는 기본 조건 등을 제기하였다. 그는 이 글에서 1930년대 중반 제기하였던 사회주의사회의 생산관계와 생산력 사이에 모순이 없다는 관점을 수정하였으며, 사회의 생산 관계와 생산력 사이에는 틀림없이 모순이 존재한다고 인식하였다. 그는 소련사회가 계속 전진하는 방향의 문제를 이론상으로 해결하려고 시도하였던 것이다. 그러나 그의 사회주의건설에 관한 여러 가지 이론적 관점과 방법들은 그 실천 과정에서 결함이 드러나거나 잘못된 것으로 판명되었다.

1953년 3월 5일, 스탈린은 뇌일혈로 숨졌다. 그가 죽은 뒤에 1956년 제20차 당대회에서 흐루시초프가 스탈린을 비판함으로써 '중소논쟁' 등 복잡한 반응을 일으켜 국제공산주의 운동을 심각한 혼란 속에 몰아넣었다. 특히 1991년의 소련정변 이후 스탈린에 대한 인민들의 평가는 종전의 신(神)적 숭배에서 독재자로 격하되었다.

4) 중국혁명 방법(方法) 마오쩌둥과 이견

스탈린과 그가 영도한 소련은 중국혁명에 대하여 소중한 공헌을 하였으나 엄청난 과오를 저지른 것 또한 사실이다. 소중한 공헌인 지지와 원조에 있어서도 부당하고 잘못된 간섭이 따랐다. 스탈린과 마오쩌둥은 중국혁명의 기본 문제에 있어 공통된 인식을 가졌으나 의견이 엇갈리는 부분도 적지 않았다. 깊은 우의(友誼)와 밀접한 협력에 있어서도 모순과 투쟁이 있었다.

1949년 12월 16일, 마오쩌둥은 신중국(新中國)의 지도자로서 처음으로 소련을 방문하여 열렬한 환영을 받았다. 도착한 그날 오후 6시, 스탈린은 소련 지도자들과 함께 크렘린궁에서 마오쩌둥과 회견하였다. 두 사람은 대면한 후 잠시 서로 쳐다보았으며, 이전에 한 번도 만난 적이 없었지만 곧 상대방을 반기려 앞으로 나갔다.

"어서 오십시오. 환영합니다!" 스탈린이 친절하게 인사하였다.

"뵙게 되어서 정말 반갑습니다." 마오쩌둥이 열정적으로 회답했다.

"위대하십니다. 주석의 중국인민에 대한 공헌은 정말 위대하십니다. 주석께서는 중국인민의 훌륭한 아들입니다." 스탈린의 마오쩌둥에 대한 찬사는 끊이지 않았다.

이때 마오쩌둥은 몹시 감개에 젖어 대답했다. "나는 오랫동안 공격과 배척을 받은 사람으로, 할 말이 있어도 말할 데가 없어서…" 마오쩌둥의 말이 아직 끝나지 않았으나 스탈린은 재빨리 그 말을 이어갔다. "승리자는 비난을 받지 않는 법입니다. 승리자를 비난할 수 없지요. 이것은 일반적인 공리(公理)입니다."

여기에서 알 수 있듯 마오쩌둥은 스탈린에 대해 상당히 불만을 가진 태도를 취하였는데, 이는 이해하기 어렵지 않다. 마오쩌둥과 스탈린은 중국혁명의 방법에 있어 서로 의견이 일치하지 않았으며, 서로 대립하기까지 하였기 때문이다. 1927년, 국공합작(國共合作)이 결렬되고 국민당 우파가 공산당원들을 대량으로 학살하여 중국혁명은 위기에 처하게 되었다. 그러나 스탈린과 코민테른의 중국혁명에 대한 지도는 오히려 계속 잘못을 범하였으며, 천두슈(陳獨秀) 등이 우경(右傾)투항주의 노선을 걷게 하기에 이르러 제1차 대혁명의 실패로 이어지게 되었다. 마오쩌둥은 코민테른의 지도방식에 큰 불만을 품었다. 중국혁명의 불씨를 살리기 위하여 저우언라이(周恩來)와 마오쩌둥은 전후하여 난창(南昌)봉기와 추수(秋收)봉기를 일으켜 농촌혁명근거지를 개척하고 혁명 역량을 계속하여 키워 나갔다. 그러나 불가사의한 일은 이 때 코민테른과 스탈린이 혁명 경험도 없고 중국의 사정에도 어두운 이른바 '1백% 볼셰비키' 왕밍(王明)을 파견하여 그로 하여금 중공(中共)의 지도권을 장악하게 하고, 마오쩌둥을 배척하여 그의 모든 당과 군의 직책을 빼앗은 점이다. 중국혁명은 왕밍과 코민테른 군사 대표 리더(李德)의 잘못된 지도를 받게 되었으며, 중앙소비에트 지역에서 국민당의 제5차 섬멸전 대응에 실패하여 홍군의 90%를 잃게 되었다. 1935년 쭌이회의에서 마오쩌둥의 당내 영도적 지위가 확립되어 위기 중에 중국혁명을 계속할 수 있게 되었다. 스탈린은 마오쩌둥이라는 '산골짜기 출신'의 혁명가가 중국혁명을 성공적으로 이끌지 여부에 대해서는 회의적인 태도를 가졌지만, 왕밍의 역량이 부족하다는 사실은 절감하였던 것이다. 그리하여 스탈린은 마오쩌둥이 자신의 동의를 거치지 않고 획득한 영도권을 그대로 묵인하는 태도를 취하였다.

1936년, 시안(西安)사건이 발생하자 마오쩌둥과 스탈린은 또다시 의견이 엇갈렸다. 스탈린과 코민테른은 장쉐량(張學良)과 양후청(楊虎城)이 장제스(張介石)를 억류함으로써 중국이 분열될 것을 염려하였다. 마오쩌둥은 스탈린에게 답전을 보내 중국공산당의 이 일 처리에 대한 방침을 설명하였다. 뒷날 사실이 증명하듯 시안사건의 평화적 해결은 중국 시국(時局)의 흐름을 바꾸는 전환점이 되었다. 1937년 항일전쟁이 시작된 후 왕밍이 '국제노선'을 관철하여 우경투항주의를 밀고 나가는 바람에 또다시 혁명 역량이 손실을 입게 되었다. 항일(抗日)전쟁 승리 후, 소련은 중국공산당과 국민당이 연합(聯合)정부를 구성하고 각자의 군대를 해산하도록 권고하였다. 그러나 스탈린은 제2차 세계대전이 끝나기 직전 여러 차례의 국제회의에서 장제스와 비밀협정을 체결하였음이 뒤에 드러났다.

5) "우리는 중국을 전혀 이해하지 못했다"

　스탈린은 여러 가지 잘못을 범하였음에도 불구하고 결국에는 이를 바로잡을 수 있는 마르크스주의자였다. 1949년 7월 류사오치(劉少奇)가 소련을 방문하고 있는 중 스탈린은 중국혁명 문제에 있어 그 자신의 잘못이 있었음을 거듭 인정하였다. 그는 류사오치에게 "우리가 당신들을 방해하였지요?"라고 물었다. 류사오치는 정중하게 "아닙니다."라고 대답했다. 스탈린은 진실 어린 표정으로 말했다. "아니오, 우리가 방해했소. 우리는 중국을 전혀 이해하지 못했소." 그는 또 중국공산당이 성숙한 정당이며, 중국의 간부들은 모두 숙련되고 수준이 높다고 칭찬해 마지않았다. 방문객의 면전에서 자신의 잘못을 인정하고, 상대방의 수준 높음을 칭찬하는 이러한 일들은 권력의 최고봉에 선 스탈린에게는 정말 보기 힘든 일이었다.

　신중국 성립 후에 접수한 것은 장제스가 남겨 놓은 골칫거리인 경제 혼란이었다. 다른 한편으로 미국을 위시한 서방세계가 중국에 대한 고립(孤立)과 봉쇄(封鎖)의 적대 정책을 취하고 있었으며, 국민당 잔여세력은 타이완(臺灣)에 웅거하며 수시로 서방 세력과 협력하여 대륙을 위협하고 있었다. 새롭게 태어난 인민정권을 요람에서 죽이려고 시도하는 이 같은 상황 아래서 외교적으로 소련과 동맹을 결성하는 것은 매우 중요한 정책 결정이었다.

　1949년 12월, 건국한 지 겨우 1개월 반 만에 마오쩌둥은 국내 일을 류사오치에게 맡기고 대표단을 인솔하여 소련으로 가 스탈린과 회담을 가졌다. 스탈린은 중국공산당의 수십 년 혁명투쟁을 아주 높게 평가하였다. "중국혁명의 승리는 앞으로 세계의 저울을 변화시킬 것입니다. 국제혁명에 저울추가 더 무겁게 실리게 되었으니 우리는 진심으로 당신들의 승리를 축하합니다." 스탈린은 마오쩌둥 쪽으로 몸을 돌려 정답게 물었다. "이렇게 먼 길을 오셨는데 빈손으로 돌아갈 수는 없으니 우리가 무언가 해야 하지 않겠소? 주석께서는 무슨 의견이나 원하시는 것이 있는지요?" 마오쩌둥은 익살스럽게 대답했다. "이번에 온 것은 어떤 일을 완성시키고자 하는 것이니 마땅히 무언가 만들어 내야 되는데, 그것은 보기에 좋을뿐더러 맛도 있을 거요."

쌍방의 공동 노력에 의하여 1950년 2월 14일 '중소우호동맹상호원조조약(中蘇友好同盟互助條約)'이 크렘린궁에서 조인식을 가지게 되어 마오쩌둥과 스탈린이 그 의식에 참석하였다. 이 조약의 기초 위에서 건국 초기의 중국은 소련의 막대한 원조를 받을 수 있었다. 스탈린은 대규모 전문가들을 중국으로 파견하였고, 많은 차관을 제공하였으며, 중국의 각종 건설 사업을 도와주었다.

1953년 3월 5일, 스탈린이 숨졌다. 마오쩌둥은 부음(訃音)을 접한 그 날 주중 소련대사관에 조전(弔電)을 보냈다. 마오쩌둥은 또 중앙인민정부령을 발포하여 애도기간 중 전국의 모든 기관과 단체는 연회(宴會) 및 오락 활동을 중지하고 반기(半旗)를 게양하여 애도를 표하도록 하였다. 아울러 저우언라이(周恩來)를 대표로 소련에 보내 스탈린의 장례식에 참가하도록 하였다.

마오쩌둥은 스탈린을 존경하였고, 스탈린 또한 마오쩌둥을 매우 존중하였다. 스탈린은 원래 비교적 오만(傲慢)한 사람이었다. 그러나 마오쩌둥에 대해서는 완전히 다른 태도를 취하였다. 그는 이 동방대국(東方大國)의 영수(領袖)를 매우 존중하였고, 중국혁명의 성공 경험을 중시하였다. '마오쩌둥선집(毛澤東選集)'의 출판, 특히 러시아판의 발행은 스탈린의 관심과 도움에 힘입은 바 크다.

6) "소련에서 발생한 잘못은 일시적인 것"

1956년 2월, 흐루시초프는 소련공산당 20전대에서의 비밀 보고를 통해 스탈린의 업적을 전면 부정하였다. 마오쩌둥은 이를 알고 매우 화를 냈으며 잠을 못 이루었다. 그는 상황을 통보하러 온 소련공산당 지도자 미코얀에게 말했다. "스탈린은 공(功)이 과(過)보다 큽니다. 당신들이 취한 방식과 방법은 나쁘며, 전면적인 분석과 자아비판(自我批判)이 결핍되었고, 사전에 형제(兄弟)당과의 상의가 없었습니다. 당시의 역사적 배경과 시대적 특성을 연계시키지 않고 간단하게 한 사람의 죄상(罪狀)으로 몰아가는 것은 옳지 않으며 나쁜 일입니다."

4개월이 지난 후인 1956년 8월 30일, 중공 8전대 준비회의에서 마오쩌둥은 중요 담화를 발표하였으며, 그 중에서 스탈린의 잘못에 대하여 진지하고 객관적이며 구체적인 분석과 평가를 하였다. "어떠한 민족이라도 잘못을 범하지 않을 수는 없는데, 하물며 소련은 세계 첫 번째의 사회주의국가(社會主義國家)로 제국주의가 온갖 지략을 다 짜내 이 나라를 포위·봉쇄·전복하려고 시도하고 있으므로, 그 투쟁이 매우 복잡하고 격렬하여 어떠한 잘못도 발생하지 않는다는 것은 불가능한 일이다." 동시에 마오쩌둥은 소련에서 발생한 잘못은 일시적이며 부분적이고 능히 바로잡을 수 있는 것들이며, 스탈린과 소련의 주류(主流) 및 다수(多數)는 정확한 방향을 유지하고 있음을 세 가지 예를 들어 설명하였다. "첫째, 러시아는 레닌주의를 낳았고,

스탈린은 레닌의 사업을 계승하였으며, 10월혁명을 통하여 사회주의 국가로 변모시킴으로써 마르크스주의의 정확성을 증명하였다. 둘째, 스탈린은 레닌주의를 견지하여 소련에 사회주의사회를 건설하였고, 소련을 강대한 공업(工業) 국가로 변모시켰다. 셋째, 스탈린은 소련 인민을 영도하여 파시스트 세력에 승리를 거두었고, 세계인민의 혁명(革命)과 진보(進步) 사업에 중대한 공헌을 하였다."

이에 따라 마오쩌둥은 스탈린에 대한 평가에 있어 '분석(分析)'의 필요성을 강조하고 있다. 앞에서 밝힌 바대로 스탈린의 공과(功過)는 7대 3으로 나누어 보는 것이 공정할 것이다. 그의 주요하고 많은 업적들은 좋은 평가를 받아 마땅한 유용한 것들이고, 부분적으로 일부 행위들은 잘못되었다는 것이다.

마오쩌둥과 스탈린

22 흐루시초프는 말썽을 부려 재난(災難)이 많다

흐루시초프는 소련의 역사를 바꾸었고, 국제공산주의 운동의 발전을 변화시켰으며, 또한 중소(中蘇)관계를 악화시켰다. 그는 중국에 거대한 압력을 행사하였으나 마오쩌둥을 억누르지는 못했으며, 중국 공산당과 중국인민을 압박하여 좌절시키지 못했다.

흐루시초프란 사람은 용감하기는 하나 말썽을 부리기 때문에 재난(災難)이 많아 그의 시대 또한 그리 순조롭지 못할 것이다.

- 毛澤東, 1959년 9월 30일 흐루시초프와 會見할 당시, 非公式的으로 中國 人員들에게 한 이야기, 權延赤『毛澤東与赫魯曉夫』,〈人物〉雜誌 1989年 第5期

흐루시초프 그대는 우리에게 갖가지 누명을 씌웠다. 달라이 라마를 내
버려 두지 않았고, 네루와 단결하지 않았으며, 대약진 또한 그릇된 것이
라고 하여 우리를 좌경(左傾)으로 몰았다. 그렇다면 나 또한 그대에게
'우경(右傾)기회주의'라는 딱지를 하나 붙여야겠다.

- 毛澤東, 1959년 9월 30일 흐루시초프와 會見할 때의 談話, 權延赤『毛澤東与赫魯曉夫』,
  〈人物〉雜誌 1989年 第5期

흐루시초프라는 꽃은 나 마오쩌둥보다 아름답다. 중국 옛이야기에 연꽃
이 비록 아름답지만 푸른 잎이 이를 받쳐 주어야 한다는 말이 있다. 내가
보기에 흐루시초프라는 꽃은 푸른 잎의 떠받침이 필요하다고 여겨진다.

- 毛澤東, 1959년 9월 30일 흐루시초프와 會見할 때의 談話, 權延赤『毛澤東与赫魯曉夫』,
  〈人物〉雜誌 1989年 第5期

그대 흐루시초프는 성질이 대단하여 말로써 다른 사람을 해치니, 이는
아주 좋지 않은 일로 그래서는 안 됩니다. 나 자신도 간혹 그런 실수를
저질러 결국 다른 사람과 언쟁을 벌이고 미움을 받았는데, 겉으로는 강한
듯해도 실은 내가 약하다는 것을 나타낸 것입니다. 천하에 가장 부드러운
것이 가장 굳세니…

- 毛澤東, 1957년 11월 蘇聯 방문 때 흐루시초프와의 談話, 權延赤『毛澤東与赫魯曉夫』,
  〈人物〉雜誌 1989年 第5期

흐루시초프(Nikita S. Khrushchyov, 1894-1971)는 1953년 스탈린의
뒤를 이어 소련공산당 제1서기를 지냈고, 1958년부터 1964년까지 소
련 총리를 지냈다. 1894년 4월 17일, 크루스크주(州) 카리노프카에서

광부의 아들로 태어났다. 15세 때 돈바스의 기계 공장에서 실습생 판금공(板金工)으로 근무하다 파업에 참가하여 해고되었으며, 10월 혁명 때, 카리노프카 지역 빈농위원회 의장을 맡았다. 1918년 하반기에 러시아공산당에 입당하였다. 1919년 초, 적군(赤軍)에 입대하여 남부전선의 제1군 제9보병사단 소속 작전부대에서 정치선전 공작을 담당하였다. 1922년 초, 제대하여 탄광 부책임자로 일했고, 그 후 도네츠 광업기술학교 노동자반에서 학습하며 당지부서기와 정치지도원을 맡았다. 1925년 졸업 후, 돈바스에서 구(區)위원회 서기를 맡았다. 1929년 모스크바의 스탈린공과대학에 입학, 1931년 교내의 당위원회 서기로 활동하였다. 1931년부터 모스크바의 구(區)위원회 서기로 근무하였고, 1932년부터 모스크바시 당위원회 제2서기와 모스크바주 제2서기를 역임하였다. 1934년 2월, 소련공산당 제17차 대표대회에서 당 중앙위원에 당선되었으며, 1935년 1월, 중앙정치국 후보위원에 당선되었다. 1936년 헌법위원회 위원, 1937년 소련 최고 회의 외교분과 위원회 위원이 되었다. 1938년 중앙정치국 후보위원에 당선되었으며, 우크라이나로 파견되어 당 제1서기 및 키에프시 위원회 제1서기를 맡았다. 1939년 3월, 당 정치국원이 되었다.

1) 권력 장악하자 스탈린 격하(格下) 운동

1941년, 독일군이 소련을 침공하자 키예프 특별 군구(軍區), 남서 방면군, 스탈린그라드 방면군, 남방 및 제1우크라이나 방면군의 군사위원으로서 공훈을 세워 1943년 중장(中將) 계급을 수여받았다. 1947

년 3월 우크라이나 각료회의 의장(총리)이 되었으며, 12월 우크라이나공산당 제1서기를 겸임하였다. 1949년 12월 중앙에 복귀, 소련공산당중앙위원회 서기로 임명되어 농업(農業)을 주관하였으며, 모스크바주 당위원회 제1서기를 겸임하였다. 1952년 10월, 소련공산당 제19차 대표대회에서 당장(黨章) 개정에 관한 보고를 하였으며, 중앙주석단 위원 겸 중앙서기로 선출되었다. 스탈린 사망 후, 1953년 9월 최초의 중앙위원회 전체회의에서 중앙 제1서기로 선출되었으며, 같은 해 당 중앙 러시아연방국 주석이 되었다. 이때부터 총리 말렌코프의 농업정책을 계속 비판하여 마침내 1956년 사직하게 하였고, 또 유고슬라비아 문제로 몰로토프와 대립하여 '스탈린 비판'을 제기하였다. 흐루시초프는 1956년 2월 소련공산당 제20차 대표대회에서 행한 '개인숭배 및 그 결과'라는 비밀 보고를 통해 스탈린의 잘못을 비판하였다. 그러나 그 비판 내용이 무원칙적이고, 사실의 확증이 결여되어 있어 도리어 많은 의문을 남겼다. 그 결과 당내에서 몰로토프·말렌코프·불가닌·주코프 등 유력 간부들의 반대에 부딪치자, 그들을 '반당 그룹'이라 하여 1957년 요직으로부터 추방하였다. 한편, 대외적으로도 '중소 논쟁'과 '헝가리사건' 등을 도발하여 공산 진영 분열의 실마리를 제공하였다.

1958년 3월 흐루시초프는 불가닌을 몰아내고 총리를 겸직하면서 당과 국가의 전권을 장악하였고, 1961년 제22차 당 대표대회를 주재하여 "1980년까지 소련에서 공산주의사회를 기본적으로 건설한다."는 구호와 목표를 제기하였다. 그러나 공장관리기구의 개편, 7개년 계획, 당조직 개편 등 일련의 정책은 혼란만 가중되었을 뿐 실효를 거두지 못하였다. 경제적으로 그는 농산품 수매 가격을 올렸으며, 집체농장의 자주권을 확대하였고, 경제 관리의 중심을 중앙에서 지방으로 이전하였다. 또 이윤(利潤) 원칙을 제창하여 물질 유인의 인센티브를 강화하였다. 외교적으로는 자본주의사회와의 평화공존 및 평화 경쟁의 원칙을 제기하여 세계대전은 절대 피할 수 없는 것이 아니라고 인식하였다. 사회주의국가 및 각국 공산당과의 관계의 처리에 있어 흐루시초프는 대국주의(大國主義)와 대당주의의 잘못을 범하였다.

1964년 10월 14일, 소련공산당중앙전체회의는 흐루시초프가 주관주의(主觀主義) 및 유의지론(唯意志論)의 잘못을 범하였음을 감안하여 그의 중앙 제1서기 및 중앙 주석단 위원의 직책을 해임하였으며, 그 다음날 소련 각료회의 의장(총리)의 직책도 철회하였다. 흐루시초프는 퇴임 후, 특별 양로금을 받으며 생활하다가 1971년 9월 11일 숙환으로 사망하였는데, 향년 77세였다.

2) 언동(言動) 거칠고 자화자찬(自畵自讚)

흐루시초프는 1894년 광부 집안에서 태어났는데 마오쩌둥보다 한 살 적다. 그는 어려서부터 가정 형편 때문에 좋은 교육을 받지 못해 문화(文化) 정도가 비교적 낮았고 마르크스레닌주의 이론 수준도 높지 않았다. 그의 언동(言動)은 항상 거칠고 야만스러운데다 무례하기까지 하여 사람들의 실소(失笑)를 자아냈다. 그는 자화자찬을 좋아하여 입만 열었다 하면 자신의 수완을 뽐내었고, 중책을 맡을수록 더욱 더 능력을 나타낸다고 자랑하였다. 그는 주관적 억측을 다른 사람에게 강요하기를 좋아하였고, 정책과 전략의 관점이 모자랐으며, 어떤 때는 자신이 한 말도 부정(否定)하고 입에서 나오는 대로 거침 없이 내뱉기 일쑤였다.

마오쩌둥은 흐루시초프와 세 차례 만났는데 1957년 11월과 1958년 7월, 그리고 1959년 10월이다. 첫 번째인 1957년, 마오쩌둥은 중국대 표단을 이끌고 모스크바에서 열린 10월혁명 40주년 축전과 사회주의 국가 공산당 및 노동자당 대표회의에 참석했다. 두 번째인 1958년, 흐루시초프는 비밀리에 중국을 방문하고 중국에 소련의 잠수함 기지 와 장거리 레이더를 건설하고 중소(中蘇)연합함대를 구성하자고 제 안했다. 세 번째인 1959년, 흐루시초프는 소련대표단을 이끌고 베이 징에서 열린 중화인민공화국 수립 10주년 축전에 참석하였으며, 중 소 양국 및 국제 관계의 여러 문제에 대해 의견을 교환했다. 마오쩌 둥의 흐루시초프에 대한 평가는 그가 추진하는 노선과 정책 및 그의 사람됨에 근거하여 나온 것으로, 흐루시초프를 보고 직접 지적하거 나 혹은 다른 사람과의 대화 때 언급한 것들이다.

1956년 소련공산당 제20차 대표대회에서 '중소논쟁'이 야기되어 점 차 양국 관계의 논쟁으로 확대되었다. 소련은 중국에 대해 정치·군 사·경제적 압력을 가하기 시작하였으며, 마오쩌둥은 이러한 대국주 의(大國主義)와 쇼비니즘(chauvinism, 맹목적 애국주의)을 배척하고 비판하였다. 한편 소련공산당 20차 대회의 스탈린 개인숭배에 대한 비 판에 대해 마오쩌둥은 크게 분노하였으며, 흐루시초프의 작태(作態) 는 "칼을 반동파에게 던져준 것"이라고 인식하였고, 공산당 진영이 교 란된 것은 그 후 폴란드 및 헝가리 사태로 명확히 입증되었다. 중국은 스탈린 문제로 부득이 흐루시초프와 투쟁을 벌였으나, 시간이 얼마 지난 후 공개적인 장소에서 대체로 흐루시초프를 지지하는 태도를 취하였다. 소련의 지도자를 지지하지 않으면 누구를 지지할 것인가?

1957년 11월, 마오쩌둥이 10월혁명 40주년 경축행사에 참석하기 위해 모스크바에 왔을 때 흐루시초프와 처음으로 대면하게 되었다. 두 사람은 모두 네 차례에 걸쳐 식사를 함께 하며 국제 정치와 양국 관계 등의 의견을 나누었다. 두 번째 식사 때 흐루시초프가 마오쩌둥에게 말했다. "소련과 중국은 양대(兩大) 정당이니 문건(文件)을 조금 빨리 제출하는 게 좋겠소. 형제(兄弟) 당들이 지금 모두 기다리고 있소." "그런 구체적인 사안은 덩샤오핑(鄧小平) 동지와 수슬로프 외교위원장이 처리하게 합시다." 마오쩌둥은 손으로 그어 아래위를 나누는 시늉을 하며 말을 이었다. "하부(下部)에 대한 간섭이 너무 많으면 사람들의 손발이 묶여 적극성에 영향을 줍니다. 그대 흐루시초프는 성질이 대단하여 말로써 다른 사람을 해치니, 이는 아주 좋지 않은 일로 그래서는 안 됩니다. 나 자신도 간혹 그런 실수를 저질러 결국 다른 사람과 언쟁을 벌이고 미움을 받았는데, 겉으로는 강한 듯해도 실은 내가 약하다는 것을 나타낸 것입니다. 천하에 가장 부드러운 것이 가장 굳세니…"

흐루시초프는 통역하는 내용을 몇 마디 듣다가 눈살을 찌푸리고 손을 휘저으며 말을 가로막았다. "내게 그런 나쁜 버릇이 있소만, 당신도 알아야 하오. 몇 가지 일들로 나는 화가 난단 말이오! 이번 회의에 우리는 최대한 노력을 다하였고, '20전대(全大) 정신'에 근거하여…" 마오쩌둥은 '20전대 정신'의 관점에 대해 언급하지 않고 오로지 객관적인 실제를 말하였다. "모든 당은 각각 그들 자신의 실제 상황이 있지요. 실제 상황이 다르면 자연히 견해도 다르게 마련입니다. 어떠한 다른 의견도 말할 수 있어야 하며, 이는 나쁜 일이 아닙니다. 천천히 의견을 토론하게 해야 하며, 서두르면 안 됩니다." 마오쩌둥의 말은 여지를 남겨두었으므로 대화가 결렬되지는 않았다.

세 번째로 만찬을 갖게 되어 연회장에 입장할 때 흐루시초프는 마오쩌둥 쪽으로 다가와 난감한 표정을 지으며 코맹맹이 소리로 투덜거렸다. "마오쩌둥 동지, 당신도 알겠지만 우리는 경제 건설에 많은 곤란을 겪고 있고, 기술 인력 부족이 아주 심각하오. 중국은 경제 건설이 이미 대강의 규모를 갖추어 독립할 역량을 갖추었소. 이에 따라 우리는…, 당신들과 상의하여 우리 전문가들을 철수시키려 하오." 이에 대해 마오쩌둥은 화를 내거나 조급해하지 않았으며, 평소의 말투대로 침착하게 대답했다. "나는 동의합니다. 그렇게 하여 소련이 곤란을 해결하면 좋고, 중국 또한 스스로 자기 일을 보다 더 잘 처리할 수 있을 겁니다."

3) "동풍(東風)이 서풍(西風)을 압도하고 있다"

흐루시초프와 소련공산당은 중공(中共)과 의견을 크게 달리하고 중국에 대해 압력을 행사하였으나, 마오쩌둥은 소련 방문 기간 중 여전히 흐루시초프와 소련공산당을 지지하였다. 흐루시초프를 가장 감동시킨 것은 64개국 공산당 및 노동당 대표회의에서 마오쩌둥이 한 연설이었다. 그날 흐루시초프와 함께 회의장으로 들어서던 마오쩌둥은 소련이 얼마 전 인공위성(人工衛星) 발사에 성공한 것에 대해 엄지손가락을 치켜세우며 찬사를 보냈다. "좋아요! 소련이 또 인공위성을 쏘아 올렸으니 정말 대단합니다. 미국이 강대국이라 허풍을 떨지만, 어찌하여 감자 한 톨도 쏘아 올리지 못합니까? 이번 성공은 그 의의가 아주 큰데 이는 곧 사회주의의 우월성을 설명하는 것입니다."

회의에 참석한 마오쩌둥은 다음과 같이 연설하였다. "흐루시초프라는 꽃은 나 마오쩌둥보다 아름답습니다. 중국 옛이야기에 연꽃이 비록 아름답지만 푸른 잎이 이를 받쳐 주어야 한다는 말이 있습니다. 내가 보기에 흐루시초프라는 꽃은 푸른 잎의 떠받침이 필요하다고 여겨집니다." "현재 세계는 양대 진영으로 나뉘어 서로 대립하고 있습니다. 어느 쪽의 역량이 더 강한지 한번 생각해 봅시다. 2차대전 중 미국은 얼마나 강하고, 소련은 얼마나 강했습니까? 그러나 소련은 세계 파시스트의 주력인 독일을 물리쳤습니다. 현재 소련은 또 인공위성을 쏘아 올렸습니다. 미국이 강대국이라 허풍을 떨지만, 어찌하여 감자 한 톨도 쏘아 올리지 못합니까?" 마오쩌둥은 미국과 소련의 역량 대비 분석을 마치고 현재의 세계 형세는 "동풍(東風)이 서풍(西風)을 압도하고 있다"는 유명한 구호로 연설을 마무리했다. 이날 저녁 소련이 마련한 만찬에서 마오쩌둥은 건배 제의를 하며 중국의 옛 시(詩) 한 수를 소개하였는데, 이를 듣고 난 흐루시초프는 술잔을 높이 들어올리며 크게 기뻐하였다.

兩個泥菩薩,	진흙으로 만든 두 보살,
一起打碎囉.	한꺼번에 부서졌구나.
用水一調和,	물로 잘 반죽하여,
再來做兩個.	다시 두 개로 만드네.
我身上有你,	내 몸에 네가 있고,
你身上有我.	네 몸에 내가 있네.

그러나 다음해인 1958년 여름, 마오쩌둥과 흐루시초프는 얼굴을 맞대고 격렬한 논쟁을 벌였다. 소련 측은 먼저 주중(駐中) 대사를 통해 마오쩌둥에게 소련 지도부의 뜻을 전달하였는데, 그 내용은 "중국에 소련의 잠수함 기지와 장거리 레이더를 건설하고 양국의 연합함대(聯合艦隊)를 창설하고 싶다."는 것이었다. 이를 듣고 난 마오쩌둥은 진지하게 소련대사에게 물었다. "당신들 무슨 속셈이오? 왜 그런 일을 꾸미려드는가?" 소련 대사가 머뭇거리자 마오쩌둥이 말했다. "이 일은 분명하게 해야겠으니 자신이 직접 와서 설명하라고 흐루시초프 동지에게 전하시오."

4) 중국에 연합함대(聯合艦隊) 구성을 제의

1958년 7월 31일, 흐루시초프는 비밀리에 중국을 방문했다. 마오쩌둥은 단도직입적으로 본론에 들어가 그의 생각을 분명히 밝히라고 요구하였고, 흐루시초프는 손짓을 해가며 30분 동안 이야기하였다. 마오쩌둥은 말을 빙빙 돌려 하는 것을 싫어했기 때문에 바로 급소를 찔러 나갔다. "연합함대란 무엇이오?" 흐루시초프는 "나는 그저 당신들과 함께 상의하려는 것 뿐"이라고 말을 얼버무렸다. 마오쩌둥은 분노 속에서도 오히려 조롱하듯 반격하였다. "무엇을 함께 상의한단 말인가? 우리는 아직 주권(主權)도 없는데… 당신들은 우리 연해(沿海) 지구를 모두 차지하려고 연합함대를 구성하자는 것 아닌가!"

마오쩌둥은 이에 대해 마음속으로 이미 계산이 서 있었다. 8개월 전 모스크바 회의 기간에 폴란드공산당 지도자 고무우카(고물카)는 소련을 영수(領袖)로 하는 방식에 동의하지 않았는데 마오쩌둥은 그를 달래어 말했다. "누구를 우두머리로 할 것인가는 우리들만의 문제가 아닙니다. 제국주의 국가에 머리가 있으니, 우리도 머리가 필요합니다. 일단 일이 터지면 어차피 누군가가 소집하는 일을 해야 합니다. 이번 회의만 해도 소련이 나서지 않았으면 우리가 어떻게 합니까? 소련의 역량은 어떠하며, 우리의 역량은 어떠합니까?"

중국 해군(海軍)은 창설된 지 몇 년밖에 안 돼 겨우 연해를 방어하는 단계에 있었다. 그러니 어떻게 소련과 평등하게 연합함대를 운영할 수 있겠는가? 소련이 만약 중국에 해군 기지를 둔다면 이것은 국가 주권에 관계되는 중대한 문제로서 마오쩌둥이 이에 민감했고 분노했던 것은 당연한 일이다. 중국은 자신의 일을 자신이 주관하고, 국가의 안전은 자신이 보위하여 다른 나라의 보호에 의지하지 않으며, 외국군 한 명도 중국 땅 위에 발을 붙이지 못하도록 한다는 것이 마오쩌둥의 일관된 원칙이요, 입장이었다.

흐루시초프는 그래도 단념하지 않고 끈질기게 여러 가지 조건들을 내세우며 마오쩌둥을 설득하려 하였다. 그러나 마오쩌둥은 흐루시초프의 참된 의도를 확실히 파악하고 난 뒤에는 마음이 오히려 편안해졌다. 그는 흐루시초프에게 강의하는 것처럼 말했다. "영국인과 일본인, 그리고 그 밖의 많은 외국인들이 중국 땅 위에 오랫동안 머물렀으나 결국 우리에게 쫓겨났습니다. 흐루시초프 동지, 마지막으로 다시 한 번 말하지만 우리는 어떤 외국인에게도 자신의 목적 달성을 위해 우리 국토를 이용하도록 허락할 생각이 없습니다." 이때 흐루시초프는 모든 희망을 접었으나 그대로 물러나는 것이 불쾌하여 마오쩌둥의 비평을 겸허하게 받아들이지 않고 오히려 비난하였다. "마오쩌둥 동지도 알다시피 우리 소련은 중국에 막대한 원조를 하였소. 나는 1954년 이곳에 와 뤼순(旅順)·다롄(大連)항을 중국에 돌려주었고, 신장(新疆)에 설립된 연합주식회사의 우리 측 지분을 포기하였는데, 이는 당신과 스탈린이 맺은 협정의 기일보다 25년이나 앞당긴 것이오." 이에 마오쩌둥은 "그것은 별개의 문제"라고 대답했는데, 원조와 주권(主權)은 결국 전혀 다른 문제였기 때문이다. 흐루시초프는 7월 31일 베이징에 왔다가 8월 3일 모스크바로 돌아갔다. 마오쩌둥은 공항까지 나가 흐루시초프를 배웅하였지만, 같은 차를 타지 않았다. 어떠한 환송 의식도 없었으며, 두 사람의 포옹도 없었다.

5) '두 개의 중국' 제안 거절당해

1959년 9월 30일, 흐루시초프는 소련대표단을 이끌고 베이징에 와 중화인민공화국 수립 10주년 경축 행사에 참가했다. 마오쩌둥과 그의 세 번째 만남이었다. 이 방문에서 흐루시초프는 과도한 흥분과 자신감을 표출하였는데, 이는 중국이 경제위기(經濟危機)에 봉착해 있으므로 소련이 유리한 위치에 있다고 인식하였기 때문이다. 흐루시초프는 캠프 데이비드에서 미국 대통령 아이젠하워와 회담을 마친 뒤 바로 중국에 왔는데, 그는 마오쩌둥에게 '좋은 소식'을 가지고 왔다고 말했다. 흐루시초프는 "타이완(臺灣) 문제를 해결하는 좋은 방법을 찾았다"고 했는데, 이는 곧 레닌의 원동(遠東)공화국 처리방식을 이용하면 타이완 문제를 해결할 수 있다는 것이다. 10월혁명 후 레닌은 '일시적 양보'를 통해 시베리아에 수립된 원동공화국을 승인했다. 그렇다면 마오쩌둥도 똑같은 방식으로 타이완을 승인하여 일시적으로 중국에서 분리할 수 있지 않겠는가 하는 게 흐루시초프의 생각이었다. 마오쩌둥은 즉시 이를 반박하였다. "원동공화국은 레닌이 수립하였고 공산당이 지배하였소. 현재 타이완을 공산당이 지배하고 있습니까?" 마오쩌둥은 과도적 단계일지라도 '두 개의 중국'을 절대로 용인할 수 없었다.

흐루시초프는 마오쩌둥에게 한국전쟁을 전후하여 포로로 잡힌 미군 특전 요원 8명의 석방을 요구하였으나 "중국에는 법률이 있다."는 대답에 부딪쳐 아이젠하워에게 장담한 약속을 이행하지 못했다. 그는 또 티베트 문제와 달라이 라마 탈출 사건을 지적하였으며, 인도(印度)와의 단결 문제 등을 거론하였으나 마오쩌둥은 "그것은 원칙의 문제"라고 대답했다. 흐루시초프가 "마땅히 네루와 단결해야 하고, 인도와 충돌을 일으키면 안 된다."는 주장을 거듭 내세우자 중국 외교부장 천이(陳毅)가 흥분하여 일어나 소련의 인도에 대한 편파적 지지를 비난하여 격렬한 논쟁이 벌어졌다. 이 와중에 흐루시초프는 "당신이 원수(元帥)이고 나는 중장(中將)이지만, 나는 당에서 제1서기란 말이요!"라고 소리쳐 실소를 자아내게 했다. 마오쩌둥은 이러한 소란이 가라앉을 때까지 가만히 지켜보다가 흐루시초프에게 말했다. "당신은 우리에게 갖가지 누명을 씌웠소. 달라이 라마를 내버려 두지 않았고, 네루와 단결하지 않았으며, 대약진 또한 그릇된 것이라고 하여 우리를 좌경(左傾)으로 몰았어요. 그렇다면 나 또한 그대에게 '우경(右傾)기회주의'라는 딱지를 하나 붙여야겠소."

그 이튿날 국경절 가두 행진 때, 흐루시초프는 톈안먼 위에서 마오쩌둥에게 중국이 원자탄(原子彈) 만드는 것을 더 이상 돕지 않겠다고 통보했다. 마오쩌둥은 여전히 평정을 잃지 않고 담담하게 말했다. "우리 스스로 한번 해보겠소. 그 또한 우리에겐 단련이 될 거요. 우리는 당신 나라의 전문가와 기술 자료가 꼭 필요하지만, 철수해도 큰 관계가 없소. 기술적으로 도와줄 수 있다면 더욱 좋은 일이나, 도울 수 없다는 것은 당신들이 고려하여 결정할 일이오."

마오쩌둥은 흐루시초프를 꿰뚫어보았으며, 다음과 같이 그를 평하였다. "흐루시초프란 사람은 용감하기는 하나 말썽을 부리기 때문에 재난(災難)이 많아 그의 시대 또한 그리 순조롭지 못할 것이다." 후일의 사실이 증명하듯 흐루시초프의 운명은 마오쩌둥의 말이 적중하였으며, 1964년 그는 홀연히 무대에서 사라졌다.

1958년 7월 31일 중국을 방문한 흐르시초프 소련공산당
서기장을 마오쩌둥이 공항에서 영접하고 있다.

23 닉슨은 우리가 타도할 대상이 아니다

닉슨은 미국 대통령 재임 중 중미(中美) 관계 개선을 위해 중대한 공헌을 하였다. 중미관계의 개선은 또한 세계 발전에 많은 영향을 미쳤다. 닉슨의 깜짝 방문은 중국을 세계무대로 나오게 하는 중요한 계기를 제공하였다.

나는 닉슨의 집권(執權)을 환영하오. 왜냐고요? 그는 남을 속이는 기만성(欺瞞性)이 있긴 하나 비교적 적기 때문인데, 스노우씨는 이를 아시나요? 그는 당신처럼 억센 면도 있고, 부드러운 면도 있소.

- 毛澤東, 1970년 12월 18일 에드가 스노우와의 談話. "만약 닉슨이 오기를 원한다면, 나는 그와 대화하고 싶다." 『毛澤東外交文選』(中央文獻出版社·世界知識出版社, 1994), p. 592.

현재 우리의 정책은 미국인의 중국 입국을 허락하지 않는 것인데, 이것은 정확한 정책인가? 외교부가 이 문제를 연구하여 좌파와 중도파, 그리고 우파 모두 중국에 올 수 있도록 해야 할 것이다. 어째서 우파를 오도록 해야 하는가? 말하자면 닉슨은 독점 자본가들의 대표이므로 당연히 그를 오게 해야 한다. 왜냐하면 중도파와 좌파는 문제해결을 못하고 지금으로서는 닉슨과 해결해야 하기 때문이다.

　　- 毛澤東, 1970년 12월 18일 에드가 스노우와의 談話. "만약 닉슨이 오기를 원한다면, 나는 그와 대화하고 싶다." 『毛澤東外交文選』(中央文獻出版社·世界知識出版社, 1994), pp. 592-593.

그대 닉슨은 개인적으로 볼 때 아마도 우리가 타도할 대상이 아닌 듯하다. 키신저 또한 타도의 대상에 속하지 않는다고 본다. 만약 당신들이 모두 타도되어 버리면 우리는 친구가 없기 때문이다. 당신이 쓴 '6차위기'는 책 내용이 훌륭하다.

　　- 毛澤東, 1972년 2월 닉슨과의 會見 때 談話. 宋一秀·楊梅葉 『毛澤東的人際世界』(紅旗出版社, 1992), pp. 517-518.

엉?! 그가 세계를 바꾸었다고? 하하! 내가 보기엔 세계가 그를 변화시켰어요. 그렇지 않다면 바다 건너편에서 그렇게 우리를 욕해대다가 왜 갑자기 베이징으로 날아왔겠소?

　　- 毛澤東, 1972년 2월말 周恩來와의 談話. 陳敦德 『毛澤東·尼克宋在1972』(解放軍文藝出版社, 1997), p. 352.

리차드 닉슨(Richard M. Nixon, 1913-1994)은 미국의 제37대 대통

령으로 1969년부터 1974년까지 재임했다.

닉슨은 1913년 1월 9일, 캘리포니아주(州) 요버린더의 보잘것없는 집안에서 태어났다. 1934년 휘티어대학을 졸업한 후, 노스캐롤라이나의 듀크대학교 법학대학원에서 법률을 전공하였으며, 1937년 졸업 후 휘티어에 돌아와 개인법률사무소를 개업하면서 점차 두각을 드러냈다. 1940년 결혼한 뒤, 제2차 세계대전이 발발하자 1942년 해군으로 참전하여 1946년 1월, 소령으로 제대하였다.

1946년 캘리포니아에서 연방 하원의원에 공화당후보로 출마하여 당선되었다. 하원의원 시절 비미활동위원회(非美活動委員會)에서 알자 히스 등의 대소협력(對蘇協力)을 고발하여 반공주의자로 이름을 떨쳤다. 1950년 캘리포니아주에서 연방 상원의원에 당선되었고, 1952년 아이젠하워의 러닝메이트로 부통령에 당선되었으며, 1956년 재선되었다.

1960년 대통령 선거에 공화당 후보로 출마하였으나 민주당 후보 케네디에게 패배하였고, 1962년, 캘리포니아의 주지사 선거에서도 공화당 경선에 실패하였다. 1963년, 로스앤젤레스를 떠나 뉴욕에서 변호사를 개업하고 동부지역 실력자들과 연계를 강화하여 재기의 기반을 닦아 나갔다. 그는 1968년 대통령 선거에 공화당 후보로 출마하여 민주당의 험프리를 누르고 당선되었으며, 1972년 재선에 성공했다.

1) 중국을 방문한 첫 미국(美國) 대통령

그가 취임할 당시 미국은 스태그플레이션(stagflation, 불황 속의 물가상승) 현상이 이미 시작되었고, 얼마 후 달러 위기가 다시 발생하

였다. 그는 처음에는 지출을 삭감하고 화폐 공급량을 억제하는 조치
를 취하여 통화팽창에 대처하였으나, 나중에는 케인즈주의에 입각한
신경제정책(新經濟政策)을 실시하여 경제 성장을 촉진함으로써 미국
달러화의 지위를 유지하였다. 1972년, 경제가 어느 정도 회복된 후에
는 신경제정책을 느슨하게 유지하였다. 1973년 에너지 위기가 나타나
통화팽창이 날로 악화되었으며, 1974년에는 더욱 극심한 스태그플레
이션의 위기에 직면하게 되었다. 닉슨은 신연방주의를 제창하였는데,
그 핵심내용은 연방수입의 일부분을 주(州)와 지방 정부에 할당하여
그들이 연방 복지 사업의 일부를 관장하도록 하는 세입(歲入) 공동
사용 계획이었다. 이 정책은 그 성과가 그리 크지 않았다.

대외 관계에 있어 닉슨은 현실주의자로 미국의 국력이 상대적으로
쇠약해졌다고 인식하였으며, 전후(戰後) 시기와 같이 전 세계로 세
력을 확장하는 것이 불가능하다고 보았다. 닉슨 대통령은 키신저의
도움을 받아 전략 감축 및 완화를 특징으로 하는 '닉슨독트린(Nixon
Doctrine)'[41]을 선포하고 이를 실행하였다. 그는 동맹국이 부담을 분
담하도록 요구하였으며, 소련과 전략 무기 제한 및 베를린 문제를
협의하였고, 중미(中美) 관계의 정상화를 위한 계기를 마련함과 아

---

41) 괌독트린(Guam Doctrine)이라고도 한다. 1970년 2월, 닉슨은 국회에 보
낸 외교 교서를 통하여 그의 새로운 대아시아 정책인 닉슨 독트린을 세
계에 선포하였다. ① 미국은 앞으로 베트남전쟁과 같은 군사적 개입을
피한다. ② 미국은 아시아 국가와의 약속을 지키지만, 핵(核) 위협의 경
우를 제외한 내란이나 침략에 대하여 아시아 각국이 스스로 협력하여 그
에 대처하여야 한다. ③ 미국은 '태평양 국가'로서 그 지역에서 중요한
역할을 계속하지만 직접적·군사적 또는 정치적인 과잉 개입은 하지 않
는다. ④ 아시아 국가에 대한 원조는 경제 중심으로 바꾸며 다수국간 방
식을 강화하여 미국의 과중한 부담을 피한다. ⑤ 아시아 제국이 5-10년
의 장래에 상호 안전 보장을 위한 군사 기구를 만들기를 기대한다.

울러 베트남 전쟁을 종결시켰다. 그는 1972년 2월 17일, 미국 대통령으로는 처음으로 중국을 방문하여 크나큰 외교적 성과를 올렸다.

1973년부터 닉슨은 '워터게이트사건(Watergate Case)'으로 인하여 점점 궁지에 몰리게 되었다. 그는 이로 말미암아 1974년 8월 8일 대통령직을 사임함으로써 미국 사상 처음으로 임기 중에 사임한 대통령이 되었다. 사직 후, 캘리포니아로 돌아온 닉슨은 1981년부터 1994년 사망할 때까지 국제 문제 관련 집필과 정부의 국제 문제 자문에 대한 조언 등 활발한 활동을 하였다.

1994년 4월 18일, 닉슨은 자택에서 뇌졸중으로 쓰러졌으며, 4월 22일 병원에서 숨졌다. 향년 81세. 주요 저작으로는 '6차 위기', '닉슨 회고록', '지도자', '진정한 전쟁', '진정한 평화' 등이 있다.

2) 마오쩌둥과의 만남으로 새 시대 개막

1960년대 말과 1970년대 초, 마오쩌둥은 중국의 이익과 국내외 정세 변화를 감안하여 중미(中美)관계의 개선을 고려하였다. 총리인 저우언라이(周恩來)는 마오쩌둥의 이러한 결정을 견실하게 집행하였다. 당시 미국 대통령인 닉슨은 그 사상과 성격이 전임자들과 다른 면이 있었으며, 마오쩌둥은 비교적 그를 잘 이해하고 있었다.

그러나 20여 년간 단절되었던 중미 양국의 관계를 다시 연결하여 적대적 관계를 개선하는 것은 쉬운 일이 아니었으며, 양쪽을 이어줄 다리가 필요하였다. 이 다리는 바로 미국 기자 에드가 스노우였으며, 마오쩌둥은 그를 통하여 새로운 소식을 전달하였던 것이다.

1970년 12월 18일, 마오쩌둥은 스노우를 접견하여 오랜 시간 이야기를 나누며 자신의 견해를 진지하게 밝혔다. "나는 닉슨의 집권(執權)을 환영하오. 왜냐고요? 그는 남을 속이는 기만성(欺瞞性)이 있긴 하나 비교적 적기 때문인데, 스노우 씨는 이를 아시나요? 그는 당신처럼 억센 면도 있고, 부드러운 면도 있소. 그가 만약 베이징에 오고 싶다면 당신이 동정을 살펴 슬며시 그에게 이르되 공개해서는 안 되오. 그냥 비행기를 타고 오기만 하면 된다고 말하시오. 회담이 결렬되어도 좋고, 회담이 성공되면 더욱 좋소." "현재 우리의 정책은 미국인의 중국 입국을 허락하지 않는 것인데, 이것은 정확한 정책인가요? 외교부가 이 문제를 연구하여 좌파와 중도파, 그리고 우파 모두 중국에 올 수 있도록 해야 할 것이오. 어째서 우파를 오도록 해야 하는가? 말하자면 닉슨은 독점 자본가들의 대표이므로 당연히 그를 오게 해야 하오. 왜냐하면 중도파와 좌파는 문제해결을 못하고 지금으로서는 닉슨과 해결해야 하기 때문이지." "만약 닉슨이 오고 싶다면 나는 그와 대화하고 싶소. 회담이 성공해도 좋고, 그렇지 않아도 좋고, 언쟁이 벌어져도 상관이 없소. 여행자로서 와도 좋고, 대통령 신분으로 와도 좋소. 어떤 방식이든 모두 좋소. 나는 그와 언쟁을 벌이지는 않겠지만 비판할 것은 비판하겠소. 우리 또한 자아비판을 하여 우리의 잘못과 결점을 그대로 이야기할 것인데, 예를 들어 우리의 생산 수준이 미국보다 낮은 것을 말하는 것이오. 다른 것은 자아비판을 하지 않겠소."

마오쩌둥과 스노우의 대화 이후 다시 1년여 동안 중미 양국이 노력을 기울인 끝에 미국 대통령 닉슨의 중국 방문이 실현되었다. 1972년 2월 17일, 닉슨은 공군 1호기를 타고 베이징으로 날아가 마오쩌둥과 역사적 회담을 가지게 되었다. 마오쩌둥과 닉슨, 한 사람은 가장 혁명적인 좌파(左派)로 세계 최대의 인구를 가진 나라 지도자이고, 또 한 사람은 우파(右派)로 세계에서 경제가 가장 발달한 자본주의 국가의 수뇌이다. 두 나라는 극단적인 용어를 사용하여 서로를 적대시하고 상호 비방하였으며, 20여 년간 대치하면서 서로 왕래하지 않았다. 마오쩌둥은 닉슨에게 말했다. "나는 세계 첫째가는 공산당원(共産黨員)이요, 당신은 세계 첫째가는 반공(反共)분자인데 역사가 우리를 한 자리에 앉게 하였습니다." 두 사람이 함께 만난 것은 이 세계에 변화가 발생하여 옛 시대가 흘러가고 새 시대가 시작되었음을 상징적으로 설명하고 있다.

3) "우파(右派)는 실제로 일을 해낼 수 있다."

닉슨이 중난하이(中南海) 펑쩌위안(豊澤園)의 마오쩌둥 서재를 방문했을 때, 마오쩌둥은 일어나 웃으며 닉슨을 바라보았다. 마오쩌둥의 눈빛은 날카로웠으나 기관지염과 폐기종을 앓고 있어 말하기가 약간 불편하였다. 마오쩌둥은 "내 말이 시원찮습니다."하며 손을 내밀었고, 닉슨도 그를 향해 손을 내밀었다. 양대 진영의 두 우두머리가 굳게 악수를 하였는데, 두 사람 모두 각자의 왼손을 상대방 손위에 포개 얹고 오랜 시간 미소를 지으며 서 있었다. 이는 정상적인 예의상의 악수시간을 크게 초과한 것으로 마치 20여 년의 적대 관계로 인해 못해 온 악수를 보충하려는 듯 보였다.

닉슨은 중대한 의의를 가진 이 회견에 대해 그의 회고록에서 생동감 있게 상세히 기술하고 있다. 원래 회견은 15분간으로 예정되어 있었으나 마오쩌둥이 완전히 토론에 몰입하는 바람에 한 시간으로 연장되었다. 회견 때 키신저가 배석하였다. 키신저는 자기가 하버드 대학 교수 시절 학생들에게 마오쩌둥의 저작을 연구하도록 과제로 지정한 일을 거론하자 마오쩌둥은 겸허하게 말했다. "내가 쓴 것들은 아무것도 아닙니다. 배울만한 게 없어요." 닉슨이 말했다. "주석의 저작은 한 민족을 움직였고, 세계 전체를 변화시켰습니다." 그러자 다시 마오쩌둥이 "나는 세계를 변화시킬 수 없으며, 겨우 베이징 교외의 몇 개 지방을 변화시켰다."고 대답했다.

미국 대통령 선거 이야기가 나오자 마오쩌둥은 닉슨에게 말했다. "지난 번 선거(1968년)에서 나는 당신에게 한 표 던졌어요." 닉슨은 "그렇다면 두 사람 중 해(害)가 덜 가는 사람을 선택한 것"이라고 대답했다. 마오쩌둥은 이어서 말했다. "나는 우파(右派)를 좋아합니다. 당신들 공화당은 우파라고 그러던데, 영국의 히스 총리도 우파이지요." 닉슨은 매우 자신감 있게 말했다. "미국의 좌파가 허풍만 치는 일들을 우리 우파는 실제로 해낼 수 있다는 점이 가장 중요합니다. 최소한 현재까지는 그렇지요."

마오쩌둥은 이번 회담의 역사적 배경을 설명하였다. "파키스탄의 전임 대통령이 닉슨 대통령에 대해 우리에게 소개하였지요. 당시 우리 주(駐)파키스탄 대사는 우리가 당신과 접촉하는 것에 대해 반대하였어요. 그는 닉슨이 존슨 대통령과 마찬가지로 나쁘다고 했습니다. 그러나 야히아 칸 대통령은 그 두 사람을 함께 취급할 수 없다고 하면서 그 중 한 사람(존슨 대통령)은 강도와 같다고 말했지요. 그가 어째서 그런 인상을 받았는지 모르지만, 우리도 트루먼부터 존슨에 이르기까지 당신들 대통령을 그리 좋아하지 않았습니다."

"주석, 지난 몇 년간 중국에 대한 미국의 태도에 주석과 총리가 전혀 동의할 수 없다는 것을 나는 잘 알고 있습니다. 다만 우리가 이렇게 자리를 함께한 것은 세계정세가 새롭게 변화하였다고 인식하였기 때문이 아니겠습니까." 닉슨의 이 말에 마오쩌둥은 미소를 머금고 말했다. "그대 닉슨은 개인적으로 볼 때 아마도 우리가 타도할 대상이 아닌 듯하오. 키신저 당신 또한 타도의 대상에 속하지 않는다고 보오. 만약 당신들이 모두 타도되어 버리면 우리는 친구가 없기 때문이지."

닉슨이 말을 이었다. "우리는 주석의 일생을 잘 알고 있습니다. 아주 가난한 가정에서 태어나 세계 최다의 인구를 가진 나라의 지도자가 되었습니다. 나 역시 빈한한 가정에서 자라나 거대한 국가의 최고 지위에 오르게 되었습니다. 역사는 우리를 한 자리에 앉게 하였습니다. 우리는 서로 다른 철학을 가지고 있으나 인민으로부터 착실히 성장해 온 사람입니다. 문제는 우리가 하나의 돌파구를 마련할 수 있느냐 인데, 이 돌파구는 중국과 미국뿐만 아니라 전 세계에 유리한 작용을 할 것입니다. 우리는 바로 그것 때문에 여기 온 것입니다." 닉슨이 담화를 마치고 일어서 작별인사를 할 때 마오쩌둥은 "당신이 쓴 '6차 위기'는 책 내용이 훌륭하였다."고 말했다. 닉슨은 미소를 지으며 고개를 끄덕였는데, 마오쩌둥의 독서량에 진심으로 감탄했던 것이다.

4) "세계정세 변화가 닉슨을 변화시켰다."

마오쩌둥이 닉슨을 회견한 그날 저녁, 저우총리는 인민대회당에서 국빈 만찬을 베풀어 닉슨 일행을 환대하였다. 닉슨은 저우총리의 건배 제의에 대한 답사를 하였다.

"우리가 이곳에서 하는 이야기를 인민들은 오래 기억하지 못할 것입니다. 그러나 우리가 이곳에서 한 일은 능히 세계를 변화시킬 것입니다. 만약 우리 두 나라가 적(敵)이라면 우리가 함께 사는 이 세계의 앞길은 확실히 암흑일 것입니다. 하지만 만약 우리가 서로 협력할 수 있는 공통점을 찾아낼 수만 있다면, 세계평화를 쟁취할 수 있는 기회는 무한하게 증가될 것입니다."

1972년 2월 27일, 중국과 미국이 '상하이 공동 코뮤니케'에 조인한 후 저우총리는 상하이에서 닉슨을 위한 마지막 연회를 베풀었다. 닉슨은 마오타이주(茅台酒)가 가득 담긴 술잔을 두 손으로 받쳐 들고 연단으로 나아가 이번 방문 중 처음으로 즉석연설을 하였다. "공동 코뮤니케는 내일 전 세계의 톱뉴스가 될 것입니다. 하지만 공동성명에서 밝힌 내용은 우리가 앞으로 몇 년간 해야 할 일보다 그렇게 중요하지 않습니다. 우리는 1만 6천 마일의 거리와 20여 년의 적대적 감정을 뛰어넘을 수 있는 다리를 건설해야 합니다. 상하이 공동 코뮤니케는 이 미래로 향한 다리의 건설에 착공한 것이라고 할 수 있습니다. 우리가 중국을 방문한 이 일주일은 세계를 변화시킨 일주일이었습니다." 닉슨의 답사는 많은 박수를 받았다.

저우총리는 닉슨을 환송한 후 바로 그날 항공편으로 베이징에 돌아갔다. 그는 비행장에서 중난하이(中南海)로 직행하여 마오쩌둥에게 보고하였다. "닉슨은 매우 기뻐하며 돌아갔습니다. 그는 지난 일주일이 세계를 변화시켰다고 했습니다."

"엉?! 그가 세계를 바꾸었다고? 하하!" 마오쩌둥은 손을 뻗어 여송연(呂宋煙) 한 대를 빼물었고, 비서가 불을 붙여 주었다. 그는 깊이 빨아 당긴 후 담배연기를 내뿜으며 말했다. "내가 보기엔 세계가 그를 변화시켰어요. 그렇지 않다면 바다 건너편에서 그렇게 우리를 욕해대다가 왜 갑자기 베이징으로 날아왔겠소?"

저우언라이는 보고를 계속했다. "닉슨은 떠날 때 미국과 우리가 다시 만나기를 희망한다는 의사를 다시금 표시했습니다. 미 국무부는 우리의 방미를 요청하는 명단을 보내왔습니다." 마오쩌둥이 말했다. "그 청천백일기(青天白日旗)를 내리지 않았는데 우리가 어떻게 갈 수 있겠소? 공동성명이 발표되었지만 길은 아직 멉니다. 당신과 내가 그 날을 볼 수 있을지 모르겠소." 여기까지 말한 마오쩌둥은 숨을 헐떡이며 기침을 하였다. 그는 다시 담배연기를 깊이 빨아들여 내뱉으며 자조 섞인 목소리로 말했다. "세계를 변화시킨다고도 하는데, 나는 여러 차례 담배를 끊으려 해도 도무지 끊을 수 없구려."

객관적으로 볼 때, 닉슨은 미국 대통령 재임 중에 중미 관계의 오랜 적대 관계를 청산하고 양국 관계를 개선하기 위해 중요한 공헌을 하였다고 할 수 있다. 이는 그의 가치 추구와 전략계획, 그리고 미래에 대한 식견과 담력에도 관계되지만, 보다 더 중요한 것은 신중국의 국력이 강대해지고 국제정세에 변화가 발생하여 평화와 발전이 세계 공동의 숙원이 되었기 때문이라 할 수 있다.

1972년 2월 21일 마오쩌둥과 닉슨이 중난하이(中南海)에서
회견하였다.

24 카스트로는 쿠바의 민족영웅

그는 실패하여도 절대 기죽지 않았고, 굳게 참고 견디어 마음이 흔들리지 않았으며, 강대한 권력에 맞서 조금도 타협하지 않고 첨예하게 대항하였다. 그리하여 마침내 미국의 뒷마당에 강건한 사회주의 국가를 우뚝 세웠다. 마오쩌둥은 그를 민족영웅이라고 칭찬하였다.

1956년 11월, 쿠바의 민족영웅 피델 카스트로는 81인의 용사와 함께 배를 타고 멕시코를 출발해 쿠바에 상륙했다. 정부군과의 전투에서 패하여 82명 중 겨우 12명이 남았고, 그 중에는 카스트로와 그의 동생 라울이 있었다. 그들은 산악 지역으로 들어가 유격전(遊擊戰)을 시작하였고, 2년여의 전투 끝에 많은 총포(銃砲)를 노획하고 탱크도 빼앗으니, 바티스타는 그저 도망치는 수밖에 없었다.

- 毛澤東, 1960년 5월 7일 아프리카 代表團과의 談話, "帝國主義는 두렵지 않다," 『毛澤東外交文選』(中央文獻出版社 · 世界知識出版社, 1994), p. 407.

피델 카스트로(Fidel Castro Ruz, 1926-)는 1959년부터 쿠바를 통치했으며 중남미 공산주의 혁명의 상징이다. 카스트로는 쿠바의 동쪽 끝에 있는 오리엔테 주(州) 마야리 시(市)에서 태어났다. 아버지 앙헬 카스트로는 스페인 북서부 갈리시아 출신의 이주민으로 전처소생의 두 아이를 포함하여 모두 7명의 자녀를 두었다. 그는 가정부였던 두 번째 아내 리나 루스 곤살레스와의 사이에 5명의 자녀를 두었는데, 이 가운데 둘째가 피델 카스트로이며, 막내인 라울 역시 후에 쿠바 정계에서 주요한 인물로 활동했다. 아버지 앙헬이 사탕수수를 경작하고 목재상을 겸업하여 집안이 부유했으므로 피델 카스트로는 훌륭한 환경 속에서 성장하였다. 소년 시절의 카스트로는 모험을 아주 좋아하고 강렬한 반항적 성격을 가졌으며, 사회 밑바닥에서 생활하는 사람들에게 깊은 관심을 가졌다.

카스트로는 일곱 살 때부터 마야리시 교회학교에서 공부하였고, 얼마 뒤 오리엔테 주의 주도(州都) 산티아고에 있는 로마 가톨릭 기숙학교와 쿠바의 명문으로 아바나 벨렌에 있는 예수회 기숙학교를 다녔다. 그는 지식 탐구에 깊이 심취하여 역사·문학·철학·인물전기 등을 다방면으로 섭렵하였으며, 운동을 아주 좋아하였고, 사람됨이 호방하고 의협심이 넘쳐 다른 사람의 불평을 감싸 안기를 좋아하였다.

1) 보고타로 원정(遠征), 가두시위 주도

고등학교를 우수한 성적으로 졸업한 카스트로는 1945년 아바나대학교 법과대학에 입학하였다. 그는 교내의 각종 정치 및 사회 활동에 적극적으로 참가하였으며, 대학 2학년 때부터 이미 아바나대학 학생 지도자의 한 사람이 되어 그의 주변에는 뜻을 함께하는 열혈청년들이 모였다. 마르크스주의의 영향 아래 아바나대학에는 '혁명사회주의 동맹'과 '혁명봉기자동맹'이라는 두 개의 청년 단체가 있었다. 카스트로는 그들 모두와 밀접하게 연계되어 있었으며, 점차 혁명단체 조직의 정치적 핵심이 되었다. 그는 1947년 쿠바 인민혁명당에 입당했다.

1948년 2월, 쿠바 교육부 장관이 암살당하자 정부 당국은 아바나대학의 두 혁명 단체가 관련되었다고 의심하여 학생 지도자 카스트로를 체포하였다. 그러나 카스트로는 자신의 무죄를 주장하고 끝까지 굽히지 않았으며, 뚜렷한 증거도 없었기 때문에 무죄로 석방되었다. 1948년 4월, 콜롬비아 수도 보고타에서 비공식적인 제1차 범미(汎美) 회의가 열렸다. 이 회의 기간에 카스트로는 쿠바 학생들을 이끌고 보고타로 가 미주(美洲) 학생조직을 설립하였으며, 가두시위와 전단 살포로 미국의 식민주의 정책을 공격하였다. 보고타 경찰이 참여, 학생들의 체포에 나서자 카스트로는 쿠바로 철수할 수밖에 없었는데, 이것이 바로 '보고타 사건'이다. 냉혹한 사회현실과 실패의 교훈은 카스트로로 하여금 혁명의 이론으로 자신을 무장하도록 하였으며, 이에 따라 그는 마르크스와 레닌의 과학 사회주의 이론 및 사상을 진지하게 연구하기 시작했다.

1950년 6월, 카스트로는 아바나대학교를 졸업하고 아바나의 한 법률사무소에서 일하면서 노동자와 농민, 그리고 진보 학생들을 위한 변호 활동을 하였다. 카스트로는 1952년에 실시 예정이었던 하원의원 선거에 쿠바 인민혁명당의 아바나시 후보로 공천되었으나, 1952

년 3월 10일, 소카라스 정부가 전임 대통령 바티스타 장군에 의해 전복되자 하원의원 선거는 취소되었다. 혼란에 빠진 쿠바의 미래를 결정짓는 중요한 시점에서 청년 카스트로는 혁명에 몸을 던지기로 결심하였다. 1953년, 쿠바의 민족영웅 호세 마르티를 기념하는 군중 대회에서 카스트로는 '부패한 사회를 향한 선전포고'라는 연설을 통해 인민들에게 혁명의 절박함을 호소하였다. '불굴의 투사'라는 별명의 카스트로는 이때 이미 쿠바 인민혁명당의 명실상부한 청년 운동 지도자였다.

 1953년 7월 26일, 주도면밀한 계획과 준비를 갖춘 카스트로는 140여 명의 청년으로 조직된 부대를 이끌고 산티아고의 몬카다 병영을 습격하여 바티스타 정권에 반대하는 무장봉기의 깃발을 높이 올렸다. 그러나 중과부적으로 인해 봉기는 실패하고 수십 명의 봉기군이 살해되었으며, 피델 카스트로와 그의 동생 라울 카스트로는 체포되었다. 카스트로가 재판 중에 행한 자기 변론은 1950년대에 계속해서 출판되었다. "역사가 나를 무죄로 선고할 것이다."라는 결구로 유명한 이 진술서는 바티스타 독재 정권의 위헌적·탄압적인 행위와 부정부패를 공격하면서, 정치적 자유와 시민적 자유를 요구했다. 또한 그는 토지 개혁과 농촌 개발 계획, 조세 신설 반대, 주주와 노동자 간의 공정한 이익 분배, 산업화 정책 등을 주장했다.[42] 법정은 최종판결에서 피델 카스트로에 징역 15년, 라울 카스트로에 징역 13년을 선고했다.

---

42) 그러나 카스트로의 이 같은 주장은 그 이후 바티스타 정부를 타도하기 위해 대대적인 연합 전선의 필요성이 대두되자 점점 불분명해져갔다. 즉 전면적인 개혁안들은 더 이상 언급되지 않았고 외국인 소유의 공익 기업주(株)의 몰수 등의 개혁안은 폐기되었다. 그러나 이 시기에 유보되었던 개혁안의 상당수는 그가 집권한 후 철저히 추진되었다.

2) 마에스트라 산맥에서 게릴라전 벌여

1955년 바티스타 정권의 대사면으로 카스트로 형제 등 10여 명의 혁명가들이 석방되었다. 이 해 7월 카스트로는 국내 혁명 전우들을 소집하여 '7·26 운동'이라는 새로운 혁명 조직을 결성했다. 이에 따라 바티스타 정권의 박해가 점점 더 심해졌으며, 카스트로는 혁명 역량을 보존하기 위해 멕시코로 건너가 정규 군사 훈련을 진행한 후 다시 돌아와 무장투쟁을 전개하기로 하였다. 1956년 12월 2일 그는 81명의 무장세력을 이끌고 멕시코를 떠나 '그란마'라는 요트를 이용하여 쿠바의 오리엔테 주에 상륙했다. 바티스타 군대는 이 상륙 작전을 미리 간파하고 수천 명의 병력으로 포위하여 공격했으며, 혈전 끝에 포위망을 돌파한 카스트로 형제 등 12명은 오리엔테 주 남서부의 마에스트라 산맥으로 진입하였다. 카스트로는 그 곳에 혁명근거지를 건설하기로 결심하고 사기 저하와 지휘 체계의 혼란 등에 직면해 있던 바티스타 정부군에 대항하여 게릴라전을 벌였다. 카스트로는 이와 함께 아바나로 사람을 파견하여 그곳의 혁명 단체와 연합하여 도시 지역 지하투쟁을 전개토록 하였다.

2년여의 게릴라전 중에 카스트로가 이끄는 혁명군은 가난한 농민들의 지지에 힘입어 엄청난 성장을 거듭했다. 1958년 12월, 카스트로가 지휘하는 1만대군은 산티아고와 아바나를 향해 진격하여 바티스타 정부에 대한 대반격을 시작했다. 바티스타는 국내에서 그에 대한 정치적 지지가 약화되고 군사적 패배가 연속되자 쿠바를 떠나지 않을 수 없었다. 1958년 12월 31일, 바티스타는 황급히 비행기를 타고 도미니카로 망명길에 올라 쿠바에서의 독재정치를 마감했다. 그로부터 일주일 후 카스트로는 대군을 이끌고 아바나에 입성하여 마침내 쿠바혁명의 승리를 획득하였다. 이날 쿠바 임시 정부가 수립되었다.

신생(新生) 쿠바는 어디로 갈 것인가? 이는 쿠바의 미래 운명이 걸린 중요한 문제였다. 카스트로는 오랜 시간 고려한 끝에 다음과 같이 제창하였다. "새롭게 태어난 쿠바를 민주(民主)와 자유(自由)의 길로 인도하여, 최종적으로 공평(公平)한 인도주의(人道主義)의 사회를 건설한다." 그의 이 구상은 '녹색올리브 인도주의혁명'으로 불리었는데, 자본주의와 공산주의 사이의 '제3의 길'을 걷고자 했던 것이다.

바티스타 정권이 전복된 이후 주(駐)쿠바 미국 대사는 1959년 1월 7일 외교 각서를 보내와 쿠바 임시 정부를 승인하였다. 쿠바군 총사령관으로 있던 카스트로는 1959년 2월 새로운 정권을 수립하고 총리에 취임한 후 토지 개혁을 실시하는 한편, 미국을 비롯한 외국의 자본을 접수하는 등 사회 개혁을 진행하였다. 이 해 4월 카스트로는 재정부와 경제부 장관을 대동하고 미국을 개인적으로 방문하여 당시 미국 부통령이던 닉슨과 회담을 가졌다. 하지만 미국은 쿠바 새 정권에 대해 적대적 입장을 취했다. 1960년 5월 미국 국무부는 쿠바에 대한 모든 경제 원조의 중단을 선언하였으며, 쿠바 반혁명 세력을 계속 쿠바로 잠입시켜 파괴 활동을 하도록 조장하였다. 카스트로는 1960년 9월 쿠바 전국인민대회에서 채택된 제1차 아바나선언을 발표하여 라틴아메리카 해방을 제창하였다. 1961년 1월 미국은 쿠바와의 외교 관계 단절을 선포하였으며, 이 해 4월 카스트로 정부를 전복하려는 1천여 명의 쿠바 망명자들에게 무기를 제공하여 선박과 비행기의 호송 아래 피그스만(灣, 히론해안)에 상륙시켰으나 72시간의 격전 끝에 1천여 명이 포로로 잡히고 1백여 명이 피격되어 작전이 실패로 끝났다.

3) 국유화(國有化) 실시로 미국에 타격

1961년 5월, 카스트로는 쿠바가 앞으로 사회주의혁명을 추진할 것임을 선포하였다. 뒤이어 그는 '7·26 운동'과 인민혁명당을 합병하여 통일된 혁명정당인 '쿠바사회주의혁명통일당'을 창설하고 당 총서기에 취임하였다. 이 당의 이름은 1965년 쿠바공산당으로 바뀌었다. 쿠바 정부는 경제적으로 일련의 개혁을 단행하여 사영(私營)기업과 수공업의 국유화(國有化)를 실시함으로써 특히 미국의 투자 자본에 대해 막대한 타격을 주었으며, 미국의 뒷마당에서 사회주의혁명을 진행하여 미주 지역에서 처음으로 사회주의국가를 건설하였다.

이후 미국은 쿠바에 대한 봉쇄 정책을 실시하였으며, 미국과 쿠바의 대립과 충돌이 끊이지 않았다. 1962년 10월, 소련의 중거리 탄도 미사일 반입을 둘러싸고 핵전쟁 위기로까지 발전하였으나, 미국이 더 이상 카스트로 정부의 전복을 기도하지 않는다는 조건으로 소련이 쿠바에서 핵무기를 철수함으로써 종결되었지만, 카스트로를 암살하기 위한 미국 중앙정보국(CIA)의 활동은 한동안 계속되었다. 쿠바는 1963년 제2차 토지 개혁을 실시하였다.

카스트로는 1966년 1월, 아바나에서 3대륙 인민연대회의를 개최하고, '라틴아메리카 인민연대기구'를 설립하였다. 처음에는 중소(中蘇) 어느 편에도 속하지 않고 자주 독립이라는 입장을 취하였으나, 1972년 코메콘(COMECON, 동유럽공산권경제상호원조회의)에 가입한 후 점차 친소적(親蘇的) 성향을 띠게 되었다. 1975년 신 헌법을 제정하는 등 사회주의국가 체제를 정비하고, 1976년, 쿠바 국민의회의 국가평의회 의장에 취임하여 당정군(黨政軍)의 최고 권력자가 되었다.

카스트로의 정책 범위는 매우 광범위했다. 그는 교육의 기회와 시설을 크게 확대하였고, 의료 시설의 혜택을 넓혔으며, 부와 소득을 재분배했다. 쿠바의 모든 교육과 의료 혜택은 무료로 제공되었다. 모든 시민에게는 고용이 보장되는 동시에 노동은 시민의 의무가 되었다. 그러나 카스트로가 집권하는 동안 쿠바의 경제는 인구 성장을 따라잡을 수 없었고 여러 측면에서 비효율적이었다. 쿠바에서는 대부분의 생산수단을 정부가 소유하고 있다.

카스트로는 해외 혁명, 특히 남아메리카와 중앙아메리카에서의 폭력 혁명을 지지했다. 1975-89년, 쿠바 정부는 앙골라 내전에 원정군을 파견하여 공산주의적인 앙골라 인민해방 운동을 지원했다. 1978년, 쿠바군은 에티오피아를 침략한 소말리아군을 격퇴시켰다. 1980년대 후반, 소련이 개혁·개방을 도입했고, 동구권 국가들이 비공산주의적 정책을 추진하기 시작했지만 쿠바의 카스트로는 여전히 강경한 공산주의 강령을 고수하고 있다.

4) 농민들의 도움 받아 근거지 건설

미국의 시사 주간지 〈타임〉은 1959년 피델 카스트로가 쿠바의 정권을 장악한 것을 그 해의 중대 사건으로 선정했다. 그때부터 녹색 군복을 입고 콧수염을 길게 기른 채 손가락에 아바나 시가를 낀 이 쿠바의 투사는 점차 세계적으로 유명한 환상적 인물이 되었다. 당연히 마오쩌둥도 이 '불굴의 투사'에 대해 큰 관심을 가졌으며, 그의 행적에 찬사를 보냈다. 특히 카스트로가 1956년 고국으로 돌아가 혁명을 도모하면서 숱한 좌절에도 굴하지 않고 세력을 확대하여 혁명을 성공시키고, 마침내 미국의 뒷마당에 사회주의정권을 수립한 환상적인 경력은 모택동의 찬탄을 거듭 자아내게 했다.

1960년 5월 7일, 마오쩌둥은 아프리카 12개국 사회 활동가 및 청년 대표단과의 담화에서 카스트로가 최초에 몇 십 명으로 혁명을 시작하여 최종적으로 바티스타 정권을 무찔렀고, 미국의 뒷마당에서 혁명을 감행한 것을 찬양하였다.

1961년 4월 27일, 마오쩌둥은 기니·요르단·남아공·세네갈·잠비아·우간다·케냐 등 외빈들과의 담화에서 기쁨에 들뜬 목소리로 4월 19일 피그스만 전투에서 쿠바가 승리했음을 알려주었으며, "쿠바혁명은 연구해 볼 가치가 있다."고 말했다.

1964년 7월 9일, 마오쩌둥은 아시아·아프리카·대양주 대표들과의 담화 중 다시 카스트로를 언급하였는데, 이는 정의로운 세력이 처음 시작할 때는 아무리 미약하여도 숱한 곡절을 극복하면서 최종적으로는 반드시 강대한 반동 세력을 물리칠 수 있다는 것을 설명하기 위한 것이었다.

카스트로는 1956년 쿠바로 돌아와 바티스타 군대의 포위공격으로 심각한 타격을 입은 직후, 소수의 병력을 이끌고 황량한 마에스트라 산맥으로 이동하기로 결정했다. 그가 선택한 이 길은 왕년의 마오쩌둥과 그의 전우들이 걸어간 혁명의 길과 너무나 비슷하여 마오쩌둥의 열렬한 공감을 자아냈던 것이다.

원래 카스트로의 계획대로라면 자신이 이끈 82명의 병력이 요트를 타고 쿠바에 상륙할 때에 쿠바에 남아 있던 프랑코 파이스 등 동료들이 산티아고에서 무장봉기를 일으켜 이에 호응하며, 그 이후 두 부대가 합류하여 산티아고 시를 점령하고, 이를 전국 혁명의 근거지로 삼아 바티스타 정권을 전복시키는 것이었다. 하지만 프랑코가 이끈 산티아고 시의 무장봉기는 우세한 적군의 반격에 밀려 실패하였으며, 이는 카스트로의 상륙 부대에 엄청난 곤란을 초래하였다. 상륙하자마자 곧 바티스타 군대에 포위되었으며, 엄청난 희생을 겪은 후 겨우 12명이 포위망을 벗어날 수 있었다. 전혀 새로운 형세에 직면한 카스트로는 전략 방침을 바꾸어 마에스트라 산맥으로 이동하여 새로운 혁명근거지를 개척하면서 게릴라전을 벌이기로 결정하였다.

마에스트라 산맥은 당시 쿠바에서 가장 황량한 지역인데, 주봉(主峰) 투르키노 산은 해발 2,005m로 쿠바에서 가장 높았고, 삼림이 무성하여 인적이 드물었으며, 극소수의 사람만이 산속에서 정확한 방향을 알 수 있는 정도였다. 이 곳에 거주하는 사람들은 거의가 사회에서 가장 밑바닥 층인 빈곤 농민들이었고, 전국 총인구의 10%를 차지하였으며, 그 중 60% 이상이 학교 문턱에도 가보지 못한 실정이어서 혁명근거지 개척이나 게릴라전 수행에 아주 양호한 조건을 갖추고 있었다. 마치 마오쩌둥이 추수(秋收)봉기 후 부대를 이끌고 징강산(井岡山)으로 들어가 혁명근거지를 건설한 것과 같이, 카스트로도 혁명의 착안점을 험준한 산악지역에 두고 혁명근거지 개척에 착수하였다.

카스트로는 그 해 처음 마에스트라에 도착했을 때 받은 느낌들을 뒷날 다음과 같이 회고하였다. "우리는 거기서 우리 대오에 합류하기를 원하는 첫 번째 농민들을 만났다. 어떤 농민들은 심지어 우리 낙오 대원들을 다시 집합시키는 일을 도와주기도 했다. 당연히 일부 농민들은 당시 아직 우리를 이해하지 못했다. 우리의 역량을 보존하기 위해 우리는 항상 옮겨 다닐 수밖에 없었다. 우리가 가는 마을마다 거의 전부 바티스타 정권의 존재가 있었기 때문이다. 적과 우리의 역량이 현격하게 차이 나는 상황에서 우리는 그럴 수밖에 없었다." 카스트로는 첩첩산중의 지형에 의지하면서 현지 농민들의 도움을 받아 적의 포위와 봉쇄에 대처하였으며, 유리한 기회를 포착하면 적에 대한 반격을 감행하였다. 전투와 전투 사이의 틈을 타 카스트로는 마오쩌둥의 유격전 및 근거지건설 이론을 진지하게 연구하기 시작했다. 확고한 근거지를 마련하는 것과 혁명의 대오를 확대하기 위한 관건은 농민의 지지를 얻어야 하는데, 농민들의 최대 관심사는 자신이 필요로 하는 토지를 얻는 일이었다.

5) 미국의 뒷마당에 공산(共産)국가 수립

혁명근거지가 어느 정도 안정되고 형세가 발전됨에 따라 카스트로는 토지 개혁(土地改革)의 시기가 성숙되었다고 판단하고 정식으로 '토지 개혁법'을 공포하였다. 이 법률에 따라 10ha 이하의 토지를 점유하고 있는 사람은 그 권리가 앞으로도 보장되었으며, 4ha 이하의 토지를 가진 사람은 일정한 땅을 더 분양받을 수 있게 되었다. 이러한 조치는 가난한 농민들의 열렬한 지지를 받았으며, 결국 혁명을 성공으로 이끌었다.

카스트로가 새 정권을 수립한 후 미국은 오랫동안 적대적 태도를 취하였으며, 카스트로는 미국의 봉쇄와 위협에 첨예하게 맞서 조금도 타협하지 않고 투쟁하였다. 이것은 신중국 수립 후, 미국이 취한 방침에 대하여 마오쩌둥이 결연한 투쟁을 벌인 것과 매우 흡사하다.

미국은 바티스타의 대미(對美)정책을 계속하도록 카스트로를 압박하여 쿠바에서의 미국의 특수 이익을 보호하고 자본주의의 길을 걷게 하려고 시도하였다. 바티스타 정권 당시 미국 대사는 쿠바의 제2인자였던 것이다. 카스트로의 은행(銀行)과 대기업(大企業)에 대한 국유화 조치, 농촌에 대한 토지 개혁, 사회주의 성질이 명확히 드러나는 '제3의 길' 추구 등은 미국의 강력한 반발을 부르게 되었다.

미국은 중남아메리카를 자신의 뒷마당으로 간주해 왔으며, 카리브 해를 자신의 내해(內海)로 여겨왔다. 따라서 미국에 대해 감히 "노(No)"라고 하는 카스트로 정권이 자신의 뒷마당에서 혁명을 진행하는 것을 더 이상 좌시할 수 없었던 것이다. 미국 정부는 카스트로 정권을 전복시키기 위한 일련의 행동을 취하기 시작했다. 쿠바의 주요 농작물은 사탕수수이고, 이것을 원료로 만든 설탕은 주요한 자금원이었는데, 미국 또한 전통적으로 쿠바 설탕의 수입국이었다. 당시 쿠바 설탕은 엄청난 공급 과잉이었으며, 세계 설탕 가격이 급격히 하락하는 추세였는데, 미국 정부는 오히려 설탕 수입 금액을 삭감하는 결정을 내려 쿠바 경제에 타격을 주었다. 정치적으로 쿠바 신정권을 전복시키려는 시도는 미국에 망명한 쿠바인들을 미국 정부가 지원함으로써 쿠바에 대한 소요와 파괴, 그리고 암살을 자행하는 방식으로 진행됐다. 이러한 미국의 여러 가지 음모 활동에 대한 카스트로의 대답은 "우리는 절대 굴복하지 않는다."였다.

이 '불굴의 투사'에 대해 마오쩌둥은 깊은 관심과 존경을 표하였으며, 도의상으로 카스트로가 영도하는 쿠바혁명을 지지하는 이외에 경제적으로도 지지와 원조를 아끼지 않았다. 중국은 1961년 쿠바와 경제 협의를 통해 쿠바 설탕 1백만 톤을 구매하였고, 쿠바에 6천만

달러의 설비차관 및 기술 원조를 제공하였다. 마오쩌둥의 눈으로 볼 때 카스트로는 '불굴의 강인한 사나이'요 쿠바의 민족영웅이었다. 마찬가지로 쿠바 인민의 입장에서 볼 때 카스트로는 쿠바 민족영웅 호세 마르티를 계승한 '쿠바의 영웅'이요 '쿠바 민족정신의 상징'이었다.

25 수카르노는 전체 아시아를 대표

그는 불요불굴(不撓不屈)의 투쟁으로 식민 통치 350년의 인도네시아에 독립과 자유를 가져왔다. 이후 그는 반(反)식민주의 및 세계평화 유지 사업을 위해 끊임없이 분투하였다. 수카르노는 비동맹중립외교의 주역으로 각광을 받았으며, 제3세계의 단결을 상징하는 지도자로 떠올랐다. 마오쩌둥은 충심으로 그를 흠모하고 높이 찬양하였다.

당신이 미국에서 행한 연설문을 읽고 우리 모두 아주 기뻐했다. 그러한 국가에서 그런 이야기를 한 것은 매우 좋았다. 당신은 전체 아시아를 대표했다.

- 毛澤東, 1956년 9월 30일 인도네시아 대통령 수카르노와의 談話, "關于恢復中國在聯合國的合法席位問題" 『毛澤東外交文選』(中央文獻出版社·世界知識出版社, 1994), p. 263.

인도네시아 인민은 위대한 인민이다. 중국 인민은 인도네시아 인민과 수카르노 대통령에 대하여 최대의 경의를 표한다. 식민주의(植民主義) 통치 350년의 인도네시아는 오랜 고난의 투쟁을 걸쳐 마침내 민족의 독립을 쟁취했다. 현재 인도네시아 인민은 민족 단결을 유지하고, 식민주의 잔재를 청산하며, 세계평화를 지키기 위하여 용감한 투쟁을 전개하고 있다. 수카르노 대통령이 이러한 투쟁 중 보여준 탁월한 역량과 최근 구미(歐美) 각국 방문 중 얻어낸 위대한 성취를 중국인민과 전 세계 평화와 정의를 사랑하는 인민들은 한 목소리로 찬양하는 바이다.

- 毛澤東, 1956년 10월 2일 인도네시아 수카르노 대통령 歡迎宴會에서의 講話, 『毛澤東外交文選』(中央文獻出版社 · 世界知識出版社, 1994), p. 275-276.

수카르노(Sukarno, 1901-1970)는 인도네시아 자바 섬의 동쪽 수라바야 지역에서 1901년 6월 6일 태어났다. 아버지 수케미는 토착 귀족 출신으로 학교 선생이었다. 수카르노가 여섯 살 때 아버지가 시골의 2년제 소학교 교장을 맡게 되어 수카르노는 거기서 공부하였다. 수케미는 외동아들인 수카르노에 대해 엄격한 학습지도를 하였으며, 방과 후에는 보충 수업을 실시하여 네덜란드 중학으로 진학시킬 준비를 하였다. 당시 네덜란드의 식민 통치를 받던 인도네시아에서 극소수의 귀족 계급 자제들만이 상급 학교로 진학할 수 있었으며, 수카르노도 이에 포함되어 더 높은 교육을 받을 수 있었다.

1914년, 수카르노는 아버지의 배려에 따라 네덜란드어로 수업하는 소학교에 입학해 공부하였고, 2년 뒤 수라바야에 있는 아버지의 친구 초크로아미노토의 집으로 보내져 그곳의 네덜란드 중학교(中高校 통합 과정)에 진학하였다. 오마르 사이드 초크로아미노토는 인도네시아 민족주의의 대중조직인 이슬람 연맹의 의장으로 당시 민족주의 운동의 중심인물이었다. 그는 수카르노를 수양아들처럼 보살펴 주었고, 학교 진학에 재정 지원을 해주었으며, 수카르노가 20세가 되자 자신의 16세 된 딸 시티 우타리와 결혼시켰다.43) 수카르노는 그와의 접촉을 통해 인도네시아를 변혁시키고자 하는 사람들의 열정을 처음으로 체험하게 되었으며, 이는 수카르노의 미래를 결정하는 데 큰 영향을 미쳤다.

1) 외국어와 웅변(雄辯)에 뛰어난 재능

학생 시절, 수카르노는 주로 어학에서 두각을 나타냈다. 그는 자바어, 수단어, 발리어, 현대 인도네시아어 등에 통달했는데, 특히 현대 인도네시아어의 발전에는 나중에 그의 공헌이 지대했다. 또한 이슬람교도였던 그는 '코란'을 연구하는 과정에서 아랍어를 습득했다. 아울러 그가 교육받은 언어인 네덜란드어를 포함해서 독어·불어·영어, 그리고 일본어까지 배웠다.

수카르노는 많은 독서를 통하여 제퍼슨의 민주 사상과 시드니 웹의 페이비어니즘(Fabianism), 그리고 마르크스주의 등 여러 가지 정치사상을 섭렵하였다. 철학 부문에서는 헤겔·칸트·루소·볼테르의 학설을 읽었으며, 역사 학습에서는 자유를 쟁취하기 위한 민족투쟁사와 유

---

43) 수카르노는 1923년에 시티와 이혼하고 인지트가니쉬와 결혼했으나, 1943년에 다시 그녀와도 이혼하고 파트마와티와 결혼했다. 수카르노는 그녀와의 사이에 맏아들 건토수카나푸트라를 포함하여 5명의 자녀를 두었다. 이슬람교도는 네 명의 아내를 거느릴 수 있었기 때문에 그는 그 뒤에도 라트나, 사리, 데위 등 여러 아내를 맞아들였다.

럽 노동자 계급 조직의 역사 등 두 가지 주제에 대해 특별히 흥미를 가졌다. 수카르노는 열심히 학습에 몰두하는 동시에 뛰어난 웅변재능으로 훌륭한 연설을 함으로써 점차 정치 활동에 몸을 담게 되었다.

1921년, 중학교를 졸업한 수카르노는 반둥공과대학에 입학하였다. 당시 반둥은 급속하게 민족주의 사상과 행동의 중심지로 되어가고 있었다. 수카르노는 주로 연설 발표와 정치 논문 저술을 통하여 정치 활동을 전개하였다. 그는 학생 시절 여러 단체에 가입하였으며, 반둥 지식인들의 모임인 '연구총회'의 창설자 중 한 사람이었다. 그는 '총회'의 기관지인 〈청년 인도네시아〉에 논문 '민족주의, 이슬람교, 마르크스주의'를 발표하였으며, 이 세 가지 정신이 식민통치의 정세 아래서 결합하여 하나의 위대하고 단결된 정신이 되어야만 비로소 서로 다른 역량과 연합하여 일어설 수 있다고 강조하였다. 이로써 그의 정치사상은 점차 체계를 갖추어가고 있음을 알 수 있다. 1926년 토목공학 학위를 받고 대학을 졸업할 때 그는 이미 새로운 독립 정신과 사상을 가진 성숙된 지도자의 모습을 보였다.

1927년 7월, 수카르노 등은 '인도네시아 민족주의협회'라는 새로운 조직을 결성하였다. 이 조직의 입장은 독립을 위한 정치 투쟁을 걸쳐 긴밀하고 단결된 인도네시아 민족 국가를 수립하는 것이었다. 수카르노는 보편적으로 이 조직의 의장으로 인정되었다. 1927년 12월 수카르노의 제의에 따라 '인도네시아 민족협회'와 '이슬람교연맹', '수마트라동맹', '수라바야연구회' 등 단체가 반둥에서 협의를 갖고 하나의 공동 조직을 결성하기로 결정하여 '인도네시아 민족정당연맹'이 탄생되었다. 1928년 5월, '인도네시아 민족주의협회'는 '인도네시아 국민당'으로 바뀌었으며, 수카르노가 전국 각지로 강연에 나서자 네덜란드 당국은 촉각을 곤두세웠다. 1929년 12월, 수카르노는 당국에 체포되어 징역 4년을 언도받고 반둥에 있는 네덜란드 감옥에 투옥되었다.

1931년 12월, 수카르노는 조기 석방되어 자유의 몸이 되었다. 그는 다시 민족주의 운동의 지도에 몸을 던졌다. 1932년 '인도네시아당'에 참가한다고 선포하여 당의장으로 선출되었다. 그의 생활은 이전과 마찬가지로 되어 전국 각지를 다니며 연설하고, 신문과 잡지에 정치 논문을 정기적으로 기고하였다. 가장 중요한 저작은 1933년에 쓴 '인도네시아의 독립을 쟁취하자'라는 글이었는데, 발표된 후 곧 보도가 금지되었다. 1933년 8월, 2차로 체포되어 황량한 섬 플로레스로 유배되었다.

1938년 수카르노가 중병(重病)을 앓게 되자 네덜란드 당국은 비교적 위생 조건이 좋은 수라바야로 그를 이감하였다. 그 뒤 몇 년 사이 국제 및 국내 정세에 중대한 변화가 발생하였다. 1940년 5월 네덜란드는 독일군에 점령당했으며, 이에 따라 인도네시아 국내의 자치운동도 시들해졌다. 1941년 12월, 일본의 진주만 공격이 있었으며, 1942년 3월 일본군이 인도네시아를 통제하게 되었다. 이로써 네덜란드의 식민 통치는 잠정적으로 중단되었으며, 인도네시아 민족주의 운동은 새로운 방향을 설정하지 않을 수 없었다. 이 때 수마트라에서 유배 생활을 하던 수카르노는 일본군에 의해 석방되어 다시 정계의 중심인물로 등장하게 되었다. 그는 민족주의 진영의 대표로 일본의 점령기간 동안 인도네시아를 대표하는 영수(領袖)가 되었다.

2) 비동맹중립외교의 주역으로 각광

수카르노는 일본을 인도네시아 민족의 해방자로 환영했으며, 일본의 도움으로 어떠한 방식으로든 인도네시아의 독립을 쟁취할 수 있을 것으로 믿었다. 일본은 제2차 세계대전 기간 중 수카르노를 자신들의 최고 자문관이자 선전원으로 삼았고, 또 노동자들과 군인들을 징발하는 협력자로 그를 이용했다. 수카르노는 인도네시아의 독립을 승인하도록 일본 측에 압력을 가하였으며, 일본을 대신하여 인도네시아를 통치할 수 있는 역량을 차츰 길러 나가기 시작했다. 1945년 6월 1일, 그는 유명한 기념비적 연설을 통하여 '판카실라' 또는 '5대 원칙'을 명시하였는데 이는 민족주의, 국제주의, 민주주의, 사회 번영, 신에 대한 믿음 등이다. 이 원칙은 지금까지도 인도네시아에서 신성불가침의 국가 원리로 인정받고 있다.

1945년 8월 15일, 일본이 패망했다는 소식이 전해지자, 인도네시아 인민들의 독립을 요구하는 목소리가 크게 높아졌다. 수카르노와 하다는 8월 17일, 인도네시아의 독립을 선언함과 동시에 인도네시아공화국의 수립을 선포했다. 8월 18일, 정계 지도자들은 '인도네시아 독립준비위원회'를 소집하여 공화국 헌법을 통과시켰으며, 수카르노를 대통령으로, 하다를 부통령으로 선출하였다. 하지만 공화국의 기반은 튼튼하지 못했으며, 제국주의 또한 식민 통치를 그대로 포기하지 않았다.

1945년 9월, 영국군이 자카르타와 반둥을 점령하였고, 오스트레일리아로 망명했던 네덜란드 식민 정부가 다시 인도네시아로 돌아와 식민 통치를 재건하려고 시도하였다. 이후의 투쟁 과정에서 우여곡절이 있었지만 수카르노는 불안정한 신생공화국의 대통령으로서 네덜란드인에 대한 저항을 성공적으로 추진시켜 마침내 1949년 12월

27일 네덜란드로부터 정식으로 주권을 넘겨받았다.

인도네시아는 독립 이후 외교(外交)에서 두각을 나타내기 시작하여 1954년 콜롬보에서 개최된 아시아 총리회의에 처음으로 참석하여 인도·파키스탄·버마·실론 등과 공동 관심사를 논의하였다. 특별히 아시아아프리카회의가 1955년 4월 반둥에서 열린 것은 인도네시아의 신외교 정책이 전성기에 달했음을 보여주고 있다. 이 회의에서 수카르노는 비동맹중립외교의 주역으로 각광을 받았으며, 제3세계의 단결을 상징하는 지도자로 떠올랐다.

외교적인 성공과는 달리 인도네시아는 내치(內治) 면에서 다당제(多黨制)의 혼란 때문에 단명 내각의 연속이었다. 1957년 그는 내부 혼란의 원인이 서구형 의회 정치에 있다고 하여 대통령 중심제를 채택하였고, 촌락민주주의의 전통에 입각한 이른바 교도민주주의(敎導民主主義, guided democracy)를 제창하여 일반 대중에 대한 엘리트의 교도적 역할을 강조하였다. 서구 사회는 사회적·정치적인 여러 문제들을 장기간에 걸쳐 해결하였으나 인도네시아는 많은 문제를 단시일에 해결해야 하였고, 그러기 위해서는 어떤 면에서 분열을 조장하기 쉬운 서구식 자유민주주의보다 인도네시아에 알맞은 인도네시아 고유의 민주주의가 필요하다고 주장하였다. 그는 인도네시아에는 고대부터 민주주의적 요소가 있었으며, 현재도 인도네시아의 촌락에서 그 실례를 찾아볼 수 있다고 하였다.44)

---

44) 예컨대 마을 지도자의 영도 아래 토론이 전개되면 모두가 동의할 수 있는 타협점이 발견될 때까지 토론이 계속된다. 토론 과정에서도 지도자는 독재를 하지 않고, 다만 대중을 교도하며 보호하는 역할만을 한다. 이와 같이 지도자의 교도에 의한 질서 있는 토론과 만장일치를 원칙으로 하는 교도민주주의야말로 인도네시아 상황에 알맞은 민주주의라는 것이다.

수카르노는 그 후 국내에서 절대 권력을 장악하였고, 네덜란드에 대항해서 서(西)이리안 해방투쟁을 전개하여 1963년 목적을 달성하고 종신 대통령이 되었다. 1965년 9월 30일, 일부 공산당원과 군부의 공모자들이 6명의 군 고위 장성을 납치한 뒤 일부 도시를 장악하고 새로운 혁명 정권을 선포했다. 그러나 자카르타의 특전 사령관인 수하르토장군이 즉각 쿠데타를 진압했다. 대략 30만 명 또는 그 이상의 공산주의자들과 공산주의 용의자들이 학살되는 동안 수하르토와 수카르노 사이의 간접적인 권력 투쟁이 계속되었다. 수카르노는 이 쿠데타에서 공산당을 지지하였다는 비판을 받은 끝에 1966년 3월 11일 수하르토 장군이 지휘하는 반공(反共) 육군에 실권을 넘겨주어야 했다. 그는 1967년 종신 대통령의 지위를 박탈당했으며, 정치 활동이 금지된 가운데 보고르 교외의 바트트리스의 자택에서 살다가 1970년 6월 21일 만성 신장병과 합병증으로 사망했다. 향년 69세.

3) 식민(植民) 통치 종식 위해 불굴의 투쟁

마오쩌둥은 제국주의와 식민주의를 감연히 반대한 정치가들을 매우 존중하였다. 마오쩌둥은 수카르노가 바로 이러한 인물이라고 보았다. 그는 인도네시아 인민을 영도하여 식민 통치를 종식시키고 국가 주권을 수호하기 위해 불요불굴의 투쟁을 전개하였으며, 마침내 인도네시아의 독립과 자유를 쟁취하여 인민들로부터 '독립의 아버지'로 불리게 되었던 것이다.

1956년 9월 30일 중화인민공화국 수립 7주년의 하루 전, 마오쩌둥의 초청을 받은 수카르노 대통령이 막 베이징 시위안(西苑) 비행장에 도착할 무렵이었다. 마오쩌둥은 수카르노 대통령에 대한 경의를 표시하기 위하여 성대한 환영 의식을 준비하게 하였다. 베이징의 주요 도로에는 중국의 오성홍기(五星紅旗)와 인도네시아의 홍백기(紅白旗)가 나란히 나부끼고 있었고, 가로변의 높은 건물에는 중국어와 인도네시아어로 쓴 환영 표어가 내걸렸으며, 극장에서는 천연색 기록영화 '인도네시아'를 상영하여 적도(赤道) 위에 길게 뻗어있는 '천개 섬의 나라'의 아름다운 풍광을 소개하고 있었다. 비행장 주변에는 1만여 명의 환영 인파가 운집하였다.

마오쩌둥과 주더·류사오치·저우언라이·쑹칭링 등 당과 국가의 지도자들은 비행장에서 인도네시아의 귀빈이 도착하기를 기다렸다. 수카르노가 탄 비행기가 환호 속에 착륙하고, 풍채가 늠름한 수카르노가 트랩을 걸어내려 올 때 마오쩌둥은 그를 맞으러 앞으로 나아가 함께 열렬한 악수를 하고 서로의 안부를 물었다. 비행장에서 신화먼(新華門)까지 20km의 도로 양쪽에는 수십만 명의 환영 인파가 늘어서 있었다. 수카르노는 사람들의 환호성과 생화(生花)에 빼곡히 둘러싸인 채 중난하이(中南海)의 근정전(勤政殿)으로 안내되었다. 중난하이는 중공중앙의 소재지이며, 근정전은 당과 국가 지도자들이 회의를 개최하고 외빈과 회견하는 중요한 장소이다.

9월 30일 오후 6시, 잠시 휴식을 마친 수카르노 일행은 마오쩌둥과 회담을 시작하였다. 마오쩌둥은 곧바로 본론에 들어가 반둥회의에서 수카르노가 행한 연설과 그가 미국에서 한 발언에 대해 아주 높이 평가하였다. 또 수카르노가 전체 아시아를 대표하였다고 하면서 그의 기백과 식견을 찬양하였다. 그 후 양측은 중국의 유엔 가입을 둘러싼 문제에 대하여 성의 있고 솔직한 의견을 교환하였다. 마오쩌둥과 수카르노의 우호적인 대화는 양국 지도자간의 이해와 우의를 더욱 깊게 하였다. 마오쩌둥과 수카르노 일행은 이날 밤 저우언라이 총리가 마련한 건국 7주년 경축 연회에 나란히 참가하였다. 마오쩌둥은 술잔을 높이 들고 수카르노 대통령의 건강과 인도네시아 민족의 번영과 부강을 축원하였다.

　10월 1일, 마오쩌둥은 수카르노를 청하여 톈안먼(天安門) 성루에 함께 올라 열병(閱兵)을 참관하고 50만 명의 거리행진을 구경하였다. 2일 밤, 마오쩌둥은 수카르노 일행을 초대하여 성대한 국빈 만찬을 베풀었다. 이 자리에서 마오쩌둥은 "인도네시아 인민은 위대한 인민"이라고 하여 그들이 민족 독립을 쟁취하기 위해 전개한 위대한 투쟁을 찬양하였다. 마오쩌둥은 수카르노가 반둥회의 및 국제 문제 처리에 있어 일으킨 중대한 작용을 아주 높이 평가하였으며, 중국과 인도네시아가 굳게 단결하여 식민주의자의 음모를 분쇄하자고 강조했다.

　10월 5일, 마오쩌둥은 직접 비행장으로 나가 수카르노 대통령을 환송하였으며, 수카르노는 마오쩌둥이 인도네시아를 방문해 주도록 초청하였다. 마오쩌둥은 이 방문 요청을 흔쾌히 받아들였으나 여러 가지 사정으로 끝내 실현되지는 못하였다.

제5장

마오쩌둥의 가족(家族)

마오쩌둥의 아버지는 집안에서 독재적 권력을 휘둘렀으며, 자신의 가치관을 자식들이 잘 받아들여 가정의 발전에 기여하도록 촉구하였다. 이기적 방식으로 악착스럽게 살아가는 이러한 아버지를 마오쩌둥은 비판하고 거부하였다. 그러나 그의 아버지가 온순하고 게으른 일반 농부였다면 어떻게 되었을까? 그의 어머니 원치메이(文七妹)의 선량하고 후덕한 마음씨가 아버지와 극적으로 대비를 이루고 있음도 마오쩌둥에게 많은 영향을 미쳤다.

장인(丈人)이면서 동시에 스승이기도 했던 양창지(楊昌濟)는 베이징으로 마오쩌둥을 불러 보다 넓은 세계에 접할 수 있도록 한 점에서 인생의 중요한 계기를 마련해 준 은인이다. 양창지의 큰 딸 양카이후이(楊開慧)가 마오쩌둥의 배필이 되어 초기 투쟁 단계에서 훌륭한 조수 역할을 한 점도 큰 도움이 되었다.

둘째 부인 허쯔전(賀子珍)은 곤경에 처한 마오쩌둥을 충실히 도왔으며, 결과적으로 마오쩌둥을 당 지도자로 우뚝 설 수 있게 하였다. 셋째 부인 장칭(江靑)은 말년의 마오쩌둥을 불행하게 만든 장본인이다. 가는 곳마다 적(敵)을 만드는 특이한 그녀의 행태는 결국 문화대혁명을 권력쟁탈전으로 만들어 많은 사람들을 불행하게 하였다.

마오쩌둥의 첫 아들 마오안잉(毛安英)은 한 사람의 보통 노동자이며 전사(戰士)로서 어떠한 특권도 누리지 않고 그의 삶을 마쳤다.

26 아버지 마오순성(毛順生) — 성질 난폭하고 이기적

비록 자신의 부친(父親)이었지만 마오쩌둥은 성질이 난폭하고 이기적이며, 근시안적인 그의 결점을 숨기어 감추려 하지 않았다. 마오쩌둥은 또한 자신과 부친 사이의 투쟁의 역사를 다른 사람에게 털어놓기를 주저하지 않았다. 그러나 떠나온 지 35년 만에 고향 사오산(韶山)에 돌아왔을 때, 마오쩌둥은 손수 묘를 손질하며 경건하게 부친의 영전 앞에 허리 굽혀 절하였다. 후난(湖南) 사람들의 분투·노력하는 정신은 형식이야 어쨌든 대(代)를 이어 유전되었다고 할 것이다.

아버지는 매서운 감독이었으며, 내가 쉬는 것을 두고 보지 못했다. 만약 장부(帳簿)를 정리할 게 없으면 곧 나를 불러 농사일을 시켰다. 그는 성질이 급하고 거친 사람으로 번번이 나와 내 동생들을 때렸다. 돈 한 푼도 우리에게 주지 않았으며, 가장 나쁜 반찬을 우리에게 먹게 했다. 그는 일꾼들에게는 후하여서 매달 5일과 10일째 되는 날 그들에게 달걀을 먹이도록 했으나, 고기반찬은 절대 주지 않았다. 나한테는 고기는 물론 달걀조차 주지 않았다.

- 胡哲峰・孫彦, 『毛澤東談毛澤東』(中共中央黨校出版社, 1993), p. 7.

마오쩌둥의 아버지 마오순성(毛順生, 1870-1920)은 이름 이창(貽昌), 호 량비(良弼)로, 순성은 자(字)이다. 농사를 지으면서 미곡상과 돼지장사를 겸하였다. 열다섯 살 때 샹샹현(湘鄉縣)에 사는 원즈이(文芝儀)의 딸 원치메이(文七妹)와 혼례를 올렸으며, 열여섯 살 때 외지로 나가 군인으로 복무했다. 일생 근검절약하였으며, 이재(理財)에 소질이 있었다. 어릴 때 몇 년간 서당에 다녔으며, 군에서 제대한 열일곱 살 때부터 가사를 책임졌다. 수입이 보잘것없었지만 부지런히 일하고 알뜰히 모아 마침내 약간의 돈을 모으게 되었다. 그는 조금씩 빚을 갚아 나갔으며, 결국 아버지가 남에게 잡혔던 농지를 다시 찾아올 수 있었고, 가업은 날로 번창하였다.

1) 면밀하게 계획하는 사람이 될 것 요구

마오순성은 열다섯 마지기의 농사를 지어 한 해에 약 60석을 수확했다.[45] 그는 가족이 먹는 양식을 제외하고 남은 쌀을 팔 수 있게

45) 15무(畝)의 자경지가 있었는데, 1무(畝)는 약 170평 정도(6.67a)의 면적이며, 한 석(石)은 약 50kg의 중량(중국의 100근)에 달한다.

되었으므로 작은 규모의 미곡상을 시작하였다. 뒤에 처갓집 친척들의 도움을 받아 장사 규모를 늘렸으며, 쌀 가공과 판매를 위해 일꾼들도 고용하여 샹탄(湘潭) 일대에서 본격적인 미곡장사에 나섰다. 이와 함께 그는 밭갈이 소를 매매했고, 잔치용 돼지도 길러서 팔았다. 그의 재산은 이윽고 스무 마지기가 넘게 되었으며 생활도 상당히 윤택하게 되었다. 이 때부터 그는 주로 장사에 매달리고 논밭의 경작과 관리는 머슴 한 사람에게 맡겼으며, 필요할 때 날품 팔이를 쓰는 한편, 온 가족을 농사일에 동원하였다.

마오순성의 집안 관리는 아주 엄하였는데, 그는 "한없이 먹고, 한없이 써대면서 계산이 없는 사람은 평생 가난뱅이로 지낸다."는 옛 속담을 굳게 믿었다. 그는 아들들을 잘 길러 가업을 계승할 수 있는 사람으로 만들기 위해 노력하였으나 그리 큰 이상은 품지 않았으며, 아들이 입학할 연령이 되면 부근의 서당에 보내 공부하게 하였다. 언젠가 임야(林野) 문제로 분규가 발생하여 다른 사람과 관청에서 송사(訟事)를 하게 되었는데, 상대방이 법정에서 경전(經典)을 꼭 알맞게 인용하여 자신의 엉터리 주장을 그럴듯하게 합리화하는 바람에 마오순성은 두 눈을 멀쩡히 뜨고 자기 땅 한 덩어리를 빼앗기고 말았다. 이러한 일이 발생하자 마오순성은 아들들에게 공부를 많이 시키기로 결심하게 되었다. 그는 아들들에게 직접 장부를 적는 방법을 가르쳤으며, 두 손으로 주판을 놓는 방법을 훈련시켰고, 장사하는 요령을 일러주기도 하였다. 그는 아들들이 면밀하게 계획하고 꼼꼼히 따지는 사람이 될 것을 요구하였다. 마오순성은 아들의 하는 짓이 자신의 '집안 발전 정책'에 어긋나는 것을 발견하면 곧 '불효(不孝)'와 '나태(懶怠)'라는 죄목으로 문책하였다. 그러나 아들들은 아버지가 설계한 '생활의 길'을 그대로 걸어가지는 않았다.

마오순성은 가난한 사람을 돕는 일에 부정적이었을 뿐만 아니라, 가난한 사람을 몰래 돕곤 하는 그의 처 원치메이와 항상 싸움을 벌이곤 하였다. 이러한 것을 곁에서 지켜본 소년 마오쩌둥은 아버지에 대해 반감을 품게 되었다. 마오순성은 또한 마오쩌둥의 학업을 지체시켜 그 전도를 그르치게 했는데, 시간이 흐른 뒤 아내와 친구들의 권고를 받고 마지못해 마오쩌둥이 다른 지방으로 공부하러 가는 것에 동의하였다. 아버지 마오순성의 중년 이후 경제 사정에 관하여 마오쩌둥은 1939년 미국기자 스노우와의 담화에서 "부농의 수준이었다"고 밝혔다.

마오순성은 다섯 아들을 낳았는데 첫째와 둘째는 어릴 때 잃어버렸고, 셋째가 쩌둥(毛澤東), 넷째가 쩌민(澤民), 다섯째가 쩌탄(澤覃)이다. 또 딸 둘을 낳았으나 모두 자라지 못한 채 죽었다. 1920년 1월 30일, 마오순성은 급성 상한증(傷寒症)으로 인해 향년 50세로 세상을 떠났으며, 사오산(韶山) 난안(南岸)에 묻혔다.

2) "내가 쉬는 것을 두고 보지 못했다"

마오쩌둥의 그의 아버지 마오순성에 대한 평가는 그의 어머니에 대한 것과는 달랐다. 어머니에 대해서는 오로지 존경과 찬양으로 일관하고 있으며, 아버지에 대해서는 존중과 함께 비판을 가하였고 그리움과 함께 한스러움을 나타냈다. 1936년 미국 기자 스노우가 옌안을 방문했을 때, 마오쩌둥은 그와 장시간 대화하면서 해학적(諧謔的)

인 말투로 여러 차례 자신의 부친 이야기를 들려주었다.

"나의 아버지는 가난한 농민으로 어릴 때 집안에 빚이 많아 군대에 가야 했소. 제대 후 열심히 일하고 절약하여 적은 돈을 모았으며, 그 돈으로 자신의 농지를 되사들였지. 아버지는 중농(中農)이 된 후 쌀장사를 시작했으며, 차츰 재산을 모으게 되었지. 내가 막 글자를 알게 되었을 무렵, 아버지는 나에게 집안의 장부(帳簿) 적는 일을 맡겼고 주판(籌板)으로 셈하는 것을 배우게 하였소. 아버지가 이 일에 아주 집착하였으므로 나는 저녁 시간을 이용하여 장부 적는 일을 바로 시작하는 수밖에 없었지. 아버지는 매서운 감독이었으며 내가 쉬는 것을 두고 보지 못했소. 만약 장부를 정리할 게 없으면 곧 나를 불러 농사일을 시켰어. 그는 성질이 급하고 거친 사람으로 번번이 나와 내 동생들을 때렸지. 돈 한 푼도 우리에게 주지 않았으며, 가장 나쁜 반찬을 우리에게 먹게 했어. 그는 일꾼들에게는 후하여서 매달 5일과 10일째 되는 날 그들에게 달걀을 먹이도록 했으나, 고기 반찬은 절대 주지 않았소. 나한테는 고기는 물론 달걀조차 주지 않았고. 나의 어머니는 자애로운 성품으로 언제나 사람들을 후하게 대하였소. 어머니는 없는 사람들을 동정하였는데, 흉년이 들게 되면 농민들이 빚 갚으러 가지고 온 쌀을 거두어들이지 않고 도로 돌려주기도 하였지. 그러나 아버지가 그 자리에 있으면 그렇게 할 수 없었는데, 그는 남에게 희사(喜捨)하는 것을 반대하였어. 우리 집에서는 이 일 때문에 말다툼 한 적이 한두 번이 아니야."

마오쩌둥은 어릴 때부터 유가(儒家)의 도덕 전통을 어기는 과감함을 보였는데, 특히 부친이 각박하고 이기적으로 전횡을 부리는 것에 대해 반대하였다. 마오순성은 언제나 아들에게 불효하고 나태하다고 막무가내로 나무랐으며, 심지어 어떤 때는 체벌을 가하기도 하였다. 아버지의 횡포에 대하여 어머니는 쩌둥에게 좀 더 온건한 방법으로 대응할 것을 주장하였으나, 쩌둥은 공개적인 투쟁을 벌일 것을 주장하였다. 그는 항상 조리(條理) 있게 부친의 주장을 반박하였다. 예를 들어 아버지가 자신을 불효하다고 욕할 때면, 그는 곧 경서(經書)에 나오는 '아버지는 인자해야 하고 아들은 효성스러워야 한다'는 말을 인용하여 '아버지가 인자할 때에야 비로소 아들이 효도를 다 한다'는 이치를 내세웠다. 아버지가 자신을 나태하다고 나무랄 때면, 쩌둥은 어른이 당연히 아이들보다 더 많이 일할 수 있는 것이니, 자신이 아버지 나이가 되면 당신보다 훨씬 더 많이 일할 수 있을 것이라고 말했다.

3) 공개적 반항 후 아버지 태도 완화

마오쩌둥은 다음과 같이 회고하였다. "우리 집안에서 논쟁의 다툼이 끊임없이 확산되었지. 특별히 한 사건은 내가 또렷하게 기억하고 있소. 내가 열세 살쯤 되던 해에 아버지가 여러 손님을 청한 가운데 부자(父子)간에 논쟁이 벌어졌어. 아버지는 대중 앞에서 나를 게으르고 쓸모없는 놈이라고 욕했지. 그 말을 듣자 나는 미칠 지경으로 화가 났어. 나는 아버지에게 욕설을 거꾸로 퍼붓고 나서 집을 나와 버렸지. 어머니가 나를 말리려고 쫓아왔고, 아버지 또한 나를 쫓아오며 욕설과 '복귀 명령'을 번갈아 해댔어. 나는 어느 연못가로 뛰어가 멈추었으며, 아버지가 한 발자국이라도 더 가까이 오면 물에 빠지겠다고 위협했지. 이러한 상황 아래 내전(內戰) 중지의 요구와 그 반대의 요구가 모두 제기되었어. 아버지는 내게 잘못을 인정하고 사과할 것을 줄기차게 요구했으며, 나는 때리지 않겠다고 약속하면 무릎을 꿇고 큰 절을 하겠다고 대답했지. 전쟁은 그렇게 마무리되었어. 나는 이 일로 인하여 공개적 반항의 방법을 이용해 자신의 권리를 보호하면 아버지의 내게 대해 태도가 완화되며, 내가 온순한 태도를 보이면 그가 더욱더 나를 욕한다는 사실을 깨닫게 되었지."

마오쩌둥은 그의 부친의 엄격한 태도가 마침내 실패를 자초하게 되었다는 것을 알게 되었다. "나는 아버지를 점점 더 미워하게 되었으며, 우리는 그에 반대하는 확고한 통일전선(統一戰線)을 형성하게 되었어. 동시에 이러한 투쟁은 나에게도 좋은 점이 있었는데, 나는 일을 아주 열심히 하고 장부를 정확하게 기록하여 아버지가 나를 나무랄 꼬투리를 잡지 못하도록 하였지."

마오쩌둥의 어머니는 독실한 불교(佛敎) 신자였는데, 그의 남편이 부처를 믿지 않았으므로 마음이 매우 좋지 않았다. 어머니는 아버지를 여러 차례 설득하여 부처를 믿게끔 시도하였으나 모두 실패하였다. 뒷날 한 사건이 일어나 마오순성의 태도가 바뀌게 되었다. 하루는 그가 돈을 수금하러 밖에 나갔다가 길에서 호랑이를 만나게 되었다. 호랑이는 갑자기 사람을 만나게 되자 놀란 나머지 그대로 도망을 쳤다. 이 일이 있은 후 그는 기적적으로 위험에서 벗어난 일을 곰곰이 생각하게 되었으며, 차츰 불교를 존중하게 되었고, 가끔 향을 사르는 일도 있게 되었다. 그러나 마오쩌둥의 신(神)에 대한 태도는 오히려 반대 방향으로 발전하여 점점 신을 믿지 않게 되었으며, 마오순성은 이러한 아들에 대해 간섭하지 않았다.

마오쩌둥의 아버지에 대한 평가는 좋은 면과 나쁜 면에서 객관적으로 공정하였다. 자신의 아버지라고 해서 기휘(忌諱)하지 않았으며, 실사구시(實事求是)적 입장에서 사실 그대로 밝히는 태도를 취했다. 아버지가 어릴 때 가난했던 것을 동정하였고, 천신만고(千辛萬苦) 끝에 가난에서 탈출하여 부를 축적한 것을 높이 평가하였다. 또한 아버지가 가난한 사람들을 돕지 않으려 한 것을 비판하였고, 그 각박함과 매서움에 대해 불만을 표시하였다. 그러나 마오쩌둥은 아버지의 지독한 감독으로 인하여 자신이 열심히 일을 하게 되었고, 장부 또한 완벽하게 처리할 줄 알아 장족의 발전을 이룩했다는 사실 또한 인정하였다. 아버지에 대한 유쾌하지 못한 기억을 감추지는 않았지만 부모가 길러준 은혜에는 가슴 깊이 감사하였던 것이다.

4) 후난(湖南) 사람들의 분투 · 노력 정신

마오쩌둥이 중국혁명에 성공할 수 있었던 요인은 여러 가지 있겠지만, 그 무엇보다도 그가 후난(湖南) 지역에서 태어나 성장했다는 지역적 · 태생적 요인이 가장 중요하다고 할 수 있다. 이 가설(假說)을 입증하는 것은 중국에서 그다지 어려운 일이 아닌데, 왜냐하면 근대와 현대의 수많은 중국 지도자들이 '후난사람(湖南人)'이기 때문이다. 후난 지역의 자연 환경과 인문 환경 및 역사와 전통이 대체로 혁명가를 배출하기에 적합한 요소를 갖추었다는 것은 대부분의 사람들이 공감할 수 있을 것이다.

후난(湖南)은 부요(富饒)하고 생기발랄한 내륙(內陸)의 중심지로 역대 왕조(王朝)가 반드시 차지해야 했던 요지(要地)이다. 화중지구

(華中地區)의 양쯔강(揚子江, 長江) 중류 둥팅호(洞庭湖)로 흘러드는 여러 하천 유역에 위치하고 있는데, 둥팅호 남쪽에 해당하므로 후난(湖南)이라 명명되었다. 현재 후난성의 면적은 210,500㎢이며 인구는 6440만 명(2000년)이니 거의 한반도(韓半島)와 비슷한 규모이다. 동·서·남쪽의 3면이 산으로 둘러싸였고, 중앙의 둥팅호 연안과 여러 하천 유역에 평야가 발달해 있으며, 그 밖에는 500m 이하의 구릉으로 형성되어 있다. 중앙 구릉 중에 솟아 있는 헝산(衡山)은 중국 5악(岳)의 하나로서 남악(南岳)으로 알려져 있으며, 구릉과 산지가 전체 면적의 3분의 2를 차지한다. 주요 하천으로는 샹강(湘江)·위안강(沅江)·리수이(澧水)·쯔수이(資水)의 4대 하천이 있으며, 둥팅호로 들어간 뒤 양쯔강으로 흘러든다. 기후는 온난·습윤하나 대륙성 기후에 가까우며, 강우량은 1,400-2,000mm인데, 그 절반은 4-7월에 내린다. 서쪽과 남쪽에는 먀오족(苗族)·야오족(瑤族)·후이족(回族) 등의 소수민족이 살고 있다. 지하자원도 풍부하여 납·아연·텅스텐·주석·구리·철·망간·석탄·금·다이아몬드·수은 등 여러 종류가 매장되어 있다.

북쪽의 둥팅호로 경계를 삼고, 동·서·남쪽이 모두 산맥으로 막힌 자연 조건은 후난 사람들의 독특한 기질을 만들어 내었다. 이곳 사람들은 대체로 걸걸하고 소탈하며, 영리하고 민첩하면서도 근면·성실한 성품을 가지고 있다. 많은 호수와 강들은 후난에 '어미지향(魚米之鄕)'이라는 아름다운 이름을 붙여주었다. 둥팅호 평원(平原)은 중국의 주요 곡창지대의 하나로 "양호(兩湖)의 벼가 익으면, 천하가 넉넉하다(兩湖熟, 天下足)"는 말이 있을 정도이다. 많은 인구를 가진 이 평원은 또한 견실한 정치 전통을 가지고 있어서 사상(思想) 부문이나 상업(商業) 부문을 막론하고 성도(省都) 창사(長沙)는 항상 전국의 새로운 조류를 이끌어 나갔다.

대다수의 후난 사람들과 마찬가지로 마오순성은 매운 것을 즐겨 먹었고, 그의 아들 마오쩌둥 또한 매운 음식을 먹는 습관이 몸에 배게 되었다. 후난 사람들은 싸움과 욕설을 잘하고, 자신의 견해를 거침없이 표현하기를 좋아한다. 그들은 대부분 넓은 이마에 깊은 눈구멍, 붉은 뺨을 가졌다. 그들은 중국의 프러시아 사람이었다. 다른 지방 사람들은 후난 사람들의 거센 성격과 고집스러움에 머리를 흔들지만, 그 불같은 성질이 영용(英勇)함을 함께 발휘한다는 것을 인정하였는데, "만약 중국이 망한다면, 후난 사람이 전부 죽은 뒤일 것"이라는 말이 있을 정도이다.[46] 근대 중국의 인물 중 후난(湖南) 출신으로는 각고분투한 학자 왕부지(王夫之, 船山), 서생의 몸으로 태평군을 진압한 증국번(曾國藩)과 라택남(羅澤南), 신해혁명(辛亥革命)을 이끈 혁명가 황싱(黃興)과 차이어(蔡鍔) 등이 있다. 스승 양창지(楊昌濟)와 그의 벗 장스자오(張士釗)에 이어 마오쩌둥과 같은 시대 인물로는 류사오치(劉少奇, 국가주석)·리리싼(李立三)·탄전린(譚震林) 등 정치가들과 펑더화이(彭德懷, 원수)·허룽(賀龍, 원수)·뤄룽환(羅榮桓, 원수)·쑤위(粟裕, 대장)·쉬하이둥(徐海東, 대장)·황커청(黃克誠, 대장)·천겅(陳庚, 대장)·탄정(譚政, 대장)·샤오진광(肖勁光, 대장)·쉬광다(許光達, 대장) 등 장군들이 있다.[47]

---

46) 羅斯 特里爾, 胡爲雄·鄭玉臣 역, 『毛澤東傳』(中國人民大學出版社, 2006), p. 4.

47) 1955년 기준으로 인민해방군의 소위 10대 원수(元帥)와 10대 대장(大將) 등 20명의 주요 장군 중 10명이 후난(湖南) 출신이라는 점은 후난 사람들이 불굴의 투지와 탁월한 지휘 능력을 가졌다는 것을 증명하고

이러한 고장에서 태어나고 자란 마오쩌둥이 혁명 지도자가 된 것은 결코 우연이 아니며, 아버지 마오순성의 억압과 강요에 시달렸던 어린 시절의 추억 또한 맵디매운 고추처럼 좋은 인생의 향신료(香辛料)가 되었던 것이다.

있다. 또 55명의 상장(上將, 우리나라의 中將) 중 19명이 후난 출신인 것으로 나타났다.

27 어머니 원치메이(文七妹) — 마음이 선량하고 후덕

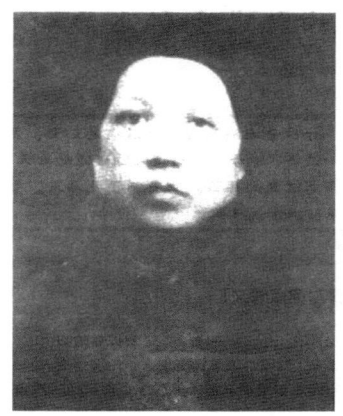

　이름조차 없는 보통 여인이 뜻밖에도 중국을 이끄는 영수(領袖)의 어머니가 되었다. 이 보통 어머니는 아주 우수한 성품을 지녔으며, 마오쩌둥에게 큰 영향을 미쳤다. 마오쩌둥은 어머니에 대해 효와 존경을 다하였다.

　나의 어머니는 자애로운 성품으로 언제나 사람들을 따뜻하게 대하였다. 어머니는 없는 사람들을 동정하였는데, 흉년이 들면 농민들이 빚 갚으러 가지고 온 쌀을 거두어들이지 않고 도로 돌려주기도 하였다. 그러나 아버지가 그 자리에 있으면 그렇게 할 수 없었는데, 그는 남에게 희사(喜捨)하는 것을 반대하였다. 우리 집에서는 이 일 때문에 말다툼한 적이 한두 번이 아니다.

　어머니에게는 좋은 점이 많아 나에게 아주 큰 영향을 미쳤다. 마음이 선량하고 후덕하였으며, 열심히 일하면서 근검절약하였고, 요리하고 나무하며 빨래와 바느질 등 어떤 일에도 능하였다.

- 胡哲峰·孫彦, 『毛澤東談毛澤東』(中共中央黨校出版社, 1993), pp. 7-8, 11.

원치메이(文七妹, 1867-1919)는 후난(湖南) 샹샹현(湘鄕縣) 사람으로 마오쩌둥의 어머니이다. 원(文)씨 집안의 일곱째로 태어나 집과 이웃에서 모두 '치메이(七妹)'로 불렸으므로 곧 이름이 되었다. 그녀는 공부를 하지 못했으며, 이름조차 가질 수 없었다. 에드가 스노우가 '중국의 붉은 별(西行漫記)'에서 '원치메이(文其妹)'라는 이름으로 표기한 것은 음역(音譯)상의 오류이다. 그녀가 태어난 샹샹(湘鄕)의 한 농가는 마오순성의 집이 있는 사오산충(韶山沖)과는 판다산(盤大山)을 사이에 두고 약 5km 남짓 떨어져 있었다. 그녀의 집안은 농사를 지으며 그럭저럭 안정된 생활을 하는 정도였다. 원(文)씨 집 조상 묘가 사오산충에 있어 해마다 성묘를 갈 때 잠시 머물 곳이 필요하였으므로 치메이를 그 동네에 시집보내게 되었다. 치메이가 마오(毛)씨 집에 갔을 때 겨우 열세 살이었으며, 정식 혼인은 열여덟 살에 하였는데, 신랑은 세살 어린 마오이창(毛貽昌, 자 順生)이었다. 처음 낳은 아기 둘은 모두 젖먹이 때 잃어버렸고, 셋째 아이가 마오쩌둥(毛澤東)이다. 치메이는 이 아이 또한 요절할까 두려워하여 친정 아버지 집에서 잠시 기르도록 하였으며, 그곳의 룽탄(龍潭)에 있는 큰 바위에 절하고 수양어머니로 모시며 정성으로 기도했다. 쩌둥을 낳은 뒤 쩌민(澤民)과 쩌탄(澤覃)이 잇따라 태어났으며, 딸 둘을 낳았으나 모두 일찍 잃어버렸다.

원치메이는 마음이 온후(溫厚)하고, 다른 사람을 대할 때 관용과
공손함을 갖추었으며, 힘써 일하고 근검절약하였으므로 쩌둥 형제와
마을 사람들의 깊은 존경을 받았다. 1919년 10월 5일 숙환으로 별세
했는데 향년 53세였으며, 사오산 난안에 묻혔다.

1) 흉년(凶年) 들면 이웃에 곡식 나누어 줘

마오쩌둥의 모친은 그야말로 현모양처(賢母良妻)의 본보기라 할
수 있었다. 그녀는 다른 사람들을 항상 따뜻하게 대하였으며, 남을
돕는 일을 좋아하였다. 흉년(凶年)이 들면 그동안 아껴 두었던 약간
의 곡식들을 굶주리는 마을 이웃들에게 나누어 주었다. 사오산충 일
대에서는 지금도 그녀가 불우한 이웃을 도운 이야기들이 전해져 내
려오고 있다. 마오쩌둥의 아버지 마오이창은 그녀의 이웃돕기에 대
해 찬성하지 않았으므로, 집안에서는 항상 이 일 때문에 말다툼이
일어나곤 했다. 마오쩌둥은 당시의 상황을 회고하면서 재미있게 이
야기했다. "우리 집은 두 개의 당(黨)으로 쪼개졌어. 한쪽은 우리 아
버지로 곧 집권당이었으며, 그 반대당은 나와 어머니, 그리고 동생들
로 이루어졌지. 어떨 때는 일꾼들까지 포함되기도 했고. 그러나 반대
당의 '통일전선(統一戰線)' 내부에서 의견이 엇갈리는 수가 많았어.
어머니는 간접적인 타격 정책을 주장하면서, 집권당에 대해 공개적
으로 반항을 시도하는 것은 '중국인의 방식'이 아니라고 했지."

모친의 선량함은 마오쩌둥에게 아주 큰 영향을 미쳤다. 그는 어머
니를 특별히 존경하여 어머니가 일을 시키면 바로 그 일을 해냈으며,

어머니가 어딘가로 가면 함께 따라갔다. 어머니가 친구 집이나, 절에 갈 때도 졸졸 따라다녔다.

마오쩌둥은 소년 시절에 곧 웅대한 포부를 품었으며, 책 읽기를 좋아하였고, 앞으로 큰일을 도모하고자 하였다. 그러나 그의 아버지는 쩌둥의 공부를 중단하게 하고 농사일과 장사를 시키려 하였다. 어머니는 사리에 밝았으므로 아들의 장래를 열어주기 위해 남편을 설득하기로 했다. 그녀는 친구들이나 서당의 훈장 등을 초대하여 술과 음식을 대접한 후, 남편이 알맞게 술에 취했을 때 자식의 전도를 열어주는 용단을 내리도록 간절히 당부하였다. 서당의 훈장 등도 마오쩌둥의 총명함을 칭찬하며 큰 그릇이 될 것이라고 입을 모았으므로, 마오순성은 마지못해 아들의 진학을 승낙하지 않을 수 없었다. 이로 인해 쩌둥은 어머니를 더욱 존경하게 되었다.

건국 후인 1959년 6월 25일, 마오쩌둥은 떠난 지 32년 만에 고향 사오산에 돌아왔다. 옛 집에서 그는 오래도록 부모의 사진을 들여다보다가 "나는 어머니를 닮았다."고 말했다. 이어서 주변 인사들에게 다음과 같이 말했다. "지금이라면 부모님은 돌아가시지 않았을 것이다. 그들은 모두 고치기 어려운 병에 걸린 것도 아닌데 일찍 세상을 뜨고 말았다." 다음날 아침, 마오쩌둥은 혼자서 이슬을 밟고 산에 올라 부모의 묘소에 성묘를 하였다. 그는 오랜 시간 허리를 굽혀 절을 올리며 깊은 상념에 빠졌다. 한참 뒤 묘소로 올라 온 사람들에게 마오쩌둥은 말했다. "옛 사람들이 고생하여 후세 사람들이 행복을 누리고, 앞 세대에서 걱정을 많이 하면 뒤 세대에서는 즐거움을 누리게 되오." 집으로 돌아온 후 다시 배석한 뤄루이칭(羅瑞卿)48)에게 말했다. "우리 공산당원은 철

---

48) 뤄루이칭(羅瑞卿, 1904-1978)은 쓰촨성(四川省) 출신으로 황푸(黃埔)군

저한 유물주의자로 귀신 따위를 믿지 않지요. 그러나 나를 낳은 이는 부모요, 나를 가르친 것은 당·동지·스승·친구인 것을 인정해야 하오. 나는 다음에 다시 고향에 와서 부모님을 찾아뵈어야 하겠소."

관학교 졸업하고 북벌에 참가하였으며, 1937년 옌안(延安)의 항일군정대학 정치위원이 되었다. 1949년 중화인민공화국 수립 후 1958년까지 공안부장(公安部長), 1959년 국방부장 펑더화이(彭德懷)의 실각 후 국무원 부총리, 인민해방군 참모총장이 되었다. 문화대혁명 때 실각되었다가 1975년 복권되었다.

28 장인 양창지(楊昌濟) - 윤리학에 강한 믿음 가져

　자신의 은사(恩師)이면서 또한 장인(丈人)이기도 한 양창지(楊昌濟)에 대하여 마오쩌둥은 평생 존경하는 마음을 가지고 있었다. 그렇다면 양창지는 어떤 방면에 있어 마오쩌둥에 영향을 미쳤으며, 마오쩌둥은 어떻게 그를 기억하고 있는가?

　내게 가장 깊은 인상을 남긴 선생님은 영국 유학을 마치고 돌아 온 양창지(楊昌濟)였는데, 뒷날 나는 그 선생님의 삶과 밀접한 관계를 가지게 되었다. 그는 윤리학을 가르쳤는데, 유심(唯心)주의자로 도덕이 높은 분이었다.

　양선생은 자신의 윤리학에 강한 믿음을 가졌으며, 학생들이 사회에 유익한, 광명정대(光明正大)한 사람이 되려는 뜻을 세우도록 애써 격려하였다.

　- 에드가 스노우, 『西行漫記』(三聯書店, 1979), pp. 121-122.

양창지(楊昌濟, 1871-1920)의 호는 화이중(懷中)인데, 후난성(湖南省) 반창(板倉) 출신이었기 때문에 사람들이 '반창선생'이라고 불렀다. 대대로 학문이 뛰어난 집안에서 태어났으며, 외조부가 한림원 출신으로 이학(理學)에서 명성을 떨쳤고, 아버지는 평생 선생으로 근무하며 정치 문제에 관심이 많았는데 양창지가 어릴 적에는 자신이 직접 가르쳤다. 양창지는 어릴 적부터 학문에 뜻을 세워 독서에 전념하였다. 송명(宋明)의 이학을 깊이 연구하여 정주(程朱)의 학설을 마음에 새겨 잊지 않았다. 열아홉 살 때 지방의 관학(官學) 입학시험에 합격하였고, 여러 차례 향시(鄉試)에 응시하였으나 거인(舉人)으로 뽑히지 못했다.

1894년, 청일전쟁(淸日戰爭)에서 중국이 패하자 양창지는 애국의 열정에 북받쳐 곧 과거 공부를 중단하고 경세치용(經世致用)의 학문으로 관심을 돌렸다. 1895년부터 1898년까지 아버지의 뒤를 이어 고향에서 서당의 훈장을 맡았으며, 왕부지(王夫之)와 고염무(顧炎武)의 학문을 중점적으로 연구하였다. 또한 '춘추공양전(春秋公羊傳)'을 탐독하여 '천하대동(天下大同)'의 유가(儒家) 이상을 믿었다. 이와 함께 양창지는 영어와 일본어를 공부하면서 외국으로 유학 떠날 준비를 하였다. 무술변법(戊戌變法) 운동이 한창일 때는 탄쓰퉁(譚嗣同) 등이 후난(湖南)에서 진행한 변법활동에 적극 참가하였다. 1898년 창사(長沙) 위에루(岳麓) 서원에 들어갔으며, 남학회(南學會)에 참가하여 통신 회원이 되었다. 한 강연회에서 탄쓰퉁(譚嗣同)에게 가르침을 청하였으며, 그는 양창지가 질문을 제기한 데 대해 크게 칭찬하였다. 양창지는 변법에 찬성하는 논문을 통해 "후난에 상무국(商務局)을 설립하여 농공(農工) 학문을 서둘러 진흥해야 한다."고 주장하였는데, 이 논문은 남학회의 리포트 중에서 뛰어난 것으로 평가 되었으며, 〈상보(湘報)〉에도 발표되었다. 탄쓰퉁이 변법 운동으로 희 생되자, 양창지는 그의 고귀한 헌신적 행위를 흠모해 마지않았다. 양 창지는 그의 저서 '논어유초(論語類鈔)'에서 "탄쓰퉁의 영령은 우주 에 충만하여 다시는 사멸되지 않을 것"이라고 하였다.

1) 일본 · 영국 · 독일서 다양한 지식 흡수

1900년, 8개국 연합군이 중국을 침략한 후 청나라 정부는 과거를 폐지하였으며, 학당을 개설하고 유학생을 파견하는 등 '신정(新政)'을 펼쳤다. 양창지는 무술변법의 실천을 통하여 시야를 크게 넓혔으므 로, 오늘날 세계에 대한 지식이 없으면 사회의 지도적 인사가 될 수 없음을 통감하고, 해외로 나가 학문을 닦기로 하였다. 1903년, 일본으 로 유학을 갔으며, 호를 화이중(懷中)이라 하였는데 이는 몸은 이국 땅에 있지만 마음은 중국(中國)을 생각하고 있다는 뜻이다. 같이 유 학을 간 30여 명 중 양창지는 비교적 나이가 많은 축이었다. 먼저 도쿄(東京) 홍문학원(弘文學院)에 들어가 공부하였으며, 뒤에 도쿄 고등사범학교 문과에서 학습하였다. 당시 유학생들 중에는 나라와 겨레를 걱정하는 사람이 많았으며, 학생 운동과 관련된 간행물이 20 여 종이나 되었다. 양두(楊度) 등이 펴낸 '유학역편(遊學譯編)'은 정 치혁명과 민족혁명을 기본 목표로 하였다. 양창지는 자신의 '달화재 일기(達化齋日記)'의 일부를 '유학역편'에 발표하여 개성해방(個性解 放)과 개인이성(個人理性)을 존중할 것과 천지만물 중에서 나를 위주로 해야 한다고 선전하였다. 동시에 변법유신을 강조하였으며, 인민을 위주로 할 것을 주장했다. 양창지와 함께 일본에 간 천톈화(陳天華)는 '맹회두(猛回頭)', '경세종(警世鐘)' 등 영향력이 큰 저작물을 남겼으며, 마지막으로 "열심히 공부하여 애국하라"는 글을 학우들에게 남기고 바닷물에 뛰어들어 자살하였다. 이는 양창지에게 큰 충격을 주었으며, 그로 하여금 평생 교육사업에 헌신하도록 결심하게 만들었다.

1909년, 양창지는 영국 에든버러(Edinburgh)대학에 입학하여 철학과 윤리학을 전공하였으며, 1912년 여름에 졸업하고 문학사 학위를 취득하였다. 이어서 독일로 가 9개월간 교육 문제와 정치, 법률 등에 관하여 연구하였다. 포츠담 궁전을 관람할 때 그에게 아주 깊은 인상을 남긴 사건을 직접 볼 수 있었다. 독일 황제 빌헬름 1세가 황궁을 넓히기 위하여 인근에 있던 방앗간을 강제로 부수었고, 방앗간 주인은 법정에 억울함을 호소하였다. 법원은 법률에 따라 황제가 손실을 보상하고 방앗간을 다시 지어주도록 판결하였고, 황제는 그대로 집행해야 했던 것이다. 양창지는 이 사건과 관련하여 '달화재일기'에 다음과 같이 기록하였다. "서양인들이 법을 존중하여 권세가 있는 사람에게도 굽히지 않는 이러한 사례는 동양인들로서는 꿈도 꾸지 못하는 일이라 할 것이다."

양창지가 1913년 봄 귀국하였을 때 청나라는 이미 망하고 중화민국이 수립되어 있었다. 후난성 독군(督軍) 탄옌카이(譚延闓)는 양창지를 교육국장으로 채용하려 하였다. 양창지와 함께 일본과 영국을 유학한 판위안롄(范源濂) 등은 이때 모두 베이징 정부에서 관직을 맡고 있었는데, 양창지는 관료의 길을 택하지 않고 후난고등사범학교(岳麓書院의 개칭)에서 윤리학과 교육학, 그리고 철학 등을 가르쳤다. 그 뒤 후난 성립 제4사범학교의 초빙에 응하여 근무하다가 제1사범학교로 통합되자 그리로 옮겨 근무하였다. 1918년 여름, 베이징대학의 차이위안페이(蔡元培) 총장의 초빙에 응하여 베이징대학 교수가 되었으며, 윤리학과 윤리학사를 가르쳤고, 이때 가족들도 모두 베이징으로 옮겨 갔다. 5·4 운동 기간에 '학생에게 고(告)함'이라는 문장을 발표하여 청년들에 대한 열렬한 기대와 함께 새로운 사조(思潮)에 대한 태도를 표현하였다. 그는 또 이 기간에 신민학회(新民學會) 회원들의 프랑스로 청년학생들을 내보내는 '근공검학(勤工儉學) 운동'을 직접 지원하였으며, 마오쩌둥과 차이허썬(蔡和森) 등 우수한 후난 청년들이 베이징에 와서 새로운 사조의 바람을 직접 씌울 수 있도록 격려하였다.

과도한 업무로 무리한 것이 원인이 되어 양창지는 불행히도 1920년 1월 17일 병사(病死)하였는데, 향년 49세였다. 주요 저서로는 '달화재일기(達化齋日記)', '교육학강의', '양창지문집' 등이 있으며, 번역서로는 '서양윤리학사'가 있다.

2) 진보(進步)사상으로 청년들에 큰 영향

마오쩌둥의 양창지에 대한 높은 평가는 마음속에서 우러나온 것으로 객관적이고 공정한 것이었다. 마오쩌둥과 양창지의 왕래는 1913년 가을에 시작되었다. 그때 양창지는 막 외국 유학에서 돌아와 제4사범학교에서 수신(修身)과 심리학을 가르치는 교원의 신분이었으며,

마오쩌둥은 이 학교 예과에서 공부하는 학생이었다. 지금 남아있는 모택동의 필기본 '강당록(講堂錄)'의 수신 부분 내용은 1913년 10월부터 12월까지 양창지의 강의 내용을 기록한 것이다. 1914년 제4사범이 제1사범에 합병되는 바람에 양창지와 마오쩌둥의 사제(師弟)는 함께 제1사범으로 옮겨갔다. 양창지는 고금(古今)을 두루 꿰는 학습을 하였으며, 중국과 외국의 학문을 동시에 연구하였고, 애국심이 뛰어나며 도덕이 높은 데다 사상이 진보적이어서 그야말로 나무랄 데 없는 교육자였다. 그는 일평생 청년에게 직접 감화를 주는 것을 자신의 소명으로 삼았는데, 그 뜻은 종자(種子)를 많이 퍼뜨려 그 싹이 나기를 기다리는 것과 같았다. 그해 샤오쯔성(蕭子升)과 마오쩌둥, 그리고 차이허썬을 대표로 하는 학문과 사색을 좋아하고 공부를 열심히 하는 제1사범 학생들이 양창지의 주위에 모였다. 마오쩌둥은 양 선생을 매우 존경했기 때문에 수업이 끝난 후 친한 친구들과 함께 반창(板昌)의 양 선생 집에 가서 가르침을 받고 마음속 이야기를 나누었다. '달화재일기' 1915년 4월 5일 기록에는 마오쩌둥과 양창지의 담론을 나누는 정황이 그려져 있는데, 그 내용은 마오쩌둥의 집안 이야기와 개인 이력 외에도 양창지의 마오쩌둥에 대한 평가가 들어있다. "마오쩌둥은 비록 농촌 출신이지만 자질이 아주 우수하여 좀처럼 얻기 어려운 수재이다. 농촌에서도 특출한 인재가 배출된다는 것은 증국번(曾國藩)과 량치차오(梁啓超)의 예를 보아도 알 수 있다."

1918년 4월 마오쩌둥과 샤오쯔성, 차이허썬 등이 신민학회(新民學會)를 설립하였을 때, 21명의 정회원 중 뤄장룽(羅章龍)을 제외한 모두가 모두 양창지와 연결된 학생들이었다. 그러므로 마오쩌둥은

'신민학회 회무보고'에서 학회가 발족된 연유를 언급하면서, "대부분 양창지 선생과 연계되어 그의 영향을 받은 학생들이 노력하고 분투하여 향상된 삶을 추구하기 위해 신민학회를 결성하게 되었다"고 명확하게 밝히고 있다. 양창지는 베이징대학 교수로 옮겨 간 후에도 이제 막 제1사범을 졸업한 마오쩌둥 등의 진로에 깊은 관심을 기울였으며, 이들이 후난에서 근공검학(勤工儉學) 조직 운동을 벌이는 데 적극적으로 지원했음은 물론, 베이징에 처음 온 마오쩌둥을 베이징대학 도서관의 리다자오(李大釗)에게 소개하여 그곳에서 일할 수 있게 했다. 마오쩌둥 등이 1919년 말 조직한 '군벌 장징야오(張敬堯) 축출 운동'도 적극 지지하였다. 세상을 떠나기 직전에 양창지는 장스자오(章士釗)에게 편지를 보내 자신이 죽고 난 후 마오쩌둥과 차이허썬을 잘 돌보아 줄 것을 부탁하였다. "내가 자네에게 전도가 양양한 두 사람의 인재를 돌봐줄 것을 정중하게 부탁하네. 그대는 나라만 구하면 된다고 말하지 말고, 나라를 구하는 데 이 두 사람을 반드시 앞세워 주기 바라네."

양창지가 세상을 떠나자 마오쩌둥은 매우 슬퍼하였으며 차이위안페이(蔡元培) 총장, 장스자오(章士釗), 양두(楊度) 등과 연명으로 부고(訃告)를 게재하면서 양창지의 일생을 아주 높이 평가하였다. "선생은 오로지 학문에 큰 뜻을 두고 노력해 왔으며, 중국의 학술이 아직 발달되지 않았는데, 이제 높은 학문을 가진 선생께서 새벽별처럼 떨어지니 모두 슬프기 한량없습니다." 마오쩌둥은 각계의 부의금을 모아 양선생의 유족들을 돌보았다. 같은 해 마오쩌둥은 양창지의 딸 양카이후이(楊開慧)와 결혼하였다.

3) 배워서 실천하는 '지행합일(知行合一)' 강조

 양창지가 청년 마오쩌둥에게 미친 영향은 여러 방면에 걸쳐 있는 것으로 보인다.

 첫째, 정치(政治) 방면에서 치열한 애국주의를 표현하고 있다. 양창지는 일본이 중국을 침략할 것을 일찍이 예감하였으며, 항상 이를 경계해 마지않았다. 그는 강의를 할 때 항상 실제 현실과 연계시켰으며, 왕푸즈(王夫之)의 민족주의로 학생들을 교육하였다. 마오쩌둥은 귀로 듣고 마음속에 이를 새겼으며, 깊이 이에 공명(共鳴)하였다. 1915년 일본 정부가 중국을 멸망시키려고 21조를 제기했을 때 마오쩌둥은 즉각 분개심을 격발시켜 제1사범 학생들이 편집하여 일본의 중국침략과 위안스카이의 매국 행위를 폭로한 '명치편(明恥篇)'의 책 표지에 다음과 같은 호언장담(豪言壯談)을 써내려갔다. "5월 7일 나라의 수치를 겪었다. 어떻게 복수할 것인가는 우리 배우는 자에 달려 있다." 바로 이러한 점이 양창지의 영향 아래 형성된 고상한 애국주의 정신이며, 혁명의 길에 나선 마오쩌둥을 격려하는 백절불굴의 정신이다.

 둘째, 양창지의 구국론(救國論) 교육은 마오쩌둥에 대해 깊은 영향을 미쳤다. 양창지는 일찍이 다음과 같이 말했다. "정치적으로 변화를 구하면 위로부터의 변화이고, 교육적으로 변화를 구하면 아래로부터의 변화이다. 위로부터의 변화는 그 효과가 빠르지만 쉽게 변화되고, 아래로부터의 변화는 효과가 느리지만 오래 지속된다. 높은 것은 낮은 것을 바탕으로 하니, 나는 차라리 교육으로부터 시작하리라." "국가를 위기에서 구하려고 하면서, 국민 교육에 종사하는 것을 외면한다면 달리 방법이 없다." 양창지의 이러한 교육구국론(教育救國論)의 영향을 받은 마오쩌둥은 사범학교 졸업 후 상당 기간 동안 교육 사업에 종사할 것인가, 아니면 현실의 정치 투쟁에 참가할 것인가를 놓고 고민에 빠지기도 했었다.

셋째, 문화관 방면에서 양창지는 실제로부터 출발하여 중국의 전통 문화와 서방의 외래문화를 정확하게 대해야 한다고 주장했다. "무릇 한 나라에 그 나라의 민족정신이 있는 것은, 사람마다 각자의 개성이 있는 것과 같다. 병을 잘 고치려면 반드시 아픈 사람의 신체 상태를 잘 살펴야 하는 것처럼, 나라를 잘 다스리려는 사람은 모름지기 국가의 특이한 정황을 살펴야 할 것이다. 나는 해외로 배움을 찾아 떠났다가 중국에 다시 돌아와 배운 것을 적절하게 활용하고자 하여, 중국이 처한 정황을 더욱 깊이 연구하지 않을 수 없었다. 어떤 것이 원인이고 어떤 것을 고쳐야 하며, 어떤 것을 취하고 어떤 것을 버려야 할 것인가를 마음속에 분명하고 확실하게 파악하여야 나라의 정황에 적합하고 우주의 대세에 순응하는 대책을 세우게 될 것이다. 그러므로 양창지는 '유학(留學) 제일주의'나 '모든 것의 서양화(西洋化)'라는 주장에 반대했을 뿐 아니라, 문을 굳게 걸어 잠그고 지키는 '국수주의(國粹主義)'에도 역시 반대하였다.

넷째, 양창지는 철학(哲學) 방면에서 마오쩌둥에게 영향을 미쳤다. 양창지는 "사람이 도(道)를 모르면 헛되이 산 것"이라고 인식하였다. "학문의 궁극은 철학이다. 우주를 전체로 하여 그 사이를 관통하는 대원칙이 있으며, 우주의 모든 현상은 이 대원칙으로부터 다 생겨나는 것이다. 우리가 깊이 사색하여 이 대원칙을 명확히 알게 되면 이른바 근본을 관통하게 되는 것이다." 양창지의 영향 아래 마오쩌둥은 철학 연구에 열중하였다. 그는 양창지가 번역하였으나 아직 출판되지 않은 '서양윤리학사' 원고를 빌려와 모두 일곱 권의 공책에 옮겨 적고 골똘히 그 내용을 연구하였다. 마오쩌둥은 1917년 8월 23일 리진시(黎錦熙)에 보낸 편지에서 "철학과 윤리학을 개조하여 근본적으로 모든 국민의 사상을 변화시켜야 한다."고 주장하였다. 그 밖에도 양창지는 항상 마오쩌둥 등 학생들에게 "큰소리치지 말고 헛된 a 명예 좋아하지 말며, 가공(架空)의 일을 하지 말고 지나치게 높은 이론을 논하지 말라"고 하였으며, 배워서 애써 실천하는 '지행합일(知行合一)'을 강조했다.

다섯째, 도덕과 윤리학 방면의 영향이다. 양창지는 자신에 대해 엄격하였으므로 그 고결한 성품과 인격은 그를 직접 대하는 학생들에게 큰 영향을 주었다. 양창지는 윤리학 방면에 조예가 아주 깊었으며, 봉건 윤리와 도덕의 분석과 비판에 아주 유력하였다. 그는 서방 자산계급 근대사상가들의 자유, 평등, 박애, 개성 해방과 인격 독립의 사상들을 체계적으로 중국에 소개하였다. 그 영향을 받아 마오쩌둥과 그의 학우들은 신민학회를 설립할 때 허위와 나태, 낭비와 도박에 반대하는 기율(紀律)을 세웠던 것이다.

여섯째, 학문하는 태도와 수양 방법에 있어 양창지는 오래 지속하여 이겨내는 '달화재의 학문 방법'을 학생들이 받아들이게 하였다. "나는 다른 사람이 몇 년에 하는 일을 수 십 년에 걸쳐 하는 인내심을 가지는 것이 중요하다고 생각한다. 일이 성취되고 안 되고는 염려할 바가 못 된다." 마오쩌둥은 그의 1913년 '강당록'에 이러한 방법론에 대해 기록하고 있으며, 그의 일생 동안 '오래 버티어 이기는' 지구전(持久戰)의 방침을 고수하였다. 그는 수 십 년간 배우고 익

혀서 그 자신이 박식한 학문을 갖추었고, 우공(愚公)이 산을 옮기는 끈질긴 정신으로 중국을 개조하는 혁명을 완수하는 크나큰 위업을 쌓게 되었다.

한마디로 말해 양창지는 청년 마오쩌둥과 그의 일생에 아주 큰 영향을 미쳤다. 마오쩌둥 또한 자신의 은사이면서 또한 자신의 장인이 되는 양창지 선생에 대하여 평생 무한한 존경의 마음을 지녔던 것이다.

29 첫째 부인 양카이후이(楊開慧) – 아내이자 친밀한 전우

그녀는 마오쩌둥이 뜨겁게 사랑한 아내였고, 친밀한 전우였다. 그녀의 의지는 아주 견고하였으며, 시(詩)에 담긴 정(情)은 진실로 간절하였고, 그 모습은 순결하고 아름다웠다. 마오쩌둥은 농촌 운동 등 실제 공작에 있어서도 그녀의 많은 도움을 받았다.

나의 이 멋진 비서는 초안을 만들어 올렸는데, 빠르고도 정확하였다.

- 毛澤東, 楊開慧가 湖南農民運動調査의 資料整理를 도와준 데 대한 讚辭, 『中共黨史人物傳』第14卷(陝西人民出版社, 1984), p. 253.

양카이후이(楊開慧, 1901-1930)은 자 윈진(雲錦), 아명 샤(霞)로 마오쩌둥의 첫째 아내이다. 마오쩌둥의 사범학교 시절 스승인 양창지 (楊昌濟)의 딸로 1901년 11월 6일, 후난성(湖南省) 창사(長沙)에서 태어났다. 부친 양창지는 사람됨이 정의롭고 배움에 돈독한 마음을 두었으며, 애국정신이 충만한 학자였다. 카이후이가 두 살 때 부친이 유학(留學)을 떠나자 그녀는 어머니를 따라 창사현(長沙縣) 반창향 (板倉鄕)에서 어린 시절을 보냈다. 조금 자란 후 곧 어머니를 도와 집안일을 하였으며, 오빠와 함께 산에서 나무를 해 오기도 하였다. 그 녀는 밑바닥 생활을 하는 노동인민들을 매우 동정하였으며, 화려한 옷을 입는 것을 싫어하였고, 자신의 일은 스스로 돌보며 생활하였다.

1) 일 처리 주도면밀(周到綿密)하고 과감

양카이후이(楊開慧)는 일곱 살 때 관립 제40소학교에 입학하였는 데, 뒤에 아버지가 어머니도 학교에 들어가 공부하라는 편지를 보내 왔으므로, 집에서 20리 떨어진 형추이(衡粹)실업학교로 옮겨 어머니 는 실업반에 들어가고 카이후이는 부설 소학교에 들어가 공부하였다. 모녀(母女)가 한 학교에서 공부한다는 사실은 한때 미담으로 전해졌 다. 카이후이는 이후 인추(隱儲)여학교에서 공부하였는데 성적이 우 수하였을 뿐만 아니라 성격이 겸손하고 온화하였으며, 일을 할 때는 주도면밀하고 과감하게 처리하였고, 자신의 이익을 추구하지 않아 학우들이 모두 그녀와 가깝게 지내기를 원하였다.

1913년 카이후이의 부친이 귀국하자 창사 시내로 이사하여 다오톈

(稻田)여자사범학교 부속소학교로 옮겼으며, 뒤에 학교를 중단하고 집에서 아버지의 지도를 받으며 독학하였다. 이때 후난 제1사범학교에 다니던 마오쩌둥(毛澤東)과 차이허썬(蔡和森), 천창(陳昌), 장쿤디(張昆第), 뤄쉐찬(羅學瓚) 등이 스승 양창지의 집에 자주 들러 학문을 토론하고 구국의 도리를 논하였으므로 카이후이도 자연스럽게 새로운 지식에 접하게 되었으며, 가끔 토론에 참여하기도 하였는데, 특히 마오쩌둥의 폭넓은 지식과 탁월한 견해에 가장 감명을 받았다. 그녀는 부친과 그 제자들의 신체단련 방법도 배우게 되어 사계절 냉수욕을 계속하고 야문 음식을 즐겨 먹게 되었다.

1918년 여름, 부친 양창지가 베이징대학 윤리학 교수로 부임하게 되자 카이후이의 집도 베이징으로 옮겨 가 구러우(鼓樓) 부근에 자리 잡게 되었다. 부친 양창지가 베이징에 도착한 후 오랫동안 앓게 되었기 때문에 카이후이는 아버지를 돌보기 위해 학교에 가지 않고 집에서 독학을 하였다. 이 해 가을 마오쩌둥은 프랑스 근로장학생 조직을 위해 베이징에 왔으며, 스승 양창지의 소개로 베이징대학 도서관에서 근무하게 되었다. 양카이후이는 또다시 마오쩌둥의 영향을 받는 기회를 가지게 되었으며, 항상 〈신청년(新靑年)〉과 〈신조(新潮)〉 등 진보적 간행물을 읽게 되어 사상과 학식의 수준이 아주 빠르게 높아지게 되었다. 이 사이에 양카이후이는 마오쩌둥과 비교적 자주 접촉하며 뜻을 같이 하게 되었고, 아버지의 동의 아래 서로의 교제를 본격화하였다. 뒷날, 그녀는 이 때의 일을 다음과 같이 회상하였다. "그에 관한 여러 가지 이야기를 듣고, 그의 문장과 일기를 보고 나서 나는 곧 그를 사랑하게 되었다." 그러나 양카이후이는 경솔하지 않았으며, 마오쩌둥이 여러 차례 편지를 보내 그의 사랑을 표시한 이후에 두 사람은 비로소 연애 관계를 성립시키게 되었다.

1920년 1월 17일 양창지가 베이징에서 병사(病死)하였다. 카이후이의 가족은 비통함 속에 고인을 운구하여 창사로 돌아왔다. 장례를 치른 후 카이후이는 창사 푸샹(福湘)여중에 입학하게 되는데 이 학교는 미션 계통의 학교로 학생들에 대한 통제가 아주 엄격하였다. 이미 5·4 운동을 체험한 카이후이는 봉건주의에 반대하는 민주정신을 갖추고 있어 학교 당국의 각종 부당한 조치에 불만을 갖게 되었다. 그녀는 학생들의 반발을 조직하여 예배(禮拜)불참 운동을 벌였으며, 머리를 최초로 단발(短髮)하는 학생이 되었다. 학교 당국은 3개월 안에 머리카락을 기르도록 명령했으나 그녀는 아랑곳하지 않았다. 그녀는 다시 학우들을 조직하여 부모가 독단적으로 상대를 정해 주는 결혼 방식에 반대하는 한편, 남녀공학(男女共學) 추진 운동을 벌였으므로 학교에서는 요주의 인물로 찍혀 엄중한 감시를 받게 되었으며, 모두가 그녀를 '카이후이 언니'로 부르게 되었다.

2) 마오쩌둥과 함께 사오산(韶山)서 농민운동

양카이후이(楊開慧)는 마오쩌둥의 혁명 활동 전개를 적극 지지하였다. 당시 마오쩌둥은 활동 경비가 부족하였는데, 그녀는 어머니를 설득하여 아버지가 돌아가셨을 때 친지들이 보내온 부의금의 일부를 마오쩌둥에게 지원하였다. 문화서사(文化書社)가 성립된 후, 그녀는 서사의 일을 도왔다. 1920년 겨울, 그녀는 중국사회주의청년단에 가입하여 최초의 후난지역 단원 중의 한 사람이 되었다. 바로 이때 그녀와 마오쩌둥은 평생의 반려자가 되었다. 1921년, 양카이후이는 중국공산당에 가입하였다. 1922년 마오쩌둥은 사범학교 부속소학교 주사(主事)의 신분으로 창사 샤오우먼(小吳門) 밖의 칭수이탕(淸水塘) 22호의 세 칸짜리 집을 빌려 중국공산당 후난지역 위원회의 비밀 기관으로 삼았다. 양카이후이는 이곳에서 마오쩌둥과 1년 반을 거주했으며, 실제상으로 당위원회의 기간요원 및 연락 업무를 담당했고, 마오쩌둥의 노동 운동 전개를 도왔다.

마오쩌둥은 1923년 4월부터 상하이로 옮겨 당 중앙에서 일했다. 양카이후이도 어머니와 아들을 데리고 상하이로 갔다. 그녀는 마오쩌둥의 일을 도우는 이외에도 샹징쯔(向警子)와 함께 여성 운동을 활발하게 전개했다. 1924년 말, 양카이후이는 다시 마오쩌둥과 함께 상하이를 떠나 사오산(韶山)으로 가 농민운동을 전개하였다. 그녀는 농민운동 조사 자료를 신중하게 분류·선택·종합하여 꼼꼼하게 초안을 작성하였는데, 이를 본 마오쩌둥은 "나의 이 멋진 비서가 만든 초안은 빠르고도 정확하다"고 칭찬해 마지않았다. 바로 양카이후이라는 멋진 비서의 도움 때문에 오래지 않아 마오쩌둥의 '후난농민운동고찰보고'는 완성되었으며, 1927년 3월, 주간지 〈전사(戰士)〉에 발표되었다.

대혁명 실패 후, 양카이후이는 어머니와 세 아들을 데리고 우한(武漢)에서 창사의 반창으로 돌아갔는데, 아이들을 돌보던 보모 쑨위잉(孫玉英)도 함께 갔다. 당시의 주변 정세는 아주 험악하였다. 양카이후이는 죽음의 위협을 두려워하지 않았고, 혁명을 위해 희생이 된다면 '기쁜 일'이 될 것이라고 하였으며, 오로지 걱정하는 것은 그녀가 죽은 뒤 어머니와 아들들을 돌볼 사람이 아무도 없다는 것이었다. 이리하여 그녀는 사촌동생 양카이밍(楊開明)에게 자신이 죽은 뒤 아들들을 돌보아 줄 것을 당부하는 편지를 남겼다(그러나 양카이밍이 그녀보다 앞서 희생되었기 때문에 이 편지는 발송되지 못했다).

3) 모진 고문과 회유에도 절개(節槪) 지켜

1930년 7월말 홍3군이 창사를 공격하는 바람에 창사·핑장(平江)·류양(瀏陽) 일대의 지하당 조직과 적위대가 대부분 노출되었다. 8월초, 홍군이 창사에서 밀려나간 후 국민당 후난성 정부의 주석 허젠(何健)이 창사로 돌아오자 무자비한 학살과 체포가 자행되었으며, 수백 명의 공산당원이 살해되었고, 양카이후이(楊開慧)도 체포의 위험에 직면하게 되었다. 이때 지하당조직은 그녀에게 반창을 떠나 장시(江西)에 있는 마오쩌둥을 찾아가라고 권유하였으나 양카이후이는 이를 완곡하게 거절하였다. 그녀는 두려움 없이 반창 주변 수십 리 지역을 오가며 지하당 활동에 분주하였다. 그녀는 자신의 행적을 은폐하였으며, 군중들은 그녀를 엄호하였으므로 국민당의 여러 차례에 걸친 포위 작전은 모두 실패로 돌아갔다.

1930년 10월 하순 어느 날 오후, 양카이후이는 국민당 밀정에게 발각되었다. 그날 한밤중에 수십 명의 병력이 반창의 집을 겹겹이 포위했다. 그녀는 이미 위험에서 벗어날 수 없음을 알게 되자 손에 잡고 있던 서류를 처리한 후 조용히 방문을 열고 집 안으로 쏟아져 들어오는 병사들을 침착하게 바라보며 "갈 테면 가자."고 말했다. 병사들은 양카이후이와 여덟 살 된 아들 안잉(岸英), 그리고 보모 쑨위잉을 체포해 갔다. 양카이후이 등이 창사로 압송되어 오자 국민당 진영은 잔치 분위기가 되었으며, 연이은 신문 과정에서 지하당조직 명단과 마오쩌둥의 거주지 등을 캐내고자 모진 고문을 가하였다. 그들은 양카이후이가 마오쩌둥과의 부부 관계를 파기할 것을 선언한다면 즉시 그녀를 석방하겠다고 회유하였으나 양카이후이는 단연코 이를 거절하였다.

옥중에서 양카이후이는 차분히 죽음을 준비하였다. 친지들이 면회를 올 때마다 그녀는 결연하게 "죽는 것은 서럽지 않으며, 혁명이 빨리 성공하기만을 원한다."고 하였다. 그녀는 아들 안잉에게 다음과 같이 일렀다. "네가 장성한 이후에 이 나쁜 무리들이 나를 박해한 사실을 꼭 기억하여 이 모든 상황을 아버지에게 고해야 한다." 그녀가 체포된 이후 당조직과 친지들이 백방으로 구명 활동을 폈으나, 마오쩌둥의 처(妻)라는 사안의 중대성과 그녀가 굴복하지 않은 점 때문에 마침내 사형(死刑) 판결이 나게 된다. 1930년 11월 14일, 양카이후이는 창사시 류양먼(瀏陽門) 밖 스쯔링(識字岺)에서 처형되었는데 이때 그녀의 나이는 겨우 29세였다.

4) 적극적으로 무장(武裝) 투쟁을 주장

양카이후이(楊開慧)는 명문규수로 당시의 여성이 갖추어야 할 모든 자질을 갖추고 있었다. 외모가 아름답고, 마음이 선량했으며, 책과 도리를 깨친 데다, 향상을 위해 항상 노력하였고, 숭고한 이상을 가졌으며, 여성 해방과 혼인의 자유를 추구하였다. 마오쩌둥은 마음속 깊이 그녀를 사랑하였으며, 그녀 또한 자신의 모든 사랑을 마오쩌둥

에게 바쳤다. 1920년 섣달 그믐날 이 두 사람은 자연스럽게 인연을
맺었으나 어떠한 의식도 치르지 않았으며, 새로운 가구(家具)를 들
여놓지도 않았다.

중국공산당이 성립된 지 3개월 후 양카이후이는 교편을 잡았던 위
에윈(岳雲)중학을 떠나 마오쩌둥과 함께 칭수이탕에 방을 얻어 살림
을 차렸다. 두 사람의 '집'은 나무 바닥의 세 칸 방으로 아주 간단한
구조였으며, 침대 하나와 책상 하나 그리고 의자 몇 개 외에 별다른
가구는 없었다. 당시 마오쩌둥의 공개적인 신분은 후난제일사범학교
국어 교사 및 부속소학교 주사로서 많지 않은 월급이 수입의 전부였
다. 양카이후이는 명문 출신이었지만 평민과 똑같은 방식으로 살아
가려고 마음먹었으며, 걸치는 옷도 시골 아낙과 다름없었다. 그녀는
마오쩌둥의 일을 돕는 데 모든 정성을 쏟았는데, 매일 간행물들을
선별하여 오려붙이는 작업과 함께 마오쩌둥의 원고 작업을 위한 초
안을 작성하였으며, 외부와의 연락 업무를 위해 출장을 다니기도 하
였다. 밤이 되어 집에서 회의라도 열리는 날이면 그녀는 바깥에서
보초를 서기도 하였으며, 늘 새벽까지 일하는 남편을 위해 밤참을
마련하곤 했다. 양카이후이는 1922년 10월 첫아들 안잉을 낳았고,
1923년 11월, 둘째 아들 안칭(岸靑)을 낳았다. 마오쩌둥은 사무가
바빠 집안일을 돌볼 겨를이 없었으므로 살림살이와 잡무의 부담은
모두 양카이후이의 몫이 되었으나 그녀는 강인한 정신력으로 이를
소화해냈다.

1924년 양카이후이는 칭수이탕 집을 떠나 마오쩌둥과 함께 상하
이·사오산·광저우(廣州)·우한(武漢) 등지로 옮겨 다녔으며, 1927
년 8·7 긴급회의 후, 창사 반창의 고향으로 돌아왔다. 이 3년 남짓

한 이동 기간 중에서 1925년 8월부터 1926년 말까지 광저우에 있는
동안, 그녀의 생활은 비교적 안정되고 쾌적하였다. 고향 반창으로 돌
아간 뒤의 몇 년간은 생활 조건이 극히 열악하였으며, 마오쩌둥의
큰 동생 쩌민(澤民)이 상하이에서 부쳐준 돈으로 근근히 생계를 유
지하였다. 양카이후이는 리이춘(李一純)에게 보낸 편지에서 "쩌민의
가정 관념 덕분에 밥을 굶지 않고 있다."고 괴로운 심정을 토로하고
있다. 그녀는 심지어 물건을 쌌던 포장지에 편지를 써 리수이(李淑
一)에게 보내 지필(紙筆)과 읽을거리를 사서 보내주도록 부탁하기도
했다. 사정이 이와 같았지만 그녀는 오히려 마오쩌둥의 안위를 언제
나 걱정하였다.

1930년 여름, 국민당 당국은 반창 부근에서 중공(中共) 지하당원과
혁명 군중들에 대한 체포 작전을 대대적으로 전개했다. 그녀는 피난
하라는 권고를 물리치고 다른 동지들의 탈출을 돕는 한편 체포에 대
비한 여러 가지 준비를 하였다. 위험이 목전에 다다랐을 때 그녀는
우한(武漢)에서 가지고 돌아온 상자 속의 문서들과 원고들에 생각이
미쳤다. 그녀는 이 문건들이 적의 수중에 들어가는 것을 막기 위하
여 도자기 속에 넣어 밀봉한 후 채소밭에 묻었으며, 미처 발송하지
못한 편지와 시(詩), 원고 등은 방의 벽 속에 감추었다. 양카이후이
가 체포된 후 이 문건들은 발각되지 않았으며, 그녀는 모진 고문 속
에서도 마오쩌둥을 배신하지 않았다. 마오쩌둥은 중앙소비에트지구
에서 양카이후이가 희생되었다는 소식을 듣고 크게 슬퍼하였다. 해
방 후, 마오쩌둥은 양카이후이의 사촌여동생을 접견하며 당시를 회
상했다. "당신의 언니는 곁에 어린 아이를 두고도 영웅적으로 자신
을 희생하였으니 이는 참으로 어려운 일이오. 그녀는 적극적으로 무

장투쟁을 주장했어요." 양카이후이와 같이 체포되었다가 풀려나 아들을 돌본 보모 쑨위잉이 노인이 되었을 때, 그녀를 접견한 마오쩌둥은 당시 체포될 때와 옥중의 상황을 상세히 묻고는 "카이후이와 고락을 같이 한 당신을 오늘 보니 마치 카이후이를 보는 것 같다."고 말했다. 마오쩌둥은 양카이후이의 친한 친구였던 리수이에게 편지를 보내 여름 휴가철이나 겨울철에 시간이 나면 자기를 대신하여 꼭 반창에 들러 양카이후이의 묘에 참배해 줄 것을 부탁하기도 했다.

442

마오쩌둥의 첫째 부인 양카이후이와 두 아들

30 둘째 부인 허쯔전(賀子珍) – 마음이 다부지고 용감

그녀는 마오쩌둥과 10년을 함께 생활하면서 징강산(井岡山) 근거지를 창설하는 마오쩌둥을 도왔고, 국민당의 다섯 차례에 걸친 섬멸전을 겪었으며, 장정(長征)에 나서 무사히 섬북(陝北)에 도달했다. 이 10년의 세월은 고난의 세월이었다. 그녀는 환난에 처한 마오쩌둥의 아내였으며, 진정한 전우(戰友)이기도 했다. 그녀는 중요 직책을 맡지는 않았지만 중요한 인물로서 큰 영향력을 미쳤다.

그대가 그렇게 다부지고 용감할 줄을 나는 정말 몰랐네.

- 毛澤東, 井岡山 大栢地戰鬪 뒤 賀子珍과의 談話, 王行娟, 『賀子珍的路』(作家出版社, 1985), p. 134.

우리 두 사람은 한 사람이 철(鐵)이고 다른 한 사람은 강(鋼)이라, 어느 한쪽도 양보하지 않아 철강이 서로 부딪혀 쟁그랑 소리가 난다.

- 毛澤東, 長程으로 陝北에 도착한 후 부상병을 위문하는 문제로 賀子珍과 말다툼을 한 뒤의 談話, 王行娟, 『賀子珍的路』(作家出版社, 1985), p. 226.

허쯔전(賀子珍, 1909-1984)은 마오쩌둥의 두 번째 부인으로 장정 (長征)에 참가한 몇 안 되는 여성 중의 한 사람이다. 그녀는 1909년 9월 장시성(江西省) 융신현(永新縣)의 한 부유한 집에서 출생했다. 그녀의 고향은 융신 완위안산(萬源山)의 황주링(黃竹岭)으로 할아버 지 허베이(賀輩)는 지역 명문이었으며, 많은 전답과 가옥을 소유한 부자였다. 아버지 허환원(賀煥文)은 성실하고 온후한 선비로 과거에 합격하여 안푸현(安福縣)의 현장(縣長)을 지냈다. 어머니 두슈(杜秀) 는 광둥 메이현(梅縣) 사람으로 매우 아름다웠으며, 사서오경(四書 五經)을 읽은 대갓집 규수였다. 허쯔전의 형제자매로는 오빠 민쉐 (敏學)와 여동생 인위안(銀圓, 뒤에 怡로 개명)과 셴위안(先圓), 남 동생 민런(敏仁)이 있었다.

허쯔전이 네 살 때 집안에 변고가 발생하여 아버지가 현장의 직책 을 물러나게 되었으며, 관공서에 제출하는 문서를 대서(代書)하는 일을 하였고, 뒤에 작은 찻집을 내어 살림을 유지하게 되었다. 이러 한 가정 형편의 몰락은 어린 그녀의 마음에 깊은 상처를 남기게 되 었다. 여학교에 입학한 소녀 허쯔전은 어머니를 닮아 빼어난 용모를 자랑하였는데 고향 사람들은 그녀를 '융신의 한 떨기 꽃'이라 불렀다. 그녀는 성격이 명랑하였으며, 배움이 돈독한 데다 생각이 깊었고, 행동거지가 대담하여 학우들의 부러움을 샀다.

허쯔전은 열여섯 살 되는 해인 1925년, 고향에서 중국공산주의청년단에 가입하였으며, 이듬해인 1926년, 중국공산당에 가입했다. 공산당 융신현위원회의 책임자 중 한 사람이 되었고, 공청단(共靑團) 융신현위원회 서기를 맡았으며, 부녀 협회 조직부장이 되었다. 1927년 융신농민무장봉기의 조직에 참가한 후, 징강산(井岡山)에 들어가 마오쩌둥의 영도 아래 징강산 혁명근거지 건설 투쟁에 참여하였다. 1928년, 후난(湖南)·장시(江西) 접경 지역 특별위원회 및 홍4군의 공작에 참여하였으며, 1934년 10월, 2만5천리의 장정에 참여하여 1935년 10월 섬북(陝北)에 도착하였다. 1937년 겨울, 소련(蘇聯)으로 가 부상의 치료와 학습을 겸하였으며, 1947년 8월, 중국으로 돌아왔다. 전국 해방 후에는 저장성(浙江省) 항저우(杭州)시에서 부녀 연맹 공작에 종사하였으며, 1979년 제5기 전국정치협상위원에 당선되었다. 1984년 4월 19일, 향년 75세로 숨졌다.

1) 격변(激變)의 10년을 마오쩌둥과 함께

마오쩌둥과 허쯔전(賀子珍)은 징강산에서 만나 서로 알게 되었으며, 이윽고 사랑에 빠져 부부로 결합하게 되었다. 1927년 처음 만나 1937년 허쯔전이 소련으로 가 마오쩌둥과 헤어지기까지 그들 두 사람은 어깨를 나란히 하여 전투에 참여했고 서로 도우며 10년을 같이 생활했다. 이 10년간은 중국혁명에서 대전환이 이루어진 시기로 중국공산당이 최초의 무장투쟁을 시작하고, 다섯 차례의 대규모 섬멸전에 맞섰으며, 이후 대장정(大長征)에 나서 항일(抗日)전선인 섬북 (陝北)에 도착하는 시기이다. 여러 가지 외부 조건이 극도로 나쁜 가운데 마오쩌둥은 좌경(左傾)노선의 압력과 배척을 받게 되어 그의 일생 중 가장 어려운 시기에 직면하게 되었다. 이 시기에 허쯔전은 헌신적이고도 동지애에 가득한 애정을 마오쩌둥에게 바침으로써, 결과적으로 마오쩌둥이 중국혁명의 역경을 지혜롭게 극복하게 하였고 나아가 주도적으로 역사의 전환점을 기록하도록 하였다. 마오쩌둥은 허쯔전에 대하여 여러 차례 높이 평가한 바 있으며, 허쯔전의 공로를 항상 마음속에 새기고 있었다. 두 사람이 헤어진 이후에도 마오쩌둥은 항상 허쯔전의 생활과 건강을 돌보아 주려 노력하였다.

허쯔전은 어떻게 마오쩌둥을 사랑하게 되었는가? 한 차례의 위험했던 상황이 그 배경이 된다. 어느 날, 국민당 보안대(保安隊)가 마오쩌둥과 허쯔전 등이 머물고 있던 탕볜춘(塘邊村)을 습격하여 "마오쩌둥을 잡으면 큰 상을 준다."고 외쳐 대었다. 바로 그때 집안에서 마오쩌둥과 함께 조사 자료를 분석하고 있던 허쯔전은 어지러운 총소리를 듣고 크게 놀라 어쩔 줄 몰랐다. 그곳에 있던 홍군(紅軍) 중대와 마오쩌둥의 경호원들은 모두 각 촌락으로 군중 공작을 위해 떠나 있어 방어를 위해 집결할 수 없었다. 그녀는 마오쩌둥의 안전을 위한 아무런 방도도 없었으므로 낙심하고 있었는데 마오쩌둥은 오히려 아주 침착하였다. 그는 담배를 뻑뻑 피우면서 아무런 일도 생기지 않은 듯 생각에 몰두하였다. 마오쩌둥은 마음속으로 계산하기를 적군의 실력이나 공격 의도가 불분명하여 이 공격에 대한 반격을 무리하게 진행할 필요가 없다고 보았으므로 다음과 같이 지시했다. "사람들에게 즉시 철수하도록 통지하시오." 적군은 마을로 쳐들어왔으나 사람이 보이지 않으므로 홍군과 주민들이 반격 준비를 하고 있는 것으로 판단하고 한바탕 분탕질을 한 후 곧 마을을 빠져나갔다. 전투가 빈번하던 이 시기에 이와 같은 민단(民團)의 습격은 사소한 것에 불과하였으나 허쯔전에게 있어 이 일은 아주 중요한 사건이 되었다. 그녀는 마오쩌둥이 위급한 시기에 태연자약하고 침착하게 대응하는 것을 현장에서 직접 눈으로 보게 되었는데, 이 같은 냉정함과 자신감 있는 행동은 자신으로서는 감당할 수 없는 일이었다. 마오쩌둥은 풍부한 투쟁 경험을 갖추고 있는 데다 무궁한 역량을 가지고 있다고 그녀는 느끼게 되었으며, 마오쩌둥의 이 같은 특이한 혁명가적 소질은 허쯔전을 강력하게 빨아들여 감동시켰다. 이후 그녀는 마오쩌둥의 신변에 갈 때마다 용기와 역량이 늘어나는 것을 느꼈으며, 그의 도움과 지도로 인해 자신이 점차 총명하고 성숙해지는 것을 알 수 있었다. 그리하여 허쯔전은 마오쩌둥에 대한 애모(愛慕)의 정을 품게 되었다.

어느 날 허쯔전이 외부에서 일을 마치고 돌아와 씩씩한 걸음걸이로 마오쩌둥의 방 쪽으로 갔을 때, 마오쩌둥은 책상 위에 엎드려 무언가를 쓰고 있었으므로 조용히 문턱에 걸터앉아 정감어린 표정으로 그를 지켜보았다. 얼마가 지났을까, 마오쩌둥이 문득 붓을 멈추고 머리를 들었을 때, 그는 불타는 허쯔전의 두 눈에 맞부딪치게 되었다. 허쯔전은 당황한 나머지 눈을 돌려 자신의 무릎을 보게 되었고, 윗옷 자락으로 무릎을 덮기에 급급했다. 마오쩌둥은 대나무 의자 하나를 가지고 와 허쯔전에게 앉도록 하였으며, 한참의 침묵이 흐른 후 말했다. "그대는 훌륭한 동지요, 아름다운 처녀라 내가 무척 좋아합니다." 그는 이어서 자신의 이력과 현재의 처지를 이야기하기 시작했다.

2) 마오쩌둥의 집필(執筆) 작업을 돕다

허쯔전(賀子珍)은 마오쩌둥의 이야기를 듣고 그가 혁명에 몸을 바치게 된 경위를 알게 되었다. 그는 이미 34세이고, 결혼을 했으며, 아내와 세 아들이 후난의 집에 있었다. 그는 어두운 얼굴로 집과의 통신이 끊겨 그들이 살아있는지 알지 못한다고 했다. 후난에서는 반동파들이 공산당원을 체포하면 죽이기 때문에 그의 아내 양카이후이에 관한 여러 가지 소문이 나돌고 있으나 확인할 길이 없다는 것이다.

허쯔전은 마오쩌둥의 이러한 솔직한 이야기를 듣고 큰 감동을 받았다. 그날, 그들은 의기투합하여 아주 오랫동안 이야기를 나누었으며, 피차간에 애모의 정을 느끼게 되었다. 허쯔전은 마오쩌둥의 업무가 아주 과중하고, 생활환경도 합리적인 보살핌을 받고 있지 못한 것을 보고 스스로 조용히 그의 일을 돕기로 하였다.

보안대 습격 이후에도 그들은 탕벤춘에서 일정 기간 공작에 종사하였으며, 두 사람은 마침내 함께 결합하였다. 그들의 혼사(婚事)는 그 어떤 의식도 없이 간단하게 치러졌으며, 술과 잔치도 없었다. 열성파 위안원차이(袁文才)가 몇 가지 요리를 만들고, 모두 한바탕 떠들고는 결혼식이 끝났다. 결혼식에서 가장 진귀한 기념품은 허쯔전이 마오쩌둥을 위해 만든 '큰 잡낭(雜囊)'이었다. 이 잡낭에는 원앙이라든가 그 어떤 길상물(吉祥物)을 수놓은 것은 없었지만 아주 튼튼하였으며, 속에 여러 층이 있고 밖에는 호주머니가 여러 개 달려 있어 마오쩌둥이 이동 중에 사무를 처리하는 데 아주 편리한 용구가 되었다. 마오쩌둥은 허쯔전의 깊은 정이 담겨있는 이 잡낭을 징강산 지역의 공작 중에 항상 휴대하고 다녔다.

마오쩌둥과 결합한 후, 허쯔전은 그의 일상생활을 불편 없이 돌보면서도 자료의 수집과 원고의 초고 작성 등을 도왔으며, 마오쩌둥의 글이나 연설문이 완성되면 그 최초의 독자나 청중이 되었다. 만년(晚年)의 허쯔전은 당시의 정황을 다음과 같이 회고하였다.

"마오쩌둥은 문장을 쓸 때 한쪽을 쓰면서 다른 한쪽을 고치기를 좋아하였지. 후난(湖南)·장시(江西) 접경 지역 당대표회의의 결의문을 작성하면서 몇 차례 크게 수정을 하였는데 한 번 바꿀 때마다 내가 다시 깨끗하게 정서(正書)를 하곤 했어. 한번은 내가 막 초안을 마쳤을 때 그가 새로운 의견을 제시하여 다시 전부를 써야 했지."

"마오쩌둥이 시(詩)를 쓰는 것은 문장을 쓸 때와 달랐어. 그는 시를 비교적 빨리 썼으며 고치는 것도 많지 않았는데, 이는 그의 머리속에서 이미 성숙된 감정을 시로 옮겼기 때문이었지. 또한 시는 문장과 같이 어떤 관계를 표현하는 것이 아니라 단지 감정을 표현하는 것이므로 다소 정확하지 않더라도 사업의 지도나 전투의 성패에 영향을 미치는 것이 아니니까. 그리하여 마오쩌둥은 문장을 쓸 때나 연설문을 작성할 때는 특별히 신중하여 고치고 또 고쳤던 거야."

"마오쩌둥은 문장을 작성하면서 다른 사람에게 들려주기를 좋아했어. 일부분 문장이 완성되면 곧 이를 들고 나와 모든 사람의 의견을 묻고는 했는데 어떤 때는 시골 사람들을 특별히 불러 그들에게 문장을 읽어주고는 그 내용이 좋은지 나쁜지를 묻기도 했지. 그들이 내용을 이해하지 못하면 알아들을 수 있도록 내용을 다시 수정하였어. 따라서 그의 문장은 특별한 경우를 제외하고는 아주 통속적인 구어체 문장으로 쓰이는 특색이 있었어요."

3) "중국혁명 위해 중국 사례 인용은 당연"

허쯔전(賀子珍)은 마오쩌둥을 이해하고 신뢰하였으므로 그가 공격을 받거나 곤경에 처였을 때 과감하게 그를 위해 발언하였다. 일부 사람들이 마오쩌둥의 혁명 지도사상은 마르크스레닌주의가 아니라 중국의 옛날 소설인 수호전과 삼국연의에 따른 것이라고 비판하였다는 소리를 전해들은 허쯔전은 분기에 가득한 소리로 다음과 같이 반박하였다.

"말도 안 되는 소리! 우리 당은 토지혁명을 영도하면서 러시아혁명의 영향을 받아 마르크스주의 기본 원리를 채용하여 이를 지도하였소. 그 당시 마르크스레닌주의 번역서가 많지 않았던 데다, 우리는 궁벽한 산골에 있었기 때문에 접할 수 있는 서적이 더욱 희소하였지. 당시 징강산 위에서 볼 수 있었던 책은 겨우 '공산당선언'과 '공산주의 ABC' 등이 고작이었는데, 마오쩌둥은 이를 인쇄하여 각 중대에 보내 그 내용을 학습하도록 하였어요."

"마오쩌둥은 중국 역사에 아주 해박하였으므로 언제나 역사상의 사건들을 인용하여 오늘날의 공작에 참고토록 한 것은 지극히 당연한 일이지요. 그가 중국 땅 위에서 발생한 '삼국연의'나 '수호전'의 사례를 인용하여 중국혁명을 위해 사용한 것은 극히 정상적이며 좋은 일이 아닌가? 무엇이 틀렸다는 말인가?"

1929년 6월, 홍4군 제7차 당대표대회에서 마오쩌둥은 좌경기회주의자들이 푸젠(福建)을 포기하고 적의 실력이 강한 광둥(廣東)과 후난(湖南)을 치자고 하는 데 반대하면서, 마음을 차분히 가라앉히고 근거지를 공고하게 구축하는 데 주력해야 한다고 주장했다. 그러나 많은 사람들이 마오쩌둥의 주장을 외면하는 분위기 속에서 그는 고립된 처지에 빠졌다. 수십 년이 지난 후 허쯔전은 당시의 정황을 다음과 같이 회고하였다.

"홍군 제7차 당대표대회에서 많은 사람들이 전위(前委)서기(書記)선거에서 마오쩌둥에게 투표하지 않았으므로 그는 낙선했어요. 그는 왜 떨어졌는가? 어떤 이가 말하기를 마오쩌둥의 민주주의 기풍이 부족해 당내에 가장(家長)중심주의가 있었기 때문이라고 했지. 마오쩌둥이 가장 행세를 했는가? 내가 보기로는 그의 성격에 약간 그런 점이 있는 것이 사실이고, 주더(朱德)가 그런 면에서는 훨씬 좋은 점을 가지고 있지요. 그가 낙선한 주요 원인은 일부 사람들이 당(黨)의 군대에 대한 영도를 좋지 않게 보고, 홍군(紅軍) 내의 당대표제를 부정하며, 정치 공작을 중시하지 않았기 때문이라고 나는 보고 있어요. 그 밖에 마오쩌둥이 부대 내의 부정행위를 비판하고 억제하는 데 대해 일부 사람들이 불만을 품었고, 광둥을 공격하는 문제를 놓고 의견이 엇갈린 것도 원인 중의 하나였지요."

"마오쩌둥은 당의 기율을 엄격하게 지키는 사람이요. 그는 전위 간부들과 의견이 엇갈린 것을 나에게 전혀 말하지 않았지. 나는 홍4군 7차당대회 이전에 그와 주더(朱德)·천이(陳毅) 등이 의견을 달리하고 있다는 것을 까맣게 몰랐는데 그들은 한번도 언쟁을 벌이지 않았고, 항상 서로 왕래하며 긴밀한 관계를 유지하고 있었기 때문이지. 나는 기밀 문건의 보관을 책임지고 있었기 때문에 전위의 중요한 회의 기록을 받아 보관하고 있었는데, 언젠가 한 번 무의식중에 회의기록을 들쳐보게 되었는데, 그때야 비로소 그들 간의 의견이 아주 불일치하고 있다는 사실을 알게 되었어요."

"마오쩌둥은 좌경(左傾)이 끼치는 위해(危害)를 잘 알고 있었지요. 그는 종종 다음과 같이 이야기하곤 했지. 몹시 곤궁했던 한 사람이 굶주림을 두려워한 끝에 하늘에 올라가 한껏 먹고는 뚱뚱보가 되기로 마음먹었어요. 그러나 뜻대로 되지 않고 오히려 배가 터져 죽게 되었다는군. 이것은 일종의 소자본계급의 사상이라는 거예요."

4) 교조주의(敎條主義)의 그릇됨을 통박

마오쩌둥이 잘못된 처분을 받을 때마다 허쯔전(賀子珍)은 마오쩌둥을 위하여 그의 불평을 감싸 안았고, 그를 위하여 걱정하였다. 1932년 10월, 닝두(寧都)회의에서 좌경노선의 지도자들은 마오쩌둥이 중앙에 복종하지 않았고 우경(右傾)보수주의에 빠졌다는 죄명을 씌워 그의 소비에트중앙 서기직과 홍군 총정치위원의 직위를 해제하였다. 더군다나 이 처분은 마오쩌둥이 자리에 없는 틈을 타 이루어졌으며, 회의 후 마오쩌둥이 이의를 제기하였으나 그들은 이를 무시하였다. 그날 마오쩌둥은 집으로 돌아와서 줄담배를 피우면서 반나절이나 아무런 말도 하지 않았다. 허쯔전은 그 연유를 상세히 알게 되자 분노에 가득 찬 표정으로 눈물을 흘렸으며, 마오쩌둥에게 떨쳐 일어나 투쟁할 것을 격려하였다. 두 사람은 교조주의(敎條主義)의 그릇됨을 함께 분석하였다. 마오쩌둥은 다음과 같이 말했다. "교조주의란 정말 해로운 것이오. 그들은 실제 공작은 하지 않고, 노동자와 농민들을 접촉하지도 않으면서 여러 가지 지시와 명령들을 쏟아내고 있어. 그런 식으로 국민당에 맞서 싸워 어떻게 승리할 수 있겠는가? 농민들이 무엇 때문에 혁명을 하려는지 그들은 아는가?" "그들은 해외의 높고 큰 건물에 살면서 중국의 혁명을 지도하려고 하니 잘못을 범하고 있는 것이 아니며, 천하의 웃음거리가 아닌가?" 이러한 분석에 대하여 허쯔전은 찬성하였다.

1933년 초에 좌경노선의 지도자들은 소비에트구에서 또다시 '반(反) 뤄밍(羅明)노선 운동'을 일으켰는데, 그것은 실은 마오쩌둥을 겨냥한 것이었다. 그 와중에 가장 심하게 타격을 받은 사람은 덩샤오핑(鄧小平)과 마오쩌탄(毛澤覃)이었다. 이때 마오쩌둥 부부는 이미 루이진(瑞金)으로 돌아갔다. 이전에 루이진의 그들 집은 항상 친구들로 붐볐었는데 현재는 아무도 그들 집의 문턱을 넘으려 하지 않았다. 왜냐하면 현재의 상태는 원래의 노선투쟁 때와 다르기 때문이었다. 노선투쟁이 단지 사상의 인식 문제였을 때 마오쩌둥은 전우들과 왕래할 수 있었으나, 지금은 반당(反黨) 소집단으로 몰렸기 때문에 그 누구도 반당분자로 낙인찍히고 싶지 않았던 것이다.

이러한 정황을 감안하여 마오쩌둥은 다른 사람을 연루시키지 않기 위해 동지들과 접촉하지 않았으며, 그들 또한 죄를 덮어쓰지 않기 위해 마오쩌둥을 기피하였던 것이다. 마오쩌둥은 완전히 고립된 채 살아야 했다. 어떤 때는 며칠 동안, 심지어는 몇 주일 동안 바깥사람과 한마디도 대화를 나누지 않는 경우도 있었는데 이것은 말로 표현할 수 없는 끔직한 일이었다. 이 때 마오쩌둥이 자신의 속마음을 이야기 할 수 있는 상대는 오로지 허쯔전뿐이었다. 언젠가 마오쩌둥은 허쯔전에게 "왕밍(王明) 등이 우리 전부를 사지로 몰아넣고 있다"고 말했다. 허쯔전은 마오쩌둥에게 문제를 너무 그렇게 심각하게 생각하지 말도록 권했다. 그녀와 그녀의 친정 식구들은 마오쩌둥과 항상 가까이하면서 고독한 마오쩌둥을 지지하고 위로하였다.

5) 부상병 구하다가 공습(空襲)에 중상

마오쩌둥은 군사(軍事)에 관여할 수 없게 되자 소비에트구의 경제 (經濟) 문제를 연구하기 시작했다. 그는 소비에트 지역의 여러 마을 들을 돌며 조사를 벌였으며, 그 성과들을 연구하고 정리하여 보고서 로 작성하였다. 이 시기에 그는 '경제 사업에 주의를 기울이자', '농촌 의 계급을 어떻게 분석할 것인가?', '대중생활에 관심을 쏟고 사업 방 법에 주의를 기울이자' 등의 보고서를 작성하였다. 실제 상황을 조사 하여 정밀하게 분석한 이 보고서들을 읽고 허쯔전은 마오쩌둥에 대 한 깊은 믿음을 가지게 되었으며, 더욱 그를 위로하였다. "인민들은 당신의 토지혁명 정책을 지지하며, 당신의 의견은 옳습니다. 왕밍노 선은 지주와 부농을 모두 묶어버리는 것인데, 이러한 방법은 잘못된 것이지요. 왕밍노선이 당신에게 타격을 가하였으나 인민들은 당신을 지지하고 믿으므로 당신은 외롭지 않습니다. 그들은 언제나 당신을 그들의 주석(主席)이요 훌륭한 영도자로 생각하고 있습니다." 고난 의 세월 속에 허쯔전은 마오쩌둥을 위해 가능한 일을 모두 하였으며, 전면적인 지지를 보내었고 환난을 만난 마오쩌둥 부부는 서로를 이 해하는 전우(戰友)로서 외부 압력에 꿋꿋이 버티어 나갔다.

허쯔전은 말을 잘 타고 권총(拳銃)을 잘 다루었으며 작전이 벌어 지면 아주 용감하였다. 1929년 다바이디(大柏地)전투가 벌어지기 전 에 그녀와 마오쩌둥은 적에게 포위되었다. 허쯔전은 임신을 하였기 때문에 마오쩌둥은 그녀에게 먼저 탈출하라고 권했다. 그녀는 말을 몰아 포위망을 돌파하였으며, 도중에 몇 명의 적군을 사살하고 무사 히 목적지에 도착하였다. 마오쩌둥은 뒤에 허쯔전으로부터 포위망을 돌파한 경과를 들은 후 다음과 같이 찬탄하였다. "당신이 그처럼 강인하고 용감할 줄은 내 미처 몰랐었소."

용감한 허쯔전은 다른 사람을 돌보는 데도 항상 앞장섰기 때문에 장정(長征) 도중 큰 부상을 입게 된다. 준이(遵義)회의 뒤 어느 날 해가 막 떨어질 무렵 허쯔전이 소속된 총위생부 요양중대는 구이저우(貴州) 반현(盤縣)의 주창(猪場)이라는 곳에 도착하여 숙영(宿營)을 준비하고 있었다. 사람들이 머리에 쓴 위장물들을 벗고 있을 때 갑자기 세 대의 적군 비행기가 습격하였다. 모두 급히 대피하였으나 부상병 한 명이 아직 길 위에 누운 채 있어 허쯔전은 길가 도랑에서 몸을 일으켜 구출에 나섰다. 적기의 기총 소사와 폭탄 투하 속에 허쯔전은 부상병을 몸으로 덮어 보호하였으며, 공격이 끝난 후 부상병은 무사하였으나 허쯔전은 피투성이가 된 채 발견되었다. 의사의 검사 결과 허쯔전은 머리와 등에 14곳의 상처를 입은 것으로 나타났다. 장정 도중이라 수술을 할 수 없었으므로 머리와 등에 박힌 파편을 제거할 수 없었으며, 겉에 드러난 파편을 빼내고 온갖 약을 발라 싸매는 수밖에 없었다.

허쯔전이 정신을 잃은 채 깨어나지 않으므로 부대 지도자들은 그녀를 이곳 시골집에 남겨 상처를 치료토록 하는 방안을 강구하였다. 그들이 이러한 의견을 마오쩌둥에게 보고했을 때 마오쩌둥은 한창 츠수이허(赤水河) 도하 작전을 지휘하고 있었다. 마오쩌둥은 몸을 둘로 나누어 허쯔전을 보러 갈 수 없었기 때문에 전화로 다음과 같이 지시하였다. "허쯔전을 시골집에 남겨둘 수 없다. 첫째, 의사와 약이 없어 치료할 방법이 없고, 둘째, 안전을 보장할 수 없기 때문이다." 마오쩌둥은 즉시 의사 푸롄장(傅連璋)을 요양중대로 파견하여 그곳 의사들과 함께 치료에 임하게 하였으며, 자신의 들것을 보내 허쯔전을 태울 수 있도록 하였다.

6) 우울증 속에 임신한 몸으로 소련행

허쯔전(賀子珍)은 마침내 기적적으로 소생하였다. 허쯔전은 뒷날 그때의 일들을 다음과 같이 회고하였다. "마오쩌둥이 내 생명을 구했지. 나는 당시 혼수상태에 빠져 있어 부대에서 나를 남겨두고 가기로 결정한 것을 몰랐어. 그 결정은 좋은 뜻으로 한 것이었지만, 만약 내가 시골에 남겨졌다면 결국 죽었을 거야. 부상이 워낙 심해서 농촌의 의료 조건으로는 치료할 엄두를 낼 수 없었고, 적군에 발각되면 그대로 죽을 목숨이었거든. 내가 정신이 든 후에 동지들에게 부담을 주지 않기 위해 여러 차례 시골에 남겠다고 하였으나 받아들여지지 않았어. 그래서 결국 내가 살아난 거지."

장정이 무사히 끝나 섬북에 도착한 후 허쯔전은 딸 자오자오(嬌嬌, 뒤에 李敏으로 불림)를 낳았다. 4개월 후, 허쯔전은 딸 자오자오를 친정으로 보냈으며, 자신은 항일군정대학에 들어가 공부하였다. 그녀는 열심히 공부해 자신의 모자란 점들을 보충하면서 자기 실력을 향상시켰다. 그녀는 일요일을 빼고는 집에 돌아가는 경우가 드물었으며, 단체 생활에 몰입하였다.

바로 이 시기에 그들의 가정에는 불행한 일이 발생하여 그 좋던 부부 관계에 균열이 생기기 시작하였다. 게다가 허쯔전에게는 우울증의 증세가 나타나기 시작했다. 그녀의 문화 수준은 마오쩌둥보다 낮았으므로 정신생활과 사상 교류에 있어서의 충돌이 과거에도 가끔은 있었다. 그러나 이 무렵에는 그 충돌이 더욱 심해졌던 것이다. 허쯔전은 여러 가지 생각에 빠졌으며, 많은 일들을 하려고 하였으나 몸이 말을 듣지 않았다. 중상을 입었을 때 몸에 박힌 파편들이 그녀에게 항상 견딜 수 없는 고통을 주고 있었다. 그녀는 파편들을 제거하여 건강을 회복하고 싶었으나 옌안(延安)에서는 수술할 방법이 없었다. 그녀는 시안(西安)을 걸쳐 상하이로 가서 파편 제거 수술을 받기로 결정했다. 바로 이때 그녀는 자신이 다시 임신한 사실을 알게 되었다. 이것이 그녀가 떠나기로 한 결심을 더욱 굳히는 계기가 되었다.

　마오쩌둥은 그녀가 떠나려 하자 극구 만류하였다. 그는 허쯔전이 떠나려 하는 것이 당연히 자신과 관련이 있으므로 간절하게 말하였다. "나라는 사람은 평소 눈물 흘리는 것을 좋아하지 않소. 단지 세 가지 경우에만 눈물을 흘렸소. 첫째, 가난한 인민들의 괴로움을 보고 그들의 곡성을 들을 때였고, 둘째, 내 곁의 연락병을 버려두고 떠난 후에 그가 내 대신 희생되었을 때이며, 셋째는 당신이 구이저우에서 부상당했다는 연락을 받았을 때였소. 당신이 가지 않으면 나는 눈물을 흘리지 않을 것인데…" 마오쩌둥은 감정에 북받쳐서 진정 어린 목소리로 다시 말을 이었다. "나의 현재 상황은 왕밍노선의 시기와는 달리 발언권이 있소. 이후에는 당신이 그때와 같은 괴로움을 다시는 겪지 않도록 하겠소."

　허쯔전은 이 말을 듣고 곰곰이 생각하였다. 만약 냉정하게 자신의 행동의 결과를 예측한다면 떠나려는 생각을 바꾸어야 하는 지경이었다. 그러나 허쯔전은 역시 허쯔전으로 그녀는 비록 외양이 온유해 보였지만 개성이 아주 특출하였다. 오랜 전장에서의 경험이 그녀의 강한 성격을 더욱 단련시켰다.

이전에 중앙소비에트에서 마오쩌둥은 허쯔전과 한바탕 말다툼을 하고 난 뒤 우스갯소리로 "우리 두 사람은 한 사람이 철(鐵)이고 다른 한 사람은 강(鋼)이라, 어느 한쪽도 양보하지 않아 철강이 서로 부딪혀 쟁그랑 소리가 난다"고 하였던 것이다. 허쯔전은 마오쩌둥의 만류를 뿌리치고 마침내 옌안을 떠난다. 그녀는 아기를 유모에게 맡기고 간단한 짐을 꾸려 혼자 길을 떠났는데, 이 때가 1937년 말이며 당시 그녀의 나이는 겨우 28세였다.

허쯔전이 시안에 도착해 있을 때, 마오쩌둥은 인편으로 편지를 보내 그녀에게 돌아올 것을 요청했다. 상하이가 적의 수중에 있어 갈 수 없었으므로 허쯔전은 소련(蘇聯)으로 가기로 마음먹었다. 비행기를 기다리는 몇 개월 동안에도 마오쩌둥은 여러 차례 편지를 보내 그녀가 돌아올 것을 요청하였으나 모두 거부당했고, 마침내 허쯔전은 소련으로 갔다.

7) 장칭(江靑)과 결혼 … 청천벽력의 소식

소련에 도착한 허쯔전(賀子珍)에게 마오쩌둥은 전보를 보내 중국으로 돌아오도록 요청했으나 받아들여지지 않았고, 그녀는 그곳에서 9년이나 머무르며 많은 고초를 겪었다. 허쯔전은 소련에 도착한 후 아들을 낳았는데, 이 아이는 10개월 후 숨졌다. 그녀가 자식을 잃은 슬픔에서 채 벗어나지 못했을 때 중국에서 또 다른 슬픈 소식이 날아왔다. 마오쩌둥이 장칭(江靑)과 결혼한 것이다. 이것은 허쯔전이 영원히 마오쩌둥을 잃었다는 것을 의미하는 그야말로 마른하늘의 날벼락이었다. 그녀는 한없이 눈물을 흘리며 긴긴밤 잠을 못 이루었다. 그녀는 자신의 경솔함에 대해 후회막급이었지만 다 엎질러진 물이었다. 그녀는 이제 자신의 병을 치료하기 위해 끈질긴 투쟁에 나섰다. 또한 중국에서 소련으로 보내진 마오안잉(毛岸英)과 안칭(岸青) 형제, 그리고 자신의 딸 자오자오를 보살피게 되었다. 생활의 부담은 말할 것도 없고 왕밍(王明) 일파의 괴롭힘 때문에 허쯔전은 정신적으로도 큰 압력을 받게 되었다. 그녀는 뒷날 엉뚱하게도 정신병원에 입원되어 2년 남짓 머물기도 했으나, 다행히도 왕자샹(王稼祥) 부부의 도움으로 구출되어 1947년 겨울 딸을 데리고 9년 만에 중국으로 돌아가게 되었다.

뒷날 허쯔전은 소련에 있을 때를 회고하면서 회한에 가득 차 다음과 같이 말하였다. "나는 마오 주석을 원망하지 않아. 모든 게 내 잘못이지. 그때 난 너무 어렸고 아무것도 몰랐어. 난 오로지 밖에 나가 몸을 잘 치료하고 몇 년간 배운 후 곧 돌아와 당을 위해 일하려고 했지. 그러나 세상 일이 그렇게 간단치 않을 줄은 미처 몰랐어." 그녀는 이로 인해 평생을 후회 속에 보낸다. 소련에서 돌아온 후 인생을 마감할 때까지 그녀는 한번도 마오쩌둥을 원망하지 않고 묵묵히 자신이 초래한 결과를 걸머지었다.

허쯔전은 귀국 후 몇 년간 동북(東北)지역에서 일했고, 뒤에 상하이로 옮겼다. 1950년, 허쯔전은 오빠 허민쉐(賀敏學), 올케 리리잉(李立英)과 함께 마오쩌둥에게 편지를 썼는데 마오쩌둥은 곧 답신을 보내왔다. "부디 건강에 유의하시오. 전체의 큰 흐름을 잘 살펴 사회주의 건설에 관심을 두기 바라오."

1954년 어느 날, 허쯔전이 상하이의 오빠 집에서 쉬고 있을 때 라디오에서 마오쩌둥의 연설이 흘러나왔다. 허쯔전은 일순 멍해졌다. 이 얼마나 귀에 익숙한 목소리인가? 마오쩌둥의 음성은 강렬하게 그녀를 자극하여 이미 아물었던 마음의 상처가 다시 찢어지는 아픔을 맛보아야 했다. 라디오는 밤새 켜진 채로 두는 바람에 타버려 못쓰게 되었다. 그녀는 끝내 몸져누웠다.

허쯔전이 병났다는 소식은 아주 빠르게 마오쩌둥에게 전달되었으며, 그녀의 병이 왜 났는지 알게 된 마오쩌둥은 눈물을 흘렸다. 그는 허쯔전에게 보내는 두 번째 편지를 써 약을 잘 챙겨 먹도록 하고 담배를 피우지 말도록 당부하여 은은한 정을 표시했다. 그 후 마오쩌둥은 허쯔전이 쓸 물건과 먹을 것 등을 계속 보내주었다. 마오쩌둥은 허쯔전의 라디오가 부서진 것을 알고 당시 중국에서 가장 좋은 팬더표 라디오 한 대를 구입하여 그녀에게 보냈으며, 돈 천 원을 인편으로 보내주기도 했다. 그는 허쯔전에게 담배를 끊도록 권유했었지만, 외국 손님들이 자신에게 선물한 고급 담배 한 상자를 뜯어 피우다가 갑자기 그녀가 담배를 피운다는 생각이 떠오르자 나머지를 모두 잘 포장하여 그녀에게 보내기도 했다. 허쯔전은 이때 이미 담배를 끊었었지만 마오쩌둥이 보내온 담배를 다시 피우기 시작하였다.

8) 20년 만에 루산(廬山)에서 재회하다

허쯔전 또한 딸 리민을 통하여 마오쩌둥에게 선물을 보냈는데, 그가 좋아하는 남방의 채소 같은 것들이었다. 언젠가 허쯔전은 아주 정교한 뼈로 만든 귀이개를 마오쩌둥에게 보냈다. 마오쩌둥은 귀지가 아주 많아 항상 귀이개로 귀청소를 하는 버릇이 있다는 것을 허쯔전은 그때까지 마음속에 새기고 있었던 것이다.

1959년 마오쩌둥이 루산(廬山)회의에 참석했을 때, 허쯔전을 특별히 루산으로 초대하여 하룻밤을 묵게 하였으며, 두 사람은 그동안 쌓인 회포를 오랫동안 이야기하였다. 뒤에 장칭(江靑)이 이 사실을 알고 산에 올라와 방해하려 했기 때문에 두 사람은 서둘러 헤어져야 했다. 그렇지만 허쯔전은 헤어진 지 20년 만에 마오쩌둥을 직접 대면할 수 있었기 때문에 한 가닥 위로가 되었다.

마오쩌둥의 허쯔전에 대한 마음 씀씀이는 딸 리민이 허쯔전에게 보낸 편지를 통해서도 알 수 있다.

"사랑하는 엄마, 안녕!

저는 19일 밤 일곱 시 조금 지나 무사히 베이징에 도착하였습니다. 집에 돌아가 아빠를 뵈었는데 아주 건강하셨습니다. 쿵(孔)도 돌아와 있었는데 그의 감기가 많이 나았으니 엄마 안심하세요.

아빠에게 엄마의 건강 상태를 말씀드렸고, 엄마가 전해드리라는 다른 이야기도 죄다 여쭈었답니다. 아빠는 엄마가 쑤(粟) 원장과 양(楊) 교수의 말에 따라 병 치료를 꾸준히 잘 하기를 바라셨어요. 지금 아빠는 엄마가 필요로 하는 약을 모두 구했는데, 이 약들은 아주 좋고 구하기 힘든 것으로 엄마가 의사들 말대로 약만 잘 먹으면 몸이 아주 빨리 좋아질 거래요. 엄마가 병을 잘 치료하려고 마음먹은 것을 아빠에게 말했더니 아주 좋아하셨으며, 치료를 중단해서는 안 된다고 말씀하셨어요. 아빠는 지금 엄마에게 보내는 편지와 약을 사람을 시켜 부칩니다.

엄마, 이만 줄입니다. 쑤 원장과 양 교수, 그리고 리 원장에게 안부 전해 주세요.

건강을 빕니다.

딸 자오자오, 1962년 5월 21일.

마오쩌둥의 따뜻한 마음 씀씀이는 허쯔전의 투병 의지를 더욱 강하게 만들었고, 마오쩌둥이 의사와 약을 찾아 나섰기 때문에 허쯔전의 병 치료를 위한 물질적 조건이 제공되었다. 게다가 딸 자오자오가 두 사람을 천륜(天倫)의 끈으로 연결하였다.

1976년 9월, 허쯔전은 마오쩌둥이 서거했다는 슬픈 소식을 접하고, 조카 허샤오핑(賀小平)과 허하이펑(賀海峰)을 베이징으로 보내 문상하게 하였다. 장칭이 무너진 후에 허쯔전은 다시 당을 위해 일할 것을 희망하였으나 다시 신변에 이상이 생겨 좌절을 겪었다. 1977년 중풍이 들어 반신이 마비되었으며, 이때부터 자리에 누워 일어나지 못했다. 당에서는 즉시 그녀를 돌보는 조치에 착수하여 가장 좋은 의료 조건을 마련해 주어 그녀의 건강 회복을 빌었다. 당은 그녀에게 정치적인 명예도 부여하여 전국정치협상회의 위원으로 임명하였다. 당은 그녀의 생활에도 큰 관심을 쏟았으며, 전세기를 내 베이징으로 초청하여 모택동의 유해에 분향하게 하고 천안문과 인민대회당을 참관할 수 있도록 하였다. 당 중앙과 상하이시의 많은 영도자들이 그녀의 옛 전우들이었으므로 병원에는 이들의 문안 행렬이 끊이지 않았다. 중앙의 책임자들이 그녀의 치료 방법에 적극적으로 임하였고, 휴양 생활에 많은 도움을 준 것은 허쯔전에게 큰 위로가 되었다.

1984년 4월 19일, 허쯔전은 병으로 숨졌다. 4월 26일 아침 뉴스 시간에 CCTV가 허쯔전의 사망 소식을 전했다. 이날 베이징의 여러 신문들도 이 소식을 전하면서 그녀의 사진을 함께 실었다. 그녀의 장례식은 간소하고도 엄중하게 치러졌으며, 당 중앙의 많은 책임자들이 모두 조화를 보내 명복을 빌었다. 그녀의 시신은 화장한 후 중앙에서 보내준 전세기로 북경에 보내져 바바오산(八寶山) 혁명공원묘지에 안장되었다.

허쯔전은 한평생 험난한 길을 걷다 향년 75세로 삶을 마감했다. 그녀는 마오쩌둥과 10년을 같이 살았으며 여섯 아이를 낳았는데, 살아남은 것은 오로지 딸 자오자오 하나뿐이었다. 평범했으나 고상하기도 했던 그녀는 중요한 직책을 맡은 적은 없으나 중요한 인물임은 틀림없다. 허쯔전은 중국혁명을 위해 아까운 청춘을 바쳤으며 숱한 고난을 마다하지 않았다.

31 셋째 부인 장칭(江靑) – 가는 곳마다 적(敵)을 만든다

장칭(江靑)은 상하이의 화려한 세계에서 혁명성지 옌안(延安)으로 찾아와 배우에서 혁명 청년으로 변신하였으며, 혁명 청년에서 다시 공산당 영수(領袖)의 부인으로 변신하였다. 그녀는 고난을 겪었으며, 또한 유익한 몇 가지 사업을 전개하기도 하였다. 그러나 그녀는 적막(寂寞)함을 싫어했으며, 앞에 나서기를 좋아하였고, 야심이 아주 컸으므로 한 걸음씩 무대를 향해 앞으로 나아갔다. 장칭은 마오쩌둥의 말을 듣지 않고 야심을 부풀려 자신을 따르는 무리들을 규합함으로써 사방에 적을 만들었으며, 마침내 반(反)혁명의 대열에 서게 되었다.

장칭(江靑)은 나를 대표하는 것이 아니라 그녀 자신을 대표할 뿐이다. 한마디로 그녀는 그녀 자신을 대표한다.

- 張耀祠, 『張耀祠回憶毛澤東』(中共中央黨校出版社, 1996), p. 143.

장칭(江靑)은 당의 대부분의 투쟁에 참가하지 않았으며, 천두수(陳獨秀) · 취츄바이(瞿秋白) · 리리싼(李立三) · 뤄장룽(羅章龍) · 왕밍(王明) · 장궈타오(張國燾)와 그녀 모두 장정(長征)에 참가하지 않았다. 나는 장칭을 그저 그렇고 그런 경험주의자로 보고 있다.

- 張耀祠, 『張耀祠回憶毛澤東』(中共中央黨校出版社, 1996), p. 143.

이 사람아, 자네는 그 누구와도 마음을 맞춰 일할 수 없어. 당신은 가는 곳마다 적(敵)을 만들고 있지!

- 宋一秀 · 楊梅葉, 『毛澤東的人際世界』(紅旗出版社, 1992), p. 78.

장칭(江靑)은 감정을 삭이지 못하므로 말이 독살스러워 다른 사람에게 한껏 해를 끼친다. 나 죽기를 기다려 사람들은 그녀를 괴롭혀 죽일 것이다.

- 李銀橋, 『走下神壇的毛澤東』(中外文化出版公司, 1989), pp. 80-81.

장칭(江靑)에게,

그대를 안 보니 한결 낫소. 지난 몇 년간 내가 그토록 일렀건만, 당신은 조금도 실행하지 않으니 자꾸 만나봐야 무슨 이익이 있으리오. 마르크스와 레닌의 책에도 있고, 내가 쓴 책에도 있는 원리들을 당신은 도통 연구하지 않고 있소. 내가 중병(重病)이 들고 여든한 살이 된 것도 이해하지 못하고 있소. 당신은 지금 특권(特權)을 가졌지만, 내가 죽고 나면 어쩔 작정이오? 그대는 역시 큰일은 토론하지 않고 사소한 일로 하루하루를 보내는 사람이오. 부디 잘 생각하시오.

1974년 3월 20일 마오쩌둥(毛澤東)

- 張耀祠, 『張耀祠回憶毛澤東』(中共中央黨校出版社, 1996), p. 142.

　그대는 바로 극단적인 부르주아 개인주의에 빠져 있소. 고칠 수 없는 착취계급의 수법을 행사하고 있단 말이오.
　장칭(江靑) 당신이 내게 정치적 부담을 지우고 있소.

　　- 張耀祠, 『張耀祠回憶毛澤東』(中共中央黨校出版社, 1996), p. 146.

　나는 장칭(江靑)의 일에 겨우 절반을 관여할 수 있다.
　내가 관여하는 그 절반도 그녀가 하자는 대로 한다.

　　- 毛澤東, 機密秘書 高智와의 談話, 權延赤, 『領袖淚』(中共中央黨校出版社, 1990), pp. 100-101.

　장칭(江靑, 1914-1991)은 중국 '문화대혁명' 시기에 린뱌오(林彪)와 함께 정국을 주도한 인물로 마오쩌둥의 세 번째 부인이다. 마오쩌둥이 어렸을 때 부모가 강제로 결혼시킨 여섯 살 연상의 부인을 포함하면 네 번째 부인이 된다.[49] 원래 이름은 리윈허(李雲鶴)로 1914년 산둥성(山東省) 주청(諸城)에서 태어났다. 부모는 중류계급 출신이었으나 가난했고, 그녀가 아직 어렸을 무렵에 부모가 이혼하여 어머니가 살림을 꾸려가면서 그녀를 지난(濟南)의 초등학교에 입학시켰다.

　어릴 때 산둥성 예술전문학교에 들어가 학습하고, 1929년 봄 지난(濟南)의 산둥실험극원(山東實驗劇院)에 들어가 연극단원이 되었다. 예술전문학교 교장 자오타이머우(趙太侔)가 나중에 칭다오(靑島)대학 학장이 되자 장칭은 그 대학에서 사서보조원으로 일했는데, 거기

───────────

49) 마오쩌둥이 열네 살 때 그의 아버지 마오순성(毛順生)은 스무 살 된 처녀를 선택하여 마오쩌둥과 결혼식을 올리게 했다. 마오쩌둥은 그녀와의 동침을 거절하였으며, 손끝 하나 다치지 않았다고 뒷날 술회하였다.

서 학생 지도자 위치웨이(兪啓威)를 만났다. 그의 누나 위산(兪珊)
은 자오타이머우와 결혼했을 무렵 이미 널리 알려진 경극(京劇) 배
우였는데, 장칭은 자오 학장을 통하여 이들 오누이를 알게 되었다.
그들의 백부인 위다웨이(兪大維)는 난징(南京) 국민당정부의 국방부
장이었고, 숙부뻘 되는 쩡자오룬(曾昭搦)은 한때 교육부의 부부장을
지냈다. 장칭이 위치웨이를 알게 되었을 무렵, 그는 칭다오 지역 공
산당 지하조직의 선전 부문 책임자였으며, 그의 영향을 받은 장칭은
1933년 비밀리에 공산당에 입당하였다. 그 해에 위치웨이는 국민당
에 체포되어 사형 선고를 받았으나, 백부 등의 구명 운동에 의해 방
면되었고, 이후 황징(黃敬)이라는 이름으로 베이징의 당 지하조직에
서 선전 부문 공작에 종사하였다.[50]

1) 이혼 후 옌안(延安)에서 새 인생 출발

장칭(江靑)은 1934년 지난으로 돌아와 탕나(唐納)라는 예명을 가
진 배우와 결혼했다. 두 사람은 상해의 영화회사에서 일했는데, 장칭
은 그녀에게 주어진 배역의 이름을 따라 란핑(藍萍)이라는 예명을
사용했다. 그들은 1937년 이혼했다. 그때부터 장칭은 나중에 리더(李
德)과 결혼한 여배우 한 사람과 함께 황징과 행동을 같이하면서 옌
안(延安)으로 향한 길고도 위험한 여정에 나섰다. 1937년 가을 옌안
(延安)에 도착한 뒤 당적(黨籍)을 회복하고 장칭(江靑)으로 이름을
바꾸었으며, 루쉰예술학원에 입학했다. 그녀는 거기서 마오쩌둥을 처

---

50) 에드가 스노우, 신홍범 역, 『중국의 붉은 별』(두레, 1985), pp.478-480.

음 만나게 되었고, 1938년 그와 결혼하였다. 마오쩌둥은 그 전해인 1937년 자신의 요구에 의해 당 중앙위가 개최한 특별 법정에서 허쯔전과 이혼한 바 있었다. 마오쩌둥과 장칭 사이에는 두 딸이 있었다.

장칭은 중화인민공화국이 성립된 후 전국영화지도위원회 위원과 당 중앙 선전부 영화처장 등의 직책을 역임하였다. 1963년부터 '경극혁명(京劇革命)'이란 이름으로 문화계에서 극좌(極左) 사조를 선동하였다. 장칭은 1965년 야오원위안(姚文元)[51]이 쓴 '신편역사극 해서파관(海瑞罷官) 비평'과 그녀와 린뱌오가 함께 쓴 '군부대 문예공작좌담회 요록' 등을 바탕으로 '문화대혁명'을 일으키기 위한 여론을 조성하였다. 1966년 5월부터 중앙 문혁소조(文革小組) 제1부조장, 대리조장, 해방군 문혁소조 고문을 역임했다. 중국공산당 제9·10차 전국대표대회에서 중앙정치국 위원으로 당선되었다. 문화대혁명 시기에 장춘차오(張春橋)[52], 야오원위안, 왕홍원(王洪文) 등과 사인방(四人幇)을 결성하고

---

51) 야오원위안(姚文元, 1931)은 저장성(浙江省) 출신으로 좌익 작가 야오펑쯔(姚蓬子)의 아들이다. 1948년 중국공산당에 입당, 상하이(上海)에서 잡지 〈맹아(萌芽)〉 편집위원 및 〈해방일보(해방일보)〉 주필을 역임하면서 문예비판논문을 발표하였다. 1965년 〈문회보(文匯報)〉에 우한(吳晗)의 역사극 '해서파관(海瑞罷官)'과 덩퉈(鄧拓)·랴오모사(廖沫沙)의 '삼가촌찰기(三家村札記)' 등을 비판하는 글을 게재, 문화대혁명(文化大革命)의 불길을 당겼다. 1966년 중앙문혁소조원(中央文革少組員), 1967년 상하이시(市) 혁명위원회 부주임, 1969년 제9기 중앙위원, 중앙정치국 위원, 1973년 제10기 중앙위원, 중앙정치국 위원 등을 역임하였다. 마오쩌둥(毛澤東)이 사망한 뒤인 1976년 10월 '4인방(四人幇)'의 한 사람으로 체포되어 1981년 특별 법정에서 징역 20년을 선고받았다.

52) 장춘차오(張春橋, 1917-2005)는 산둥성(山東省) 출신으로 1932-1937년 지난(濟南) 및 상하이(上海)에서 문예 활동에 종사하였다. 1938년 옌안(延安)에서 중국공산당에 가입하였고, 1954년 상하이 해방일보(解放日報) 사장이 되었다. 1963년 중국공산당 상하이시위원회 서기처 후보서기 겸 선전부장, 1966년 당 중앙문화혁명소조 부조장, 1967년 상하이시

린뱌오와 결탁하여 극좌 사조를 선동하고 당과 국가의 최고 권력을 찬탈하는 음모를 진행하여 10년간의 오랜 전국적 대동란을 조성하였다.

1976년 10월 중공(中共)중앙 정치국은 장칭에 대한 격리 조사를 벌였다. 1977년 7월, 중공 10기 3중전회에서 장칭의 당적을 영구히 박탈하고 당내외의 모든 직책을 빼앗는다는 결의가 통과되었다. 1981년 1월, 최고인민법원 특별 법정은 반혁명집단의 수괴로 판정한 장칭에게 사형을 선고하고 2년간 집행을 연기했다. 1983년 1월 최고인민법원 형사심판정은 장칭을 무기징역으로 감형하였으며, 그녀는 복역 중 1991년 5월 14일 자살하였다.

2) 연극배우에서 영수(領袖)의 아내로

장칭(江靑)은 옌안에 당도한 뒤 루쉰(魯迅)예술학원의 교원이 되었으며, 배우도 겸하였다. 당시 옌안의 생활환경은 극도로 열악하였고 전투의 형세 또한 위태로워 옌안에 온 후 고난을 견디지 못하고 다시 떠나가는 사람들이 부지기수였다. 장칭은 바로 이때 옌안에 도착하여 숱한 고난을 감내하였다. 그때 마오쩌둥은 이미 당(黨)과 군

혁명위원회 주임 겸 난징(南京) 군구 제1정치위원 및 상하이 경비구 제1정치위원을 지냈고, 1969년 당 제9기 중앙위원·중앙정치국 위원, 1973년 당 제10기 중앙위원·중앙정치국 위원·중앙정치국 상임위원, 1975년 제4기 전국인민대표대회에서 부총리에 선임되었다. 1976년 '4인방(四人幇)'의 일원으로 체포되어 1980년 재판에 회부되었으며, 1981년 사형선고를 받았으나 형 집행이 2년간 유예되었고, 1983년 무기형으로 감형되었다. 1998년 신병치료를 위해 교도소를 나와 병원에서 지내다가, 2005년 4월 21일 암으로 사망했다.

470

(軍)의 영도적 지위를 확보하고 있었으며, 중국의 희망과 승리를 상징하는 정치적 거성(巨星)이 되어 있었다. 장칭은 재빨리 이 '별'을 조준하였고, 마오쩌둥에 접근하는 방법을 찾기 위해 노력하였다.

당시 옌안에는 혁명에 몸을 의탁한 젊은 여성들이 많이 있었는데 모두가 덕성(德性)과 재능(才能), 그리고 미모(美貌)를 겸비하고 있었다. 그리하여 많은 공산당 지도자들과 군의 고급 장교들이 그 여성들 중에서 자신의 배필을 선택하였다. 마오쩌둥은 당과 군의 영수였으므로 그를 존경하고 애모하는 여성들이 적지 않았을 터인데 어찌하여 장칭의 겨냥이 적중하였을까?

마오쩌둥을 몇 년간 수행했던 경호대장의 회고에 따르면 그때 장칭은 얼굴 생김새가 비교적 출중했던 데다 몇 가지 장점을 가지고 있었다고 한다. 장칭은 창극(唱劇)을 할 줄 알았으며 노래 솜씨가 훌륭했으므로 그때 옌안 사람들은 그녀를 인기스타로 대우하였다. 장칭은 상하이의 연극 무대에서 주인공을 맡은 적이 있으며, 그녀가 출연한 영화들은 국민당에 의해 상영이 금지되었던 것이다. 그녀가 배역을 맡은 연극(打漁殺家)을 관람한 마오쩌둥과 당 지도자들은 모두 아주 좋아하였다.

장칭은 글을 잘 썼으며, 서법(書法)도 훌륭하였는데 특히 해서(楷書)를 아주 잘 썼다. 장칭은 사나운 말을 길들여 타고 다니는 것을 좋아하였는데, 난폭한 말일수록 더욱 좋아하였다. 그때 옌안에서 장칭은 다른 사람과 경마(競馬)하기를 좋아하였는데 승부욕이 대단하였다. 장칭은 또 뜨개질하는 기술을 가지고 있었다. 그녀가 만든 스웨터는 아주 훌륭하였으며, 갖가지 꽃 모양을 만들어낼 수 있었다. 의복의 재단에도 능숙하여 그녀가 만들어 입은 옷은 아주 모양새가 났다.

그때 마오쩌둥과 당의 주요 지도자들은 루쉰예술학원에 강의를 자주 나갔기 때문에 장칭은 마오쩌둥에 접근할 기회를 가졌다. 그녀는 용기를 내어 계속 마오쩌둥의 문을 두드렸으며, 여러 가지 정치 문제에 대해 가르침을 구하였다. 그녀의 정치적 열정과 예술적 재능, 그리고 몇 가지 장점들은 이미 마오쩌둥의 호감을 얻고 있었다. 장칭은 꾸준하고 집요하게 노력하여 처음에는 마오쩌둥을 존경하는 사람으로 출발해서 점차로 그의 학생이 되었으며, 거기에서 다시 그의 부인(夫人)이 되는 꿈을 1년 남짓한 기간 만에 드디어 현실화하였다.

3) 남의 결점 들춰내어 질책하는 버릇

장칭(江靑)은 마오쩌둥과 결합한 후, 섬북 지방에서 고난의 세월을 보내면서 그를 따라 행군(行軍)과 전투를 함께 하였으며, 그의 의식주를 불편 없이 돌보는 등 아내로서의 책임을 다하였다. 그때 장칭은 민중들에게도 친하게 접근하여 사람들의 머리를 깎아 주기도 했고, 문화지식을 알려 주기도 했으며, 바느질 하는 것도 가르쳤다. 행군 중에 간단한 선전선동 활동을 벌이기도 하였고, 간혹 수수께끼를 내어 여러 사람의 주의를 집중하게 할 수도 있었다. 이러한 그녀의 활발함으로 인해 긴장 속에 고난의 전투를 계속하던 홍군은 한때나마 긴장을 풀고 즐길 수 있었다. 해방 후, 정권을 잡은 초기까지도 장칭은 마오쩌둥과 여전히 화목한 관계를 유지하였다.

그러나 장칭이 이 같은 자신의 몇 가지 장점을 드러낸 반면, 자신의 성격상의 결점도 꾸준히 드러내게 되었다. 마오쩌둥은 장칭의 결함에 대해 여러 차례 비판하고 충고하였으나 장칭은 타고난 성품을 고치지 못했고, 그의 말을 들을 때만 잠시 수긍했다가 조금 지나면 다시 잘못을 반복하곤 하였으므로 마오쩌둥은 점차 실망하게 되었다.

마오쩌둥은 사람됨이 성실하고 다른 사람에게 관대하였으나, 장칭은 남의 결점을 들춰내어 질책하는 것이 버릇이 되어 있었다. 마오쩌둥이 겸손함을 좋아하고 교만함을 경계하는 데 비해 장칭은 앞에 나서 자신을 나타내기를 좋아하였다. 마오쩌둥은 민중과 하나가 되고 어떤 일이든 다른 사람을 먼저 생각하는 데 비해 장칭은 다른 사람의 위에 서려는 개인주의가 심했고, 다른 사람의 입장에 서서 생각하는 경우가 드물었다. 마오쩌둥의 주변에서 일하는 사람들의 회고에 따르면 장칭은 다른 사람을 질책하기를 좋아했는데, 보모의 바느질 솜씨에 조금만 흠이 있어도 큰소리를 치고 나무랐으며, 심지어 마오쩌둥 신변의 직원들에게도 사소한 일로 크게 화를 냈다고 한다. 예를 들어 포커 게임을 하다가 누가 패를 잘못 낼 경우에는 한바탕 소동이 났다. 마오쩌둥은 장칭을 비판했다. "그대는 극단적인 부르주아 개인주의에 빠져 있소."

장칭은 다른 사람에 대해 수군거리는 것을 좋아했는데 큰일이건 작은 일이건, 큰 인물이건 작은 인물이건 막론하고, 심지어 마오쩌둥의 동료들에 대해서도 떠벌리기를 예사로 하였다. 마오쩌둥은 여러 차례 장칭에게 타일렀다. "이 사람아, 자네는 그 누구와도 마음을 맞춰 일할 수 없어. 당신은 가는 곳마다 적(敵)을 만들고 있지!" 마오쩌둥은 몹시 마음이 상하여 측근의 인사들에게 말했다. "장칭은 감정을 삭이지 못하므로 말이 독살스러워 다른 사람에게 한껏 해를 끼치지. 나 죽기를 기다려 사람들은 그녀를 괴롭혀 죽일 것이오."

장칭의 결점은 여러 차례의 지적에도 불구하고 고쳐지지 않았으며, 그 버릇이 계속되었으므로 마오쩌둥과의 관계는 점차 소원하게 되었다. 먼저 식사를 따로 하는 것을 시작으로 나중에는 주거도 따로 하게 되었다. 그들의 애정 생활은 사실상 끝이 났다.

마오쩌둥은 자신의 경호대장인 리인차오(李銀橋)에게 고충을 털어놓기도 했다. "그대는 내 측근에서 일하는 책임자라 내 마음 속의 불쾌한 일을 말해야겠지. 장칭은 내 아내지만 만약 공무원이었다면 내가 벌써 내쫓았을 거야. 당초 경솔하여 결혼을 잘못했는데 지금 어떻게 하나? 현재 내 신분으로 이혼이 말이 되나? 장칭에게 아주 큰 잘못이 없는데 지금 이혼하면 동지들이 어떻게 생각하겠나. 말들이 많을 거야. 이혼하지 않으면? 내가 정치적 부담을 걸머지게 되지. 아, 방법이 없네, 그녀에게 맞춰 살아가는 수밖에."

4) 차관(次官)급의 5대 비서에 임명되다

하지만 정치 문제에 있어서 마오쩌둥은 원칙을 지켜야 했기 때문에 그녀와 잘 맞춰 나갈 수 없었다. 1956년 저우언라이(周恩來) 총리가 제안하고 정치국 상임위원 모두가 동의하여 장칭(江靑)에게 비교적 중요한 직책이 부여되었는데, 천보다(陳伯達)·후차오무(胡喬木)·예쯔룽(葉子龍)·톈자잉(田家英)과 함께 마오쩌둥의 5대 비서로 임명되어 차관급이 된 것이다. 마오쩌둥은 이 인사안에 반대하였으며, 이전에도 여러 차례 반대한 적이 있었으나 이번에는 상임위의 입장이 확고하였으므로 '소수가 다수에 복종하는 원칙'에 따라 하는 수 없이 동의하였다. 이때부터 장칭은 마오쩌둥의 일에 접촉할 기회를 더욱 많이 가지게 되었으며, 아울러 많은 사람들을 만날 수 있게 되었다. 그러나 마오쩌둥은 장칭에 대해 규제를 가하여 권력이 늘어나지 못하도록 조치하였다. 문화대혁명 이전에 장칭이 전국의 인민들에게 그 모습을 드러낸 일은 아주 드물었다. 건국 후 전국인민대표대회나 정치협상회의에서 장칭은 대표나 위원을 맡은 적이 없으며, 1964년 말 열린 제3기 전인대에서 산둥성 대표로 비로소 그 명단에 올랐다.

문화대혁명 중에 장칭은 마오쩌둥을 등에 업거나, 또는 마오쩌둥을 대신하여 여러 곳에 지시 공문을 하달함으로써 정치적으로 격상되었다. 그녀는 자신의 특수한 신분을 이용하여 적지 않은 혁명 간부들에게 타격을 주었으며, 아울러 자신의 파당을 양성하였다. 장칭은 날로 마오쩌둥과 멀어져 별도의 정치 소집단을 결성하였는데, 마오쩌둥은 그녀가 '사인방(四人幇)'을 형성한 것은 야심을 가진 것이라고 비판하였다.

장칭은 경제적으로도 자신을 위한 퇴로를 확보하려 하였다. 1973년 10월 어느 날 장칭은 마오쩌둥에게 면담을 요청하여 허락을 받았다. 장칭이 면담을 마치고 떠나가자 마오쩌둥은 화가 나서 비서 장위펑(張玉鳳)에게 말했다. "장칭은 내 몸이 좋지 않아지자 자신의 뒷날을 준비하려고 나의 출판원고 인세(印稅)를 나누어 달라고 했다네." 며칠 뒤 마오쩌둥은 장위펑을 불러 특별 회계실에 가서 3만원을 찾으라고 했다. 장위펑은 그 돈을 댜오위타이(釣魚臺)의 장칭에게 전달하였는데, 그녀는 돈이 겨우 3만원인 것을 보고는 오히려 달갑잖게 여기었다.

1974년 3월 어느 날, 장칭이 마오쩌둥을 만나기를 청하였으나 마오쩌둥은 만나기를 원하지 않았다. 그는 장칭에게 편지를 썼다.

장칭(江靑)에게,
그대를 안 보니 한결 낫소. 지난 몇 년간 내가 그토록 일렀건만, 당신

은 조금도 실행하지 않으니 자꾸 만나 봐야 무슨 이익이 있으리오. 마르
크스와 레닌의 책에도 있고, 내가 쓴 책에도 있는 원리들을 당신은 도통
연구하지 않고 있소. 내가 중병(重病)이 들고 여든한 살이 된 것도 이해
하지 못하고 있소. 당신은 지금 특권(特權)을 가졌지만, 내가 죽고 나면
어쩔 작정이오? 그대는 역시 큰일은 토론하지 않고 사소한 일로 하루하
루를 보내는 사람이오. 부디 잘 생각하시오.

1974년 3월 20일 마오쩌둥(毛澤東)

5) 직무 제한에 불만, 끈질긴 권력확장 시도

1974년 7월 17일 마오쩌둥은 정치국회의를 소집하여 주재하였다.
바로 이 회의에서 마오쩌둥은 장칭(江青)의 이름을 지목하며 비판하
였다. "장칭 동지, 당신 주의하시오. 다른 사람이 당신에 대해 의견이
있어도 차마 얼굴을 맞대고는 말하지 못한다는 것을 당신은 모르고
있소. 걸핏하면 다른 사람에게 죄를 덮어씌우는 것은 나쁜 일이오."
마오쩌둥은 여러 사람의 면전에서 장칭을 가리키며 다시 말을 이었
다. "장칭은 상하이방(上海帮) 같으니 여러분들 조심하시오. 사인방
의 종파 행위는 안 돼! 장칭은 나를 대표하는 것이 아니라 그녀 자신
을 대표할 뿐이오. 한마디로 그녀는 그녀 자신을 대표한다는 거지."
1975년 5월 3일, 마오쩌둥이 정치국회의를 주재했다. 회의에서 그
는 다시 장칭을 언급했다. "장칭은 당의 대부분의 투쟁에 참가하지
않았으며, 천두슈(陳獨秀)·취츄바이(瞿秋白)·리리싼(李立三)·뤄
장룽(羅章龍)·왕밍(王明)·장궈타오(張國燾)와 그녀 모두 장정(長
征)에 참가하지 않았소. 나는 장칭을 그저 그렇고 그런 경험주의자

로 보고 있소." 그는 또 엄중하게 지적하였다. "사인방의 작당을 해
서는 안 되지. 여러분들은 거기에 휘말리면 안 되오. 왜 2백여 명의
중앙위원과 단결하지 못하는가? 몇 사람이 일을 도모하는 것은 좋지
않소. 예로부터 좋은 적이 없었지. 일을 제멋대로 해서는 안 되며 기
율이 있어야 하오. 개인의 주장만 내세우지 말고 의견이 있으면 정
치국에서 토론하여 문건으로 완성한 후 중앙의 명의로 하달해야 하
오. 나는 무슨 자료 같은 것을 보낸 적이 도통 없소."

장칭은 이보다 앞선 4월 27일 정치국회의에서 자아비판을 했으며,
마오쩌둥이 5월 3일 사인방의 심각한 위해성을 지적하자 장칭은 부
득불 6월 28일자로 한 통의 편지를 써 다른 사람의 그녀에 대한 비
판을 완화하고자 하였다.

　주석, 그리고 정치국 여러 동지들에게.
　저의 지난 4월 27일 정치국회의에서의 자아비판은 충분하지 못했습니
다. 여러 차례 정치국회의에서 동지들의 비판과 도움, 그리고 그에 따른
저의 사상적 감동은 매우 컸습니다. 그러나 사상적으로 한 때 흔들렸을 뿐
길을 완전히 벗어난 것은 아닙니다. 사상 투쟁을 거치고 나서 저는 회의가
기본적으로 잘 개최되었다고 생각합니다. 정치국은 과거에 비해 한결 더
단결되어 있습니다. 사인방이 객관적으로 존재함을 인식함에 이르러, 저는
당 중앙을 분열시키는 종파(宗派)주의가 발전할 가능성이 있음을 비로소
인식하게 되었습니다. 또한 주석께서 무엇 때문에 지난해부터 올해까지
서너 차례나 이를 언급하셨는가도 알게 되었습니다. 이것은 중대한 원칙
문제로, 주석께서는 원칙 문제에 있어서는 원래 양보하지 않기 때문입니다.
　　　　　　　　　　　　　　　　　　　　　　　　　　　장칭(江靑)

　　장칭은 마오쩌둥이 자신의 직무에 제한을 가하는 것에 불만을 품고 끈질기게 권력을 확장하려 하였다. 1969년 4월, 제9차 당 대표대회 직전에 어떤 인사가 중앙에 편지를 보내 장칭을 정치국 상임위원으로 선출함과 아울러 당 조직부장으로 임명할 것을 요구하였다. 마오쩌둥은 이 편지 위에 "헛된 이름밖에 없으니, 모두 적합하지 않음"이라고 비답(批答)하였다. 사인방의 일원인 왕홍원(王洪文)이 창사(長沙)로 가서 마오쩌둥에게 조각(組閣)의 구상을 보고하고 베이징으로 돌아간 뒤인 11월 12일 마오쩌둥은 장칭에게 경고의 편지를 보냈다. "공개적인 노출을 삼가고, 서류 결재를 하지 말 것, 그리고 뒷전에서 조각의 배후조종을 하지 마시오. 그대에 대한 원성(怨聲)이 자자하니 스스로 알아차려 여러 사람을 단결시키는 방향으로 노력하시오."

6) '인사(人事)조정안' 거절되자 불만 품어

　　11월 19일 장칭(江靑)은 마오쩌둥에게 반성(反省)의 편지를 보냈다. "주석의 기대에 못 미쳐 부끄럽습니다. 스스로 깨달음이 부족하여 혼자서 날뛰다 보니 정신이 가물가물하여 객관적 현실에 대해 유물론적으로 정확히 대처할 수 없습니다. 저 자신에 대해서도 정확한 분석을 할 수 없습니다. 전연 뜻밖의 일들로 놀라게 해드려 죄송하고, 이 점 깊이 뉘우칩니다." 이 같이 반성의 뜻을 장황하게 밝힌 후 편지의 말미에서는 말을 확 바꾸어 진짜 의도를 드러내었다. "당 9차대회 이래 저는 기본적으로 어떤 직책도 부여받지 못하고 쉬었으며, 현재는 더욱 한가롭습니다."

마오쩌둥은 편지를 읽고난 뒤, "이건 반성이 아니라 오히려 권력을 더 달라는 것인데, 그녀의 권력이 아직 적단 말인가?"라며 다시 장칭에게 편지를 보내 비판하였다. "그대의 직무는 곧 국내외(國內外) 동태를 연구하는 것으로 그 맡은 바 책임이 매우 크오. 이는 내가 그대에게 여러 차례 말한 바이니 할 일이 없다고 말하지 말라."

마오쩌둥의 비판에 대해 장칭은 들은 체 만 체 하였다. 1974년 10월 18일 장칭은 왕하이룽(王海容)과 탕원성(唐聞生) 두 여성을 시켜 마오쩌둥에게 편지를 보내 왕홍원이 당 부주석을 맡도록 해줄 것을 건의하였다. 장칭의 '인사조정안'을 두 사람이 전달하자 마오쩌둥은 날카롭게 지적하였다. "장칭이 야심을 품었군! 왕홍원을 부주석으로 만들고 싶다면 그녀 자신이 당 주석을 해야지!" 마오쩌둥은 이어서 두 여성에게 말했다. "돌아가 왕홍원, 장춘차오, 야오원위안에게 이르시오. 장칭 뒤에 모여 일을 꾸미지 말라고. 장칭이 야심을 품고 온갖 일에 모두 손을 뻗치니 군중들에게 일러 주어야겠소. 한마디로 장칭은 그녀 자신을 대표하오. 그녀는 나를 대표할 수 없단 말이오." 같은 해 12월 말 저우언라이 총리가 창사에 와서 마오쩌둥에게 제4기 전국인민대표대회의 준비 상황을 보고했을 때 마오쩌둥은 총리에게 다음과 같이 말했다. "장칭이 야심을 품은 것을 그대는 모르겠소? 오랜 세월 그녀를 지켜본 내가 보기엔 틀림없소. 갖가지 방법으로 그녀의 잘못을 바로잡으려 해봤지만 도통 말을 듣지 않소. 장칭은 세 가지 일을 했는데, '린뱌오와 공자에 대한 비판(批林批孔)' 운동을 벌이면서 개인적인 친분으로 처리하는 방법을 끼워 넣어 세 개의 주제를 만듦으로써 혼란을 조성했소. 그러고도 내게 알리지 않았지. 왕홍원이 나를 보고자 했고, 장칭 또한 전화를 걸어와 면담을 요청했으나 나는 안 본다고 했소. 만나려면 모두 함께 오라고 했소."

마오쩌둥이 굳게 버티었으므로 사인방은 끝내 4기 전인대의 주요 인사 조정을 바꿀 수 없었다. 저우언라이 총리의 주재 아래 10기 2중전회가 1975년 1월 8일 베이징에서 열려 덩샤오핑(鄧少平)을 당 부주석 및 정치국 상무위원으로 선출했다. 1월 13일부터 17일까지 열린 제4기 전인대에서 주더(朱德)를 상무위원장으로 선출하였으며, 저우언라이를 총리로, 덩샤오핑을 부총리로 각각 임명했다. 회의가 끝난 뒤 저우언라이는 병이 위중하여 입원하였고, 일상적인 국정의 관리는 덩샤오핑이 맡게 되었다.

이에 대해 장칭은 크게 불만을 품었으며, 왕하이룽과 탕원성 앞에서 거의 모든 정치국원들에 대한 욕설을 한바탕 늘어놓고는 그 두 사람이 자신의 의견을 마오쩌둥에게 꼭 전달하도록 지시했다. 마오쩌둥은 이 말을 전해들은 뒤 말했다. "장칭이 중시하는 사람은 여럿 안 되네. 단지 한 사람, 바로 그녀 자신이지." 탕원성이 물었다. "주석님은요?" "나는 그녀의 안중에 없지." 그리고 마오쩌둥은 다음과 같이 말했다. "앞으로 장칭은 모든 사람들과 사이가 틀어지게 될 거야. 지금 사람들은 그녀를 그럭저럭 대접해 주지만 내가 죽고 나면 소동이 일어날 거야."

7) 여황(女皇) 되고자 하는 야심 드러내

특히 마오쩌둥을 분노하게 만든 것은 이른바 '홍도여황(紅都女皇)' 사건이었다. 1975년 7월 23일 주더 위원장이 비서를 보내 마오쩌둥에게 친필 서신을 전달하였다. 편지지에는 행서(行書)로 단지 몇 자적혀 있었는데 첫머리는 여전히 '룬즈(潤之) 형(兄)'으로 시작하고 있었다. 마오쩌둥은 이 심상치 않은 편지를 읽으면서 얼굴에 수심이 가득해졌으며, 잠시 깊은 생각에 잠겼다가 곧 그 편지지 위에 자신의 견해를 써내려갔다. "편협하고 무지몽매하여 30년 동안의 나쁜 버릇을 고치지 않았으니, 당장 정치국에서 쫓아내고 각자 제 갈 길로 가리라." 이 말 뒤에 마오쩌둥 세 자를 또렷이 썼다.

원래 주더의 이 편지는 '홍도여황'에 관한 일을 마오쩌둥에게 알리는 것이었으며, 아울러 장칭과 미국 기자 루이스의 대화를 언급하고 있었다. 장칭이 제멋대로 허튼 수작을 부려 마오쩌둥은 크게 실망했으나 계속 용인할 수밖에 없었다.

그러나 장칭은 오히려 역사가 자신에게 너무 불공평하다고 느끼고 있었다. 그녀는 옛일을 들어 오늘에 비유하여 자신이 권력의 정상에 오를 수 있도록 여론을 조성하려 하였다. 1976년 3월 2일, 장칭은 독단적으로 11개 성·자치구 회의를 개최하고 장문의 담화를 발표하였는데, 이 자리에서 그녀는 "공동으로 대적하여 덩샤오핑에 맞서자."고 제안하였다. 장칭은 또한 여자 황제가 되고자 하는 야심도 드러내었다. "어떤 이가 린뱌오(林彪)에게 편지를 보내 나를 측천무후(則天武后)라고 하였으며, 또 어떤 이는 여후(呂后)라고도 하였는데, 나 또한 대단히 영광스러워요. 여후는 죄를 덮어씌우는 황제가 없어 실제로 권력을 그녀의 손안에 장악하였지요. 측천무후는 여자의 몸으로 봉건사회에서 황제가 되었어요. 동지들, 대단하지요! 여후와 측천무후를 비방하고, 나를 비방하는 것은 곧 주석을 비방하는 것이에요!" 마오쩌둥은 이 일을 알게 된 후 다시 장칭을 비판하였다.

1976년 9월 9일, 마오쩌둥은 오랜 병마와의 싸움 끝에 세상을 떠났다. 그 뒤 장칭은 주석의 부인이라는 특수한 신분을 이용하여 반란의 소동을 벌여 당과 국가의 최고 권력을 탈취하려고 기도했다. 그러나 '좋은 꿈은 이루어지기 어렵다(好夢難成)'는 말과 같이 사인방의 권력 장악의 꿈은 10월 6일 일거에 분쇄되고 만다.

장칭과 마오쩌둥

32 첫 아들 마오안잉(毛安英) – 한 사람의 보통 전사(戰士)

마오쩌둥은 지금까지 자신의 자녀들을 익애(溺愛)한 적이 없다. 그는 맏아들 마오안잉(毛安英)에 대해 고달픈 환경으로 가서 스스로를 단련하고 혁명의지를 배양하여 노동인민과의 공감대를 드높일 것을 어렸을 때부터 엄격하게 요구하였다. 참으로 그는 마오쩌둥의 아들로서 어떠한 특별대우를 받은 적도 없었던 것이다.

안잉(岸英)과 안칭(岸靑)에게,
아주 오래전에 안잉의 긴 편지와 안칭의 편지를 받았다. 안잉이 보내준 사진도 여러 차례 받았지만 내가 일일이 답장을 못해 너희들에게 아주 미안하구나. 너희들이 염려하는 것을 잘 안다.
너희들이 크게 진보하여 아버지는 기쁘다. 안잉은 문리(文理)를 훤히 통하였고, 글씨 또한 아주 잘 써 진취적 패기가 있으니 아주 좋다. (중략) 사람들이 삼가 너를 생각하고 뒷받침해 주는 것은 곧 너의 진보를 격려하는 좋은 점이 있다. 그러나 마찬가지로 나쁜 점이 있으니, 그것은 네가 자만심을 갖게 되어 실제 현실을 모르게 될 위험이 있다는 것이다. 너희에겐 너희 앞길이 있으니 좋건 나쁘건 너희들이 부딪치는 환경에 맞추어 너희 스스로 결정해야 할 것이다. 나는 너희들에게 간섭할 생각이 없으며, 내 의견은 단지 건의일 뿐이니 너희들 자신이 고려하여 결정토록 하라. 요컨대 나는 너희들을 사랑하며, 너희들이 더욱 잘 지내기를 바란다.

  - 毛澤東, 1941년 1월 31일 毛岸英·毛岸靑에 보낸 書信, 『毛澤東書信選集』(人民出版社, 1983), p. 166.

  혁명전쟁은 반드시 대가를 치러야 하는 법이다. 안잉은 한 사람의 보통 전사(戰士)로서 국제공산주의사업을 위해 젊은 목숨을 바쳤으므로 공산당원으로서 그 책임을 다하였다 할 것이다. 안잉이 내 아들이라고 해서 희생되지 말라는 법은 없다. 세상의 그 어떤 전사(戰士)일지라도 모두 그 부모가 낳은 자식이 아니던가?

  - 毛澤東, 1951년 彭德懷와의 談話, 孫寶義, 『毛澤東的讀書生涯』(知識出版社, 1993), p. 201.

  마오안잉(毛岸英, 1922-1950)은 마오쩌둥과 양카이후이 사이의 3남 중 맏아들로 1922년 10월 24일 후난성(湖南省) 창사(長沙)에서 태어났다. 어린 시절의 마오안잉은 부모의 혁명 활동을 따라 상하이(上海)·광저우(廣州)·우한(武漢) 등지로 전전하였다.

  1927년 대혁명 실패 후, 양카이후이는 다섯 살의 안잉과 그의 아우 안칭(岸靑)·안룽(岸龍)을 데리고 창사현 둥샹(東鄕)의 반창(板昌)

에 있는 고향 집으로 돌아와 지하공작에 들어갔다. 마오안잉은 어머니와 함께 반창에서 3년을 살았다. 1930년 10월 양카이후이는 국민당 창사 경비사령부에 체포되었으며, 마오안잉과 보모(保姆) 쑨위잉(孫玉英)도 함께 잡혀 창사 감옥에 갇혔다. 1930년 11월, 양카이후이가 창사에서 장렬하게 숨지고 난 후, 마오안잉과 쑨위잉은 친지들의 도움으로 보석(保釋)으로 풀려나 다시 반창으로 돌아가 외할머니와 함께 생활하였다. 1931년 춘절 후, 마오안잉 3형제는 지하당조직의 인도로 상하이로 옮겨졌으며, 지하당이 영도하는 중국혁명공제회 직속의 다퉁(大同)유치원에 보내져 양육되었다. 그 후 얼마 안 되어 안잉의 막내 동생 안룽이 이질(痢疾)을 앓다가 숨졌다. 1932년, 배반자의 밀고로 상하이 지하당이 대부분 파괴됨에 따라 당조직은 다퉁유치원을 해산하기로 결정하고 어린이들은 분산시켜 수용하였다. 안잉과 안칭은 둥젠우(董健吾) 친척집에서 4년을 보냈다.

1) 소련 유학 중 독일과의 전투에 참가

1936년 봄, 상하이 지하당은 마오안잉(毛岸英) 형제를 소련으로 보내 공부시키기로 결정했다. 1937년 초, 모스크바에 도착한 후 먼저 러시아어를 배웠고, 그 뒤 코민테른 제2아동학교에 들어가 학습하였으며, 1939년 여름, 다시 10년제 학교에 들어가 공부하였다. 재학 중에 안잉은 아주 열심히 학습에 임하였으며, 지덕체(智德體)가 모두 골고루 잘 발달된 것으로 평가되었다. 1940년 4월 12일, 옌안(延安)의 〈신중화보(新中華報)〉는 마오안잉의 편지 한 통을 게재하였다.

편지에서 안잉은 자신이 다니는 학교의 시설과 학습 풍경 등을 생동
감 있게 묘사하고 있으며, 마지막으로 자신의 이상(理想)과 신념(信
念)을 밝히고 있다.

> "나는 일백 배의 노력을 더 기울여 나의 학습을 완성할 것이다. 나는
> 정치와 군사를 매우 중시하고 있으며, 한 사람의 정치군사가 또는 훌륭
> 한 선전가가 되어 위대한 신중국을 위한 투쟁에 나서고 싶다. 나는 우리
> 의 항전(抗戰)이 반드시 승리할 수 있다고 굳게 믿고 있으며, 국공합작
> (國共合作)의 기초 위에서 중국은 반드시 선진적이고 자유로우며 행복
> 한 강국으로 건설되어야 할 것이다. 그때에 중국인민들은 자유와 평등의
> 생활을 향유하게 될 것이다. 바로 그때, 중국은 위대하고 강대한 민주적
> 중국이 될 것이다!"

이 시기에 마오안잉은 자주 아버지 마오쩌둥에게 편지를 썼으며,
그의 학습을 격려하는 마오쩌둥의 답신을 받곤 하였다. 학교에서 마
오안잉은 소년선봉대(少年先鋒隊) 대대장을 맡았고, 1939년 공청단
(共靑團)에 가입했으며, 나중에 공청단지부의 서기를 맡았다. 1941년
1월 31일 마오쩌둥은 안잉·안칭에게 비교적 긴 편지를 써 보냈는데,
그 속에는 안잉의 학습 진보를 칭찬하는 내용과 함께 학습의 방향에
대한 가르침이 담겨 있었다.

> "안잉은 문리(文理)를 훤히 통하였고, 글씨 또한 아주 잘 써 진취적
> 패기가 있으니 아주 좋다. 다만 한 가지 너희들에게 건의할 것은 아직
> 젊었을 때에 자연 과학 공부를 많이 하도록 하고, 정치 이야기는 되도록
> 적게 하라는 것이다. 정치는 중요한 것이지만 현재는 자연 과학 공부를
> 더욱 중시하고, 사회 과학은 그 다음으로 해야 한다. 장래에는 이를 뒤

바꾸어 사회 과학을 주로 하고, 자연 과학을 보충으로 할 수도 있을 것이다. 한마디로 과학(科學)에 주의를 집중해야 한다는 것으로, 오로지 과학만이 진정한 학문이며, 장래에 그 용처가 무궁무진한 것이다."

1941년 6월 독소(獨蘇)전쟁이 터지자 마오안잉의 정상적인 학습은 힘들게 되었다. 1942년 5월 이제 막 스무 살이 된 마오안잉은 스탈린에게 편지를 보내 소련을 지키기 위한 전쟁에 참전하겠다며 승인을 요구했다. 소련군 쪽에서는 마오안잉의 참전에는 동의하지 않았으나 그를 소비에트사관학교 속성반으로 전학시켜 군사 학습을 하도록 조치하였다. 1943년 7월 속성반을 졸업한 마오안잉은 다시 모스크바 레닌군정학교에 입학하였으며, 중위(中尉) 계급을 수여받았다. 이와 동시에 소련공산당 가입이 비준되어 1944년 정식당원이 되었으며, 1946년 중국으로 돌아온 뒤에는 중국공산당의 정식 당원으로 전환되었다.

전쟁 중이라는 환경 때문에 마오안잉의 레닌군정학교 학습은 몇 개월 만에 곧 끝나게 되었으며, 그 얼마 뒤 키르기스스탄에 있는 프룬제(Frunze) 군사대학에 전입하여 약 2년간 공부했다. 이 중간에 마오안잉은 전선(戰線)으로 보내 줄 것을 강력히 요구하였으며, 탱크중대 당 대표를 맡아 부대를 따라 폴란드와 체코슬로바키아로 진격하여 파시스트와 전투를 벌였다. 1945년 5월 독소전쟁이 끝난 후, 마오안잉은 다시 모스크바 동방언어대학으로 가서 공부하였다. 1946년 1월 초 그의 귀국 신청이 중국에서 비준됨에 따라 비행기를 타고 옌안으로 돌아왔다. 모스크바를 떠나기 전에 스탈린이 그를 접견하였으며, 작은 권총 한 정을 선물로 주었다. 그는 이 권총으로 한국전쟁에서 작전에 임했으며, 그가 희생된 뒤에 그 주변에서 권총 잔해가 발견되었다고 한다.

2) 1946년 귀국 후 대추밭에서 농사일

마오안잉(毛岸英)이 옌안에 돌아오자 마오쩌둥은 그에게 먼저 부근 대추밭에 가서 농사일을 배우라고 하였다. 즉 '노동대학'에 진학하라는 것이었다. 그 뒤 마오쩌둥은 안잉이 중앙선전부 기관에 가 근무하는 한편 학습을 계속하도록 하였다. 1947년 3월, 국민당의 후쭝난(胡宗南) 부대가 대거 옌안으로 진격해 옴에 따라 마오안잉은 중앙 기관을 따라 섬북의 와야오바오(瓦窯堡) 등지로 전전하였다. 이렇게 어렵고 긴장된 전쟁 상황 속에서도 마오안잉은 학습을 게을리하지 않았으며, 자신의 학습과 공작 상태를 수시로 아버지에게 편지로 보고하였다. 이때 안잉은 마오쩌둥의 회신도 받았는데, 그 내용은 학습 진도의 칭찬과 함께 사상 면에서의 발전을 함께 칭찬하는 것이었다.

마오안잉을 실제 현실 속에서 단련시키기 위해 마오쩌둥은 1947년 4월 안잉을 중앙토지개혁공작단에 참가시켜 산시(山西) 린현(臨縣) 하오자포(郝家坡)에서 토지 개혁 시범 사업을 진행하게 하였다. 하오자포에서 마오안잉은 군중과 한 덩어리가 되어 사업을 추진하였으며, 2개월 후 자신의 체험을 총결하여 장문의 편지로 마오쩌둥에게 보고하였다.

"저는 하오자포에서 2개월 동안 토지 개혁 사업을 벌이면서 아래와 같은 일들을 배울 수 있었습니다.

　(1) 가장 중요한 점으로, 자신이 서있는 바 무산계급의 입장을 확실히 이해하였다.

(2) 군중노선은 곧 계급에 민주적 기풍을 불어넣는 것이다.

(3) 농촌의 계급투쟁을 최고 수준으로 드높이지 않으면, 광대한 농민 군중을 동원할 수 없다.

(4) 군중의 감독이 없으면 민주주의(民主主義)가 없으며, 간부들이 필 연적으로 나쁘게 변해 인민들의 머리 위에 군림하고 자기 마음대 로 하려 할 것이다.

(5) 오로지 군중의 역량을 이용할 때에 비로소 우리 당정군(黨政軍) 을 철저하게 개조할 수 있을 것이다."

신중국 성립 후 마오안잉은 기층(基層)으로 내려가 공작하겠다고 주동적으로 요구했다. 1950년 여름, 그는 베이징기계공장의 당지부 부 서기직을 맡고 있었다. 1950년 6월, 한국전쟁이 터지자 당 중앙은 중국 인민지원군(人民志願軍)을 조직할 것을 결정했다. 마오안잉은 즉각 지원 의사를 밝혔으며, 당 중앙은 이 신청을 비준하였다. 1950년 10월 마오안잉은 아파서 병원에 입원해 있던 그의 아내 류쑹린(劉松林)에 게 바삐 이별을 고하고 압록강(鴨綠江)을 건너 한반도에 발을 디뎠다.

3) 미군(美軍) 네이팜탄 폭격으로 전사

마오안잉(毛岸英)은 인민지원군 총사령부 펑더화이(彭德懷) 사령 관의 사무실에 배치되어 비서 업무를 맡았다. 펑더화이 사령부의 작 전실은 평안북도의 두 큰 산 사이에 위치한 대유동(大楡洞)의 원래 금광(金鑛)이었던 동굴 입구에 설치되었다. 직사각형의 나무로 된 방에 위치한 작전실에서 마오안잉은 러시아어 번역 및 기밀 관련 업무를 처리하였다. 그는 번역은 물론이고 전문(電文)의 수발과 전화를 받는 일 등 자신이 맡은 일을 적극적으로 처리하여 펑더화이 사령관 등 관계자들의 아낌없는 칭찬을 받았다.

1950년 11월 25일은 중국인민지원군이 제2단계 전략에 돌입하기 시작한 첫째 날이었다. 이날 오전 9시쯤, 몇 대의 미군(美軍) 폭격기가 지원군 사령부의 상공을 지나 북쪽으로 날아갔다. 본부의 요원들은 이러한 상황에 대응하여 방공(防空)태세를 갖추기에 여념이 없었다. 그러나 아직 완전히 준비가 덜 끝났을 때 아까 그 비행기들이 다시 북쪽에서 날아들어 요란한 굉음을 내며 작전실 상공으로 접근했다. 연이어 수십 개의 네이팜탄이 폭격기에서 쏟아지자 기지 전체가 불바다로 변했으며, 수백 도가 넘는 화염이 작전실을 집어삼켰고, 이때 근무 중이던 마오안잉과 사령부 참모 가오루이신(高瑞欣)이 희생되었다. 이때 마오안잉의 나이는 겨우 28세였다.

마오안잉은 마오쩌둥 일가 중에서 여섯 번째 희생자였다. 마오쩌둥은 베이징에서 예쯔룽(葉子龍)과 장칭(江靑)이 전하는 이 소식을 듣고 얼이 빠져 반나절 가까이 오랫동안 소파에 앉아 있다가 비로소 담배를 피워 물었다. 한 대 또 한 대, 계속 담배를 피우던 마오쩌둥은 끝내 긴 탄식을 하였다. "허허, 누가 마오쩌둥의 아들 아니랄까 봐!"

1951년 말, 펑더화이가 귀국하여 마오쩌둥을 만나 무겁게 입을 열었다. "주석, 저는 주석에게 죄를 청합니다. 안잉을 잘 돌보지 못했으니 주석께 죄송하기 이를 데 없습니다. 제게 책임이 있으니 처분을 바랍니다."

"그런 말 마시게." 마오쩌둥은 말했다. "혁명전쟁은 반드시 대가를 치러야 하는 법이오. 안잉은 한 사람의 보통 전사(戰士)로서 국제공산주의를 위해 젊은 목숨을 바쳤으므로 공산당원으로서 그 책임을 다 하였소. 안잉이 내 아들이라고 해서 희생되지 말라는 법은 없소. 세상의 그 어떤 전사(戰士)일지라도 모두 그 부모가 낳은 자식이 아니던가요?"

1954년 12월, 인민지원군 사령부는 군사위원회로 전문을 보내 마오안잉의 유골을 어떻게 안치(安置)할 것인가를 물었다. 군사위 총간부부는 회신을 보내 베이징으로 운구할 것을 요구했으며, 펑더화이는 이 조치가 타당하지 못하다고 보았다. 그는 저우언라이(周恩來) 총리에게 편지를 썼다. "내 뜻은 조선 땅에 매장하는 것입니다. 지원군에서 비를 세워 우리가 스스로 참전한 경위와 희생 경과를 밝히면 마오쩌둥의 아들로서 부끄럽지 않을 것입니다." 저우언라이는 이 편지를 마오쩌둥에게 보였으며, 이를 읽은 마오쩌둥은 펑더화이 장군의 의견에 동의를 표시하였다. 그리하여 평안남도 회창군(檜倉郡)에 있는 인민지원군 묘역 안에 마오안잉의 묘가 만들어졌다.

4) "나는 특별한 대우를 원하지 않는다."

마오쩌둥이 그의 큰 아들 안잉(岸英)에 대한 조치와 요구들을 보면 마오쩌둥의 풍모를 가히 알 수 있다. 마오쩌둥 또한 천하의 모든 아버지와 마찬가지로 그 자식을 사랑하는 마음이 깊었지만, 자녀들에게 엄격한 기준을 요구하여 실천하도록 한 것은 일반인들의 자녀들에 대한 사랑과 달랐다. 어린 나이에 이곳저곳으로 거처를 옮기며 고생을 하였고, 소련 방위전쟁에 참전하여 생사(生死)의 시험대를 거친 마오안잉은 소련에서 돌아온 후에도 그 어떤 높은 직책을 받은 바 없었다. 그는 섬북 지방에서 농사일을 익히고 토지개혁 운동에 참여하는 등 현실적 훈련을 잘 견뎌내었고, 계급투쟁의 현장에서 자신을 단련시켰다. 마오쩌둥은 신중국 초기에 안잉을 베이징 중기(重機)공장에 배치하여 기층 공작에 종사하게 함으로써 노동자들 속에서 실제 업무를 배우도록 하였다.

마오안잉은 1947년 일기에 다음과 같이 기록하였다. "나는 마오쩌둥의 아들이라는 이유로 특별한 대우를 받는 것을 원하지 않는다." 1949년 10월 15일, 마오안잉은 류쑹린(劉松林)과 결혼했는데, 혼례는 중난하이(中南海)의 마오쩌둥 거처에서 조촐하게 치러졌다. 마오쩌둥은 혁명동지 몇 명을 불러 함께 식사하였으며, 자신이 입던 외투를 안잉 부부에게 기념품으로 선물했다.

당시 전국이 해방된 지 얼마 안 되었으므로 많은 친지들이 마오안잉에게 편지를 쓰거나 직접 찾아와 생활상의 어려움과 사업상 곤란한 문제들을 해결해 주도록 부탁하였다. 마오안잉은 사사로운 정에 얽매이지 않고 당의 원칙에 입각하여 이러한 문제들을 처리하였다. 그는 1949년 10월 24일, 외갓집 아저씨인 샹리즈(向立之)에게 보낸 답신에서 친척 관계를 이용하여 개인적 이익을 도모하는 것에 반대한다고 솔직하게 이야기하고 있다. "반동파들이 공산당은 인정(人情)이 없다고 항상 비난합니다. 만약 그들이 말하는 인정이 친척과 친구를 돕는다거나 고향 사람과 동료를 도와 공직에 오르게 하고 돈을 모으게 하는 일이라면, 과연 우리 공산당은 그 같은 인정이 없다 할 것입니다. 공산당은 그와는 다른 인정을 가지고 있는데, 그것은 곧 인민에 대한 무한한 사랑입니다."

1950년 8월 19일, 마오안잉은 어머니 양카이후이와 자신이 감옥에 갇혔을 때 고난을 같이 한 보모 쑨위잉(孫玉英)에게 보낸 편지에서도 그 같은 원칙을 표현하였다. "당조직에서 아주머니를 보살피는 것은 당신이 혁명 사업에서 일정한 공로를 세웠다고 인정하고 대우하는 것입니다. 아주머니께서 우리와 함께 20여 년 전 감옥에 갇혔을 때, 적군이 때리고 위협하였지만 절대 굴하지 않았으므로 지금의 영광이 있는 것입니다. 그러나 아주머니, 결코 이 일로 인해 자만하고 으스대서는 안 됩니다. 만약 그렇게 되면 자신의 영광이 역사의 오욕이 되기 때문입니다. 저는 아주머니가 절대 그럴 리 없다고 생각합니다. 당신은 성실하고 소박하며, 항상 대중에게 좋은 일을 하셔서 누구에게도 존경받고 있기 때문입니다."

마오쩌둥과 그의 큰 아들 안잉

제6장

마오쩌둥의 삶과 사상(思想)

중국공산당을 이끌고 중국혁명을 완성한 마오쩌둥(毛澤東)에 대하여 한국사회에서는 아직까지도 부정적 인상을 가지는 시각이 있다. 그 주요한 원인으로는 한국전쟁(韓國戰爭)에 인민지원군을 개입시킨 점, 전후(戰後) 이데올로기의 대립 속에서 생겨난 적대감, 문화대혁명(文化大革命)을 추진하여 많은 사람들을 고통에 몰아넣은 그의 말년의 과오 등을 들 수 있겠다.

　　그러나 1978년 이후 중국의 개혁개방정책 실시, 1990년 구소련의 해체 등과 같은 과정을 걸쳐 이제는 동서냉전의 군사·정치적 대립은 거의 사라진 상황이다. 특히 한국과 중국이 1992년 정식으로 국교를 수립한 이후, 한중(韓中)간의 정치·경제·문화의 교류는 유사 이래 가장 큰 폭으로 확대되고 있는 실정이다. 이러한 국제 정세의 변화 속에서 아직도 중국사회와 중국인들에게 커다란 영향력을 미치고 있는 마오쩌둥에 대해 정확하게 인식하는 것은 중국을 올바르게 알기 위해 필수적이다.

　　마오쩌둥은 자신을 어떻게 평가했는가? 그는 자신이 성인(聖人)이 아니라고 단언했다. 파란만장했던 마오쩌둥의 삶을 더듬어 보고, 어쩌면 숙명이라고 해야 할 농민혁명과 그의 리더십과의 관계를 살펴본다. 아울러 오랜 투쟁의 실천적 경험을 총결하여 형성된 '마오쩌둥 사상(思想)'을 알기 쉽게 정리해본다.

33 마오쩌둥의 자평(自評) - 나는 성인(聖人)이 아니다

마오쩌둥은 많은 고금(古今)의 인물(人物)들을 평론하였으며, 자신에 대해서도 여러 차례 평론하였다. 그는 자신의 성격(性格)·지식·재능·희망·공과(功過) 등에 관해 언급하였으며, 이 자아평론을 통하여 마오쩌둥의 내면세계와 그가 꾸준히 추구하는 바를 알 수 있다. 확실히 그는 위인(偉人)이지만 성인(聖人)은 아니다.

나에게는 호랑이의 기개(氣概)가 있어 으뜸의 성격이 되고, 또한 원숭이 기질(氣質)이 있어 그 다음 성격(性格)이 된다.

    - 毛澤東, 1966년 7월 8일 江靑에게 보낸 書信, 王年一, 『大動亂的年代』(河南人民出版社, 1988), p. 7.

나는 천재(天才)가 아니다. 나는 6년간 공자(孔子)의 책을 읽었고, 1918년에 이르러 비로소 마르크스레닌주의를 읽었다. 어째서 천재인가?

- 毛澤東, 1971년의 談話, 胡哲峰·孫彦, 『毛澤東談毛澤東』(中央黨校出版社, 1993), pp. 194-195.

사람들에게 3천 년 동안 내려온 황제 숭배의 전통을 극복하라고 하는 것은 곤란한 실정이다. 이른바 '네 가지 위대함' 즉 위대한 교사(敎師)·영수(領袖)·통수(統帥)·타수(舵手) 등은 혐오스럽다. 결국 어느 날 모두 없애버려야 하며 오로지 남는 것은 'Teacher', 즉 교사일 것이다.

- 毛澤東, 1970년 12월 18일 美國 記者 스노우와의 談話, 胡哲峰·孫彦, 『毛澤東談毛澤東』(中央黨校出版社, 1993), p. 196.

나 역시 잘못을 범했다. 지난해 나는 줄곧 말하기를 그대들 또한 내가 잘못을 범하도록 허락하고, 그 잘못을 고치도록 허락하고, 내가 고쳤을 때 환영해야 한다고 하였다. 지난해 내가 말하기를 사람에 대해서는 분석이 필요한데, 사람은 잘못을 범하지 않을 수 없다고 하였다. 이른바 성인(聖人)에게 결점이 없다는 것은 형이상학적(形而上學的) 관점이고, 마르크스주의와 변증법적(辨證法的) 유물론(唯物論)의 관점이 아니다.

- 毛澤東, 1962년 9월 中共 8기 10中全會에서의 講話, 胡哲峰·孫彦, 『毛澤東談毛澤東』(中央黨校出版社, 1993), p. 183.

동지들에게 이르노니 이 마오쩌둥을 두려워하지 말라. 나는 공산당 주석을 말을 것이라고는 생각도 한 적 없다. 나는 원래 학교 선생이 되고자 하였으나, 훌륭한 선생이 되는 것 또한 쉬운 일이 아니었다.

- 毛澤東, 1950년대 측근 工作員과의 談話, 李銀橋, 『在毛澤東身邊十五年』(河北人民出版社, 1991), p. 224.

마오쩌둥은 중국역사에 있어 특이하면서 걸출한 인물이다. 그는 사회 밑바닥으로부터 올라와 최고의 영도자가 된 인물로 농민운동을 통해 성장하고 농민혁명을 통해 중국혁명을 완성하였다. 본질적으로 그는 농민의 아들이며, 중국의 농촌 땅에서 일어선 인물이다. 그는 농민의 생활 습관을 몸에 지녔으며, 마음속에는 농민의 사상과 감정을 가지고 있었다.

마오쩌둥은 궁벽한 시골에서 태어났으나 독서와 학습을 좋아하여 자신의 안목을 넓히면서 그의 재능을 키워 나갔다. 그는 청소년 때부터 어떠한 사명감을 품고 있었으며, 큰 자신감을 가지고 있었다. 5·4 운동 시기에 그는 '민중대연합'이라는 문장을 통해 큰 소리로 외쳤다. "천하는 우리들의 천하이며, 국가는 우리들의 국가이고, 사회는 우리들의 사회이다. 우리가 말하지 않으면 누가 말하겠으며, 우리가 하지 않으면 누가 하겠는가?"

1) 세 차례나 당적(黨籍)을 박탈당했다

마오쩌둥의 일생은 평탄하지 않았으며, 그의 주장과 믿음이 사람들에게 이해될 때까지 여러 차례의 공격을 받고 직위를 박탈당하는 등 역경을 겪어야 했다. 그러나 그는 지향하는 바를 굳게 정하고, 의지를 강하게 하여 꾸준히 앞으로 나아갔다. 1960년 12월 26일은 마오쩌둥의 67회 생일이었는데 그는 친지 및 측근 공작원들과의 회식 자리에서 다음과 같이 말했다. "사람은 겉으로 떠돌아다녀서는 안 되며, 밑으로 내려가 조사 연구에 매진해야 합니다. 사람은 압력을 받

498

지 않으면 진보할 수 없습니다. 나는 세 차례의 무거운 처분을 받아 당적(黨籍)을 제명당하고, 군대를 지휘하는 직책을 몰수당했으며, 당의 영도 공작에도 참가할 수 없었어요. 내가 작은 방에 틀어박혀 있는 2-3년 동안 아무도 문 앞에 얼씬거리지 않았습니다. 종파(宗派) 주의자라는 비판을 받고 있었기 때문에 나 역시 어떠한 사람도 찾아가지 않았지요. 나는 덩샤오핑 동지의 얼굴조차 보지 않았습니다."

1964년 8월 24일 마오쩌둥은 물리학자 저우페이위안(周培源) 등과 대담하면서 중국혁명에 대한 그의 인식과 그 인식의 발전 과정에 대해 이야기하였다. "내가 정치를 하게 된 것은 차츰차츰 발전된 일이지요. 나는 공자의 책을 6년 읽은 후, 학당에서 7년간 공부하여 소학교 선생이 되었어요. 당시 나는 무엇이 마르크스주의인지 근본적으로 몰랐습니다. 마르크스·엥겔스의 이름도 들어보지 못했고 그저 아는 것이라고는 나폴레옹과 워싱턴 정도였지요. 군사(軍事) 또한 그러합니다. 나는 국민당 선전부장 대리를 지냈고, 농민강습소에서도 전쟁의 중요성을 강의했으나, 내 자신이 직접 전쟁을 하게 될 줄은 몰랐어요. 뒷날 나는 병사들을 이끌고 전쟁을 지휘하였으며, 징강산(井岡山)에 오르게 되었지요. 징강산에서 처음 몇 번은 이겼으나, 곧이어 두 번이나 크게 패했어요. 그리하여 이 경험을 총결하여 유격전(遊擊戰) '16자 전법'을 창안해 냈던 것입니다. 나는 장제스(蔣介石) 위원장의 가르침에 감사를 표합니다."

마오쩌둥의 특이한 개성은 어떠한 재앙도 두려워하지 않는다는 것이다. 그는 장강(長江)을 헤엄쳐 건넌 후 감격스럽게 말했다. "모든 사람들이 장강을 크다고 하는데, 실은 크다고 겁낼 일이 아니요. 미국은 크지 않은가? 우리가 미국과 맞붙어 보니 별것 아니더라. 소련도 마찬가지로 그들은 자신의 말 한마디에 모든 국가가 순종할 것이라 여겼으나 나는 그들의 압력을 물리쳤지. 우리는 그러한 대국(大國)들의 강압에 너무 얽매일 필요가 없음을 확실히 인식해야 하오."

2) 선집(選集)은 군중의 지혜를 모은 것

'마오쩌둥 사상'은 중국의 마르크스레닌주의로, 마오쩌둥을 대표로 하는 중국공산당원들이 창조한 것이며, 그중 마오쩌둥의 공헌이 가장 컸다. 해방된 후 '마오쩌둥선집(毛澤東選集)'이 출판되어 국내외의 커다란 반향을 일으켰다. 그러나 마오쩌둥은 지금까지 그 선집을 그 자신의 저작(著作)으로 여기지 않았으며, 군중의 지혜를 모은 것으로 간주해 왔다. 항일전쟁 시기에 옌안(延安)의 이론계에서는 '마오쩌둥주의(毛澤東主義)'에 관한 토론이 전개되었는데, 이를 전해들은 마오쩌둥은 중앙당교에서 다음과 같이 지적했다. "이는 나 개인의 사상이 아니라 천만 선열(先烈)들이 피로써 써낸 것이며, 당과 인민의 집체적 지혜인 것이다." 그는 1964년 3월 보이보(薄一波)에게 말했다. "그 선집이 어째서 나의 것인가? 그것은 피의 저작이오. 선집 속의 이러한 내용들은 군중이 우리에게 가르쳐 준 것이며, 피를 흘려 희생의 대가를 치른 것이지요."

마오쩌둥은 마음에 큰 뜻을 품고 여러 가지 희망을 가지고 있었다. 그의 희망은 대체로 두 종류였는데 하나는 중국혁명 및 건설의 방향과 밀접한 관련이 있었고, 또 하나는 그 자신의 개인적 희망이었다. 1961년 루산(廬山)에서 그는 신변 경호원 장셴펑(張仙朋)에게 자신의 세 가지 숙원을 이야기하였다. "첫째, 현장으로 내려가 공업 1년, 농업 1년, 상업에 반년 간 종사하며 많은 조사연구를 통해 실정을 이해함으로써, 나 자신이 관료주의(官僚主義)의 병폐에 물들지 않고 전국의 간부들에게도 하나의 촉진 작용이 되게 하는 것이지. 둘째, 말을 타고 황하(黃河)와 장강(長江)으로 가 양안(兩岸)의 현지 조사를 하는 것이오. 나는 지질학 방면의 지식이 없으므로 지질학자 한 명을 청하여 대동하고, 다시 역사학자와 문학가를 한 명씩 청하여 함께 가면 좋을 거요. 셋째, 마지막으로 나 자신의 일생을 그린 책 한 권을 쓰되 결점(缺點)과 과오(過誤)를 포괄하여 기록함으로써 세인들이 나에 대하여 객관적으로 평가할 수 있도록 하는 것이오." 이를 통해 볼 때 마오쩌둥이 현지조사와 몸소 실천함을 얼마나 중시하고 있는가를 알 수 있다.

마오쩌둥은 어렸을 때부터 역사를 좋아하였으며, 그러한 취향은 평생토록 계속되었다. 그는 다른 사람들이 역사연구를 하는 것을 격려 했을 뿐만 아니라 그 자신도 역사 저작을 집필하고자 하였다. 1959년 5월 그는 비서 린커(林克)에게 말했다. "나는 신해혁명으로부터 장제스가 권력을 잡는 과정까지의 중대한 사건 기록들을 책으로 쓰고 싶네. 장제스 집단 자체의 변화는 쓰지 않을 수도 있겠지만, 장제스가 권력을 잡은 후의 군벌(軍閥)전쟁에 관해서는 상세하게 기록할 필요가 있지. 쑨원(孫文)이 임시대총통을 맡았을 때 차이어(蔡鍔)의 반(反)위안스카이 전쟁, 이후 장제스와 리쭝런(李宗仁)·펑위샹(馮玉祥)·옌시산(閻錫山) 사이에 벌어진 전쟁 등을 모두 자세히 기록할 것이야." 그러나 마오쩌둥의 일생은 바쁘기 한량없어 이러한 역사 서적 집필 계획은 끝내 실현되지 못했다.

마오쩌둥은 또한 자연과학을 좋아하였다. 그는 1951년 4월 중순 어느 날 저우스자오(周世釗) 등에게 말했다. "나는 2, 3년간 휴가를 얻어 자연 과학을 배우고 싶은 생각이 간절하오. 그러나 안타깝게도 그렇게 오랜 기간의 휴가가 내게 허락되겠는가." 그는 비록 휴가를 얻어 자연과학을 전문적으로 연구할 수는 없었지만, 스스로 학습하기를 부지런히 하여 많은 책을 사서 읽었으며, 중학교 물리·화학 실험 기구들을 구입하여 침실 안에서 연구하기도 하였다. 그는 많은 화학 방정식을 쓸 수 있었다.

3) 사람은 잘못을 범하지 않을 수 없다

마오쩌둥은 사람이 어떤 일을 할 때 잘못을 범하지 않을 수 없다고 인식하였다. 마르크스·엥겔스·레닌·스탈린 모두 잘못을 범하였는데, 만약 잘못이 없다면 왜 그들이 원고를 고치고 또 고쳤겠느냐는 것이다. 그는 자신도 잘못을 범한 적이 있다고 여러 번 이야기하였다. 그는 1962년 '7천인 대회'에서 말했다. "무릇 중앙이 범한 잘못의 책임은 직접적으로 내게 귀속되고, 간접적으로도 일정 부분 나에게 책임이 있는데, 그것은 내가 중앙의 주석이기 때문이다. 다른 동지들에게도 책임이 있지만 그 첫 번째 책임자는 당연히 나 자신이다." 1959년 9월 마오쩌둥은 어느 회의에서 말했다. "사람은 성현(聖賢)이 아니어서 잘못이 없을 수 없다. 나 역시 부족한 점이 많은 사람이라 어떤 때는 나 자신이 싫어지기도 한다. 마르크스주의의 여러 학문을 잘 배우지 못했으며, 외국어(外國語) 학습도 시원찮다. 경제

(經濟)분야는 이제 막 공부를 시작했다. 그러나 나는 배우기로 결심하면 죽기 전에는 쉬지 않는다."

1961년 마오쩌둥은 자신의 경호원 장셴펑에게 말했다. "나라는 사람으로 말하자면 좋은 점이 70%이고 나쁜 점이 30%라는 평을 받으면 아주 만족할 걸세. 나는 나 자신의 관점을 숨기지 않는 평범한 사람이지. 나는 성인(聖人)이 아닐세."

1976년 마오쩌둥이 이 세상을 떠나기 몇 개월 전 다음과 같이 스스로의 생애를 총평하였다. "인생칠십고래희(人生七十古來稀)인데 나는 이미 80여 세가 되어 후사(後事)를 생각하지 않을 수 없다. 중국 옛말에 사람의 평가는 죽은 후에야 결정된다는데, 나 또한 그때가 곧 닥칠 것이니 어쨌든 평가가 나올 것이다. 내 일생에 두 가지 일을 했으니 하나는 장제스와 수십 년 싸워 그를 섬으로 쫓아내었고, 항전 8년 만에 일본인을 그들 고향으로 돌아가게 한 것이다. 이러한 일에 대하여 이의(異議)를 다는 사람은 많지 않다. 또 하나의 일은 '문화대혁명'을 발동한 것인데 이 일을 지지하는 사람은 많지 않으며, 반대하는 사람이 적지 않다. 이 두 가지 일이 모두 완결되지 않았으니, 이 유산(遺産)은 다음 세대에 넘겨주어야 할 것이다."

마오쩌둥은 위대한 혁명가이고 정치가이다. 진정한 혁명은 풍부한 창조력을 동반한다. 혁명은 한 방면으로는 '파(破)' 즉 생산력의 발전에 걸림돌이 되는 생산관계와 사회관계 및 사상관계를 타파하는 것이고, 다른 한 방면으로는 '립(立)' 즉 생산력의 발전에 적응되는 새로운 생산관계와 사회관계 및 사상관계를 수립하는 것이다. 혁명이란 바로 '파(破)'와 '립(立)'의 통일로서 혁명의 본질은 창조이지 단순 파괴가 아니다. 이 방면에서 마오쩌둥이 영도한 중국혁명은 거대한 창조력을 과시했는바 마오쩌둥으로 하여금 절세의 인민영수로 되게 하였다. 그러므로 혁명은 반란이나 농민봉기와 완전히 다른 것이다. 반란이나 농민봉기는 새로운 생산관계, 사회관계와 사상관계를 수립하지 못하거니와 낡은 생산관계, 사회관계와 사상관계를 타파하지도 못한다. 반란과 농민봉기는 그들의 상대를 타도하는 것이 목적이지만 혁명은 그것을 추월한 높은 차원인 것이다. 이런 의미에서 볼 때, 마오쩌둥과 같은 혁명가야말로 진정한 인민영수로 되기에 손색이 없다. 하지만 혁명의 목적은 발전이다. 따라서 마오쩌둥의 만년(晚年)에 진정 부족한 점이 있었다면 그가 비록 최대한의 노력을 기울였지만 혁명에서 발전이라는 결과를 이루지 못했다는 점이다.

마오쩌둥은 자신에 대해 '있는 그대로의 사실에 토대하여 진리를 탐구한다'는 실사구시(實事求是)를 추구하였고, 자기의 능력을 정확히 알고 있었다. 그는 자신이 완전한 사람이거나 성인(聖人)이 아님을 알았을 뿐만 아니라, 원칙도 없이 과분한 겸손을 행하지도 않았다. 그는 후세 사람들이 자신의 잘못과 공(功)을 3대 7로 평가해 준다면 만족하다고 생각하였다. 요컨대 이같이 마오쩌둥 일생의 공과(功過)를 평가하는 것이 과학적이고 정확한 것인가? 중국공산당이 공식적으로 마오쩌둥의 업적을 평가한 '건국 이래 당의 약간의 역사문제에 관한 결의(關于建國以來黨的若干歷史問題的決議)'는 이에 대한 해답을 주고 있다.

"마오쩌둥 동지는 위대한 마르크스주의자이며, 위대한 무산계급 혁명가 및 전략가이며 이론가이다. 그는 비록 '문화대혁명' 중에 엄중한 착오를 범하였지만, 그의 일생을 살펴볼 때 그의 중국혁명에 대한 공적(功績)은 그의 과실에 비해 더욱 크다. 그의 공적이 첫째이며, 그의 과실은 두 번째이다. 그는 우리 당과 인민해방군의 창립과 발전을 위해, 중국 각 민족의 해방 사업 승리를 위해, 중화인민공화국의 성립 및 사회주의 사업의 발전을 위해 영원불멸의 공훈을 세웠다. 그는 세계 피압박 민족의 해방과 인류 진보의 사업을 위해 중대한 공헌을 하였다."

34 마오쩌둥의 약력(略歷)

　마오쩌둥(毛澤東)은 1893년 12월 26일, 후난성(湖南省) 샹탄현(湘潭縣) 사오산충(韶山沖) 마을에서 태어나 1976년 9월 9일 베이징(北京)에서 사망했다. 중국의 사상가이며 혁명가로 신중국(新中國)을 건립하는 데 가장 큰 공을 세운 그는 약 40년간 중국공산당의 최고 지도자로서 대사(大事)를 관장했다. 자는 룬즈(潤之), 필명은 쯔런(子任)이다.

　가난한 농민이었던 아버지 마오순성(毛順生)과 어머니 원치메이(文七妹) 사이의 3남 중 첫째 아들로 태어나 집안의 농사일을 도우며 8세 때 초등학교에 입학하여 13세까지 '사서(四書)' 등을 배웠다.[53] 마

---

53) 마오쩌둥이 태어나기 전에 두 형이 태어났으나 모두 어릴 때 숨졌다. 마오쩌둥의 두 남동생은 모두 혁명 중에 전사했다. 첫째 동생 마오쩌민(毛澤民, 1896-1943)은 마오쩌둥과 함께 후난의 노동조합 운동을 벌였고, 북

오쩌둥은 어렸을 때 중국 고대의 전기(傳奇) 소설과 특히 모반(謀反)에 관한 옛 소설들을 즐겨 읽었는데, 악비전(岳飛傳)·수호전(水滸傳)·삼국지연의(三國志演義)·서유기(西遊記) 등을 줄줄 외울 정도가 되었다. 그는 소학교를 마치고 16세까지 아버지의 반대로 진학을 못하였으며, 낮에는 농사일을 도왔고 밤에는 미곡상(米穀商)을 하는 아버지의 장부 정리 일을 도맡아 일하면서 틈틈이 독서에 몰두했다. 마오쩌둥은 이 시기에 '성세위언(盛世爲言)'54)이란 책에 빠졌는데, 이 책의 저자는 중국의 약점이 서양의 기계장치를 활용하지 못하는 데 있다고 생각하여 이러한 기계들을 중국에 도입할 것을 촉구하였다.

　마오쩌둥은 1910년 샹샹(湘鄕)에 있는 둥산(東山)고등소학에 들어갔으며, 1911년 창사(長沙)의 샹샹주성(湘鄕駐省)중학에서 학습하였다. 이 기간에 〈신민총보(新民叢報)〉와 국민혁명파 신문 〈민립보(民立報)〉의 열렬한 독자가 되어 거기에 실린 반청론(反淸論)이나 혁명론에 많은 감동을 받았다.

　　벌에 참여했다가 징강산에서 마오쩌둥과 합류하여 장정에 참가했다. 1938년 신장성으로 파견되어 재정고문으로 일했으나 공산주의자에 대한 숙청으로 1942년 처형되었다. 둘째 동생 마오쩌탄(毛澤覃, 1905-1935)은 두 형과 함께 노동조합 운동을 벌였고 장시소비에트에서 경제 건설에 종사했다. 장정을 시작할 때 '국보(國寶)'를 간수하는 일을 맡았으며, 1935년, 국민당군과의 교전에서 전사했다. 마오쩌둥의 여동생으로 알려진 마오쩌젠(毛澤建, 1906-1930)은 원래 사촌 동생인데 입양되어 한집에서 자랐다.

54)　저자 정관잉(鄭觀應)은 대의(代議)정부와 현대적인 교육 방법, 통신 제도 등을 포함한 많은 민주적인 개혁을 주장했다. 이 책은 실패로 끝난 '100일 개혁(戊戌變法)'이 시행된 1898년에 출간되어 광범위한 영향을 미쳤다. 에드가 스노우, 홍수원·안양로·신홍범 역, 『중국의 붉은 별』 상권(두레, 2004), p. 158.

1) 독학(獨學)으로 서양(西洋) 학문을 읽다

1911년 10월 신해혁명이 일어나자 마오쩌둥은 우창(武昌)봉기에 호응한 후난신군(湖南新軍)에 입대하였다가 1912년 제대한 뒤 성립(省立) 제1중학에 입학하였으나, 교과과정이 한정되어 있는 것이 못마땅하여 6개월 만에 학교를 그만두고 독학에 몰두하게 된다. 그는 매일 후난 성립 도서관에서 책을 읽는 독학 계획을 수립하고 규칙적이고 성실한 6개월을 보냈는데 이 기간은 그에게 아주 소중한 지적 경험을 맛보게 하였다. 그는 이 도서관에서 처음으로 세계 지도를 구경하였으며, 아담 스미스의 '국부론'과 찰스 다윈의 '종(種)의 기원', 몽테스키외의 '법(法)의 정신'과 루소 등 번역본을 독파하였다. 또 러시아·미국·영국·프랑스, 그 밖의 다른 나라 역사와 지리를 공부하면서 시(詩)와 전기(傳奇) 소설, 고대 그리스 신화(神話)도 읽었다.

1913년 봄, 마오쩌둥은 독학생활을 끝내고 후난(湖南)성립 제4사범학교에 입학하였으며(1914년 봄 제1사범에 합병됨) 5년 후 이 학교를 졸업하기까지 정신적으로 크게 성장하게 된다. 그는 영국 유학에서 돌아와 중국의 봉건사상 비판에 힘쓴 윤리 교사 양창지(楊昌濟)와 교사 리진시(黎錦熙)·쉬터리(徐特立) 등의 진보적 사상으로부터 많은 영향을 받았다. 마오쩌둥은 작문(作文)에 뛰어난 실력을 보였으며, 소설과 시 외에 한유(韓愈)의 고전적 평론과 중국 역사를 폭 넓게 공부하였다. 그는 영어나 그 밖의 외국어에 대하여 관심이 없었다. 이 결함 때문에 외국 서적의 경우 중국어 번역본에만 전적으로 의존하였으며, 특히 마르크스와 레닌의 경우가 그러하였다. 그들의 사상을 간접적으로 접함으로써 손해되는 점이 있었지만, 그 해석에 있어

신축성을 가질 수 있었다는 것은 장점이 될 수도 있었다. 그는 소련 에 유학한 사람들처럼 교조주의(敎條主義)에 빠지지 않았으며, 중국 의 문제를 보다 더 중국적인 입장에서 볼 수 있었던 것이다.

마오쩌둥은 〈신청년(新靑年)〉을 애독하여 중국을 근대화해야 한 다는 새로운 사상가들의 주장을 받아들였다. 그전에는 캉유웨이(康 有爲)와 량치차오(梁啓超)를 숭배하였으나 이제는 천두슈(陳獨秀) 와 후스(胡適)으로 그 대상이 바뀌었으며, 개혁 문제에 대한 그의 태도는 점차 과격하게 되었다.[55] 그는 1918년 4월 차이허썬(蔡和 森)·허수헝(何叔衡) 등과 함께 진보 단체인 신민학회(新民學會)를 조직하였다.

2) 베이징(北京)에서 마르크스주의에 심취

마오쩌둥은 제1사범학교를 졸업한 뒤 베이징(北京)으로 가서 차이 허썬과 함께 후난 청년들의 프랑스 유학 업무를 도왔다. 1918년 11월 양창지의 소개로 베이징대학 도서관 주임인 리다자오(李大釗)의 조 교로 일하면서 수업을 방청하였으며, 철학연구회와 신문연구회(新聞 硏究會)의 활동에 적극 참여하였다.[56] 그는 그곳에서 처음으로 마르

---

55) 체스타 탄, 민두기 역, 『중국현대정치사상사』(지식산업사, 1977), pp. 262-264.

56) 마오쩌둥은 1918년 8월 후난성에서 처음으로 베이징에 올라와 스승 양 창지(楊昌濟)의 소개로 11월부터 약 4개월간 베이징대학 도서관에서 근무했다. 그의 주된 업무는 15종의 중국 및 외국 신문을 관리하고, 신 문을 열람하기 위해 온 사람들의 이름을 기록하는 '비정규직' 일이었는 데 월급은 8인위안(銀元)이었다. 전문적인 연구에 따르면 당시의 1인위

크스의 '공산당선언'과 카우츠키(Kautsky)의 '계급투쟁론', 키르쿱(Kirkup)의 '사회주의사'를 읽었다. 또 양창지로부터 유물론(唯物論)적 철학과 윤리학 강의를 받았고 비밀 학생 단체들과 접촉하면서 무정부주의(無政府主義)에 관한 책을 많이 읽어 그의 사상은 점차 마르크스주의로 기울게 되었다. 1919년 4월, 창사로 돌아와 '5·4 운동' 발발 후 후난학생연합회를 설립하였으며, 7월에 〈샹강평론(湘江評論)〉을 펴냈으나 곧 폐쇄당하였고, 다시 〈신후난(新湖南)〉 잡지의 편집을 담당하였으나 마찬가지로 폐쇄당했다. 그는 창사의 주요 신문인 〈대공보(大公報)〉에 자신의 정론을 계속 펴 나가며 후난의 친일파 군벌 장징야오(張敬堯)에 대항하였다. 그러나 장징야오의 군대는 1919년 12월 교육광장에서 일본상품을 불태우는 군중들을 총칼을 앞세워 강제로 진압하였다. 마오쩌둥은 친일파 군벌을 타도하자는 격문을 기초하여 1만 3천 명의 서명을 받았으며, 창사에서 대파업을 벌이기로 하였으나 실패로 돌아갔다. 마오쩌둥은 체포를 피해 베이징으로 도망쳐 4개월 머물렀는데, 도착 한 달 후, 스승 양창지가 사망하였으므로 자연스럽게 그의 딸 양개혜(楊開慧)를 아내로 맞이하게 되었다. 이미 확실한 마르크스주의자로 변신한 마오쩌둥은 무정부주의와 개량주의를 배척하고 '러시아 방식'의 혁명을 추진해야 한다고 굳게 믿게 되었다. 그는 1920년 4월 상하이(上海)로 가서 천두슈(陳獨秀)를 만나 마르크스주의에 대한 신념을 더욱 굳히게 되었다. 이해 여름 후난 지역의 내전(內戰)에서 장징야오가 패주하고 비교적

───────────────

안은 요즘의 50위안(1995년 기준), 즉 15kg의 쌀을 살 수 있는 돈이라고 한다. 한편 당시 문과 학장이었던 천두슈(陳獨秀)는 300인위안(요즘의 1만5천위안), 도서관 관장이었던 리다자오(李大釗)는 120인위안을 받았다고 한다.

개명(開明)한 탄옌카이(譚延闓)가 권력을 잡게 되자 마오쩌둥은 다시 창사로 돌아왔다. 그는 제1사범학교 부속소학교의 주사(主事)로 임명되어 먼저 창사로 와 있던 양카이후이와 단출한 신방을 꾸리고 비교적 안정된 생활을 하게 된다. 그의 활동은 창사에 집중되어 1921년에서 1923년까지 〈대공보〉에 많은 문장을 발표하였으며, 제1사범의 지원 아래 '독학대학(自修大學)'을 설립하여 흑연(黑鉛)공장과 전등(電燈)회사 노동자 등을 모아 가르쳤다.

1921년 7월, 상하이에서 열린 중국공산당 제1차 전국대표대회에 후난공산주의소조를 대표하여 참석하였고, 회의 후, 중국공산당 샹구(湘區) 위원회 서기, 중국노동조합 서기부 후난지부 주임, 후난성 공단(工團)연합회 총간사 등을 역임하면서, 창사(長沙)·안위안(安源) 등지의 노동 운동을 이끌었다. 1923년 6월, 마오쩌둥은 중국공산당 제3차 전국대표대회대회에서 중앙집행위원에 당선되었으며, 대회는 국공합작(國共合作)을 확정하여 민주계급의 통일전선을 건립하기로 하였다. 대회 후 중앙국 성원으로 선출됨과 아울러 비서에 임명됨으로써 리다자오 등과 함께 쑨원(孫文)의 국민당 개혁 작업을 적극 지원하게 되었다.

1924년 1월 광저우에서 열린 중국국민당 제1차 전국대표대회에 참가하여 중앙후보집행위원에 당선되었으며, 회의 후 국민당 상하이집행부 조직부 비서에 임명되었다. 이 해 겨울 병 치료와 요양을 위해 후난으로 돌아와 사오산(韶山) 등지에서 농민운동을 전개하였다. 1925년 9월 광저우로 가서 국민당중앙선전부 부장대리에 임명되었고 10월에 국민당 광둥성 제1차 대표대회에 참석하여 선언기초위원을 맡았다. 11월 국민당중앙집행위에 참석해 '반봉(反奉)전쟁 선전대강'을 기초하여 통과시켰다. 12월 1일, 국민혁명군 제2군사령부의 반(半)월간지 〈혁명(革命)〉에 '중국사회 각 계급의 분석(中國社會各階級的分析)'을 처음 발표했다. 12월 5일 국민당중앙선전부가 발간하는 〈정치주보(政治周報)〉의 편집인이 되었는데, 이 간행물은 국민당 우파의 공격을 막는 데 큰 작용을 하였다.

1926년 1월 광저우에서 열린 국민당 제2차 전국대표대회에 참석하여 '선전부 2년의 경과보고'를 하였고, 중앙후보집행위원에 재선되었다. 2월에 중앙농민운동위원회 위원에 임명되어 제6기 농민운동강습소를 주관함으로써 농민운동의 기본 구조를 튼튼히 배양하였고, 11월 상하이로 가서 중국공산당 중앙농민운동위원회 서기에 임명되었다. 1927년 초 창사(長沙)・샹탄(湘潭)・샹샹(湘鄉)・헝산(衡山)・리링(醴陵) 등 5개 현(縣)의 농민운동을 조사하였다. 3월 말 우한(武漢)으로 가서 국민당 2기 3중전회에 참석하여 중앙집행위원에 당선되었으며, 이어 중화농민협회 임시집행위원회 상무위원 겸 조직부장으로 선출되었다. 3-4월 주간지 〈전사(戰士)〉에 '후난농민운동고찰보고(湖南農民運動考察報告)'를 발표하여, 무산계급의 영도와 농민 동맹에 의한 혁명 전개를 주장하였다. 4월 국민당중앙토지위원회 위원으로 임명됨과 아울러 우한(武漢)에서 개최된 토지위원회 확대회의에서 농민의 토지 문제를 철저하게 해결할 것을 주장했다. 장제스가 '4・12 정변'을 일으키자 국민당중앙위원과 우한 국민정부위원 40명이 연명으로 장제스를 성토하였다. 4월 27일 우한에서 열린 중공 제5전대에서 마오쩌둥은 후보중앙위원에 선출되었다.

3) 최초의 농촌 혁명근거지를 만들다

중국공산당은 최초의 독자적 군사 행동을 감행하기로 하고 저우언라이·허룽(賀龍)·예팅(葉挺)·주더·류보청 등의 지도하의 3만 병력이 1927년 8월 1일 난창(南昌)봉기를 일으켰다. 당일 난창에서 국민당 '중앙위원 선언'을 발표하여 장제스와 왕징웨이(王精衛) 집단이 삼민주의를 왜곡하고 3대 정책을 짓밟아 이미 국민혁명의 죄인이 되었음을 비난하는 동시에, 모든 혁명적 국민당원과 민주 인사들은 쑨원의 혁명 유지를 계승하여 반제국주의 및 반봉건주의와 토지혁명을 실행하라고 호소했다.

국공합작이 완전히 결렬된 이후 중국공산당중앙은 1927년 8월 7일 우한에서 '긴급회의'를 소집하였는데, 여기에서 마오쩌둥은 "정치권력은 총부리에서 나온다(槍杆子里面出政權)"는 의미 깊은 명제(命題)를 제시하고, 임시 중앙정치국 후보위원에 당선되었다. 회의가 끝난 이후, 후난(湖南)·장시(江西) 경계 지역에서 추수봉기를 일으켰으며, 봉기가 실패한 후 부대를 이끌고 장시(江西)의 징강산(井岡山)으로 가서 유격전을 전개하여 최초의 농촌 혁명근거지를 창립하였다. 1928년 4월, 주더(朱德)와 천이(陳毅)가 이끄는 봉기 부대와 합쳐 중국 공농홍군(工農紅軍) 제4군을 구성하고 당대표 및 전적(前敵)위원회 서기를 맡았다. 7월, 소련 모스크바에서 열린 중국공산당 6전대에서 중앙위원에 당선되었다. 1929년 1월, 국민당군대의 징강산에 대한 섬멸전에 맞서 이를 방어하였으며, 주더와 함께 홍4군의 주력을 장시 남부와 푸젠(福建)서부로 이동시켰다. 나중에 이 두 근거지가 하나로 합쳐 중앙혁명근거지로 발전되었다. 이 시기에 마오쩌둥은 그때까지의 경험을 총

괄하여 '중국의 홍색 정권은 왜 존재할 수 있는가?(中國的紅色政權爲
什么能够存在)', '징강산의 투쟁(井岡山的斗爭)', '한 점의 불꽃도 들판
을 태울 수 있다(星星之火, 可以燎原)' 등의 저작을 발표하여 "농촌에
서 도시를 포위하여 무력으로 정권을 탈취하자"는 전략 사상을 제기
하였다. 여기에서 중국적 특색을 갖춘 신민주주의 혁명으로 승리를 쟁
취하자는 '마오쩌둥 사상'이 형성되기 시작하였음을 알 수 있다.

　1930년 8월 중국공농홍군 제1방면군이 성립되어 총전적위원회 서
기 겸 총정치위원을 맡았다. 1931년 11월 중화소비에트공화국 임시
중앙정부가 장시(江西) 루이진(瑞金)에서 성립되면서 중앙집행위원
회 주석이 되었고, 그 인민위원회 주석으로 뽑혔다.

　마오쩌둥은 1930년 12월부터 1933년 2월까지 네 차례에 걸친 국민
당의 대규모 섬멸전을 분쇄하였다. 1933년 중국공산당 중앙정치국 위
원에 당선되었다. 한편 왕밍(王明)을 대표로 하는 좌경 모험주의자들
은 마오쩌둥의 중국혁명과 중국혁명전쟁의 지도 방침에 반대하여 중
앙혁명근거지로 진입하였다. 이때가 마오쩌둥의 정치 생활에 있어서
최대로 곤란한 시기였다. 그들은 마오쩌둥의 당과 홍군에 대한 영도
적 지위를 배척하고 무모한 군사 노선을 추구함으로써 국민당의 제5
차 섬멸전 항거에 실패를 가져왔다. 이에 따라 중국공산당 중앙과 홍
일방면군은 부득이 소비에트지역에서 퇴각하지 않을 수 없었으며,
1934년 10월 장시성(江西省) 루이진에서 산시성(陝西省) 옌안(延安)
까지의 1만 2,500km에 이르는 대장정(大長征)을 시작하였다.

4) 중국공산당의 영도적 지위를 확립

1935년 1월, 장정(長征) 도중 구이저우성(貴州省) 쭌이(遵義)에서 중국공산당 중앙정치국 확대회의가 소집되어 마오쩌둥에 대한 영도적 지위를 확립하고 왕밍의 좌경노선 통치를 종결시켰다. 그 후 계속하여 장궈타오(張國燾)의 우경분열주의를 분쇄하여 장정의 성공을 이룩하였다. 홍1·2·4 방면군 등 3대 홍군 주력부대는 섬북(陝北)에서 합류하여 새로운 국면을 전개하였다. 일제의 대륙 침략이 본격화되면서 전면적인 위기를 맞이하게 되자, 마오쩌둥은 1935년 12월 27일 와야오바오(瓦窯堡)회의에서 '일본제국주의 책략 반대론(論反對日本帝國主義策略)'을 발표하여 항일민족통일전선 건설에 대한 이론과 정책을 수립하였다. 1936년 12월 7일 중공중앙 혁명군사위원회 주석을 맡아 죽을 때까지 이 직책을 보유하였다.

1936년 12월 12일 시안(西安)사건, 즉 북방의 군벌 장쉐량(張學良)이 공산당의 배후를 공격하도록 독려하기 위하여 찾아온 장제스를 감금하였다가 극적으로 석방한 사건을 계기로 내전(內戰) 반대·일치항일(一致抗日)이라는 국민들의 요구에 부응하여 국민당 역시 공산당과 협력 관계를 모색하게 되었으며, 1937년 7월 일본의 선제공격으로 중일전쟁이 발발함과 동시에 제2차 국공합작이 이루어져 항일(抗日)민족통일전선이 형성되었다. 마오쩌둥은 항일전쟁을 맞이하여 간부들의 수준을 향상시키고 교조주의(敎條主義)를 극복하기 위해서, 1937년, 철학 저작인 '실천론(實踐論)'과 '모순론(矛盾論)'을 발표하여 마르크스주의의 인식론과 변증법을 발전시켰다. 1938년 11월에는 왕밍의 우경투항주의의 오류를 극복하기 위하여 '통일전선

중의 자주독립문제(統一戰線中的獨立自主問題)'를 발표하였다. 또
'지구전론(持久戰論)'(1938), '신단계론(新段階論)'(1938), '신민주주의
론(新民主主義論)'(1940) 등을 발표하여 망국론(亡國論)·속승론(速
勝論)의 오류를 비판하고 항일전쟁의 승리 노선을 제시하였다.

마오쩌둥은 1942년 정풍(整風) 운동을 전개하고, 사상적·정치
적·조직적인 면에서 당의 통일을 이룩함으로써 항일전쟁의 승리를
위한 기초를 수립하였다. 1943년 3월, 중국공산당 중앙정치국 주석
및 중앙서기처 주석에 당선되었으며, 그 후 계속하여 죽기 전까지
중앙위원회 주석에 당선되었다. 1945년 4월, 중공(中共) 6기 7중전회
에서 그가 기초한 '약간의 역사 문제에 관한 결의(關于若干歷史問題
的決議)'가 통과되었다. 4-6월 중공 제7차 전국대표대회에서 마오쩌
둥은 정치 보고로 '연합정부론(論聯合政府)'을 발표하여 중국 신민주
주의 혁명의 이론 및 정책과 정치·경제·문화 강령을 천명하였는데
이는 '마오쩌둥 사상'의 성숙을 의미한다.

5) 내전(內戰) 승리로 중화인민공화국 건립

항일전쟁에서 승리를 거둔 후, 마오쩌둥은 장제스의 공산당과 공산
당의 무장 역량 소멸 작전에 대해 "첨예하게 맞선다(針鋒相對)"는 투
쟁 방침을 천명하였다. 1945년 8월 마오쩌둥은 충칭(重慶)으로 가서
장제스와 담판하여 '쌍십협정(雙十協定)'을 체결하고 화평 건국의 여
러 원칙에 합의하였으나 그 실행은 처음부터 불가능해 보였다. 1946
년 여름, 장제스는 전면적인 내전을 선포하였다. 마오쩌둥은 1948년 9

월에서 1949년 1월까지 랴오선(遼瀋)전투, 화이하이(淮海)전투, 핑진 (平津)전투를 지휘하여 승리를 쟁취하였다. 계속해서 도강(渡江)전투 에서 승리를 거두고, 대서남(大西南), 대서북(大西北)으로 진격하였다.

1949년 3월, 중국공산당 7기 2중전회가 소집되어 당의 사업 중심을 농촌에서 도시로 전환할 것을 결정하고, 전국 승리 후의 각종 기본 정책을 규정하였다. 4월 인민해방군의 도강작전을 지휘하여 난징(南 京)을 해방시키고 국민당정부의 전복을 선언하였다. 같은 해 7월 1일, 마오쩌둥은 '인민민주전정론(論人民民主專政)'을 발표하여 중화인민 공화국 정권의 성격과 주요 정책을 규정하였다. 9월에 중국인민정치 협상회의 제1기 전체회의를 소집하여 '중국인민정치협상회의 공동강 령'을 제정하고, 중앙인민정부를 탄생시켜 주석으로 뽑혔다. 1949년 10월 1일, 베이징 톈안먼(天安門)에서 중화인민공화국의 성립을 전 세계에 선포하였다. 마오쩌둥은 1949년 12월 최초의 해외여행으로 소련(蘇聯)을 방문하여 중소우호동맹조약과 기타 협정을 맺었다.

중화인민공화국 수립 후 3년간 마오쩌둥을 중심으로 하는 중국공 산당중앙과 중앙인민정부는 토지 개혁(土地改革)과 기타 개혁을 시 행하였다. 한편으로는 미군이 북한에 주둔하여 중국의 동북부를 위 협하는 상황에 대비하여 북한을 지원하면서 다른 한편으로는 신속히 국내경제를 회복시켰다. 1953년 마오쩌둥의 건의에 따라 중국공산당 중앙은 과도기에 접어든 당의 총노선을 선포하고, 사회주의공업화와 생산수단 사유제에 대한 사회주의 개혁을 체계적으로 진행하였다.

1954년, 제1기 전국인민대표대회 제1차 회의에서 마오쩌둥이 주도 적으로 기초한 '중화인민공화국헌법'이 통과되었으며, 아울러 마오쩌 둥은 임기 5년의 중화인민공화국 초대 국가주석에 당선되었다. 1956

년 4월, '십대관계론(論十大關係)'을 발표하여 중국의 실정에 맞는 사회주의 건설 방법에 대한 초보적인 탐색을 진행하였다. 같은 해 9월, 생산수단 사유제(私有制)의 공유화(公有化)를 추진한 사회주의 개혁이 기본적으로 완성되자, 중국공산당은 제8차 전국대표대회를 소집하여 전 국민의 주요 임무를 사회생산력의 집중적인 발전으로 전환해야 한다고 주장하였다. 그러나 이 방침은 착실하게 시행되지 못하고 영도상의 오류를 범함으로써 많은 좌절을 겪어야만 했다. 1957년 2월, 마오쩌둥은 반우파(反右派) 투쟁 과정에서 '인민 내부 모순의 정확한 처리에 관한 문제(關于正確處理人民內部矛盾的問題)'를 발표하여 사회주의 사회 속에 존재하는 인민 내부의 적대적 모순을 정확하게 구분하여 처리해야 한다는 주장을 제기하였다. 그러나 이 학설은 이후 마오쩌둥의 활동 속에서 제대로 실행되지 못하였다.

6) 3면홍기(三面紅旗) 운동과 문화대혁명

1958년, 제2차 5개년계획의 시작과 더불어 '총노선(總路線)'·'대약진(大躍進)'·'인민공사(人民公社)' 등 이른바 '3면홍기(三面紅旗) 운동'을 펼쳤다. 마오쩌둥은 1959년 4월 국가주석을 사임하고, 그 후 1976년 사망할 때까지 당(黨) 주석으로만 있었다. 1964년 4월, '마오쩌둥어록(毛澤東語錄)'이 간행되었고, 1960년 이후의 중소논쟁과 문화대혁명 기간을 통하여 '마오쩌둥 사상'을 높이 내걸었다. 마오쩌둥은 1966년 대내외적인 형세에 대한 극단적인 판단으로 문화대혁명을 일으키게 되었다. 린뱌오(林彪)와 장칭(江靑)의 선동으로 10년 동안

전국은 대혼란에 빠졌으며, 그 결과로 인해 중국은 여러 방면에서 엄청난 손실을 감수해야만 했다.

1968년 10월, 1959년부터 국가주석으로 있던 류사오치(劉少奇)가 실각되었다. 1969년, 마오쩌둥-린뱌오(林彪) 체제가 확립되는 듯하였으나, 1971년 9월 린뱌오는 반(反)마오쩌둥 운동에 실패하여 의문 속에 죽었다. 마오쩌둥은 1970년 헌법 수정 초안을 채택하여 '1인체제'를 확립하고 중국 최고 지도자로 군림하였다. 그러나 그가 사망하기 직전인 1976년 4월 민중 반란이라고도 할 톈안먼사건(天安門事件)이 일어나 마오쩌둥은 완전히 고립된 채 죽음을 맞이하였다.

중국인들은 마오쩌둥이 자주독립과 주권을 수호하고 평화를 유지하기 위하여 시종일관 제국주의(帝國主義)와 패권주의(覇權主義)를 반대해 왔으며, 일생을 통해서 중국혁명(中國革命) 건설에 많은 공적을 남겼다고 생각하고 있다. 그래서 아직도 대부분의 중국인들은 이러한 그의 공적이 과실보다 훨씬 더 많다고 여기기 때문에 여전히 그를 중국인민의 영원한 영도자로 존경하고 있는 것이다. 1981년 6월, 중국공산당 중앙 11기 6중전회에서 통과된 '건국 이래 당의 몇 가지 역사적 문제에 관한 결의(關于建國以來黨的若干歷史問題的決議)'에서는 마오쩌둥의 역사적 지위에 대하여 나름대로 객관적인 결론을 내렸다. 즉, '마오쩌둥 사상'은 중국에서의 마르크스주의에 대한 발전으로, 그것은 여전히 중국공산당의 중심 사상이며, 중국인민의 소중한 정신적 유산이라는 것이다.

중국 〈인민일보〉는 1993년 12월 17일 논평을 통하여 마오쩌둥이 일생 동안 두 가지의 큰일을 하였다고 총결하였다.[57] 첫 번째 큰일

---

57) 劉美珣 主編, 『中國特色社會主義』(淸華大學出版社, 2005), p. 135.

은 제국주의 및 봉건주의와 관료자본주의의 중국에서의 통치를 타도하고 민주혁명(民主革命)의 임무를 완수한 것이고, 두 번째 큰일은 중국 특색의 방법으로 사회주의 개조를 완성한 이후 외국의 강대한 압력을 물리치고 중국 사회주의 건설의 새로운 길을 탐색하기 위해 노력한 것이라고 하였다.

마오쩌둥의 주요 저작은 '마오쩌둥선집(毛澤東選集)'을 비롯하여 '마오쩌둥서신선집(毛澤東書信選集', '마오쩌둥농촌조사문집(毛澤東農村調査選集)', '마오쩌둥신문공작문선(毛澤東新聞工作文選)', '마오쩌둥시사선(毛澤東詩詞選)' 등에 수록되어 있다.

● 참고서적

앤 포크너, 김석희 역, 『마오쩌둥』(어린이작가정신, 2005)

조헌용, 『대륙의 붉은 별 마오쩌둥』(이룸, 2005)

주지안룽, 서각수 역, 『모택동은 왜 한국전쟁에 개입했을까』(역사넷, 2005)

권종오, 『모택동이 본 박정희와 노무현』(뿌리출판사, 2005)

다케우치 미노루, 신현승 역, 『청년 모택동』(논형, 2005)

김영범, 『체 게바라 vs 마오쩌둥』(숨비소리, 2005)

에드가 스노우, 홍수원·안양로·신홍범 역, 『중국의 붉은 별』(두레, 2004)

마오쩌둥, 『정치이론』(푸른사상, 2004)

야경유 외, 전병욱 역, 『마오쩌둥, 손자에게 길을 묻다』(홍익출판사, 2004)

모택동 외, 박광종 역, 『중국혁명론』(범우사, 2004)

김 유, 『모택동과 중국공산주의』(인간과사회, 2004)

520

공기두, 『모택동의 시와 혁명』(풀빛, 2004)

조너선 D. 스펜스, 남경태 역, 『무질서의 지배자 마오쩌둥』(푸른숲, 2003)

해방군문예출판사, 남종호 역, 『모택동 자서전』(다락원, 2002)

모택동, 김승일 역, 『모택동선집 2』(범우사, 2002)

모택동, 김승일 역, 『모택동선집 1』(범우사, 2001)

모택동, 김승일 역, 『실천론·모순론(외)』(범우사, 2001)

이와나카 요시후미, 김욱송 역, 『CEO 모택동의 네트워크 비즈니스 리더십』(이미지북, 2001)

산케이신문특별취재반, 임홍빈 역, 『모택동비록』(문학사상사, 2001)

리 민, 김승일 외 역, 『나의 아버지 모택동』(범우사, 2001)

에드가 스노우, 신복룡 역, 『모택동 자전』(평민사, 2001)

주치호, 『모택동 비사』(한림원, 2000)

유진성, 『모택동 시집』(문원북, 2000)

북경선생, 천희상 역, 『권력의 그늘(비사 모택동)』(세계인, 1998)

이홍영, 『중국의 정치엘리트』(나남출판사, 1997)

이기태, 『모택동과 임표』(사사연, 1995)

섭영렬, 『모택동과 그의 비서들』(화산문화, 1995)

진한파, 김일평 역, 『나는 모택동의 앞잡이였다』(이화문화출판사, 1995)

진창봉, 김호태 역, 『모택동 장정수행기』(지식산업사, 1988)

35 마오쩌둥과 농민혁명(農民革命)

마오쩌둥은 농민운동을 통하여 중국혁명을 성공시켰다. 이러한 그의 경력의 독특함 때문에 그가 마르크스레닌주의의 핵심적 전제의 하나, 즉 프롤레타리아의 지도에 관해서는 이단적(異端的)인 행태를 보였다는 견해가 있다. 다른 한편으로 마오쩌둥의 농민에 대한 시각이 레닌의 그것과 아주 가깝다고 하는 사람도 있다. 이러한 논의는 마오쩌둥의 1927년 3월의 논문 '후난농민운동 고찰보고(湖南農民運動考察報告)'를 중심으로 하여 생긴 것이다.[58] '혁명의 선봉(先鋒)'이라는 부제(副題)가 붙어 있는 이 논문의 중요한 내용을 간추리면 다음과 같다.

---

58) 체스타 탄, 민두기 역, 『중국현대정치사상사』(지식산업사, 1977), pp. 264-268.

"농촌인구의 약 70%를 차지하고 있는 이 엄청난 빈농(貧農)대중이 봉건세력을 타도하는 선봉인 농민협회의 근간이고, 수년 동안 이루지 못하였던 위대한 혁명 사업을 성취한 으뜸가는 영웅들인 것이다. 빈농들은 가장 혁명적이므로 농민협회의 영도권을 장악하였다. 빈농의 이러한 영도권은 절대 필요한 것이다. 빈농이 없이는 혁명이 있을 수 없다. 그들을 거부하는 것은 혁명을 거부하는 것이다. 그들을 공격하는 것은 혁명을 공격하는 것이다."

1) "농민을 주축으로 혁명을 수행해야"

마르크스주의자들이 말하는 선봉(先鋒)은 보통 프롤레타리아를 의미하므로 마오쩌둥이 농민을 가리켜 '선봉'이라고 한 것은 일부 사람들에게 이단(異端)의 증거로 간주되었다. 그러나 이러한 비판은 근거가 없다. 왜냐하면 1926년에 코민테른이 국민당정부를 국민혁명에 있어서의 '중국인민의 선봉'이라고 표현한 일이 있기 때문이다. 민족 부르주아의 정당인 국민당이 코민테른에 의해 '인민의 선봉'이라고 규정될 수 있다면 농민을 그렇게 부르는 것이 이단이 될 수 없을 것이다. 마오쩌둥이 부르주아 국민혁명과의 연관 속에서 농민의 역할을 논의하고 있다는 점, 그리고 그 논문이 특별히 이 문제에 관한 보고서로 씌어졌다는 점도 고려되어야 할 것이다.

한편 농민운동에 관한 사상이 마오쩌둥에게서 최초로 비롯된 것은 아니다. 레닌은 농민의 소비에트 설립이 가능한 비자본주의국가에서의 농민에게 특별한 지위를 부여하고 있다. 레닌은 농민운동에 되도록 가장 혁명적인 성격을 부여할 것을 동지들에게 지시하였으며, 유럽의 프롤레타리아와 동양의 혁명적 농민운동과의 밀접한 동맹을 촉구하였던 것이다. 이러한 레닌의 사상 노선에 따라 코민테른은 1922년 "동양의 후진국에서 혁명운동을 성공시키기 위해서는 농민대중의 행동에 바탕을 두어야 한다."고 주장하였다. 마오쩌둥이 '고찰보고'를 내기 1년 전인 1926년 3월, 코민테른은 "농민 문제는 중국의 민족해방 운동에 있어 가장 중요한 문제이다. 혁명적 민주적 경향의 승리는 4억 중국농민이 결정적인 혁명투쟁에 얼마나 참여하느냐에 달려있다"고 강조하였던 것이다. 농민 문제에 관한 모든 코민테른의 결의가 프롤레타리아의 영도를 요구하고 있는 것은 사실이지만, 마오쩌둥 또한 중국의 계급투쟁을 논하는 여러 논문에서 그렇게 말하고 있다.

중국에서 농민운동을 최초로 고양시킨 사람은 공산당원인 펑파이(彭湃)인데, 이미 1922년에 광둥성(廣東省) 동부에서 농민동맹을 조직한 바 있었다. 또한 마오쩌둥에게 많은 영향을 미친 리다자오(李大釗)는 국제적인 프롤레타리아 혁명이 서구에서 일어나 중국을 해방시켜줄 수는 없고, 또 중국의 소규모 도시 노동자는 스스로 혁명을 수행할 능력이 없다고 확신했다. 이 때문에 마르크스레닌주의에서 제시하고 있는 프롤레타리아 계급투쟁 이론을 무시했다. 그의 공산주의 혁명 이론은 중국의 가난한 농민들이 주도적 역할을 하여 제국주의 열강의 착취와 억압에 대항하는 민중혁명이 되어야 한다는 것이었는데, 이는 훗날 마오쩌둥이 농민을 주축으로 혁명을 수행하는 데 이론적 근거가 되었다.

2) 농민혁명(農民革命) 전략 마련에 착수

마오쩌둥이 농민운동과 관련하여 맡은 최초의 임무는 1926년 광저우(廣州)의 농민운동강습소의 책임자였다. 그는 중국혁명에 있어 농민의 역할을 인식한 최초의 사람은 아니었지만, 모든 상황을 종합하고 실천 전략을 수립하여 끝내는 그것을 성공시킨 사람임이 분명하다. 마오쩌둥 이전의 어떠한 공산당 지도자도 그처럼 끈질기고 확고한 신념을 갖고 농민운동을 주도한 사람은 없었다. 국민당의 반응에 신경을 쓴 천두슈(陳獨秀)는 농민운동과 관련하여 과감한 행동을 취하는 것에 반대하였다. 취츄바이(瞿秋白)는 농민운동의 중요성을 인정하면서도 도시폭동(都市暴動)에 관심을 집중하였다. 중심 도시를 공격하는 일에 몰두한 리리싼(李立三)은 농촌에 대하여 별 관심이 없었으며, 왕밍(王明)은 그 기질이나 경험 면에 있어 농민투쟁의 발전에 중요한 역할을 담당할 수 없었다. 마오쩌둥은 중국혁명의 아주 어려운 시기에 중국공산당을 지탱할 농민혁명(農民革命)[59]의 전략을 마련하는 일에 착수하게 되었던 것이다. 그는 농민운동에 관한 착상의 대부분을 중국의 역사(歷史) 속에서 찾아내었다. "중국 역사상의 대규모 농민봉기와 농민전쟁은 세계사(世界史)에서 그 유례를 찾아볼 수 없다. 이 농민봉기와 농민전쟁만이 중국 봉건사회에 있어서의 역사적 발전의 진정한 추진력이다"라고 그는 말하였다. 중국은

---

[59] 역사용어로서의 농민혁명(農民革命)은 근대사회를 성립시킨 시민혁명(市民革命)과 연계하여 발생한 농민봉기를 말하며, 봉건사회 해체기에 일어나 혁명에까지는 이르지 못한 농민봉기를 농민전쟁(農民戰爭)이라 부른다. 농민봉기(農民蜂起)는 고대사회 및 봉건사회의 피지배층인 농민이 기존의 사회질서나 지배층의 폭정에 대항하여 일으킨 농민운동을 가리킨다.

반(半)봉건사회이기 때문에 중국혁명의 주된 세력은 농민이 되어야 한다고 마오쩌둥은 보았던 것이다. 그의 통찰력은 여러 사례를 통하여 진리로 입증되었으며, 농민을 당의 주력으로 강화시켜 중국혁명에 있어 최후의 승리를 차지하였던 것이다.

3) 혁명근거지 확보와 홍군(紅軍)의 창설

　마오쩌둥은 농촌 지역에 혁명근거지를 확보하는 것이 중국혁명의 성공을 위해 필수적이라고 인식한 최초의 인물이었다. 1927년 10월 추수폭동(秋收暴動)이 실패한 뒤, 그는 남아있는 무장 세력을 이끌고 후난성(湖南省)과 장시성(江西省)의 경계에 있는 징강산(井崗山)으로 들어가 최초의 혁명근거지를 건설하였다. 1928년 7월 코민테른의 직접 감독 아래 모스크바에서 열린 중국공산당 제6차 전국대표대회는 소비에트(soviet)[60] 정권의 혁명근거지를 주목하기 시작했다. 1930년 7월까지 코민테른은 아직도 농촌 지역의 발전보다는 홍군(紅軍)의 건설에 더 관심을 가지고 있었다. 그러나 마오쩌둥은 혁명근

---

60) 소비에트(soviet)는 프롤레타리아 독재 정권의 권력 기관 또는 권력 형태를 말한다. 원래 소비에트라는 말은 평의회·대표자회의를 의미하는 러시아어였지만, 러시아혁명 때에 자연발생적으로 노동자·군대·농민 대의원 소비에트가 형성된 후로부터 특수한 의미를 가지게 되었고, 마침내 국가 제도로 확대되어 간 것이다. 레닌은 유명한 '4월 테제'에서 '전(全) 권력을 소비에트로' 방침을 천명하였으며, 혁명 과정에서 볼셰비키가 소비에트 내부의 소수파에서 다수파가 되었고, 그것을 기초로 하여 러시아혁명을 성공시켰다. 혁명 후 '농민대표 소비에트'가 이에 합류하여 '노·병·농 소비에트'가 인민 권력의 기관으로 발족하였다.

거지의 건설이 군사력을 강화하는 데만 중요한 것이 아니라, 전국적인 혁명 분위기를 고조시키기 위해 더욱 필요하다고 믿었다. 먼저 강력한 농촌근거지를 건설하지 않고는 무장봉기를 통해 정치권력을 장악할 가능성이 없다고 본 것이다.61) 도시에서의 무장봉기에 관심이 쏠려있는 당내 주류파(主流派)와는 달리 마오쩌둥은 농촌으로 도시를 포위하여 무력으로 정권을 탈취하는 것이 정확한 전략이라고 주장하였다.

마오쩌둥이 농촌 지역에 혁명근거지를 건설한 것은 중요한 이유가 있었다. '제국주의자와 반동세력'이 중심 도시에서 강력하게 방어를 하고 있으므로, 혁명 세력이 아직 약할 때에는 강력한 적과의 결정적인 전투를 피하는 것이 투쟁을 계속할 수 있는 유일한 길이라는 것이다. 그러므로 농촌 지역을 공고한 근거 지역으로 만들고 군사적·정치적·경제적 혁명의 보루로 건설함으로써, 도시를 이용하여 농촌 지역으로 공격해 오는 강적과 싸울 수 있게 해야 한다는 것이다. 중국의 경제 발전(經濟發展)이 지역적으로 불균형(不均衡)하다는 점, 혁명세력이 이동할 수 있는 중국의 영토(領土)가 매우 넓다는 점, 중국 통치 계급(統治階級) 내부의 불화(不和) 등의 조건을 감안하여 먼저 농촌 지역에서 승리하고 나서 장기적으로 전국적인 승리를 완성해야 한다는 것이다.

마오쩌둥의 농촌 혁명근거지 개념은 당시 중국의 현실적 조건에서 비롯되었지만, 역사적 조건에 대한 고려도 그의 전략 형성에 큰 영향을 미쳤다. 그는 중국의 농민전쟁 중 당(唐)나라 때 귀족 지배에 대

---

61) 마오쩌둥, 1930년 1월 5일, '한 점의 불꽃도 들판을 태울 수 있다(星星之火, 可以燎原)', 『毛澤東選集·제2권』(人民出版社, 1991), pp. 97-108.

항한 '황소(黃巢)의 봉기(875-884)'와 명(明)나라 말기 '이자성(李自成)의 봉기(1627-1646)'를 '유구주의(流寇主義)'라고 비판하였다. 유구주의란 혁명의 근거지를 갖지 않고 각지를 돌며 주로 폭동에 의존하는 유적(流賊)의 방식을 일컫는다. 이들은 여기저기로 이동하면서 공격을 반복하였으나, 후퇴하여 군사력을 보존할 강력한 근거지를 확보하지 못했기 때문에 모두 실패하였다는 것이다. "우리는 역사에 기록된 황소(黃巢)나 이자성(李自成)과 같은 유구주의(流寇主義)가 이미 오늘날의 환경에서는 적용될 수 없음을 마땅히 인식해야 한다."

마오쩌둥은 이들의 실패로부터 많은 교훈을 얻었으며, 그 실패를 되풀이하지 않기 위해 혁명근거지의 개념을 발전시켰던 것이다.

4) 유격전(遊擊戰)으로 강대한 적에 맞서

중국공산당 지도자로서 마오쩌둥처럼 군사력(軍事力)의 중요성을 강조한 사람은 없다. "정치권력은 총부리에서 나온다", "누구든 정권을 장악하고 싶고, 그것을 유지하고 싶은 사람은 강력한 군대를 가져야 한다" 등은 모두 그가 제시한 명제이다. 그의 생각에 따르면 군사력은 농촌의 근거 지역에서만 성장할 수 있으며, 이 군사력을 유지하고 확충하기 위해서는 적어도 초기 단계에서 유격전(遊擊戰)[62] 전술을 폭넓게 활용해야 한다는 것이다.

---

62) 유격전은 게릴라전(guerrilla warfare)과 같은 말로, 적이 점령하고 있는 지역에서 정규군이 아닌 주민 등의 집단이 일반적으로 열세한 장비를 가지고 기습 등을 감행하는 전투 형태를 일컫는다. 게릴라전이란 소규모 전투를 뜻하는 스페인어에서 비롯된 말이며, 원래는 19세기 초 나폴

홍군은 유격전을 치르면서 '16자(字) 전법(戰法)'을 작전 원칙으로 정하고 이를 성공적으로 운용하였다. 이 '16자 전법'의 내용은 다음과 같다.

1. 敵進我退 (적이 진격하면 아군은 후퇴한다)
2. 敵駐我撓 (적이 주둔하면 아군은 그들을 괴롭힌다)
3. 敵疲我打 (적이 피로하면 아군은 공격한다)
4. 敵退我追 (적이 후퇴하면 아군은 추격한다)

이 전법의 기본 정신은 적이 강대(强大)하고 아군이 약소(弱小)한 실제 상황에서 출발하여, 농촌 지역의 정치·경제 및 지리적 유리한 조건을 이용하고, 장점은 살리고 단점은 숨겨 민첩한 기동(機動)으로 자기 보존과 발전을 추구하며, 점차적으로 적과 아군의 역량 비율을 변화시켜 적을 섬멸하고 최후의 승리를 차지한다는 것이다.

마오쩌둥은 1935년 '유격전쟁(遊擊戰爭)'이라는 소책자를 펴내 유격전의 여러 가지 전술적 원칙에 대해 정리하였다[63]. 이들 원칙은 홍군의 오랜 전투 경험을 통하여 터득한 것으로, 이들 원칙을 상황에 따라 변화시키는 것은 가능하지만, 이것들을 이탈하면 거의 틀림없이 파국을 맞게 된다고 볼 수 있다. 유격전의 열 가지 주요 원칙은 다음과 같다.

레옹군의 침입에 대항하여 스페인 국민이 각지에서 일으킨 저항전을 가리켰다. 그러나 유격 전술 자체는 중국 고대와 유럽의 구약성서 시대에 이미 존재하였다.
63) 에드가 스노우, 앞의 책, pp. 307-313.

1. 유격대는 어떠한 경우에도 패하는 전투를 하지 말아야 한다. 승리할 수 있다는 강력한 확신(確信)이 서지 않으면 절대로 교전해서는 안 된다.

2. 기습(奇襲)은 유격대의 주요한 공격전술로 기동성 없는 전투는 피해야 한다. 유격전의 성공 가능성은 전투 지속 시간이 늘어날수록 줄어든다.

3. 교전(交戰)하기 전에 공격과 후퇴, 특히 후퇴의 계획을 신중하고 상세하게 세워야 한다. 특수한 상황에 대한 완전한 정보가 없이 시도된 공격은 틀림없이 유격대를 적의 책략에 노출시킬 것이다[64].

4. 유격전의 전개에 있어 최대의 관심은 지주와 호족들의 자위조직인 민단(民團)에 쏟아야 한다. 민단을 군사적으로 파괴해야 할 뿐만 아니라, 가능하면 정치적 설득을 통해 이들이 대중의 편에 서도록 이끌어야 한다. 한 지역에서 민단을 무장 해제시키지 않으면 그 지역에서 대중을 동원하는 일은 불가능하다[65].

5. 적의 정규(正規) 부대가 이동 내지 휴식 중일 때는 소수의 병력으로 적 진영의 치명적인 지점에 대해 신속하고 과감한 측면 기습을 감행할 수 있다. 이러한 공격에서는 돌발성과 속도, 확고한 결단과 용기, 완벽한 작전 계획, 그리고 적 진영의 가장 노출이 심하면서도 치명적인 포인트를 찾아내어 타격하는 것이 필승의 조건이다. 따라

---

64) 마오쩌둥은 공격 대상지에 관한 정보 수집의 중요성에 대하여 '수호전 (水滸傳)'에 나오는 '축가장(祝家庄) 공격'을 예로 들어 여러 차례 강조하고 있다.

65) 대부분의 농민봉기는 관군(官軍)과 함께 민단(民團)의 억제력에 의해 실패로 돌아가는 사례가 많았다. 태평천국을 진압한 증국번(曾國藩)도 주로 민단의 무력을 규합하여 정규군화하였다.

서 경험이 풍부한 유격대만이 이러한 공격으로 승리를 거둘 수 있다.

6. 실전에 임하는 유격대의 전열(戰列)은 최대한 탄력성(彈力性)을 유지해야 한다. 일단 적의 병력이나 전투준비 태세에 대한 판단이 잘못된 것으로 나타나면 즉각 교전을 중지하고 공격을 시작할 때와 마찬가지로 신속하게 후퇴해야 한다. 지휘관이 없어도 그를 대신할 간부가 각 조(組)마다 육성되어 있어야 하며, 하사관의 기지(機智)가 유격전의 중요한 변수로 작용한다.

7. 교란과 유인, 견제와 복병, 양동과 도발 등 여러 가지 전술을 체득해야 한다. 이른바 '성동격서(聲東擊西)'의 기만 술책에 능해야 한다.

8. 유격대는 적의 가장 약하고 치명적인 지점을 집중 공격해야 하며, 적의 주력부대와 대결하는 것은 절대 피해야 한다.

9. 유격대의 주력이 있는 곳을 적이 알지 못하도록 최대한 주의해야 한다. 유격대는 적이 진군하고 있을 때 절대로 한 장소에 집결하지 말아야 하며, 공격 직전에는 두 번 내지 세 번씩 빈번하게 장소를 이동해야 한다. 이동할 때 은밀성을 유지하는 것은 유격대의 성공에 필수적이다. 공격 때의 집결 계획과 공격 후의 분산 계획은 모두 완벽해야 한다.

10. 유격대는 현지의 대중과 밀착되어 있기 때문에 정보수집(情報蒐集)에 있어 우월한 능력을 가지고 있으므로, 이 장점을 최대한 활용해야 한다. 정보 통로를 보호하는 데 최대의 주의를 기울여야 하며, 보조 정보망이 항상 다양하게 마련되어 있어야 한다.

중국에서 유격전이 효력을 발휘할 수 있었던 가장 큰 원인은 농촌 경제의 파탄으로 인해 농민들 사이에서 변혁을 위한 투쟁의 의지가 싹트기 시작했기 때문이다. 일본 등 제국주의(帝國主義)의 침탈, 불합리한 토지제도(土地制度), 군벌(軍閥)간의 전쟁 등이 결합되어 농촌경제의 파탄을 촉진하여 생활고(生活苦)가 극심하였으며 실업(失業)이 만연하였다. 이러한 현실은 이전의 농민봉기가 일어나던 상황과 거의 비슷하였으며, 견디기 어려운 사회·경제적 조건 때문에 농민들의 혁명에 대한 요구가 높아져 있었으므로 다수의 혁명적 노동자·지식인·농민들이 농민봉기를 지도하게 되었던 것이다. 또한 농촌배후지역의 낙후성 때문에 도로(道路) 및 통신(通信) 시설이 거의 전무한 상태였으므로 인민들을 무장시키고 조직하는 일이 가능하였다.

그러나 무엇보다도 대중(大衆)과 전투원(戰鬪員)들 사이에 일체감이 형성되어 있었기 때문에 유격전은 성공을 거둘 수 있었으며, 유격대는 불패(不敗)의 전투력을 자랑하게 되었다. 홍군 유격대원들은 단순한 전사(戰士)가 아니라 정치 선전원이며 조직가이기도 하였다. 그들은 가는 곳마다 혁명의 메시지를 전하였으며, 농민대중에게 오로지 혁명을 통해서만이 그들의 소망이 실현될 수 있다는 것을 설명하였다.[66]

5) 유동전(流動戰) 걸쳐 정규전(正規戰)으로

유격전술(遊擊戰術)은 주로 수적으로나 장비 면에서 월등한 적에 대항하기 위해 고안된 전술이다. 그러므로 무엇보다 신속성(迅速性)이 가장 요구된다. 유격대는 적군의 가장 취약한 부분을 적당한 때

---

66) 에드가 스노우, 홍수원·안양로·신홍범 역, 『중국의 붉은 별』상권(두레, 2004), p. 307-308.

에 적당한 장소에서 공격할 대상으로 선정한다. 그리하여 그들이 주력(主力)부대와 분리되도록 유인한다. 그러고 나서 유격대는 그들을 공격한 다음 적군의 증원부대가 오기 전에 신속하게 후퇴한다. 유격대는 공격과 후퇴에 있어 언제나 능동적(能動的)이어야 한다. 유격대의 모든 활동은 단순히 적을 패배시키는 것이 아니라 집중부대를 동원하는 최후의 타격을 위한 준비이다. 이렇게 하여 유격대는 적군을 차츰 절멸시켜 적의 우월성을 감소시켜 가는 것이다.[67]

많은 사람들이 마오쩌둥의 군사전략과 동일시하고 있는 유격전술은 실제로는 전체적인 전략의 일부분일 뿐이다. 그것이 초기 단계의 군사력 발전에 크게 이바지하였지만, 그 목적은 결국 한정된 것이었다. 장기전(長期戰)에서의 전략의 목적은 유격전술을 유동전술(流動戰術)로 발전시켜야 한다. 유격전이 결코 포기되어서는 안 되지만 그 역할은 유동전과 정규전을 지원하는 것이 되는 것이다.[68]

유동전술의 원리는 기본적으로 유격전술의 원리와 같다. 병력의 집중, 기습, 그리고 신속한 철수이다. 유동전의 목적은 어떤 지방이나 도시를 점거하거나 점령하는 것이 아니라 적의 정예(精銳) 전력을 강타하는 것이므로 일정한 전선이 없다. 진지전(陣地戰)은 자체 전력이 충분히 강력해질 때까지 미루어 둔다. 마오쩌둥 군사전략의 핵심적 특징은 적의 우위가 파괴될 때까지 하위전(下位戰, 즉 유격전)에서 상위전(上位戰, 즉 유동전)으로 끊임없이 발전시키는 것이다. 그런 연후 비

---

67) 마오쩌둥, 1938년 5월, '항일유격전쟁의 전략 문제(抗日遊擊戰爭的戰略問題)', 『마오쩌둥선집·제2권』(人民出版社, 1991), pp. 404-438.

68) 유동전(流動戰)은 중국어 '운동전(運動戰)'을 번역한 말이다. 마오쩌둥, 1938년 5월, '지구전론(論持久戰)', 『마오쩌둥선집·제2권』(人民出版社, 1991), pp. 439-518.

로소 진지전을 포함한 정규전(正規戰)에 돌입할 수 있게 되는 것이다.

마오쩌둥의 독특한 군사전략은 대부분 중국의 오랜 역사에서 유래하였다. 그가 어린 시절부터 읽은 '삼국지연의(三國志演義)'나 '수호전(水滸傳)'은 물론 '손자병법(孫子兵法)'과 '사기(史記)' 등으로부터 풍부한 사례와 자료를 뽑아내어 나름대로의 분석을 통해 중국의 실정에 알맞는 전략을 고안해 낸 것이다. 그는 또한 중국 역사에 기록된 '적벽대전(赤壁大戰)' 등 유명한 전투에 대하여서도 아주 세밀하게 연구하였다.[69] 그러나 그의 군사전략의 본질이 수년 동안의 패배와 승리에서 터득한 실제 경험에 기초하였다는 것은 분명한 사실이다. 마오쩌둥의 군사적 법칙은 전쟁에서 배운 법칙인 것이다.

홍군(紅軍)은 징강산 시절부터 세 가지 기율(紀律)을 전사들에게 주었다. 즉 명령에 즉각 복종하고, 가난한 농민으로부터 어떤 것이라도 빼앗지 말며, 지주들로부터 몰수한 재산은 즉시 소비에트 정부에 직접 전달해서 처분하도록 한다는 것이다. 1928년 이후에는 농민들의 지지를 얻는 데 역점을 두어 여덟 가지 새로운 주의사항의 규칙이 추가되었다[70].

1. 인가에서 떠날 때는 침대로 썼던 문짝을 제자리에 걸어 놓는다.
2. 잠잘 때 사용한 짚단은 묶어서 제자리에 갖다 놓는다.
3. 인민에게 예의바르고 정중하게 대하며, 가능한 경우 무슨 일이

---

69) 마오쩌둥, 1936년 12월, '중국 혁명전쟁의 전략 문제(中國革命戰爭的戰略問題)', 『마오쩌둥선집·제1권』(人民出版社, 1991), pp. 170-244.

70) 이러한 규칙들을 '3대 기율과 8개 항 주의(三大紀律八項注意)'라고 통칭한다. 에드가 스노우, 홍수원·안양로·신홍범 역, 『중국의 붉은 별』 상권(두레, 2004), pp. 199-201.

든 도와준다.

  4. 빌려서 쓴 물건은 모두 되돌려 준다.

  5. 파손된 물건은 모두 바꾸어 준다.

  6. 농민들과의 모든 거래는 정직하게 한다.

  7. 구매한 모든 물건은 대금을 지불한다.

  8. 위생에 주의하고 변소는 인가와 멀리 떨어진 곳에 만든다.

이러한 규칙이 실행되면서 대민 활동은 더욱 효율적으로 진행되었으며, 홍군은 이 규칙들을 암기하고 복창하거나 노랫말로 만들어 매일 노래로 부르기도 했다. 마오쩌둥이 중국 역사를 바탕으로 하여 창조적으로 연구해낸 탁월한 군사전략은 '인민(人民)을 위하여'라는 구호 아래 농민들의 전폭적인 지지를 이끌어 내면서 보다 효율적으로 중국혁명을 성공으로 이끌었던 것이다.

36 '마오쩌둥 사상(思想)'

　'마오쩌둥 사상(思想)'[71]이란 중국공산당의 지도자인 마오쩌둥이 마르크스레닌주의를 중국의 현실에 맞게 창조적으로 발전시킨 독자적인 혁명 사상을 말한다. 즉 '마오쩌둥 사상'은 마르크스레닌주의를 반(半)봉건적이고 반(半)식민지적인 후진국 중국 사회에 접목시켜 사회주의 및 공산주의를 실현하기 위한 혁명 이론의 체계라고 할 수 있다. 따라서 '마오쩌둥 사상'은 마르크스레닌주의와 구별된다.

　마르크스레닌주의(Marxism-Leninism)는 레닌에 의하여 계승 발전

---

71) 흔히 '마오쩌둥사상(Maoism)'으로 표현되는 '마오쩌둥 사상(毛澤東思想)'을 미국의 저명한 마오쩌둥 연구가인 슈람(Stuart R. Schuram)은 '마오쩌둥의 사상', 즉 'The Thought of Mao Tse-tung'으로 표기하고 있다. Schuram, Stuart R., *The Thought of Mao Tse-tung*, Cambridge University Press, 1989; 斯圖爾特・R・施拉姆, 田松年・楊德 等譯, 『毛澤東的思想』(中國人民大學出版社, 2005).

구체화된 마르크스주의[72]의 사상 및 이론을 말한다. 이는 레닌이 마르크스와 엥겔스에 의해 성립된 과학적 사회주의를 기본으로 19세기 이후의 독점 자본과 제국주의를 특징으로 하는 사회 현실을 반영하여 발전시킨 것이다.[73]

1) 역사(歷史)의 진로는 사상(思想)이 결정

마오쩌둥이 중국혁명에 있어 가장 보편적으로, 그리고 가장 오랫동안 공헌한 것이 있다면 그것은 그의 독특한 사상을 중국혁명의 실

---

72) 마르크스(Karl H. Marx, 1818-1883)와 엥겔스(Friedrich Engels, 1820-1895)를 계승한 사상·이론·학설 및 그에 따른 실천 활동을 가리킨다. 마르크스주의의 사상적·논리적 기초는 변증법적 유물론(辨證法的 唯物論, dialectical materialism)과 역사적 유물론(historical materialism)이며, 경제 학설로서의 잉여가치(剩餘價値)설 그리고 정치적 학설로서의 계급투쟁(階級鬪爭)론과 결부하여 자본주의사회의 붕괴와 사회주의 및 공산주의사회의 도래를 전망하였다. 그 실천적 성격으로 말미암아 마르크스주의는 노동운동과 사회주의운동에 이론적 기초를 제공하였으며, 20세기에 가장 영향력 있는 사상의 하나가 되었다.

73) 그러나 중국 등에서 말하는 마르크스레닌주의는 사실상 레닌주의(Leninism)를 말한다. 레닌주의는 좁은 의미로는 20세기 초 레닌(Nicolai Lenin, 1870-1924)에 의하여 러시아에 적용된 마르크스주의를, 넓은 의미로는 제국주의시대의 보편적 프롤레타리아혁명 이론을 가리킨다. 레닌은 카우츠키의 독일과 사회민주주의에 대립하여 마르크스주의를 발전적으로 계승하여 제국주의 시대의 러시아 현실에 맞는 독창적인 혁명 이론을 개발하였으며, 그의 사상과 이론은 1917년의 2월혁명과 10월혁명을 통하여 러시아에서 현실로 입증되었다. 레닌이 죽은 후 권력투쟁에서 승리한 스탈린에 의해 레닌주의는 '제국주의 시대의 보편적인 프롤레타리아혁명 이론'으로 격상되었다. 이때부터 레닌주의는 '마르크스레닌주의'라는 이름으로 동유럽과 아시아 등에 널리 보급되었던 것이다.

천적 이데올로기로 체계화한 것이라 할 수 있다. 사상은 역사에서 연원(淵源)하지만, 역사의 진로를 사상이 결정할 수도 있다. '마오쩌둥 사상'은 중국혁명의 진행 과정에서 부단하게 변화하여 왔는데 이는 본인의 개성과 중국이 처한 현실이 지속적으로 변화하였기 때문이다. 혁명이란 무엇인가? 혁명은 일종의 개조(改造)활동인데 그 영향이 심원(深遠)하고, 그 발전이 신속하며, 과거와 일도양단(一刀兩斷)하거나 그 연속성을 중단시키는 세 가지 특징을 가지고 있다. 혁명에는 정치혁명·민족혁명·문화혁명·사회혁명·경제혁명·기술혁명 등이 있으며 모두가 서로 관계가 있는데, 이러한 여섯 가지 유형의 혁명에 대하여 마오쩌둥은 과거에 여러 차례 언급한 바 있다. 그는 레닌과 마찬가지로 정치(政治)를 우선적인 것으로 보았으며, 정치권력의 탈취를 기타 변혁의 핵심적 관건으로 간주하였다. 이와 함께 마오쩌둥은 정치혁명을 실현하고자 한다면 반드시 민족혁명과 문화혁명 및 사회혁명의 많은 지원을 받아야 한다고 인식하였다.

제1차 정치혁명은 마오쩌둥이 아직 중국 역사의 변화에 참여하기 전에 발생하였다. 1911년의 신해(辛亥)혁명은 부르주아 계급에 의한 혁명의 성질을 띠고 있었는데, 일종의 산만하고 뚜렷한 결과가 없는 사건이 되고 말았다. 그러나 쑨원(孫文)과 황싱(黃興)이 주도한 10월 10일의 봉기는 군주제(君主制)를 종식시킴으로써 미래의 변화와 혁명을 위한 중요한 조건을 제공하였다.

1911년 우창(武昌)봉기 이후의 정치혁명 중 마오쩌둥은 혁명군의 일개 사병으로 참여했으나 그 역할은 논외로 해야 할 것이다. 1919년의 5·4운동으로 문화혁명의 기운이 고조되어 더욱 조직적인 민족운동이 일어났을 때, 마오쩌둥은 아직 주도적 위치에는 오르지 못했으나 점차 영향력 있는 인물로 되어 갔다. 1920년대에 농촌에서 농민전쟁 형식의 사회혁명이 출현하였고, 마오쩌둥은 이 방면에서 가장 성공적인 대표자가 되어 농촌에 근거지를 둔 유격전 방식으로 혁명을 위한 새로운 길을 개척하였다.

2) 모순(矛盾)은 혁명을 계속하면 극복 된다

1920년대부터 치열한 혁명투쟁 과정에서 형성되기 시작한 '마오쩌둥 사상'은 징강산(井岡山) 유격투쟁, 장시(江西) 소비에트 임시정부 수립, 대장정(大長征), 국공합작(國共合作)과 항일전(抗日戰), 국공(國共)내전, 중화인민공화국 수립, 대약진(大躍進)운동, 문화대혁명(文化大革命) 등을 거치면서 완성되었다. 그 내용에는 마오쩌둥이 전개한 유격전술, 대중 조직 방법, 토지 개혁 정책, 민족통일전선의 형성, 신민주주의론, 사상개조 운동, 실천론(實踐論)과 모순론(矛盾論), 영구 혁명론, 사회제국주의론 등을 포함하고 있다.

마오쩌둥은 중국혁명을 완수하기 위해서는 노동자와 농민의 계급동맹을 중심으로 민족자본가까지 포함하는 광범위한 통일전선(統一戰線)을 형성하여 농촌을 혁명근거지로 장기간의 유격전을 전개하여야 한다고 보았다. 그는 인간의 인식이 생산 활동과 계급투쟁 및 과학 실험 등의 실천(實踐) 과정에서 형성되며, 실천을 통하여 이론은 그 정확성이 검증되고 확대된다고 하여 실천을 중시하였다. 또 모든 사물의 발전 과정에는 모순(矛盾)이 존재한다는 마르크스레닌주의의 변증법을 확대시켜 모순을 적대적 모순과 비적대적 모순으로 구별하고, 사회주의사회에서의 인민 내부의 모순을 비적대적 모순으로 규정하여 그 해결 방법으로 비판·설득·사상 개조·교육 등을 제시하였다. 자본주의사회가 전복되고 프롤레타리아 독재가 수립된 후에도 계급과 계급적 모순 및 계급투쟁, 사회주의 노선과 자본주의 노선 간의 투쟁, 자본주의 부활의 위험성이 존재하는데, 이러한 모순은 혁명을 계속함으로써만이 극복될 수 있다고 보았다.

'마오쩌둥 사상'이라는 용어는 1945년 중국공산당 제7전대에서 당장(黨章)에 삽입되었다가, 그 후 1956년 스탈린 격하 운동이 시작되면서 그 영향을 받아 중국공산당 제8전대회 때 당장에서 삭제되었다. 그러나 1966년 5월부터 문화대혁명이 시작되자 '마오쩌둥 사상'은 당장뿐만 아니라 헌법 서문에까지 삽입되었다. 1976년 마오쩌둥이 사망하자, 문화대혁명에 대한 비판과 함께 4인방이 숙청되면서 '마오쩌둥 사상'의 권위는 격하되기 시작하였다. 그러나 '마오쩌둥 사상'에 대한 전면적인 부정은 중국공산당의 정신적 기반을 파괴하는 일이었기 때문에 1955년 이후 마오쩌둥의 정책과 문화대혁명만을 비판의 대상으로 삼고, '마오쩌둥 사상'의 가치는 그대로 보존되었다. 그의 독특한 모순론은 프랑크푸르트학파를 비롯한 네오마르크스주의자들에게 영향을 주었고, 그의 신민주주의론은 제3세계 민족해방인민민주주의혁명론의 형성에 큰 영향을 끼쳤다.

3) '마오쩌둥 사상'의 내용

'마오쩌둥 사상'은 마르크스스레닌주의의 중국에서의 운용 및 발전으로, 중국혁명의 이론과 경험의 총결을 통하여 실천적으로 증명된 것이다. '마오쩌둥 사상'은 여러 방면의 내용을 갖추고 있는데, 이하에서는 그의 독창적 이론의 내용을 여섯 가지 주제별로 간추려 정리한다. 그 주제는 신민주주의혁명, 사회주의혁명과 사회주의 건설, 혁명군대의 건설 및 군사전략, 정책과 책략, 사상정치 공작 및 문화 공작, 당의 건설 등이다.

첫째, 신민주주의혁명(新民主主義革命)에 관한 '마오쩌둥 사상'은 중국혁명의 기본 방향을 설정한 중요한 이론이다. 그는 중국의 역사 및 사회 상황에서 출발하여 중국혁명의 특징과 규범을 깊이 연구하여 무산계급 혁명 영도권에 관한 마르크스·레닌주의 사상을 발전시켰으며, 무산계급이 영도하고 공농(工農) 연맹에 기초하며 제국주의·봉건주의·관료자본주의에 반대하는 신민주주의혁명의 이론을 창립하였다. 중국의 자산계급은 제국주의에 의존하거나 종속된 매판(買辦)·관료(官僚)자산계급과 혁명이 요구되고 동요하는 민족(民族)자산계급으로 나눌 수 있는데, 무산계급이 영도하는 통일전선은 민족자산계급의 참가를 이끌어내야 하며, 특수한 조건 아래서는 매판·관료자산계급의 일부도 끌어들여 주요한 적을 최대한 고립시켜야 한다는 이론이다. 또한 중국에는 부르주아민주주의가 없어 반동통치계급이 무장 역량을 빌어 인민에 대한 독재공포정치를 실시하고 있으므로, 혁명은 오로지 장기(長期)의 무장투쟁 형식이 될 수밖에 없다는 것이다. 이와 관련된 마오쩌둥의 주요 저작은 '중국사회 각 계급의 분석(中國社會各階級的分析)', '후난농민운동 고찰보고(湖南農民運動考察報告)', '한 점의 불꽃도 들판을 태울 수 있다(星星之火, 可以燎原)', '〈공산당인(共産黨人)〉 발간사', '신민주주의론(新民主主義論),

'연합정부론(論聯合政府)', '현재 정세와 우리의 임무(目前形勢和我們的任務)' 등이다.

둘째, 사회주의혁명과 사회주의 건설에 관한 사상이다. 마오쩌둥은 신민주주의혁명의 승리가 창조해 낸 사회주의를 향한 과도적(過渡的) 경제·정치 조건에 의거하여 사회주의 공업화와 사회주의 개조를 동시에 병행한다는 방침을 채택하고, 생산수단 사유제를 점차적으로 개조하는 구체적 정책을 실행함으로써, 세계 인구의 4분의 1 가까이 차지하고 경제·문화가 낙후된 대국(大國)에 사회주의 제도를 건립하는 어려운 임무의 이론과 실천 문제를 해결하였다. 그는 인민 내부의 민주주의와 반동파의 독재정치를 상호 결합시켜 인민민주독재(人民民主專政)의 이론을 제기함으로써 마르크스레닌주의의 프롤레타리아독재 학설을 발전시켰다. 사회주의 제도 건립 이후에 마오쩌둥은 "사회주의 제도 아래서 인민의 근본 이익은 일치하나 인민 내부에는 아직도 각종 모순이 존재하고 있으므로, 반드시 적(敵)과 우리의 모순 및 인민 내부의 모순을 엄격하게 구분하여 정확하게 처리해야 한다"고 강조하였다. 그는 인민 내부에서는 정치상으로 '단결 – 비평 – 단결'을 실행해야 하며, 당(黨)과 민주당파와의 관계에서는 '장기공존(長期共存)과 상호 감독(監督)'을, 과학·문화 공작에서는 '백화제방(百花齊放)과 백가쟁명(百家爭鳴)'을 실행해야 하고, 경제 공작에서는 전국 각 지방의 각계각층이 통일된 계획을 세워 국가(國家)·집체(集體)·개인(個人) 3자의 이익을 고루 보살펴야 한다는 일련의 구체적 방침을 제기하였다. 이와 관련된 마오쩌둥의 주요 저작은 '중국공산당 제7기 중앙위원회 제2차 전체회의에서의 보고', '인민민주전정론(論人民民主專政)', '십대관계론(論十大關係)',

‘인민 내부 모순의 정확한 처리에 관한 문제(關于正確處理人民內部矛盾的問題)’ 등이 있다.

셋째, 혁명 군대의 건설 및 군사전략(軍事戰略)에 관한 사상이다. 마오쩌둥은 농민 위주의 혁명 군대를 어떻게 무산계급 성질의 엄격한 기율을 갖춘, 인민군중과 친밀한 관계를 유지하는 새 인민군대로 만드느냐 하는 문제를 체계적으로 해결하였다. 그는 전심전력으로 인민을 위해 복무하는 것이 인민군대가 유일하게 지향할 목표라고 규정하였으며, 당(黨)이 군(軍)을 지휘하는 원칙을 규정하였고, ‘3대 기율과 8개 항 주의(三大紀律八項注意)’를 제정하였다. 또 정치·경제·군사의 3대 민주주의와 관병(官兵) 일치·군민(軍民) 일치의 실행 및 적군(敵軍) 와해의 원칙을 강조하여 군대 정치 공작의 방침과 방법을 총결하여 제시하였다. 그는 유격전(遊擊戰)에 전략적 지위를 부여하였으며, 중국혁명의 장기간의 주요 작전 형식은 유격전과 유격전 성격을 띤 유동전(流動戰)이 되어야 한다고 보았다. 또한 적과 아군의 역량 대비 및 전쟁 발전의 진전에 따라 군사전략의 변화를 정확하게 실행하였다. 이와 관련된 마오쩌둥의 주요 저작은 ‘당내의 그릇된 사상을 바로 잡는 문제에 관하여(關于黨內的錯誤思想)’, ‘중국혁명전쟁의 전략 문제(中國革命戰爭的戰略問題)’, ‘항일유격전쟁의 전략 문제’, ‘지구전론(論持久戰)’, ‘전쟁과 전략 문제’ 등이 있다.

넷째, 정책(政策)과 책략(策略)에 관한 사상이다. 마오쩌둥은 혁명투쟁 중 정책과 책략 문제가 극히 중요함을 논증하였으며, 정책과 책략은 당의 생명으로서 혁명정당의 모든 실제 행동의 출발점이요 귀착점이라고 보았다. 따라서 반드시 정책의 형세와 계급 관계, 실제 상황 및 그 변화에 근거하여 당의 정책을 제정하여야 하며, 원칙성

과 융통성을 결합시켜야 한다고 하였다. 이와 관련된 마오쩌둥의 주
요 저작은 '현재 항일통일전선에서의 책략 문제(目前抗日統一戰線中
的策略問題)', '정책론(論政策)', '제2차 반공책동 격퇴의 총결에 관하
여(關于打退第二次反共高潮的總結)', '현재 당의 정책 중 몇 가지
중요 문제에 관하여(關于目前黨的政策中的幾個重要問題)', '공격 범
위를 넓히지 말라(不要四面出擊)', '제국주의와 반동파가 진짜 호랑
이인가의 문제에 관하여(關于帝國主義和一切反動派是不是眞老虎的
問題)' 등이 있다.

다섯째, 사상정치 공작 및 문화 공작에 관한 사상이다. 마오쩌둥은
'신민주주의론(新民主主義論)'에서 다음과 같이 지적하였다. "문화는
그 사회의 정치·경제를 반영함과 아울러, 다시 그 사회의 정치·경
제에 크나큰 영향을 미친다. 경제는 기초이며, 정치는 곧 경제의 집
중을 나타낸다." 그는 이러한 기본적 관점에 근거하여 사상정치 공
작이 경제 공작과 기타 모든 공작의 생명선(生命線)이므로, 정치와
경제 및 정치와 기술의 통일을 실행하여 홍(紅)과 전(專)을 겸하는
방침을 채택해야 한다고 주장하였다. 또 그는 민족적·과학적·대중
적 문화의 발전을 위하여 백화제방(百花齊放)의 정책과 훌륭한 옛
문화의 계승 및 서양의 새로운 문화 도입을 실행하는 방침을 제시하
였다. 이와 관련된 마오쩌둥의 주요 저작은 '청년운동의 방향(青年運
動的方向)', '지식분자를 많이 받아들이자(大量吸收知識分子)', '옌안
문예좌담회에서의 강화(在延安文藝座談會上的講話)', '바이츄언을 기
념하며(紀念白求恩)', '인민을 위해 복무하자(爲人民服務)', '우공이
산을 옮기다(愚公移山)' 등이다.

여섯째, 당(黨)의 건설에 관한 사상이다. 무산계급(無産階級 프롤

레타리아)의 수가 아주 작고 농민과 기타 소자산계급이 인구의 대다수를 차지하고 있는 나라에서 마르크스주의 무산계급 정당을 건설하는 것은 극히 어려운 일이다. 마오쩌둥의 당 건설에 관한 학설은 이러한 문제를 성공적으로 해결하였다. 그는 사상적으로 당을 건설하는 것을 특별히 중시하였는데, 당원은 조직상으로 입당해야 할 뿐만 아니라 사상적으로도 입당하여 항상 무산계급 사상으로 기존의 다른 사상을 개조하고 극복하는 노력을 기울여야 한다고 지적했다. 그는 또한 이론(理論)과 실천(實踐)을 서로 결합(結合)하고, 인민군중과 긴밀한 관계를 유지하며, 항상 자아비판(自我批判)을 하는 기풍(氣風)은 중국공산당과 그 밖의 다른 정당을 구별하는 뚜렷한 표지가 될 것이라고 강조하였다. 그는 역사상 당내 투쟁에서 존재했던 '잔혹한 투쟁, 무자비한 타격'의 좌경(左傾)적 잘못에 대하여 "실패를 교훈 삼아 경계하여, 병폐를 고치고 사람을 구한다(懲前毖後, 治病救人)"는 방침을 제기하였다. 또 당내 투쟁 중에 사상을 명백히 함과 아울러 동지와 단결하는 목적을 동시에 달성할 것을 강조하였다. 이와 관련된 마오쩌둥의 주요 저작은 '자유주의를 반대함(反對自由主義)', '중국공산당의 민족전쟁에 있어서의 지위(中國共産黨在民族戰爭中的地位)', '우리의 학습을 개조하자(改造我們的學習)', '당의 기풍을 정돈하자(整頓黨的作風)', '당의 팔고를 반대함(反對黨八股)', '학습과 시국(學習和時局)', '당위원회 제도의 정비에 관하여(關于健全黨委制)', '당위원회의 공작 방법(黨委會的工作方法)' 등이다.

4) '마오쩌둥 사상'의 핵심 정신

'마오쩌둥 사상'의 살아있는 정신은 위에서 서술한 여섯 가지 사상의 입장과 관점 및 방법을 꿰뚫고 있는데, 이는 곧 실사구시(實事求是)와 군중 노선(群衆路線), 그리고 독립자주(獨立自主) 및 자력갱생(自力更生)의 세 가지 핵심 정신을 일컫는다.

첫째, 실사구시(實事求是)의 정신이다. 이는 실제(實際)에서 출발하여 이론(理論)을 실제에 연계시킴으로써, 마르크스레닌주의의 보편 원리를 중국의 구체적 실천과 서로 결합시켜야 한다는 것을 뜻한다. 마오쩌둥은 원래부터 중국사회 및 중국혁명의 실제를 떠나 마르크스주의를 연구하는 것에 대해 꾸준히 반대하여 왔다. 일찍이 1930년대에 그는 교조주의에 반대하였고, 조사 연구가 모든 공작의 첫걸음이라고 강조하였으며, 조사가 없으면 발언권도 없다고 하였다. 또 옌안(延安)에서 정풍(整風)운동을 시작하기 전에 "주관(主觀)주의는 공산당의 큰 적(敵)이며, 당성(黨性)이 불순하다는 표현"이라고 지적하였다. 이러한 정치(精緻)한 논리는 사람들의 사상을 교조주의의 속박으로부터 해방시켰다. 마오쩌둥은 그의 철학(哲學) 저서를 통해 중국혁명의 경험 교훈을 총결하면서 마르크스주의의 인식론(認識論) 및 변증법(辨證法)을 깊이 있게 논술하고 발전시켰다. 그는 변증법적 유물주의의 인식론은 능동적 혁명의 반영이라고 천명하였으며, 객관적 실제에 근거하고 부합되는 자각적(自覺的) 능동성을 충분히 발휘할 것을 특별히 강조하였다.

둘째, 군중 노선(群衆路線)의 정신이다. 이는 일체의 모든 것은 군중을 위해야 한다는 것으로, 모든 것을 군중에 의하여 군중으로부터 군중으로 가도록 하는 노선을 말한다. 마르크스레닌주의의 '인민군중은 역사의 창조자'라는 원리를 당의 모든 활동 중에 체계적으로 운용함으로써 당의 모든 공작 중에 군중 노선이 형성되었다. 이는 중국공산당의 역량(力量)이 적보다 현저히 떨어지는 험난한 환경 속에서 오랜 기간 혁명 활동을 진행하며 얻은 값진 역사 경험을 총결한 것이다. 마오쩌둥은 "우리가 오로지 인민에 의지하여, 인민의 창조력이 무궁무진하다는 것을 굳게 믿고, 인민을 신뢰하여 인민과 한 덩어리가 된다면 어떠한 곤란도 모두 극복이 가능하며, 어떠한 적도 우리를 억누르지 못하고 오히려 우리에게 압도당할 것"이라고 항상 강조하였다.

셋째, 독립자주(獨立自主) 및 자력갱생(自力更生)의 정신이다. 중국의 실제 상황에서 출발하여 군중(群衆)에 의거하여 혁명과 건설을 진행하는 것은 필연의 결론이다. 무산계급혁명은 국제적(國際的) 사업이므로 각국 무산계급의 상호 지원을 필요로 한다. 하지만 이 사업의 완성을 위해서는 먼저 각국의 무산계급이 자국(自國)의 혁명역량과 인민군중의 노력에 의거하여 마르크스레닌주의의 보편 원리를 자국 혁명의 구체적 실천과 결합시킬 필요가 있다. 마오쩌둥은 "자신의 역량에 기초하여 방침을 세워야 하며, 자기 나라의 상황에 적합한 혁명의 길을 스스로 찾아내야 한다"고 일관되게 강조하였다. 중국과 같은 대국(大國)에서는 더욱더 자신의 역량에 의거하여 혁명과 건설 사업을 발전시켜 나가야 한다는 것이다. 그러나 나라의 문을 걸어 잠그고 맹목적으로 외국을 배척하는 대국주의(大國主義)의 사상과 행위는 완전한 착오이므로 이를 경계해야 한다고 하였다.

5) '마오쩌둥 사상'의 발전 과정

'마오쩌둥 사상'이 발전하는 과정을 약 10년간의 기간을 설정하여 여섯 단계로 나누어 살펴보면 다음과 같다.[74)]

제1단계는 1917-1927년의 성격 형성 시기이다. 이 단계에서 마오쩌둥은 후난 제1사범학교에서의 마지막 학업 과정을 마치고 신민학회 (新民學會)·노동조합·공산당 및 사회주의청년단 등 각종 혁명 단체에 참가하여 여러 가지의 다양한 학습을 경험하였다. 그의 사상은 자유주의와 실용주의로부터 발전하여 레닌주의에 이르고, 도시 중심에서 농촌 중심론으로 전향하게 되는데, 이 같은 사상은 1925년부터 1927년에 이르는 농민 협회에서의 활동 기간에 고조에 도달한다. 이 시기를 통틀어 마오쩌둥에게 혁명의 길을 정확하게 가르쳐 주는 스승은 없었다. 쑨원(孫文)으로부터 리다자오(李大釗)와 천두슈(陳獨秀)에 이르기까지 마오쩌둥에 비해 나이도 많고 경험도 많은 혁명 지도자들이 있었지만, 그들 모두가 중국에서 어떻게 해야 혁명을 성공시킬 수 있는지를 알지 못했다. 소련의 스탈린은 자신이 그 방법을 알고 있다고 여겼으며, 1925년을 전후하여 중국공산당에 자신의 구상대로 실행할 것을 명령하였으나, 그 역시 혁명의 스승이 되기에는 역부족이었음이 그 후 사실로 증명되었다. 마오쩌둥은 1917-1927년의 기간 동안 앞에 언급한 연장자들로부터 약간의 학습을 받기도 했으나, 많은 중요한 것들을 스스로 배워 자신의 것으로 체득하였다.

---

74) 이러한 분기(分期) 방법은 미국학자 슈람이 고안한 것이다. Schuram, Stuart R. *The Thought of Mao Tse-tung*, Cambridge University Press, 1989, 斯圖爾特·R·施拉姆, 田松年·楊德 等譯, 『毛澤東的思想』 (中國人民大學出版社, 2005).

　제2단계는 1927년-1936년의 단련(鍛鍊) 과정이다. 이 단계는 마오쩌둥이 '8·7 긴급회의'에서 "정치권력은 총부리에서 나온다"는 유명한 명제(命題)를 제기함으로써 시작된다. 이 단계에서 중국공산당 내의 마오쩌둥의 지위에 커다란 변화가 오게 된다. 그는 주더(朱德)·펑더화이(彭德懷) 등과 함께 홍군(紅軍)을 창건하고 전략 전술을 발전시켜 장시(江西) 소비에트에서의 유격전 투쟁을 성공적으로 지도하면서 '하나의 지류(支流)'에 불과하던 마오쩌둥은 이제 '하나의 노선(路線)'으로 발전되기에 이르렀다. 장정(長程)에 오른 이후, 1935년 1월의 쭌이(遵義) 회의에서 마오쩌둥은 당내에서의 확고부동한 지도권을 획득하게 된다. 이 단계의 모든 기간 동안 군사투쟁이 혁명의 중심 임무가 되었으며, 농촌이 도시를 포위하는 전략이 이론과 실천의 양면에서 점차 형성되었고, 나중에 '지구전(持久戰)'의 전략 원칙으로 1938년에 확정되게 된다. 이 시기에 '군중 노선(群衆路線)'과 서로 일치하는 관점과 방법도 출현하기 시작하나 이러한 개념이 체계적으로 정리되는 것은 그 다음 단계에서이다.

　제3단계는 1936년-1947년의 정권 쟁취 방식의 확정 및 실행 기간이다. 옌안(延安) 시기에 마오쩌둥은 1949년 이전의 중요한 이론 저작의 집필을 전부 완료하였다. 마오쩌둥은 앞의 10년의 교훈을 총결하여 농촌에서의 무장투쟁을 통해 민족 혁명과 사회 혁명을 동시에 성공적으로 이룩할 수 있다는 인식에 도달하게 되었다. 그는 먼저 1936년 말에 '중국혁명전쟁의 전략 문제(中國革命戰爭的戰略問題)'를 쓴 데 이어 1937년에 '변증법유물론강의요강(辨證法唯物論講授提綱)'을 완성했다. '실천론(實踐論)'과 '모순론(矛盾論)'은 뒷날 이 요강에서 간추려 뽑은 것이다. 잇따라 에드가 스노우의 '중국의 붉은 별

(Red Stars over China)'이 출판되면서 마오쩌둥은 일거에 국제무대에 오르게 되었다. 이 책에는 1936년 7월 그가 스노우에게 상세하게 소개한 그의 자전(自傳)이 실려 있었다. 마오쩌둥이 제기한 '마르크스주의의 중국화(中國化)' 사상은 1942-1943년의 정풍(整風)운동 중 더욱 발전되어 목표의 실현이 촉진되었으며, 그의 당내에서의 지위는 더욱 제고되었다. 1943년 3월, 마오쩌둥은 정치국(政治局) 및 서기처(書記處)의 주석(主席)이 됨으로써 정식으로 당의 최고 지도자가 되었다. 1945년 4월, 중국공산당 제7차 대표대회에서 '마오쩌둥 사상'은 당 활동의 공식지침이 되었다. 최후로 마오쩌둥은 그의 모든 힘을 국내 전쟁과 토지 개혁의 철저한 추진에 집중하였으며, 1947년 말에 이르러 전쟁과 토지 문제가 모두 진행이 순조로워 중국공산당은 이미 승리를 눈앞에 보게 되었다.

제4단계는 1947-1957년의 정권 쟁취 및 사회주의 건설의 개시 단계이다. 마오쩌둥은 이 단계에서 국내 전쟁을 지휘하여 최후의 승리를 획득하는 데 있어 중요한 작용을 발휘하였다. 이와 동시에 1947-1949년의 기간 동안 중국공산당이 정권을 쟁취한 후 당면하게 될 임무에 관한 구체적 계획에 착수하였다. 그는 '레닌주의'와 소련 방식을 반드시 준수해야 한다고 강조하고, 도시 및 중공업의 역할에 최우선의 지위를 부여하였다. 그는 또한 점진주의(漸進主義)와 온건(穩健)정책을 제창하였으며, 농촌 지역에서 부농(富農)을 보호함으로써 농업 생산의 회복을 촉진하고자 하였다. 1955년 들어 경제 정책이 갑자기 변하여 급진화(急進化)되기 시작했으며, 마오쩌둥은 7월에 농업 집체화(農業集體化)를 극력 추진할 것을 호소하기 시작하였다. 그러나 그는 1956년 초에 지식분자에 대한 안무(按撫)정책을 제기하였다. 그는 '십대관계론(論十大關係)'이라는 보고에서 '백화제방(百花齊放)'과 '백가쟁명(百家爭鳴)'을 제창하였던 것이다. 1957년 2월 27일 '인민 내부 모순의 정확한 처리에 관한 문제(關于正確處理人民內部矛盾的問題)'라는 논문에서 마오쩌둥은 스탈린의 '좌경(左傾)' 성향과 툭하면 그와 의견을 달리하는 사람들을 죽이는 악행을 비판하였으며, 아울러 중국에서의 계급투쟁은 기본적으로 완결되었음을 선포하였다.

제5단계는 1957-1966년의 불가사의한 대약진 시기이다. 1957년 가을의 '반우(反右)' 운동은 마오쩌둥으로 하여금 제1차 급진적(急進的) 비상시기에 돌입하게 하였으니 이는 곧 1958-1960년에 '대약진(大躍進)'을 발동한 것이다. 그는 1958년 군중을 동원하여 자연(自然)에 대한 선전포고를 하였다. 제1차 시험의 결과 혼란과 함께 군중들이 굶주리는 사태가 발생하였으므로 마오쩌둥은 뒤로 물러나고 류사오치(劉少奇), 저우언라이(周恩來), 덩샤오핑(鄧小平) 등으로 하여금 긴축과 조정 정책을 책임지도록 하여 위기를 수습하였다. 그러나 마오쩌둥은 그의 공상적(空想的)이고 평균주의(平均主義)적 환상(幻想)인 '대약진'을 포기한 것이 생각하면 생각할수록 분하였다. 이러한 그의 정서(情緒)는 1962년 가을 당8기 10중전회에서 "절대로 계급투쟁을 잊어서는 안 된다"는 구호를 제기하도록 촉진하였으며, 그때부터 '문화대혁명(文化大革命)' 중 '주자파(走資派, 자본주의의 길을 걷는 사람)'로 불린 당내 일부 인사들에 대한 반격을 준비하였다.

제6단계는 1966-1976년의 10년 문화대혁명 기간이다. 마오쩌둥 최후의 10년은 보편적이며 맹렬한 폭력 행동으로 당내의 경쟁자들 및 사상적으로 도태되고 행위상으로 관료화되었다고 그가 낙인찍은 사람들에 대한 대응으로 시작된다. 그는 사회에 만연한 이기주의(利己主義)를 척결하려고 시도하였는데, 그 근본 원인은 월급(月給) 제도로 인한 불합리한 분배 제도에 있었지만, 아울러 사람들의 마음속에도 이기주의의 원인이 있다고 보았다. 1966-1968년의 문화대혁명 제1단계에서 사람들은 어느 정도 희망과 열정을 표출하였으며, 최소한 청년들은 그러하였다. 그러나 오래지 않아 '홍위병(紅衛兵) 운동'이 통제할 수 없는 유혈(流血)의 파벌 투쟁으로 변모하자 마오쩌둥은 어쩔 수 없이 린뱌오(林彪)의 인민해방군(人民解放軍)을 파견하여 조정에 나서야 했다. 마오쩌둥이 살아있을 때 폭력 행위는 어느 정도 통제가 가능하였으나, 정치·사회적 질서는 결코 회복되지 않았다. 마오쩌둥 최후의 세월 속에 곤혹(困惑)과 좌절(挫折)이 날로 늘어났으며, 비록 그가 여전히 국가 통수(統帥)의 지위에 있었지만 중국의 문제를 빨리 해결하려고 갈망하면 할수록 그 효과는 적게 나타났다. 그의 생명 최후의 시각에 마오쩌둥은 거의 사고(思考)할 수 없었을 뿐만 아니라 말도 할 수 없게 되어 생명력을 잃은 우상(偶像)이 되었던 것이다.

● 中文 참고서적

邸延生, 『歷史的眞知 - "文革"前夜的毛澤東』(新華出版社, 2006)

羅斯·特里爾, 胡爲雄·鄭玉臣 譯, 『毛澤東傳』(中國人民大學出版社, 2006).

本杰明·I·史華慈, 陳瑋 譯, 『中國的共産主義與毛澤東的崛起』(中國人民大學出版社, 2006).

劉美珣 主編, 『中國特色社會主義』(淸華大學出版社, 2005)

552

斯圖爾特·R·施拉姆, 『毛澤東的思想』(中國人民大學出版社, 2005).

迪克·威爾遜, 中共中央文獻研究室 譯, 『毛澤東』(中央文獻出版社, 2003).

中共中央黨史研究室, 『中國共產黨歷史』(中共黨史出版社, 2002)

李君如 主編, 『細說毛澤東』(鄭州: 河南人民出版社, 2002)

戴逸·龔書鐸 主編, 『彩圖版中國通史』(鄭州: 海燕出版社, 2002)

吳兆基 編著, 『中華上下五千年』(京華出版社, 2002)

劉峰·路杰 主編, 『跟毛澤東學領導』(紅旗出版社, 2001)

閆奉平 主編, 『跟毛澤東學智慧』(紅旗出版社, 2001)

薛澤石 主編, 『跟毛澤東學史』(紅旗出版社, 2000)

袁匯 主編, 『毛澤東評點古今事件』(紅旗出版社, 1999)

周溯源 編著, 『毛澤東評點古今人物·續』(紅旗出版社, 1998)

戰英·姜維恭 主編, 『毛澤東評說帝王』(吉林人民出版社, 1998)

遲力·景有權 主編, 『毛澤東評說中國歷史』(吉林人民出版社, 1998)

周溯源 編著, 『毛澤東評點古今人物』(紅旗出版社, 1998)

唐漢 主編, 『龍之魂』(紅旗出版社, 1998)

陳晉 主編, 『毛澤東讀書筆記解析』(廣東人民出版社, 1996)

武在平, 『巨人的情懷 - 毛澤東與中國作家』(中共中央黨校出版社, 1995)

王子今, 『毛澤東與中國史學』(中共中央黨校出版社, 1993)

張貽玖, 『毛澤東讀史』(中國友誼出版公司, 1991)

中共中央文獻編輯委員會, 『毛澤東選集』(人民出版社, 1991)

龔育之·逢先知·石仲泉, 『毛澤東的讀書生活』(三聯書店, 1986)

白壽彝 主編, 『中國通事簡明綱要』(上海人民出版社, 1981)

『中國大百科全書·中國歷史卷』(中國大百科出版社)

· 저자 ·

박종귀 ·약 력·
(朴鍾貴)
1952년 경남 산청(山淸)에서 출생
경남신문 편집부 차장
경상일보 편집부장·정경부장

부산중학교 졸업
대입검정고시 합격
독학에 의한 학사 학위 취득(행정 학사)
경남대학교 대학원 정치학 석사·박사

·주요논저·
『지방자치의 실제』
『아시아의 분쟁』
『중미 인권분쟁』
『FTA와 한국경제의 미래』
외 다수

마오쩌둥의 인물평

毛澤東의 人物評

· 초판 인쇄	2007년 1월 10일
· 초판 발행	2007년 1월 10일
· 지 은 이	박종귀
· 펴 낸 이	채종준
· 펴 낸 곳	한국학술정보㈜
	경기도 파주시 교하읍 문발리 526-2
	파주출판문화정보산업단지
	전화 031) 908-3181(대표)·팩스 031) 908-3189
	홈페이지 http://www.kstudy.com
	e-mail(출판사업부) publish@kstudy.com
· 등 록	제일산-115호(2000. 6. 19)
· 가 격	43,000원

ISBN 89-534-6180-4 93910 (Paper Book)
     89-534-6181-2 98910 (e-Book)